中国农垦书丛

农垦印记

农业农村部农垦局
中国农垦经济发展中心 编

中国农业出版社
农村读物出版社
北 京

书名题写

刘成果

编写委员会

主　　编：左常升　李尚兰

副 主 编：王润雷　陈忠毅

编　　委：刘琢琬　王高奎　成德波
胡从九　李红梅　徐成德
张　韧　王盼盼　王自文
马晨雨　李升鹏　季　刚
陈可馨　殷甦雪　周　超
李　潇

中国农垦

CHINA STATE FARM

中国农垦事业的历史贡献

（代序）

农垦事业的诞生、发展和壮大，为党和国家作出了巨大的贡献，这里，我总结为十大贡献。

第一大贡献，中国农垦为奠定抗战胜利的物质基础作出了历史贡献。这主要是指南泥湾大生产运动。抗日战争进入相持阶段，由于国民党政府的包围封锁和日军疯狂扫荡，陕甘宁边区和敌后抗日根据地物资极度匮乏。毛泽东同志发出“自己动手、丰衣足食”的号召，掀开了大生产运动的序幕。1939年，中国农垦的第一家农场“光华农场”在延安诞生。1941年3月，王震将军奉命率领八路军120师359旅进驻南泥湾开荒，克服难以想象的困难，累计开荒26.1万亩，成为大生产运动的一面旗帜。与此同时，晋察冀、晋冀鲁豫、晋绥、山东、华中等各抗日根据地都积极开展大生产运动，为打破日寇封锁、夺取抗日战争胜利奠定了坚实的物质基础。毛泽东同志对此给予高度评价：“这是中国历史上从来未有的奇迹，这是我们不可征服的物质基础。”

第二大贡献，中国农垦为保障国家战略物资的供应作出了历史贡献。这主要是指突破“北纬17度禁区”大规模开发天然橡胶。1950年6月，朝鲜战争爆发，以美国为首的西方国家对我国实行物资禁运，其中就包括战略物资天然橡胶。党中央果断作出了“一定要建立我国自己的橡胶基地”的战略决策。1951年政务院作出《关于扩大培植橡胶树的决定》，并在广州成立华南垦殖局，叶剑英同志出任首任局长。在众多科学家和农垦人的努力下，打破西方“北纬17度以北无法种植天然橡胶”的论断，在广东、海南、云南等地创建了我们自己的天然橡胶农场，解决了西方国家对新中国“卡脖子”的一道难题，为社会主义建设和满足国防军工需要作出了不可磨灭的历史贡献。这一贡献，不单是在国内，在当时整个社会主义阵营，都引起了不小的震动，斯大林听说中国种植橡胶成功，专门发来了贺电。截至2020年底，我国植胶面积1710万亩，干胶年产量约80万吨。

第三大贡献，中国农垦为屯垦戍边、繁荣稳定边疆作出了历史贡献。这主要是新疆生产建设兵团的建立和其他先后进行的边疆地区开发。1954年，中央决定在新疆成立生产建设兵团。新疆生产建设兵团的组建，使屯垦戍边战略在亘古荒原、戈壁荒滩和崇山丘陵中有了可靠的载体，创造了屯垦戍边、维护民族团结、发展边疆经济的奇迹，谱写了“天山南与北、屯垦在戈壁、戍边保安全、民族共发展”的恢宏历史篇章，形成了宝贵的“热爱祖国、无私奉献、艰苦创业、开拓进取”的兵团精神。中国农垦的边疆农场成为了屯垦戍边、治国安邦、发展边境贸易、开展国际合作的重要战略力量。

第四大贡献，中国农垦为保障国家粮食供给作出了历史贡献。这主要是以北大荒开发为主体。抗战胜利后，1945年12月，党中央指示“组织亿万农民走集体化、机械化生产道路，在北满创办一个粮食工厂，培养干部、积累经验、示范农民”。1946年7月7日，中共东北局通过了《东北的形势与任务》(史称“七七决议”)，明确在东北走一条“农村包围城市”的革命道路。此后，北大荒人点燃了建设关外军垦农场的“星星之火”，赵光农场、宁安农场、查哈阳农场等军垦农场在决胜东北的解放战争中应运而生。20世纪50年代中期，王震将军先后率领铁道兵和7万转业官兵挺进北大荒，展开了大规模的开发建设。几十年来，先后由14万复转官兵、20万内地支边青年、54万城市知识青年、10万大专院校毕业生以及众多农民组成的垦荒大军，绘就了“东北黑土地、屯垦七十载、塞外稻花香、中华大粮仓”的壮美历史画卷，培育了“艰苦奋斗、勇于开拓、顾全大局、无私奉献”的北大荒精神。如今，北大荒形成了450亿斤以上的粮食生产能力，全国农垦粮食生产能力近700亿斤，商品率超过90%，远高于全国平均水平，成为了关键时刻抓得住、调得动、用得上的“米袋子”，起到了维护国家粮食安全“压舱石”的作用。

第五大贡献，中国农垦为保障大宗农产品的有效供给作出了历史贡献。这主要是为城区提供菜篮子、奶瓶子，甚至包括衣柜子。从20世纪50年代初开始，国家有计划地在新疆地区、湖北江汉平原、湖南洞庭湖区和江苏、浙江、上海、安徽、山东等沿海、沿江地区垦荒造田，集中兴建了一批以粮棉生产为主的国有农场。目前，新疆兵团的棉花生产在全国占有很大比例，长绒棉生产一直处于领先地位。与此同时，为解决大中城市副食品供应问题，农垦系统在京、津、沪以及其他大中城市的郊区，建立了一大批以生产副食品为主的国有农场。经过70多年的发展，这些农场成为大中城市副食品供应的重要来源。中国农垦培育了光明乳业、三元股份、北大荒、燕塘乳业、亚盛集团、西部牧业、苏垦农发等近30家上市公司，产业链、供应链、价值链持续优化升级，保供能力加快提升。

关于农垦奶业的贡献，我这里要多说几句。我在中国奶业协会工作了两届，奶业协会在编撰《中国奶业史》的时候，系统总结了农垦奶业对中国奶业的历史贡献。在王震将军100周年诞辰的时候，我专门写了一篇缅怀文章：王震将军——新中国奶业的开拓者。中国农垦奶业对全国奶业的贡献表现在以下几个方面：一是中国奶牛育种的先行者；二是中国奶业协会的创建者；三是新中国奶业的奠基者；四是中国“学生饮用奶计划”的开拓者；五是中国著名奶业品牌的缔造者；六是现代奶业建设的示范者。20世纪50年代，双职工家庭大量涌现，婴幼儿奶粉供应十分短缺，时任农垦部部长的王震将军接到毛泽东主席和周恩来总理批转的群众来信，认真承担起这个任务。从南到北、从城到乡，到处宣传发展奶业的重要性并具体抓落实，从育种开始，到奶牛饲养，再到牛奶加工，一条龙地抓，使得现在的农垦奶业在全国奶业中占据这样一个重要位置。现在中国奶业市场上，大品牌几乎都和农垦有关，包括位列世界前十的伊利集团，是在内蒙古大黑河牧场基础上发展起来的；完达山是王震将军一手缔造的；上海光明、北京三元、南京卫岗、广东燕塘、重庆天友、沈阳辉山、昆明雪兰、新疆西部牧业等，都是农垦系统的品牌企业。现在市场上知名度较高的飞鹤乳业，原来也是黑龙江赵光农场的品牌，董事长冷友斌就是北大荒人。

第六大贡献，中国农垦为丰富中国共产党人精神谱系作出了历史贡献。1986年，王震将军为当代中国丛书农垦卷——《当代中国的农垦事业》亲自撰写卷首语，题目就是“艰苦奋斗、勇于开拓”。在1991年《国务院批转农业部关于进一步办好国营农场报告的通知》中，国务院正式肯定了“艰苦奋斗、勇于开拓”的农垦精神。2015年，《中共中央、国务院关于进一步推进农垦改革发展的意见》里，又肯定了“艰苦奋斗、勇于开拓”的农垦精神。这次中央颁布的中国共产党人精神谱系里面，南泥湾精神在列，这是中国农垦精神的源头；北大荒精神在列，这是中国农垦精神在开发建设北大荒过程中的具体体现。兵团精神在第一批中国共产党人的精神谱系里没提到，但是在《人民日报》陆续发表的中国共产党人精神谱系里，前十位就有兵团精神，还有专门的评论，这也是农垦精神的生动体现。我认为农垦精神理所当然地应该列入中国共产党人精神谱系。理由：一是“艰苦奋斗、勇于开拓”的农垦精神，是在党的领导下，老一辈革命家率领几代农垦人在开发农垦事业中形成的，是农垦人的共识，是农垦最大的政治优势，一直起着凝聚、驱动、导向、规范和辐射作用；二是它符合共产党精神的精髓要义和价值追求；三是党中央、国务院早有规范表述；四是农垦精神本身就是与时俱进的，完全可以赋予新的时代内涵。所以我们要积极主动做工作。农垦精神列入中国共产党人精神谱系，这是农业农村部的光荣，是农垦系统的光荣，也是对老一辈革命家和几代农垦人开拓的农垦事业的肯定。

第七大贡献，中国农垦为国家的文化建设作出了历史贡献。农垦文化是一种特殊的文化，是一种融合文化，是由军旅文化、知青文化、垦荒文化、农耕文化、边陲文化、移民文化、民族文化等文化元素杂糅在一起形成的。这种文化发扬了民族文化传统，也继承了红色文化基因，所以是具有先进性的。从有形的角度来说，农垦系统认真参与“万里边疆文化长廊”建设，涉及几百个农场、超百万职工、近400万人口，在几万公里的边境线上，与

17个国家接壤，和40多个民族相处，投入了大量人力、财力、物力，兴办图书馆、文化室，建设电视台、广播电台、博物馆等，对整个万里边疆文化长廊建设作出了示范引导。

在农垦系统诞生了很多文化经典、文化精品，歌曲《南泥湾》唱得很响，唱得时间长，唱得地域广，到现在一直在传唱。这是大音乐家马可作的曲，贺敬之老部长作的词，由著名歌唱家郭兰英演唱，绝对是经典。《南泥湾》这首歌应该成为农垦进行曲，永远传唱下去。除了《南泥湾》，还有《草原之夜》，韵律非常优美，意韵非常悠长，它诞生在新疆兵团农四师，由张加毅作词、田歌作曲，这首歌也应该成为经典。还有《北大荒人的歌》，把北大荒人和北大荒的关系、北大荒的环境、北大荒的事业唱得淋漓尽致，所以一唱就流泪，这些都应该成为经典。还有小说《雁飞塞北》等，一系列影视作品，如《老兵新传》《北大荒人》《戈壁母亲》等，版画《第一行脚印》，这些都是精品经典，丰富了整个中华民族文化宝库，对鼓舞农垦人发挥了巨大的正能量。

另外，农垦系统还保护了一批文化精英。在农垦开发期、也是高潮期，王震将军把受冲击的、甚至划成右派的一批文化精英，放在了农垦系统，让他们经受考验、经受锻炼，也给了他们一个体验生活的机会。他们中有著名作家丁玲、著名剧作家吴祖光、著名学者诗人聂绀弩，还有诗人艾青、著名的漫画家丁聪等一大批知识分子，他们都是精英。在农场既是对他们的锻炼、改造，也是对他们的保护。通过生活体验，他们又创造了一批精品，如丁玲的《风雪人间》《杜晚香》，在农场期间是她晚年创作的高峰。所以说，农垦的文化贡献也是巨大的。

第八大贡献，中国农垦在人才培养方面作出了历史贡献。农垦艰苦的环境、优良的作风、崇高的精神，培养、锻炼出一批有用的人才，甚至是拔尖人才。他们有的成为政治家、党和国家领导人，有的成为理论家，有的成为企业家、金融家，很多艺术家也是在农垦环境中诞生、培养和涌现出来的，尤其是到农场的那一批知青，他们接受的锻炼，在他们自己的记忆中是最清晰的；在他们的成长经历中，农垦的这段记忆也是最深刻的，他们普遍认为，在农垦的这个阶段是他们人生中收获最大的时期。

第九大贡献，中国农垦在示范农业农村发展方面作出了历史贡献。农垦自诞生之日起，党和国家就寄予希望，要示范农村。一马当先的是机械化的试验示范。2020年，农垦耕种收综合机械化率为92%，高于全国平均水平20个百分点。新疆兵团的棉花机械化和节水灌溉，广东、广西农垦的甘蔗机械化，都为全国作出了示范。现在农垦系统不只是机械化，而且向工程化、数字化、智能化方向发展。2021年农垦丰收节，我在北大荒红兴隆友谊农场亲眼看到水稻、玉米收获的壮观场面，无人驾驶、全自动，令人震撼。在农业科技上，农垦也是一直起示范作用。2020年，全国农业科技进步贡献率达到60%，黑龙江北大荒的科技进步贡献率是76%，全国农垦肯定也超过60%。在小城镇建设方面，农垦也起到示范作用，我们的师部、团场，包括黑龙江的一些管局全是小城镇，几千个小城镇星罗棋布。这些小城镇都是按规划建设的，农垦人做到了耕耘在广袤的田野上，生活在现代化的城镇里。

示范领域还体现在绿色发展的示范。绿色食品这个概念发源于农垦。20世纪90年代初期，农垦率先提出发展绿色食品，首先在黑龙江垦区建基地，黑龙江农垦第一个成立了绿色食品办公室，后来逐渐辐射到全省，现在绿色食品已发展到全国，形成了绿色发展理念，成为了新发展理念的一部分。当时提出绿色食品这一概念，不是盲目的，是从处理人类健康、生态环境、经济发展、粮食安全之间关系角度提出的，是很自觉的。现在绿色食品在全国喊得震天响，在广大农村地区普及，源头在农垦，这也是农垦在示范方面的重大贡献。

另一个示范是农业产业化经营，就是把生产、加工、销售一条龙连进来，示范引导农村。1978年，国务院决定在农垦系统试办农工商联合企业，实行农工商综合经营。当时，重庆农垦最先创办了长江农工商联合公司，明确提出了实行一体化生产经营。1978年农垦开始试点，直到20世纪90年代中期，农村才逐步搞起来，现在全国都在推广。推进农业现代化建设，实际上就是往农业产业化经营方向发展。

第十大贡献，中国农垦在国有企业改革方面作出了历史贡献。大家可能并没有太多在意，实质上在改革方面，农垦系统很多事情在国有企业领域都是领先的。第一项就是1979年的财务大包干，“大包干”这项改革农垦最先实行，而且当年就见效，实现全面扭亏为盈。这之前国家对农垦企业实行的是盈余全部上交、亏损由国家补贴的统收统支财务制度，导致企业缺乏改善经营管理的内生动力。“大包干”解决了企业吃国家财政“大锅饭”问题，改变了企业“经营好坏一个样，盈利亏损一个样”的状况，调动了农垦企业改善管理、发展生产、提高效益的积极性，也增强了企业自我积累、自我发展的能力。职工积极性一起来，企业马上就扭亏为盈。

第二项改革就是1983年开始的兴办职工家庭农场，实行大农场套小农场双层经营。实践证明，这种体制实现了土地所有权与经营权的分离，在当时调动了职工的积极性，促进了生产力的发展，符合国有农业企业经济发展的现实需要。兴办职工家庭农场同时，推行“两自理”“四到户”，“两自理”就是生产费和生活费由家庭农场自理；“四到户”就是土地承包到户、核算到户、盈亏到户、风险到户，将工资取消计入档案，这项改革实质是计酬方式和分配制度的改革，职工不再端企业的铁饭碗，这项改革走在国有企业改革前头。

第三项就是用工制度的改革。原来农场职工进了企业门，就是铁杆农场人。农垦的用工制度改革，就是将固定工变成合同工，签订合同，干好就干，干不好就别干。这几项改革连起来，就是砸铁锅、摔铁碗、撅铁杆。“砸铁锅”，就是企业不吃国家大锅饭；“摔铁碗”，就是职工不端农场的铁饭碗；“撅铁杆”，就是取消固定工，实行合同制。

还有一项，就是住房制度改革。1984年，黑龙江农场职工的住房开始商品化，以优惠价格将住房作价卖给职工，允许继承和出售。1986年《中共中央、国务院批转农牧渔业部〈关于农垦经济体制改革问题的报告〉的通知》要求，“职工住房制度要进行改革。农场过去建设的职工家庭宿舍，可以合理作价卖给职工。今后新建职工住房，由农场统一规划，分配建房基地，职工自建或自建公助。”各垦区和农场积极推进职工住房制度改革，职工住房条件迅速得到改善，也一举解决了企业的包袱。这些涉及国有企业重大制度的政策，农垦系统都是走在前面的。

以上是我个人对农垦从南泥湾大生产以来80年历史贡献进行的一些回顾与思考，肯定是很不全面的。我建议大家要系统回忆、认真总结农垦在各个方面的贡献，进一步挖掘并加以丰富。目的一是不忘历史，增加自豪感和自信心；二是便于新时代找准位置、体现价值，更好地往前走。

我们的位置在哪？要牢记几个关键词：就是中国特色社会主义农业经济体系中的“国家队”，屯垦戍边的“稳定器”，国家粮食安全的“压舱石”，农业领域里的“航母”，大宗农产品供给的“顶梁柱”，农业走出去的“排头兵”，农业科技进步的“领头雁”。农垦实行集团化企业化改革以后，农垦不是没了，而是新了、活了，江苏农垦集团就是生动的证明。全国各垦区差异性很大，地理区位、资源禀赋、规模大小各不相同，一定要从各自的实际情况出发，本着有所为有所不为的要求，抓住机遇、发挥优势，振奋精神、与时俱进，在全面推进乡村振兴、加快农业农村现代化的伟大实践中搞好示范，为实现第二个百年奋斗目标、实现中华民族伟大复兴的中国梦作出新的更大贡献。

最后，我用著名诗人郭小川长诗《刻在北大荒的土地上》中的两段作为我发言的结尾：“继承下去吧，我们后代的子孙！这是一笔永恒的财产——千秋万古长新；耕耘下去吧，未来世界的主人！这是一片神奇的土地——人间天上难寻。”

原农业部副部长　刘成果

（在2021年中国农垦经济研究会年会上作的报告）

前言

2021年是中国共产党成立100周年、南泥湾大生产80周年，是我国全面建成小康社会之年，“十四五”开局之年。

100年来，我们党矢志践行初心使命，团结带领人民开辟了伟大道路、建立了伟大功业、铸就了伟大精神、积累了宝贵经验，在中华民族发展史和人类社会进步史上写下了壮丽篇章。80年来，从南泥湾走来的中国农垦，在党的领导下，从无到有、从弱到强，发展成为保障国家粮食安全和重要农产品有效供给的国家队、中国特色新型农业现代化的示范区、农业对外合作的排头兵、安边固疆的稳定器，熔铸出了具有鲜明红色印记的农垦文化，形成了以“艰苦奋斗、勇于开拓”为核心的农垦精神。

为纪念南泥湾大生产80周年，献礼中国共产党建党100周年，传承弘扬农垦精神、有效传播农垦文化，不断提升农垦社会影响力，2020年以来，在农业农村部农垦局的指导和支持下，中国农垦经济发展中心、中国农垦经济研究会相继组织了“圆梦小康”主题征文、纪念南泥湾大生产运动80周年征文和“我的农场·我的故事”主题征文等活动，得到了农垦系统和全社会的广泛关注和积极参与，征集到了大量的优秀作品。

这些征文，或回顾农垦事业开创以来的光荣历史和重大事件，展示农垦改革发展取得的辉煌成就，讴歌农垦人的感人事迹及奋斗精神。或结合本人的成长经历、家庭实际和单位情况，描绘党的十八大以来发生在农垦人身边的可喜变化，展示农垦干部职工实实在在的获得感幸福感安全感；讲述农垦干部群众坚决打赢脱贫攻坚战的感人事迹和奋斗精神；畅谈对全面建成小康社会、实现第一个百年奋斗目标的感悟。或深入总结分析农垦改革发展的经验成效，探讨未来发展趋势，有针对性地提出了具有现实意义的政策建议；展现农垦人传承南泥湾精神，赓续红色基因血脉，履行农垦国家队、示范区、排头兵、稳定器使命任务，续写新的时代传奇。现从这些征文中选择部分优秀作品，结集成书，希望为读者提供一个多方位了解农垦的窗口，为新时代农垦改革发展奉献一份精神力量。

农业农村部农垦局局长　左常升

2021年12月

目录

第二部分 圆梦小康

第一部分

我的农场·我的故事

王震在密山火车站大动员

北大荒作家协会　赵国春

在北大荒博物馆第二展厅里，展示着一张珍贵的历史照片，就是那张记录北大荒历史重大事件的《王震在密山火车站》。

密山，祖国东北角的小县城。1958年春天，这个小县城可真正见了世面。这个北大荒东部的大门，每天要吞吐近万名转业官兵，管吃，管住，还要迅速将他们送到荒原的各新建点。这对于当时只有几千户人家、东西两条大街的古老小镇来说，压力之大是可想而知的。

当年在密山参加接待工作的丁继松回忆当时的情景说："到了密山，我们一下火车，借着朦胧的曙光，只见从火车站通向城里的那条土路上，挤满了穿着军服、黄棉大衣、摘掉肩章和领章的转业官兵。土路两边的空地上，堆满了铺盖、行李、箱笼等杂物……每天好几千人在这里逗留，因计划不周，交通不便，缺人的农场又地处边远，没有足够的车辆把他们送往新建点，这给小县城带来极大的困难。县城的机关、学校、俱乐部、仓库都住满了人。很多人住在老乡家里。"

铁道兵农垦局向农垦部告急，请示要车解决运力不足的问题。恰巧，王震部长于1958年4月中旬来到密山。

1958年4月12日，这是北大荒开发史上值得纪念的日子。密山火车站广场红旗招展，人山人海。广场中央临时搭起的主席台上，播放着激昂的乐曲。同时悬挂着几条醒目的"欢迎开发北大荒的转业官兵"的横幅标语，主席台右侧还竖立着王震为转业官兵书写的诗牌："红军不怕远征难，万水千山只等闲。英雄奔赴北大荒，好汉建设黑龙江。"

下午，大会开始了。广场上挤满了转业官兵，有的肩上还留着肩章，有的戴大棉军帽，有的戴大盖帽。王震将军身着军装，肩上佩戴着三颗金星的上将军衔，披着一件黄呢大衣，在农垦局长的陪同下，慢步走上主席台。站稳后，他把大衣脱掉，向会场上的人群频频招手。这时，一阵掌声响了起来。

王震对着话筒，带着浓重的湖南口音做了题为《向捍卫祖国与建设祖国的战士致敬》的讲话。他说："同志们，请让我首先代表人民解放军总部、代表农垦部全国农牧场50万职工，向同志们表示慰问和热烈的欢迎……大家来开垦北大荒，这个任务是很艰苦的……现在这里没有人烟的地方，我们盖了房子开了荒。能完成艰苦任务，就能得到光荣，英雄的人民解放军是能战胜艰苦困难的……"

说到这里，将军把话题一转："你们都是当过排长、连长，也有当营长的，我也当过排、连、营长。同志们，在战场大冲锋，排、连、营长是在部队前头呢，还是跟在后面呢？"大家回答："在前面！""那么开垦北大荒呢？"王震又问大家。大家回答："也该在前面！""遇到艰苦困难怕不怕？""不怕！""苦战3年行不行？""行！"

"说到困难，目前就有一个具体问题需要解决。来到密山的转业军人很多，汽车运不过来。有的同志建议：不坐汽车，走路，走上三天四天就到了自己的农场，早走早到，早到早生产。我看这个建议很好，有革命干劲，大家同意不同意？"战士们齐声回答："同意！"王震说："同意，明天早晨就出发！"

将军风趣地说："同志们！你们有的带来了爱人、孩子，还有的在火车上生了孩子。这些孩子长大以后，就比我们这一代强了，又有文化又有知识，又有光荣历史。他们将会向别人讲故事说：我的爸爸当过红军、八路军、新四军、解放军、志愿军，又是开垦北大荒的先锋队，我是在火车上生的……同志们中间，有的没有爱人，还是'单干户'，同志们，这是不是问题呀？"大家齐声回答："是问题。"也有人回答："是大问题！"王震接着说："对！是问题，但这是个能够解决的问题。有好多初中、高中毕业的女学生写信给我们，要求建设北大荒，她们来了以后，也都是'单干户'。过上二三年，还能不'合作化'吗？不过姑娘都爱英雄、爱模范，要想找个好爱人，就得在工作中鼓足革命干劲，做出成绩。同志们说对不对？"

大家喊了起来："对！"

王震在这次大会上，鼓励转业官兵要能吃苦，要发扬解放军的优良传统，把北大荒建设好，但也批评了一些害怕吃苦的人。原来转业官兵都由原部队派人护送到农场，办好交接手续，护送的军官才能返回部队。当时，南京军区有两名护送的军官（一名中校、一名少校），他俩把战友送到密山，见当时艰苦而混乱的情景，束手无策，就“向后转”了，造成了很坏的影响。王震得知此事，当场派人将这两名校官叫到跟前，狠狠地训了一顿。

会后第二天，云集密山县城的转业官兵就迈开双脚，徒步进军荒原了。预六师教导员团学员蔡恒回忆当时的情景说：“第二天一大早，我们这支上千人的队伍，以班、排、连为建制，各自背着简单的行李，以领队红旗为向导，浩浩荡荡，从密山出发了。沿途一片荒凉，人烟稀少。一路上战友之间、官兵之间互相换着背行李，互相鼓励。不少人脚上打起了泡，走瘸了。我从未参加过这样艰难的长途行军，走到中午，两脚起了十多个大血泡。队伍到了杨岗，天黑了下来。前面指挥部传来口令：停止行进，就地过夜……”

这无疑是垦荒史上壮丽的一页。成千上万人马在同一时间从祖国各地汇集边城，又几乎在同一时间兵分百路，徒步进军，走向荒原腹地。这是垦荒史上的“淮海战役”，是一场携家带口的进军：匆忙而又沉着有秩序，生动地展示了将军的魄力，也显示了十万大军是怎样一个坚强的集体。从3月初到5月底，密山接待站共接收了7万多名官兵。

由于当时事先没有做好各方面的充分准备，造成大批转业官兵到农场后，遇到了一些难以克服的困难。为了安全过冬，妥善安置，组织确定往外调一批复转官兵。调去齐齐哈尔的北满钢厂、大庆1200多人，调去新疆铁道兵部队的技术人员200多人。后来，为了加强接待站的工作，由公安部队来的大校章申负责接待站的工作。为了缓解密山的压力，在哈尔滨也设了接待站。一些复转官兵可以乘船去饶河、勤得利等农场。按计划，铁道兵农垦局需4万人，结果接收了7万多人。

《王震在密山火车站》这张照片是由北大荒摄影艺术事业的创始人之一郭沫水拍摄的。郭沫水，1932年出生在浙江诸暨，1949年8月参加革命，1957年5月由北京《铁道兵报》报社调密山铁道兵农垦局《农垦报》任摄影记者。1978年调离垦区，任《浙江画报》报社、浙江摄影出版社编辑。他在北大荒拍摄了大量的铁道兵、十万转业官兵、城市知青等开荒建场的照片，发表在全国各级报刊上，有的被介绍到国外，并多次获奖。这张照片也是十万转业官兵开发北大荒的最好历史见证。

开垦北大荒这一雄伟的壮举，在全国各地引起了巨大的震动。开发北大荒的热浪席卷全国，著名诗人郭沫若在《人民日报》发表诗篇《向地球开战》。1958年5月7日，《人民日报》刊发了转业军官徐先国答谢郭沫若的诗《永不放下枪》；5月26日，《人民日报》发表了王震将军写给诗作者徐先国的一封信——《千万人的心声》。

金沙河水闪金光

——追记北兴农场李军烈士

原黑龙江农垦九三分局双山糖厂　刘宏海

在黑龙江三江平原和完达山北麓的连接地带，翡翠般的北兴岗镶嵌在这片肥沃的黑土地上。清澈的河水在丘陵漫岗中蜿蜒流淌，而后拐弯向倭肯河奔去。这里林木茂密、草丰水美，是一处依山傍河、沃土流油的好地方。不管是早年闯关东的，还是后来开发北大荒的，都视其为风水宝地。老人都说这儿有金子，于是，这个地方就被叫作了金沙，这条河也被叫做金沙河。

金沙河曲曲弯弯。漫坡上，北兴农场金沙十队的点点红瓦就掩映在青山绿水之间。一条公路三度跨越金沙河，笔直地通向场部。距河套（北方称河湾为河套）不远的公路边，苍郁蓊茸的树林中静卧着一座不起眼的坟墓，清幽宁静，肃穆庄严。夏天浓密的枝叶，为孤冢遮阴蔽日；冬季，密密层层的林木犹如一道道屏障阻挡着寒风飞雪，拱卫着墓地。这就是为救战友英勇献身的上海知青李军烈士的安息之地。

“我也是革命青年！”

李军原名匡谨，其父是1926年参加革命的著名马克思主义思想理论家、著名的教育家、吉林大学创始人、南京大学校长匡亚明。

李军生于书香门第，受过良好的家庭教育，从小就养成了开朗热情、和善宽容、乐于助人的品格。1963年，李军考入上海市育才中学，她努力学习，成绩优秀，可是“文革”中父母都被关进了“牛棚”，她也从高干子女变成了“走资派”子女。

1968年夏，黑龙江生产建设兵团到上海招兵，对于有志报效国家的年轻人无疑是个喜讯，何况兵团编入了人民解放军的序列。一时间，能当上光荣的兵团战士成为许多中学生的愿望。但那是个“唯成份论”盛行的年代，“走资派”子女想要革命没那么容易。一心想用实际行动来证明自己也是一个革命青年的李军向驻校“工宣队”递交了要求到黑龙江生产建设兵团屯垦戍边的申请书，可是“工宣队”不收。听说有的同学直接去区革委会、武装部找领导，有的还写了血书。李军生怕自己被落下，也扎破手指写了血书，一次次跑到区革委会表达自己的决心，她对时任静安区革委会召集人的张继松说：“我要去边疆！我也是革命青年！”

张继松是个正直的军人，他被李军和学生们的执着感动了，相信“出身由不得自己，但走什么道路是可以选择的”，在区委顾祝君等领导同志的支持下，批准了包括李军在内的几个所谓“家庭出身有问题”的同学去黑龙江兵团。为了鼓励这些有志青年，区里还专门制作了一面红旗，旗帜上印着“中国人民解放军沈阳军区黑龙江生产建设兵团第三师 北兴”的字样。李军和同学们就是打着这面红旗登上北去的列车的，这面具有历史意义的旗帜至今还珍藏在李军的同学、战友陈佩康的身边。

她是一个处处为别人着想的人

1968年9月19日，勃利车站前早早地停满了几十辆解放牌大卡车，把佳木斯到牡丹江铁路线中段的小车站围了个水泄不通。运送上海知青的专列进站后，千余名知青根据分配，迅速登上卡车，奔向各自的连队。李军和她的9名同学一起被分到金沙十队，即兵团32团10连。

卡车是敞篷的，北大荒深秋的寒风吹拂着同学们稚嫩的脸庞，似乎在告诉他们即将来临的考验和挑战是严峻的。傍晚的阳光透过云雾为深秋的山峦河流染上了浓浓的金色，金沙河水面上跳跃着金色的星光。知青们贪恋地望着这北大荒特有的美景，感慨万分，问这问那。李军虽然也喜爱这塞外秋色，但此时心中牵挂是身陷囹圄的父母，一路上，她很少说话，却暗自下了决心，一定要好好干，非干出个模样来不可。

到了连队，李军被分到农工班，什么脏活累活都得干。李军个头高挑，身材修长，细眉大眼，草绿色军装配上齐耳短发，显得清秀端庄，得体大方。她性格开朗，待人和善，说话细声细气，总是笑呵呵的，丝毫不见“骄”“娇”二气，在小同学眼中，她俨然是个大姐。这做姐姐的还真是很照应她的妹妹们，哈尔滨知青曲秋萍与李军同在一个班，同睡一铺炕，小曲姑娘个小体弱，李军就对她格外呵护，不论干什么活都会帮她一把。小曲病了，李军就找后勤副连长特批鸡蛋和排骨给她补身子，后来李军干脆找连长，要求给小曲调换工作，连长经不住李军的软磨硬泡，就安排小曲去了菜组，这才帮助体弱的小曲脱离了超强度的大田劳作。

李军他们到北大荒的第一个冬天，就被派去附近的山上打石头。男孩们抡锤把钎放炮采石，女孩们人挑肩扛运石装车，在零下三四十摄氏度的严寒中，大家的头上竟然冒着热气。女生中李军的个头最高，但她却心疼比自己矮小的姐妹们，每次抬杠都要把套石块的绳子往自己这边一挪再挪，好让姐妹们少挨些累。

李军受父亲的影响，读过很多书，懂的东西也多。下乡以后，在繁重的劳动之余，她仍然十分爱看书。那时连里还没通电，李军就和战友们一起用废弃的墨水瓶自制成煤油灯，晚饭后常常在那跳跃的小小火光下看书、记笔记，和大家一起谈理想、体会和学习心得。战友们至今还清晰记得李军在灯下的神态和彼此看着被油烟熏黑的鼻孔开怀大笑的情景。

李军为人热情，乐于助人，她又是一个心底坦荡的人，谁有个什么缺点，做了什么错事，她一定会当面指出，决不客气。一次，曲秋萍邀李军一起去老职工于大叔家借镰刀，说好第二天归还。小曲用完后往炕脚一放就忘了，到第三天李军见镰刀还在宿舍里，便一脸严肃地对小曲说：“做人可要讲信用哦。”四十年后，曲秋萍在她的博客中写道：“直到现在这句话我仍然记忆犹新。她的无私和谦逊让我为曾经拥有过这样一个知己而自豪，她的人格魅力因时间的流逝而更加璀璨。”

直到生命的最后一刻……

夏天是北大荒最美的季节。金沙河水唱着歌儿欢跳着穿越在青翠翠的山岗和绿莹莹的田野间，河边草丛中各色野花争奇斗艳，在微风吹拂下频频摇曳，像艳丽的公主检阅着欢呼的人流。大田里麦浪翻滚，金波荡漾，“东方红”牵引着康拜因在麦海中作业，知青们更是加倍努力，在老职工的带领下用辛勤的汗水迎接着到农场后的第一个收获季节。

1969年7月20日，又一个忙碌的日子。这天，李军和战友们的工作是割草。在半人高的草甸子里挥舞镰刀，还得提防蚊子的攻击，闷热难耐，战士们个个汗流浃背，衣衫湿透。傍晚收工时，拉草的拖拉机陷在泥淖中动弹不得，大家只好等待连里再派拖拉机来救援。旁边就是金沙河，清凉的河水对劳累了一天、浑身是汗的人具有极大的诱惑力。充满活力的年轻人跳下了河，李军和几个姐妹也下水了。李军从小就爱游泳，练就了一身好水性，金沙河里常见她矫健的泳姿。此刻的李军，犹如鱼儿入水欢快畅游，姐妹们一起嬉水取乐，暑气顿消。

金沙河看似平静，河面也不宽，但河床高低起伏并不平坦。知青小C不知不觉游到水深处，想站立却发现双脚够不着底，心慌了，湍急的水流一下就把她冲倒了，她更害怕了，不停地扑腾着四肢，大声呼救起来。姐妹们被这突如其来的危急情况惊呆了，一时不知如何是好。突然李军大喊一声：“不要紧，我来了！”毫不犹豫转身向她游去。转瞬间，李军就游到小C身边，想用救身术把小C拉向岸边。已经呛了好几口水的小C完全慌了手脚，待李军接近就一把抱住死死不放，俩人在河水中不停地上下沉浮。水性再好，也架不住呛水者的乱扑腾，但李军始终没有放弃，一直坚持着。嘈杂声和呼救声惊动了岸上的职工，人们迅速跑到河边施救，有人找来一根树枝向水中的俩人伸去。已经筋疲力尽的李军此时看到了伸向她们的树枝；看到了蓝天下一张张脸庞显露着只有亲人才有的焦急；看到了小C对生命的渴望和祈求；看到了四周呐喊着为自己加油的姐妹们，仿佛还看到了远方的父母投来赞许和鼓励的目光。看到了，看到了，金沙人看到了李军用力带着小C向树枝靠近，再靠近；看到了她在伸手能够到树枝的时候，使劲把小C推向了树枝，看到了她在生命最后一刻的英姿，看到了英雄金子般闪光的心！

小C被岸上的职工们拽了上来，而李军，却再也没有浮出水面，战友得救了，她却被无情的急流卷走了……

消息传到连里，人们纷纷奔向河边。会水的都下了河，一寸不落地搜寻着救人的英雄。大家焦急地望着金沙河，希望河水能够暂时停下不再湍流奔腾，希望日头在地平线上能够暂时停下不再匆忙下坠，希望下河寻找的人能够快一点，再快一点，希望突然听到李军高喊“这儿呢，我在这儿！”，然后微笑着游向岸边……然而时间分分秒秒地过去，太阳终于收起了霞光，天色渐渐暗去，悲伤的人们仍然站在河边，谁也不愿离去。

第二天一早，全连男女老少都出动了，团部也来了几十个会水的人，把金沙河细细地蓖了十几里，终于在一个河套处的树丛下找到了李军的遗体。

李军的遗体打捞上来后，天空淅淅沥沥地下起了雨，河面上跳跃着的朵朵水花，像河沙中的金子闪闪发光。老职工说，苍天有眼啊，老天也在为李军姑娘落泪哩！金沙人的好女儿、好姐妹，上海知青李军姑娘，把她正值花季的生命融入了金沙河，从此，河中的金子更加耀眼，河边的鲜花更加绚丽。

后记

1969年8月8日，32团为李军举行了隆重的追悼会，李军的母亲在上海市静安区革委会同志的陪同下也来到连队，并带来了儿子，让他留在妹妹战斗过的地方继续建设边疆保卫边疆的事业。

1975年11月21日，黑龙江省革委会授予李军“革命烈士”称号，共青团黑龙江省委追认李军为共青团员。

几十年来，金沙人没有忘记他们的英雄，不管在北兴，还是在北京、上海、哈尔滨，他们用各种方式寄托着对英雄的哀思。

2009年7月20日，金沙十队的职工们在队长、书记的带领下，用俭朴而隆重的方式祭扫了李军烈士墓。老职工向青年人讲述了四十年前这位上海姑娘为托起他人生命而英勇献身的故事，人们纷纷向烈士鞠躬行礼、献上鲜花。远在北京、上海、宁波、哈尔滨和佳木斯的老知青也委托职工们向英雄敬献了花圈，“安息吧，战友！”一声声的呼唤在山林间回荡。

简短的仪式结束后，和四十年前李军牺牲后一样，天空竟然也下起了绵绵细雨，金沙河里又一次跃动着耀眼的金光。

完北青松

——记老红军黄振荣

黑龙江垦区公安局交警支队　黄黎

在完达山南麓，南横林子东部的一片白桦林里，有一座用水泥建的陵墓，一方花岗岩墓碑朝东矗立，上面铸刻着“黄振荣同志之墓 王震敬书 1985年秋”17个金光闪闪的大字。碑顶上的红星熠熠生辉，昭示着这位黑土英雄不平凡的一生。

战友情深

1955年秋，由王震提议，动员铁道兵复转官兵开发北大荒的报告，获中央领导批复。王震在鹰厦线南平指挥部，接见了铁道兵三师代师长黄振荣。

1931年，黄振荣在江西宁都参加暴动后，不久就来到王震属下工作和战斗。此后，王震任红六军团政委，黄振荣任刚成立的红六军团保卫电台队队长；南泥湾大生产中，黄振荣是三五九旅的营长；1945年，三五九旅挺进东北战场，黄振荣是团长；后来成立护路纵队，黄振荣又任护路纵队支队长。1948年末，黄振荣指挥抢修山海关铁路枢纽，使东北百万人民解放军进关，加快了平津战役的进程，因而立大功一次。

抗美援朝时期，黄振荣任志愿军铁道兵三师代师长，再立大功一次，荣获金日成授予的朝鲜人民共和国二级国旗勋章和二级独立自由勋章。

1954年归国后，他又奉命开赴鹰厦铁路前线参加建设。这一次，王震司令员告诉他：“我们并肩战斗了20多年，现在胜利了，国家要搞建设，我们这些指挥打仗、敢拼敢杀的老战士，都要学会搞经济建设。我已向中央提议去开发北大荒，希望你再跟我并肩战斗，一起去开发北大荒。”

黄振荣沉默片刻，便以军人的姿态接受了老首长交给的任务。

黄振荣回部队做了简单的工作交接，便和他的爱人赵英华一起，带着两个孩子离开北京铁道兵总部。这对患难夫妻和北大荒垦荒事业的不解之缘就此开启。

黄振荣兼任铁道兵八五〇部农场副场长，但他的新任务是创建、开垦完达山北国营农场集群。

初探荒原

1956年3月12日，漫天飞雪。地处边陲的宝清县人民政府大院里，来了五位军人。

黄振荣师长告诉负责接待的宝清县副县长："我们是奉铁道兵司令员王震将军命令，来勘察完达山北、宝清县内的荒原的，大部队随后就到。"这位副县长感慨地说："这块土地是三五九旅解放的，有93名三五九旅的战士牺牲在宝清城下。现在再由三五九旅改建的铁道兵来帮助建设，意义太深远了。"

第二天，黄振荣带着计划员甄科、生产股长李法海、通讯员张寿泉，背着干粮、枪弹和地图，找了一位老猎人当向导，便向茫茫荒原进军了。

万金山区公所距县城东门5公里，是进入完北荒原的大门。大门往东，荒无人烟，千里范围内，有大片沉睡的荒原，所能看到的只是野兽出没的足迹。

向导告诉黄振荣进入荒原了。

黄振荣听后，用手抬了抬军帽，放眼往前看了看，迈开双腿，跨进没膝的积雪，率先向荒原行去。千里雪原上留下了开拓者的第一行足迹。

这天下午，天空又下起了大雪，荒原变成波涛汹涌的银色海洋，雪粒扑打着他们的脸、飞进他们的衣领，他们手脚冻木了，整个身体也要冻僵了，被迫在附近的树林里避风露营。点起了一堆篝火，支起小铁锅，化雪水，熬了半锅稀饭充饥，一直坐守到天亮。

第三天，他们顶着风雪继续艰难地跋涉，午后到了一片较高的岗地，扒开两尺深的积雪，从下面发现了当年日本开拓团"老三号"遗留的土围墙，黄振荣高兴地在雪地上铺开地图，用红蓝铅笔在预定位置上画了个大红星，写上三个鲜红的大字"曙光镇"，确定其为总场部的所在地。

总场部位置确定了。黄振荣他们为了更进一步了解荒原的面貌，又在白雪皑皑的荒原上继续踏查。露宿荒原，多次击退野狼的袭击，历时七天才返回宝清。

初探荒原，黄振荣确定完达山北麓有300多万亩可垦土地，他立即拟写电文向王震司令员报告，请求大军北上。在黄振荣的指挥下，一场以铁道兵复转官兵为主体的征服完北荒原的战斗就此打响。

1956年4月上旬，先头部队开进完达山北，进入了荒原。随着解冻期的到来，东边小清河、西边挠力河、北边大酱缸、中间的蛤蟆通河及大小索伦河相继开化。6条大河，数十条水线上下一齐流，把荒地块块隔开、团团围住，通往宝清县城的雪道冰路霎时变成泽国水道。汽车“抛锚”、马车“搁浅”，部队困在中间，战士们脱掉鞋袜，挽起裤脚，蹚进没膝的雪水，背、扛、挑、抬，总算把部队日常必需的口粮、蔬菜运进了荒地。

黄振荣师长在解放桥东临时指挥所的草棚子里，召开了进军荒原后的第一次紧急会议，传达王震司令员来电：

虎林八五零党委并转宝清指挥部：

你们深入完北地区，行动迅速，意志坚定，很好。目前转建部队正在整装待命，大量机械已经集中完毕，即将向你们垦区进发。望务于5月10日前打通虎林至宝清直达公路（尤其抓住穿越完达山之重点工程），以便迎接部队到来。祝你们胜利。

铁道兵司令员兼政治委员王震

会议开到深夜。在草棚里，黄振荣具体布置了各中队的任务。

部队向完达山进发了，全线动工了。宝清至虎林120公里的一条长线上，摆开了十几个连队2000多名干部战士。

黄振荣亲自参加伐木，被回头棒砸伤。他带伤拄拐指挥筑路大军，伐树、烧树根、铲草皮。将军岭下80名战士手拉4根大绳，拽着一个大锤，打下了千古荒原的第一根桥桩。经过千辛万苦，最后一块护桥板终于被钉在了第48座桥梁上。此时，已是1956年5月10日的清晨。虎林、山北汽车相向而来，全线通车了！

随后，成千上万件农机具、上百台拖拉机以及油料等物资，从这军垦第一路源源不断运到山北，完达山北沸腾了。

建场初期，黄振荣住的马架子，也是王震每次来北大荒时下榻的地方。

有一次，黄振荣说："司令员，军委三次打电报，要调我回军委重新安排工作。八五二农场已初具规模，部队也安置好了，我该去军委领新的任务了。"王震说："我也要转业，中央让我组建农垦部，当部长。你想走，走不成了。振荣同志，脱下军装，北大荒也是战场。在三五九旅南泥湾大生产中，你我就注定了要为中国的农垦事业去奋斗、去献身。"黄振荣在王震这样的老领导面前还说什么呢，他就这样永远牢牢地与这片黑土地贴在了一起。

黄振荣曾六次负伤，其中在1932年江西赣州战役和1940年关家垴战役中两次负重伤，是二等乙级残疾军人。但他每次下地，都是徒步来去，后来战线越过了蛤蟆通河，在大和镇一带作业，一天要走50多公里。荒原里，他曾多次与黑熊、土豹相遇，每次都鸣枪吓退了野兽。

黄振荣领导部队，采用边开荒边建设的方针，坚持"以农为主、农牧结合、就地取材、因陋就简、节约适用、逐步固定"的垦荒原则，进场当年就让7000多名官兵住进了营房，在北大荒站住了脚。

进场当年开荒20多万亩，还扩建了八五三农场。1957年耕地面积51万亩，扩建了八五五农场（现五九七农场）。建场不到两年，节约开荒费用110万元。1957年10月，在北京召开的全国农林代表会议上，八五二农场受到了朱德副主席的表扬。

1962年，八五二农场又把完达山北多个林场交给林业部门，组建了迎春林业局和东方红林业局。

黄振荣日积月累，摸索出一整套办农场的经验。他亲自指挥根治三大涝区，重视农业科技的作用。农业生产中关键的"三个二十"（即4月20日完成麦插，5月20日完成大田播种，8月20日完成麦收），是他首先提出来的。

他经常在有关经营管理的会议上强调说："新中国是打出来的，社会主义是干出来的。要加强成本核算，提高单位面积产量，在稳产高产上下工夫。"

由于黄振荣注重经济分析，讲究生产实效，到1968年，农场面积扩大到74.5万亩，全场盈利50.3万元。

遗憾的是，他在"文革"中蒙冤，于1968年1月26日黄昏离开了人间。

北大荒的3月，春雪特别厚。一台牛车拉着一个透缝的白皮棺材，往南横林子东部走去。没有花圈，没有挽幛，没有任何形式的悼念活动，在这样的气氛中，黄振荣——这位有着37年革命经历的老红军，新中国成立后第一批率部开发农垦事业的先驱，就这样带着遗憾走了。

1979年，黄振荣终于得以平反，在八五二农场这个他倾尽最后心血的地方召开千人追悼大会。

1985年8月，王震到黑龙江垦区视察。27日上午，在八五二农场招待所，王震面前摆着毛笔、宣纸、砚台。他拿起毛笔饱蘸墨汁，给黄振荣墓碑题词。室内宁静肃穆，只有摄像机和照相机的轻微响声。王老脸上满是沉痛的表情，深情地写下了“黄振荣同志之墓 王震敬书 1985年秋”几个刚劲大字，随后把毛笔往桌子上一摔，脸转向朝南的窗户，流下了悲痛的泪水。

2019年4月5日，黄振荣垦荒事迹在中央电视台一套清明特别节目播出，黄振荣成为时代楷模人物。

黄振荣在黑土地上创下的业绩，永远镌刻在北大荒不朽的丰碑上。

农垦人的“初心”和“精神”

广西职业技术学院　胡光明

江河万里总有源，树高千尺也有根。欲知大道，必先为史。这正如习近平总书记所说的，“一切向前走，都不能忘记走过的路；走得再远、走到再光辉的未来，也不能忘记走过的过去，不能忘记为什么出发。”

寻根溯源，我们农垦究竟从哪里来，农垦人的初心到底是什么，农垦精神又是如何培育和锤炼出来的？我们不妨从广西农垦的历史长河中撷取几个片段，从中寻找答案。

报国为民，誓当“孺子牛”

翻开广西农垦的历史，我们不能不提到他们——广西大学农林专业的70多名大学生。1951年10月，他们还没完成学业，国家一声号召，3天内就从桂林全部奔赴垦荒第一线，没有人讲价钱、提条件，更没有人临阵退缩当逃兵。他们首站来到桂南的荒山野岭，开始大规模勘测土地、规划设计、选址建点。会同一批解放军转业官兵、南下干部和地方政府动员的两万多民工，自带工具粮食和行装，展开了大规模的垦荒植胶运动。不到两年时间，就组建了合浦、钦州、浦北、灵山、陆川、龙州等6个垦殖所和106个垦殖场，种植橡胶24.1万亩，培育橡胶苗木1500万株，造林6.8万多亩，建立了广西第一代胶园。这批大学生不仅是广西农垦的开拓者、奠基者，而且其中的大部分人后来都留在农垦，“献了青春献子孙”，成为农垦事业的领导骨干和中坚力量。

笔者在前几年编纂农垦志时，曾专门走访过当年广西大学农学院林业专科班班长、后来成为广西农垦局副局长的陆骏坊同志。我问陆老：“那时刚解放不久，你们还没有学完大学课程，连橡胶树是啥样也不知道，为什么每个同学就能响应政府的号召，毅然放弃学业奔赴垦荒第一线呢？”陆老告诉我，这些同学都是热血青年，目睹了列强的残暴，经历过国民党政府的黑暗统治和压迫，对新中国新社会充满了无限期待和热爱。面对西方帝国主义对新中国实行封锁禁运，妄图扼杀新中国的图谋和国家建设对橡胶的迫切需要，岂能坐视不管、无动于衷？“国家哪里需要哪里去，报国为民舍弃一切而无怨无悔——就是当时我们每个人的誓言和初心！”陆老深情地说。

黄大成是1934年10月参加中国工农红军的老革命，参加过举世闻名的二万五千里长征，经历了艰苦卓绝的十四年抗战，又参加了伟大的解放战争，为新中国的诞生和人民的翻身解放出生入死，立下不少战功。1951年，他响应党的号召，转业到广西农垦工作，历任广西浦北垦殖所新田子垦殖场场长、国营东方农场副场长。国营农场创建初期，生产和生活都非常艰苦，他拖着在战争年代多次负过伤的身子，始终坚持与干部职工一起风餐露宿，开山劈岭，挥锄垦荒，从来不摆架子，更不搞特殊。当时农场交通很不方便，从场部到生产队都要翻山越岭，走很远的山路。组织上考虑到他的身体状况，每次下生产队检查工作特意安排马匹或车辆给他，总是被他婉言谢绝。他还教育大家说：“比起战争年代，这点困难算什么？搞建设和干革命一样，就是要坚持党的艰苦奋斗的好传统！”

黄老还时刻把职工的利益放在心上，不管大事小事他都会管，哪家的房子漏水了，哪家小孩子生病发烧了，哪家两口子又闹矛盾了……他都亲自过问，深入到职工家里与职工促膝谈心，嘘寒问暖，为职工排忧解难。在职工群众眼里，他不是什么“大功臣”，更不是什么“大官”，而是一位平易近人、和蔼可亲的长辈，被职工群众誉为“知心场长”。经常挂在他嘴边上的话就是“共产党人就是要‘心里装着群众’，当好为人民服务的‘孺子牛’，坚守报国为民的初心不动摇”。

开拓奋进，勇当“拓荒牛”

陈修文是新中国成立前毕业的大学生，后留校任教。1954年3月响应上级号召，主动要求到规划建设万头猪场的国营西江农场负责畜牧兽医技术工作。他刚到农场就提出“建立自己的种猪群”，实行自繁自养。在他的带领下，经过畜牧人员的精心选育、提纯改良，1960年终于选育出一种本地良种猪——‘陆川猪’。每头可养到200多斤，比选育前增加体重70～80斤，成为我国优良的地方品种猪，被列入《中国养猪品种志》，介绍到国内外。以后，他又利用国外良种公猪和‘陆川猪’杂交改良，培育出‘约陆’‘长陆’等优良品种，产肉率提高20%。为了改变传统的种猪配种方法，经过反复试验摸索，总结出用人工授精给母猪配种的成熟办法，并在玉林地区乃至全广西普遍推广。

20世纪70年代初期，一直畅销香港市场的‘西江白猪’，由于肥多瘦少开始受到冷落。1973年，年满60岁的陈修文，又开始了培育广西瘦肉型猪种的攻坚战。经过13个寒暑的辛勤耕耘，陈修文和他的助手们采用‘长白’‘约克’‘陆川’三个品种杂交法进行繁育，终于培育出具有体高身长、肌肉丰满、繁殖力强、生长发育快、瘦肉率高等特点的广西第一号瘦肉型猪种——‘广西白猪’，并推广到广西区内外18个地、市、县饲养，为农垦及广西畜牧业的发展和出口创汇做出了重要贡献。他挂在嘴边的一句话就是：“科技人员决不能老驴拉磨原地转，而要敢为人先，争做不断创新奋进的‘拓荒牛’。”陈修文也多次被评为“广西先进科学技术工作者”“广西先进工作（生产）者”，1988年还被农业部授予“发展瘦肉型猪生产技术先进个人”。

1952年7月，冯宝虎从广西大学农学院森林系毕业后，来到东方农场从事橡胶生产技术及企业管理工作，先后担任技术员、副场长、场长，带领职工勇闯种植橡胶的“无人区”和“禁区”，敢当“吃螃蟹”的探路者，先后在场里成功种植橡胶树2.5万亩，为国家提供了数千吨干胶。20世纪60年代初与广东粤西试验站合作，在东方农场培育出橡胶抗寒品系‘93-114’，成为广西垦区橡胶生产推广的主要当家品系。1973年他又先后参加或主持橡胶抗寒新品种选育，橡胶树矿物营养诊断指导施肥、割胶制度、加工工艺改进等技术研究，培育出‘桂研73-165’、‘桂研74-1’等抗寒品系，创造出乙烯利、电石刺激短割线割胶办法，在各橡胶农场普遍推广。1982年由广西等四省（区）从事橡胶的全体人员和全国橡胶科研协作组共同完成的科研项目《橡胶树在北纬18～24度大面积种植技术》获国家颁发的一等发明奖，冯宝虎在其中做出了重要贡献。1988年，已到退休年龄的他不仅接过《广西热作科技》主编的重任，担任了广西热作学会理事长、中国热作学会常务理事，还坚持主持《杧果高接换种及丰产栽培技术综合措施试验》研究项目，带领年青科技人员克难攻坚。历时5年的研究和实验，终于总结出一套效果显著、达到国内先进水平的改造劣质低产果园的综合技术。1991年10月，冯宝虎被国务院授予“广西首批67名对国家有突出贡献人物”称号，成为广西农垦享受政府特殊津贴的第一人。

无私奉献，甘当“老黄牛”

长春农场退休干部庞祖玉，出生于一个贫苦的家庭，满怀“感党恩、跟党走”的朴素情感和信念，成为农垦首批垦荒者。他最早参加五星农场工作，仅几年时间就6次被评为“生产优胜者”，3次被评为“劳动功臣”。1956年被授予“广西国营农场垦殖场先进生产者”称号，1957年光荣出席了全国首届农业劳动模范大会，并作为广西农垦积极分子的代表赴京参加新中国成立十周年观礼，受到毛泽东、刘少奇、周恩来等党和国家领导人的接见。1984年退休后不到1个月，本来可以安享晚年的他耐不住清闲，向农场申请承包了5个山头管护650株老橡胶树。胶树遭寒害后又种上了果树，为了便于看护和管理，他不顾家人劝阻和反对，在山上建起了简易小屋，在没水没电没邻居的环境下独居山林近30年。2009年农场产业结构调整，果树换上了速丰桉，85岁的庞祖玉又自愿成为周边100公顷林地的义务守林人。每天坚持步行巡山护林，连春节都不舍得离开山林一步。从青春芳华到夕阳岁月，庞祖玉倾尽毕生精力默默坚守，“守山如命、生命如山”，一直奋斗到生命的最后一息。2012年5月，88岁的庞祖玉以高票当选“广西公民楷模新闻人物”和“广西创先争优十大先锋人物”，2016年又被中组部授予“全国优秀共产党员”称号。他用自己的实际行动诠释了什么是革命的“老黄牛”，什么是共产党人的初心本色，什么是我们毕生坚守的农垦精神。

张镜崑是从印度尼西亚回来的归侨，1961年从华南农学院毕业后义无反顾地来到新光农场，从技术员到总农艺师、从农场副场长到柑橘研究所副所长，为发展农垦的柑橘事业作出了巨大贡献。在他的努力和带领下，攻克了柑橘生产上的一个个技术难关，1987年全场柑橘总面积达到11941亩，总产量16953吨，居全广西之首。新光农场成为农垦和全区最大的柑橘生产基地，开创了大面积柑橘高产丰产的典型经验，对广西垦区和广大农村水果种植业的发展起到了很好的带动和示范作用，还为农场和地方培养了一大批水果生产及管理的优秀人才。由于长年坚守在生产第一线，超负荷工作已成为常态，以致张镜崑积劳成疾，双腿髋关节坏死，终身行动不便。但他鞠躬尽瘁，无私奉献，甘当“老黄牛”。面对外单位的高薪聘请、亲友的海外定居等各种“诱惑”，始终矢志不移，一直到退休都没有离开过这片黄土地。在他身上充分体现了一种“日拱一卒无有尽，功不唐捐终入海”的坚持与定力。

回望广西农垦70年的奋斗历程，通过这些人和事，我们可以深切地感受到农垦人的初心就是一心报效祖国，一切为了人民；体现在他们身上的“孺子牛”“拓荒牛”“老黄牛”的“三牛”精神，就是“艰苦奋斗、勇于开拓”农垦精神的真实写照。农垦人的初心和精神像一条红线贯穿在农垦发展的始终，源远流长，生生不息。今天，面对新形势、新使命、新任务，我们更要坚守农垦人的初心，大力弘扬农垦精神，为开启新征程，加快推进农垦高质量发展奋然前行，再续新篇！

让农垦精神代代传承

——记我家的农垦茶场情缘

贵州省湄潭茶场　王启进

我的家乡湄潭位于贵州高原北部、遵义东部，这里风光秀丽、物产丰富、气候宜人，素有“黔北小江南”之美誉，更是远近闻名的“贵州最美乡村”“中国第一茶县”。

湄潭县城南郊的象山，是贵州的茶叶名山，外婆家就在象山脚下的土坝村。小时候每到放假，我就吵着闹着要到外婆家玩。那时从县城去外婆家只有一条土路，路的右边是蜿蜒柔美的湄江河，左边便是林木葱茏、茶园遍布的象山。牵着外婆满是皱纹的手，走在溢满花香的土路上的情景，是我记忆中童年最美的画面。如今，这里已被建设成为象山公园，绿树成荫的江滨步道、整齐漂亮的洋房、摇曳多姿的樱花与秀丽的湄江河相得益彰。记得外婆说过，这象山是湄潭茶场的茶园，外公年轻的时候曾在这里开过荒、种过茶，大舅一家也在茶场工作。

2013年9月28日，贵州省唯一以茶文化为主题的博物馆——贵州茶文化生态博物馆落户湄潭，我成为茶博馆的第一位讲解员，开始正式接触贵州茶文化，才知道外公在象山上开荒种茶的经历并没有那么简单。只可惜，外公外婆已不在人世，我已无从问起。2020年底，我接到一个特殊的任务——执笔编纂《贵州湄潭茶场志（中国农垦农场志丛）》。在茶博馆从事解说工作这么久，我深深地被茶人先贤们战天斗地、敢于开创历史的精神深深折服和感动，参与编纂茶场志，就可以接触到最原始的档案资料，更加深入地了解湄潭茶的历史，了解更多茶人故事。兴奋之余心里也有着一种隐约的期待，或许还能找到外公当时在茶场工作过的痕迹。

湄潭茶场的历史，可以追溯到1939年，凡是学过中国历史的人都知道，那是中华民族苦难最为深重的年月。抗日战争进入艰苦卓绝的相持阶段，举国上下战火纷飞、民不聊生。为大力发展茶叶生产，打开西南国际通道，出口茶叶赚取外汇支援前线抗战，中国近代史上第一个国家级的茶叶科研生产机构——民国中央实验茶场（简称中央茶场）于9月正式落户湄潭，刘淦芝、李联标、朱源林、徐国桢等40多位国内顶尖级的茶叶、森林、病虫害专家齐聚湄江河畔，他们心怀救国之志，在湄潭这个条件极为艰苦的边远小城，潜心致力于茶叶科研、生产，推开了中国现代茶业的第一扇大门。

在查阅中央茶场留下的档案资料时，我在1942年的职员花名册里找到了外公谭德高的名字。中央茶场落户湄潭后，首任场长刘淦芝带领工人们在象山上开辟了500余亩茶园，成为国内规模化、规范化种植现代茶园的开端。外公就是当时参与茶园垦殖的众多工人之一，看到他的名字和刘淦芝、李联标、朱源林等我无比崇敬的著名茶人的名字排列在同一份职员名册里，心里特别地激动和自豪。随后，我还看到了他在1947年每月领工饷的清单，那时候，刘淦芝离开湄潭已有3年，中央茶场的场长几经调整，已经换成了朱源林。朱源林带领茶场职工对打鼓坡500余亩茶园进行了改造，采用深挖开垦、平整土面、测定等高线成水平带状的方法，为中央茶场茶叶增产打下基础，并成为日后湄潭、凤冈等县茶园水平带状栽植的标准和样板。我努力地从每一份档案资料中去感悟、理解着那段我无法亲见的历史，想象着年轻时的外公在象山上挥动锄头开荒种茶的场景……

中央茶场落户湄潭是近代中国茶叶发展史上一个大事件。当时开展的茶树病虫害防治、茶树育种栽培、茯砖茶金花菌研究、茶叶内含物理化指标分析、茶园土壤成分测定等科研项目在国际上都是具有开拓性的创举。茶场的技术人员们还自己研发制茶机具，开展机械化、规模化制茶，研制出“湄红”“湄绿”等茶叶产品出口，使湄潭茶这一片小小的树叶，在中华民族最危难的时候，承担起换取枪支弹药支持抗战的特殊历史使命。1943年，中央茶场和西迁来湄办学的国立浙江大学联合创办了西南地区最早的茶叶职业教育学校——贵州省立湄潭实用职业学校，培养了一大批茶叶科技人才。这一系列科研、生产、教学活动的开展，为日后贵州乃至全国茶业的大发展，奠定了坚实的科研基础和深厚的人文底蕴。

新中国成立后，中央茶场发展为贵州茶叶科学研究所和国营湄潭茶场，两个机构一套人马，均由省农业厅直管。那时候，为进一步扩大茶叶生产，满足茶叶外销需求，贵州开始大力发展农垦茶园，有着深厚历史沉淀的湄潭茶场迎来大发展时期，开始在湄潭县城南郊的许家坡、麻子坡、囤子岩等地开辟茶园，在永兴建立分场，垦殖了当时全省面积最大的茶园。全国各地的有志青年，纷纷响应党和国家的号召，怀着“好儿女志在四方”的豪情壮志，离开父母的关爱、离开家庭的温暖，来到湄潭茶场垦荒种茶，为“发展经济、保障供给”做出了突出贡献。我大舅谭开国就是那时的茶场工人。大舅出生于1939年，1963年，24岁风华正茂的他放弃了小学教师的工作，进入湄潭茶场，成为数千名农垦大军中的一员，将自己一生中最美好的时光都奉献给了湄潭的农垦茶叶事业。由于勤劳肯干，以场为家，且在机器采茶和防虫技术上成为全省典范，大舅获得了“贵州省劳动模范”称号。

那时的茶科所，由于有中央茶场打下的坚实基础，是贵州茶叶科技中坚力量汇集之地。数十年的光阴中，涌现出邓乃朋、夏怀恩、王正容、刘其志、牟应书、汪桓武等一大批全省，乃至全国知名的茶叶科技工作者，还有许多像我大舅一样默默无闻的能工巧匠和种茶、制茶能手。他们充分发扬“艰苦奋斗、勇于开拓”的农垦精神，大力发展农垦事业，将成千上万亩不毛之地，建设成为郁郁葱葱的茶园；在茶树育种、密植免耕栽培、病虫害防治等方面取得许多在全国极具影响力的科研成果；不断改进制茶技术、研制制茶机具，提升产品品质。为扩大茶叶生产面，满足中茶公司红茶外销的需求，在省农业厅的统一安排部署下，场内派出超过半数的技术人员，奔赴全省各地蹲点，传授红茶制作技术，指导茶场建设，举办茶叶职业培训，使全省的茶叶生产不断发展，创造了贵州茶叶出口的辉煌历史。

曾经以为，他们当时的“蹲点”和我们现在的工作关系“借调”一样，只是临时抽调到某一个茶场，在生产季节进行制茶技术指导，一两个月就回场了。在深入查阅档案资料的过程中才了解到，那时被安排“蹲点”的技术人员和工人，是把自己的工作关系都转到被援助的茶场，蹲点时间少则一两年，多则三五年，完全将自己与被援茶场的兴衰荣辱牢牢地系在一起。一些人员援助完一个茶场，立即奔赴下一个茶场，十余年间一直在外开展技术支援，顾不上对家庭的照顾，错过了对孩子的陪伴。正是有了茶人前辈们的无私奉献，贵州的茶产业才能在数十年的光阴中迅速崛起，一跃而成为全国重点产茶省。

不仅如此，许多为茶场发展付出一生的工人“献了青春献子孙”，把自己的子女也培养成了茶场工人，一生从茶侍茶。大舅的儿子，我的大表哥谭贵生，高中毕业后就进入湄潭茶场工作，当过技术员、车间主任、制茶厂副厂长、代理厂长，也为湄潭茶场的发展做出过贡献。他还是当时湄潭茶场名优绿茶“湄江茶”的炒制能手，“湄江茶”由中央茶场研制的“湄潭龙井”发展而来，制作工艺全靠手工，杀青、辉锅，全程在高温的铁锅中进行，犹如“火中取栗”。大表哥凭借吃苦耐劳的精神，三年就熟练掌握了湄江茶的制作技术，成为茶场技术骨干。2013年，湄潭茶场移交给湄潭县政府管理，大表哥自愿申请下岗，成立湄潭贵云茶业公司，开始了他的自主创业之路。

和大表哥一样，茶场很多有技术的工人选择了自主创业或到民营企业做技术指导，一时间，众多民营茶企纷纷崛起，在他们的带动下，更多群众选择了种茶，湄潭的茶园种植面积逐年增长，近年已达60万亩，居全国种茶县市首位。湄潭茶场虽已改制停产，但工人们并没有自暴自弃、怨天尤人，他们凭借自己过硬的制茶技术，依然活跃在茶行业中，为湄潭的脱贫攻坚、乡村振兴添砖加瓦，奉献力量。因停产而闲置的湄潭茶场旧址，也没有被荒废，湄潭县委政府将当时中央茶场场部所在的万寿宫和后来的湄潭茶场制茶工厂辟为博物馆，成为贵州茶文化生态博物馆的重要组成部分，向世人讲述着那段激荡人心的历史。而我的家庭和湄潭茶场、湄潭茶的缘分也还在延续。

作为茶博馆讲解员的我每天穿梭在大舅、大表哥和他们的同事们曾经奋斗过的地方，讲述着他们与茶的故事。这次参与湄潭茶场志的编纂，因时间紧、任务重，工作非常辛苦，但我不断地从老一辈茶人前辈们留下的每一张手稿、每一份档案资料、每一篇科研论文中去感悟历史、吸收力量，每一天都感到从未有过的充实和满足。

2020年底，湄潭县5000多公斤茶叶运往食品安全管控极其严格的地方——香港，这批茶叶是贵州锦众农业发展有限公司与贵州高原春雪有机茶业有限公司合作的第一单产品，而促成合作并负责这单茶叶交易的人，是锦众公司法人兼董事长谭文庆，也是我大舅的四女儿，我的四表姐。近年来，大表哥将自主创业的公司交给了他的儿子谭维星打理，家里的茶叶事业有了后继之人。

从外公进入中央实验茶场开始，我们一家就和湄潭茶场、湄潭茶结下了解不开的缘分，一代代人前赴后继，成为湄潭茶场及湄潭县茶产业发展的参与者、见证者和推动者。如今，茶产业已成为湄潭的支柱产业、特色产业、优势产业和富民产业。艰苦奋斗、勇于开拓，这是湄潭农垦茶园里生长出的精神之花，这种精神，鼓舞着数千支边青年扎根湄潭农垦，献了青春献子孙，这种精神，也必将鼓舞着后来的湄潭茶人努力进取、开拓创新，再创湄潭茶业新的辉煌。

一张珍贵的主席令

江苏省淮海农场有限公司　陆军

淮海农场是江苏农垦的摇篮。在农建四师暨淮海农场历史陈列馆内，一件件珍藏的物件、一幅幅珍贵的照片记录着那段激情燃烧的岁月。

镇馆之宝

农建四师暨淮海农场历史陈列馆是在农建四师大院旧址上建起来的。走进院门，迎面矗立着的是一座大理石碑，上面雕刻着碑文："将光荣的祖国经济建设任务赋予你们……当祖国需要召唤你们的时候，我将命令你们重新拿起战斗武器，捍卫祖国。"游客来到农建四师大院参观时，陈列馆解说员首先向游客介绍毛主席的这份命令。

"这份命令是我们陈列馆的镇馆之宝，时任军委主席毛泽东向全国31个师发布了'农业建设，生产待命'的命令，据说留存至今的仅有这一张了，可以说十分珍贵。"当游客步入陈列馆内第一个展厅时，解说员总是要把大家带到密封在玻璃盒内的这份命令前。"这是一张高仿件，主席签署的命令原件，我们珍藏在档案室内，作为历史文物永久保存。"

在保存这份命令的展柜前方，一幅李桂莲接受毛泽东主席命令的照片十分显眼，这一历史画面不但永远珍藏在农建四师陈列馆中，更是永远定格在江苏农垦的建垦历史上。

"为了真实地反映历史，2007年，中央电视台第七套军事频道的几名摄制人员，还特地寻源来到淮海农场，实地拍摄这份主席令呢！"陈列馆第一任解说员崔慧慧说。

颁发命令

1949年10月1日，毛泽东主席在北京天安门城楼上，庄严地向全世界宣布："中华人民共和国中央人民政府成立了！"中国人民革命的胜利和中华人民共和国的成立，揭开了中国历史的新篇章。

1952年，抗美援朝已经取得决定性胜利，我国大规模经济建设即将开始。为了裁减军备，减轻人民负担，毛泽东主席于1952年2月2日命令中国人民解放军31个师参加经济建设，其中，从事农业建设的有15个师。此时，驻守在启东、海门等地的江海防前线的中国人民解放军步兵第一〇二师，奉毛主席命令改编为中国人民解放军农业建设第四师。

1952年4月20日上午8点，一〇二师万余官兵正点到达海门县三厂镇广场，在这里集结并举行誓师大会。苏北军区副司令员常玉清，在师首长陪同下检阅了部队后，代表人民革命军事委员会，向全师指战员宣布毛泽东主席命令："中国人民解放军步兵第一〇二师改编为农业建设第四师。"

副师长李桂莲从常玉清将军手中接过命令，并代表全体官兵表示"坚决服从、坚决执行，做好生产准备，向生产战线进军"的决心。

根据华东军区命令，师和各团番号均作改变。《中国人民解放军华东军区命令》（1952年5月9日）称："原一〇二师命名为'中国人民解放军农业建设第四师'；其所辖第三〇四、第三〇五、第三〇六团，依次命名'中国人民解放军农业建设第十、第十一、第十二团'。"

全师通过向毛主席上书和宣誓，表达参加农业建设、生产待命的决心。并保证：一、保证不畏艰苦，不怕困难，学习工农红军与人民志愿军艰苦卓绝的克服困难的精神，学习王震将军部队边疆生产的勇敢勤劳精神，排除一切困难，开展生产建设；二、保证学会技术和生产知识，做到从头学起，迅速学会操纵机械农具，使我们全体很快锻炼成一支有熟练技术的生产突击队；三、保证通过辛勤劳动，创造人类美好的幸福，以战斗精神刻苦、勤劳地投入生产战线；四、保证切实遵守政府法令，服从政府机关领导，团结各种工作人员和技术人员，密切联系群众，顺利地开展生产建设工作；五、永远保持战斗部队的荣誉，决不因转业而削弱战斗意志和武装观念。

大会一直进行到11点，最后在《解放军进行曲》中结束。师指挥员宣布

"各团、师直各部带回驻地待命"。这时全师各部纷纷高唱《三大纪律八项注意》等革命歌曲，情绪高涨，斗志昂扬。

生产待命

1952年4月22日凌晨，农建四师的全体将士全副武装，沐浴着带露的晨曦，挥师北上，向苏北黄海之滨和苏北灌溉总渠下游两岸出发。出发时，海门县县长茅锡堂率党政机关、学校、团体和从四面八方赶来的数万群众敲锣打鼓，在路边欢送。

5月20日，全师进入五岸、六垛一带草滩。行军途中，部队南自盐城，北至八滩，在100余公里的战线上，驻扎下农业建设第四师（简称农建四师）部队，形成"百里连营"景观。部队到达射阳、滨海两县后，在"五岸六垛黄海边，荒凉少人烟；青天盖芦花，一望无人家；嘴干想喝茶，咸水难靠牙；走路不小心，踩上地皮蛇"的茫茫草滩碱地上，风餐露宿，屯垦戍边。他们一人一张半芦席，一把大锹一杆枪，喝咸水，睡地床，开始了艰苦创业。

生产待命过程中，农建四师将士"没有房子自己盖，没有道路自己开，没有淡水开渠引，没有菜吃自己栽"，战胜了难以想象的困难，先后发起"突击开挖排水渠、抢盖笆墙草顶营房、统一规划开垦荒地"的建场"三大战役"。

在第一战役胜利结束后，华东军区司令员陈毅元帅接到农建四师战役胜利的喜报后，高兴地称赞农四师建设农场为"皇帝的气派（当家做主）、叫花子的干法（艰苦奋斗）"。华东军政委员会农林部专门发来电报给予农建四师通报表扬。1952年8月14日，农业部副部长、华东棉垦委员会主任刘瑞龙，苏北区党委副书记万众一，率领农业、水利、建筑专家、工程师60余人，到农建四师考察、慰问，并转达陈毅元帅的指示。之后他们兴修水利，开荒生产，种粮棉、养畜禽、建工厂、办学校、开商店、搞运输，不仅为农业集体化发挥示范带头作用，更是揭开了江苏大规模开发国土资源的序幕。

由于这支英雄部队的前身在抗日战争、解放战争中屡建战功，其一部曾参加过举世闻名的淮海战役，又在淮河下游的黄海之滨开展农业建设，1953

年4月20日，经华东军政委员会报请中央军委批准，将农场命名为国营淮海农场。

1955年4月20日，在农建四师“生产待命、建设农场”3周年时，淮海农场已建成1个总场、3个分场、12个工作站。三年共完成生产生活用房72502平方米，开挖水利土方372.83万立方米，开垦荒地89572亩。购置大中型拖拉机20台共1180马力（1马力=0.735千瓦），联合收割机3台共135马力，机引农具98台（套），为农场实行企业化经营和农垦事业的发展奠定了可靠的基础。

1955年5月，国务院决定农建四师彻底转业。农建四师建设农场的历史任务至此结束，原农建四师的广大指战员，又在各自新的岗位上，为党、为人民做出新的贡献。

沧海桑田苦战记

湖南省大通湖区第一中学　文章华

1964年惊蛰那天上午，三湘第一内陆湖艳阳高照，一艘崭新的木制小型风网船由东向西缓缓而行，鱼燕伴舞，好一幅水乡优美动画。

船头魁伟的男人胸前挂着望远镜，他是大通湖农场水产养殖分场党总支书记张祜。走着走着，张祜挥手示意停船并介绍："这就是大吉祥。"

大通湖农场党委书记张树森扫视湖面后说："人力沧海变桑田，险阻艰难多多啊。"场长崔聘之说："艰难多谁怕？可咋个战法呢？"副场长武明说："有当年洞庭湖剿匪名将周小弟在，你急啥？"副场长周铁泗微笑着说："哦，看来我得主动请战哟。"张书记笑了："当然，此战挂帅非你莫属，让张祜当你副手吧。"

报请上级批准后，围湖造田战斗打响。首先，在深水中打桩夹筑堤埂槽，此次筑堤埂槽总长度3000余米，双壁总长度近7000米，截围6000余亩。

开工这天，周铁泗、张祜所在指挥船引领十余只船，沿着水利工程师测量设计标出的线路进入水上工地。

因为富有围湖造田经验，支部书记尹蓬莱走在打桩船队最前列，他带领晏光荣、杜有才等20余人沿线栽插木桩。有双船靠拢打桩的，每船各站一人齐举四柄木罩锤，捶打木桩栽插入淤泥中。也有单船打木桩的，杜有才与晏光荣是单船打桩。杜有才双手先把木桩插稳，晏光荣稳立船头，挥臂甩单柄木锤捶打加固木桩，边打边唱："嗨，嗨嗨哟，满妹子啰，快看啦啊哥打木桩哟，打呀啦个打木桩……"年轻的周铁泗笑了："呵呵，劳动号子好听，是放松情绪促进劳动效率的民间口头文学遗产。"一个又一个木桩，栽插得稳稳当当不偏不歪，晏光荣打着赤膊，干得大汗淋漓。

突然，年龄最小的通信员涂林初，从指挥船跳到了打桩船上，大声说：

“赤膊老兄，你辛苦了，让我来试试好吗？”晏光荣停下说：“好呀，涂小鬼你有劲举得起木锤吗？”涂林初不服气地说：“你就看我的吧。”小涂伸手要抢木锤，晏光荣：“慢，先告诉你一点要领再试吧。”便演示了一番说：“站稳桩子，瞄准桩顶。”说完把木锤交给了涂林初。小涂接过木锤吐了口唾沫在手上搓了搓，紧紧握住锤柄。站稳了桩子，大“嗨”一声，举起大木槌甩臂“咣当”打中了，1、2、3……锤锤砸中。突然木锤砸偏，连人带锤落入水中，所有人惊呆了。周铁泗烟头一丢准备跳水救人，晏光荣一把拖住周铁泗：“周场长别急……”瞬间，涂林初已浮出水面，游泳姿势还很优美，大家虚惊了一场。

打木桩持续两天后，夹墙壁工作开始了，此项目由生产队长张锡金负责。大船运来了芦苇，夹壁工作先得在已栽插好的木桩之间再扎横木。根据前人的经验，一捆一捆芦苇以交叉斜叠为最牢固。这项工作必须下水完成，张锡金、锡寅生等多人站在水中，接过从船上递下来的一捆捆芦苇，编排摆好，并用子篾捆绑固定在横木上。水下芦苇墙壁慢慢竖立起来了，锡寅生突然感觉脚板一阵钻心疼痛，他断定罪魁祸首是蚌壳。爬上船洗净泥巴一看，自言自语：“运气挺好，约3厘米长4毫米深，不碍事，止住血就行了。”他跛着脚进船舱找来一块布条给自己包扎，驾小舟巡查的张副指挥长说：“你休息吧，换人下水。”锡寅生抬头笑答：“湖区蚌壳划破脚板是家常便饭，权当抠痒，他们没有干过，等会儿不出血了我就可以下水。”张祜严肃地说道：“我命令你休息。”张祜转头指着递芦苇的叶小满说道：“上面减少一个人递芦苇，小满你下，学着干吧。”又回头说：“锡寅生，你坐船边上教小满干吧，一举两得，既培养接班人，你又可休息养伤。”

午餐时间到了，水中作业的人们都回到了船上。“我的妈嘢，好多蚂蟥！”叫嚷声让人毛骨悚然，头次下湖的叶小满哭了起来，张锡金笑着说：“别哭，蚂蟥天生爱与人亲啵（方言：亲吻），有人早晨在露水草地走过，也被蚂蟥亲上了呢。”大家不再言语，洗尽了蚂蟥叮咬血渍，开始吃午餐。

第五天下午开工不久，突然大湖中央水面有鱼儿蹦跳，指挥船艄公孔祥茂大声喊：“水面鱼起跳，天上风雨到。指挥长，要下雨了。”张祜拿起望远镜一看，遥远天边真有乌云开始向大湖上空快速移动。周铁泗仔细观察了一会说：“孔师傅看天很准，还是老艄公经验丰富。我估计风在六级左右，张指挥，请你紧急通知，把船装得太满的芦苇卸下一部分，防止船被吹翻。”张祜：“好！”随即拿出口哨用劲吹了起来。正在水中忙碌排插芦苇夹墙的人同声齐问：“怎么回事？”张祜大声地：“马上要刮大风下大雨了，赶快把船上芦苇卸掉一部分，防止翻船。”有人仰望天空问道：“哪有要下雨刮风的影子呀？”有人回答道：“相信吧，孔艄公是著名的‘土气象家’。”

“我不信……”人群中似乎有人有不满情绪。周铁泗严肃大声地说：“不允许争论了，马上执行命令！”张祜盯着指挥长心里说：好家伙，终于显露了他当年解放军第四突击队政委的威风。

事发突然，尹蓬莱、张锡金凭着江湖闯荡丰富经验，先将芦苇船移动到木桩附近，牢牢栓稳。然后他俩各负责一些船，让人们有条不紊地把芦苇卸下来，将芦苇竖立靠木桩横木堆放好。忙碌中，不知不觉乌云已经把大湖上的天空全部覆盖，天陡然暗了下来。风，呼啸不止，浪，汹涌澎湃，人们顶风卸载，在齐胸深的水中行走，举步维艰。当芦苇刚好卸载到三分之二时，周铁泗让张祜吹哨收工，令大家进船舱避风雨。不久，一道道闪电，一声声炸雷，接着暴雨倾盆，风力已达到六级以上，大湖波涛汹涌，船只在风雨中不停地摇摆。

洞庭湖夏日风雨往往只走过场，个把小时后又风平浪静。

尹蓬莱、张锡金来到了指挥船，竖起拇指夸奖孔祥茂：“预报天气你真神啊。”孔祥茂说：“我虽有些经验，但远不如喝了墨水的周总指挥啊，刮几级风他都说准了。”

傍晚时分，一篷船驶过来与指挥船靠拢停下，书记张树森、场长崔聘之来了，还有渔场干部罗憧、毛志寿。张政委还没跨上指挥船就大声说：“周指挥、张指挥，你们辛苦了，下午的暴雨狂风可安然无恙？”周铁泗说：“我们没什么，真正辛苦了的是职工群众，多亏了他们哟。”

随后周铁泗将施工进度、质量情况及职工群众精神状态，向张书记做了简要汇报。晚餐后，张树森一行与两位指挥长坐船上岸，走进微弱马灯照亮的工棚里，张树森声音洪亮：“职工同志们，我代表农场党委来慰问大家。打造堤埂围槽深水作业真不容易。我听说蚌壳划开脚板，还权当‘抠痒’不声张；蚂蟥叮咬吸血居然说是蚂蟥与人亲密‘打啵’；脚板被菱角刺扎得麻麻点点说是‘文身’。‘蚌壳抠痒、蚂蟥亲吻、菱角文身’多幽默，多浪漫，多美好的文学描绘啊，农场职工太伟大了，农场党委应该感谢你们，向你们学习致敬。”

回到指挥船上，张树森深情地说：“很多年以后，当这里建起社会主义高楼大厦时，谁会知道人力沧海变桑田，农垦前辈到底有多辛苦呢？”

打桩夹壁工程提前完工了，这湖中千年来第一次横躺着一条3000余米长的双道夹壁水槽，在静静地等待人们进行槽内填土夯实。

工程正式进入第二阶段填土，工地上劳力与船只成倍增加了。陆地土坑最热闹，挥锹舞锄上土忙。坡岸边每条驳船搭上两块跳板，一块跳板进土，一块跳板返回，一个接一个挑土人踏得木跳板“哐当哐当”不停地响。一担一担篼箕装满土垒叠在船板上，垒叠了一层又一层，直到堆码不下为止。

湖面上，20多只船来来往往，踏波劈浪。这是一个漫长的“蚂蚁搬家”过程。到达目标点，船紧靠埂槽栏边，船上男女将篼箕所装泥土倒入埂槽内，直到填满为止。堤埂夹槽壁内全部填满约需15000立方米土，估计填土所需时间比做夹壁时间要多出四倍以上。

九月底，填充堤埂槽总算完工，张树森、崔聘之率领总场领导班子来了。他们望着湖泊深水中，一条3000余米长的“卧龙”横空出世，省农垦局提出6000亩人力沧海变桑田的任务即将完成，面对奇迹，领导们被震撼了。

指挥长周铁泗说：“修筑小堤埂完工，只是围湖造田工作第一步。接下来要调集几十台抽水机，全部抽干圈内约1200万立方米库存水，不知要花多少个昼夜呢！”

人力沧海变桑田谈何易！水抽干后再调数千劳力来此挑土，把小堤埂加宽加高，才能修筑成铜墙铁壁之防汛大堤。到那时已进入数九寒冬，更严峻、更艰苦、需要更长时间……将再一次考验围湖造田的农场职工队伍。将来还有沃土规划与营造良田美景的任务，完美粮仓建设要持续好几年呢。

我是兵团人

甘肃农垦饮马农场　张景春 口述　刘明军 整理

我是那个时代的兵团人之一，也是那个时代的拓荒人之一。我用忠诚和汗水开垦着戈壁荒漠，矢志不渝地建设着兵团这个家园，无怨无悔地为这个家园增绿添香。

——题记

初到戈壁滩

我是宁夏回族自治区吴忠市人。1964年初中毕业后，积极响应党的号召加入了知识青年“上山下乡”的队伍，听着至今仍然爱唱的歌曲《送你一束沙枣花》来到了中国人民解放军农建十一师生产建设兵团农二团，成为一名兵团战士。我们乘坐的火车是在深夜到达玉门镇的。车站很小，天很冷，人也少，一盏暗淡的灯像刚睡醒似的挂在出站口上方，周围漆黑一片。火车在我的脚刚着地后就开走了。几位来接我们的战友热情地接过行李，边走边嘘寒问暖，犹如亲兄弟一般带着我们坐上了马车。伴随着铿锵有力的“驾驾”声，马车就有节奏地颠簸着向前走去。

夜，一片漆黑。戈壁滩的小路崎岖不平，只有马车轱辘的“嘎吱”声和马儿的喘息声在黑夜里回荡，几颗稀疏的星星挂在夜空，我心里陡然升起一种凄凉感。3个多小时后，马车把我们拉到了农二团蘑菇滩八连。到了连队，老兵们麻利地将我们带到了点着一盏煤油灯的连队办公室（地窝子）后，热情地端出了热乎乎的窝头、面糊、咸菜。我们都没有吃。老兵们见我们都不吃，就笑眯眯地说：“这都是好东西，过几天你们都会抢着吃的，呵呵。”这时，连队的指导员就给我们讲话，要听党的话，听毛主席的话，不怕苦，不怕累，扎根边疆，建设边疆等。半小时后，一位战士把我们带到了睡觉的地方——地窝子。

刚到连队的那几个夜晚，战友们想家的哭声大致为三部曲。最初是男女两个窝棚里无伴奏“大合唱”，过两天是分组到沙包后面“小合唱”，再后来是重感情的战友到沙漠深处“独唱”。现在看来，把沙漠变成绿洲良田的正是我们这些“歌唱家”，那无伴奏的“大合唱”就是我们的坚决誓言。想家的时候，我就在窝棚里把煤油灯点亮，趴在木箱上哭着写信。有的战友每天晚上都在煤油灯下写信，油灯的黑烟弥漫在地窝子里，大伙儿早晨起来洗脸时发现鼻孔里都是黑的。我那时给家里的信上都写着“这里一切都好，吃得好、穿得好，请爸妈放心……”的话语。我穿的棉衣棉裤都是从家里带来的，一直不敢洗，因为洗了就没得穿了。外衣是一套黄军装，晚上洗了白天穿；吃的是高粱面和苞谷面做的窝窝头，菜是白水煮的，平时没有肉吃。那时我吃完饭就跟没吃一样，总感觉就没有吃饱过。那时心里想的就是赶快把兵团建设好了，就有白面馍吃了，就不饿了。

挖渠排碱

到连队的工作就是开荒造田。开始的时候拖拉机几乎是昼夜轰鸣，推走沙丘，将地整平了，然后就是人挑土和挖土平地。许多战士为了减轻肩膀疼痛和减少衣服磨损，都做了披肩垫在肩膀上，每天劳动10个小时以上，每10天休息一天。后来连队配了马车，用马车拉土平地。当时的规定是白天马拉车，晚上人拉车，马歇车不歇。

我们开垦出的土地盐碱含量大，有一天，连里接到任务要挖排碱渠。挖渠排碱是解决盐碱地的最好办法，按照“盐从水来，又随水去”的水盐运动规律，改良我们开垦的荒地。当时没有挖掘机，排碱渠全靠人挖。挖渠的时候，大伙儿都鼓足了劲，光着脚丫你追我赶地干活，都想着多干点，快点把渠挖好。由于天天长时间把脚浸在盐碱水里，出来后风一吹，脚上都裂开了一道道血口子，夜里醒来，大伙儿常常感到双腿发僵，但没有人叫苦叫累，没有人请假休息。因为干的是重体力活，团部为每人每天发一斤高粱面。没有菜吃，大伙儿就挖野菜，用开水煮后撒一点辣椒和盐当菜吃。由于长时间吃不到油和青菜，很多人都大便困难。挖排碱渠期间，大伙儿都是凌晨5点就起床，一直干到天黑，一天最多睡四五个小时。男的每天挖10立方米土，女的每天挖7立方米土。

用了近半年时间，我们终于将一条长10公里、宽10米、深8米的排碱渠道修成了。完工那一天，所有人都挥舞着铁锨，望着那一条巨龙似的排碱渠，大声欢呼着，笑着，哭着。那时我就坚信兵团战士意志坚如钢，是任何困难都吓不倒的。自豪感油然而生，我扎根兵团、建设兵团、奉献兵团的信心更加坚定了。

水中人墙

冬灌是兵团农业生产中的重要环节。因为土地的盐碱大，需放冬水压碱来保证来年开春的墒情。冬灌也是兵团最苦最险的活之一。有一年的11月下旬深夜，屋外的嘈杂声将我从睡梦中惊醒。我听见连长在外面呼喊："快起床，大干渠开口啦！"这时紧急集合的哨声也响起来了。哨声就是命令，水口就是战场。大家纷纷跑出房门，扛上铁锨就向干渠跑去。等我到达时，干渠决口已有两米多宽了。水流很急，哗哗地往渠外流。由于渠内都是水，无法取土，大家只能从干渠外取土。人站在渠上，队伍拉得老长，从远处一点点向渠口传土。这时渠外侧也没土可取了，决口却越来越大了。我和几位战友纷纷跳进冰水里，在水中筑起了一道"人墙"。大家手挽手，肩并肩地站在决口处。冰水浸透了棉裤，像钢针般刺透筋骨。这时有战友拿来了一块床板放在"人墙"前面。渠上的人扔下了装土的麻袋，穿梭似的传到渠口处。现场，除了哗哗的流水声，就是铁锨作业的撞击声和战友们的喘息声。一个多小时后，决口终于堵住了。冰水驯服地沿着渠道向前流去。站在渠里的我和战友们双腿都僵硬了，棉裤冻成了"冰筒子"。大伙儿用床板将我们抬到了团部医院，经过三天的治疗，双腿才恢复了功能。至今，那"水中人墙"的往事仍时常浮现在我脑海里。

发展农场

20世纪80年代，我被农场党委任命为二十队的队长。从开垦荒地的一名兵团战士成长为农场的管理干部，我始终认为土地是农场发展的命根子，是农业发展的根本。

盐碱含量高是这片土地的显著特征，因此在农业生产上我一直坚持把土地改良作为一件大事来做。我依托已建成的排灌渠系，用平田整地和排灌排水洗盐法来降低地下水位，通过土壤熟化来培育土壤肥力；通过合理的耕作管理、生物措施和农耕技术措施的综合利用，消除自然土壤长期发育过程中产生的某些障碍因素，使土壤的农业熟化由改土熟化走向培肥熟化，土壤的耕作层不断加厚，有机质和有效养分不断增加，土地的肥力迅速提高。

经过坚持不懈地改良土地，连队农业种植逐步实现稳产高产。我改良土地的成功经验在全场得到了示范推广，推进了农场农业的发展进程，粮食单产也由原来的200公斤/亩提高到390公斤/亩。

即便物资供应相当匮乏，长期住地窝子、喝盐碱水、啃窝窝头……我和战友们硬是从根本上改变了荒漠的模样，实现了从荒漠到绿洲的历史性跨越。我们坚持不懈地开垦荒地、修筑道路、开挖渠道、植树造林、改良土地，边开荒、边生产、边建设，建成了农业基础设施相对完善、可耕种面积达10万亩的农场，耕地面积在甘肃河西走廊一带的诸多农场中都属前列。无数专家、战友付出了生命和汗水，为如今农场的农业快速发展和现代农业建设奠定了坚实的基础。

我是兵团人。如今的我，虽已退休，但没有离开这里。因为我的根在这里，我的身上流淌着兵团的血液。

我是兵团人。如今的我，生活得很快乐，很幸福。我也会经常去看看以前开垦的农田、栽植的林带、修建的渠道和走过的土路。看到这些景象，兵团人开发、建设农场的身影就会浮现在眼前。

我是兵团人。如今的我，眼望着日新月异的农场和随处可见的建设场景，感受到了“艰苦奋斗、勇于开拓”的农垦精神在不断地延续，心里满是幸福和慰藉。

与梦同行

江西庐山综合垦殖场　刘璐

残雪的尽头，你已伫立成一世风景。我静静闭上眼睛，细蕴你这倾世容颜，绽放如花……我的故乡，我的农场，我的梦，百转千回。

我在梦一般的地方出生

小的时候，我的梦里总会出现高山流水的景，云蒸霞蔚的境，阡陌纵横的韵，时常梦见自己在高山流水间飞翔，在云蒸霞蔚里穿行，赤着脚在阡陌纵横里嬉戏……

梦里他乡是故乡。我在梦一般的庐山农垦出生，生在农垦，长在农垦，如今又工作在农垦，当属垦三代了。32年的成长历程时时将我与它连点成线，这片热土怀揣着我儿时的梦，我梦想着自己有一天能够像父母一样在这片热土上挥洒青春，用一生情怀成就代代农垦梦。

秀美庐山，出彩农垦。“不识庐山真面目，只缘身在此山中。”苏轼笔下的庐山，美得内敛而神秘。登览之倾，万象生列，千载之秘，掩隐其中。庐山农垦秉承天时地利人和之美，践行生产、生活、生态“三生融合”的发展理念，成就了庐山云雾品牌茶、碧根果等具有文化内涵的特色产业。如今的庐山农垦，105000亩森林郁郁葱葱，2300余亩茶园茶香阵阵，900亩果园挂果金黄，740亩养殖水库鱼游虾嬉。新农村建设，一排排房屋错落有致，灯亮起来了，路宽起来了，昔日的穷乡僻壤如今已是新楼林立，绿树成荫。回望庐山农垦，看见的是历史，听到的是故事，展示的是一代代农垦人的前赴后继、辛劳付出。每一个美好的事物背后都有一段容易被人遗忘的历史，今天，我想跟你讲讲我的农场背后的故事……

我听着梦一般的故事长大

爷爷是个老农垦人，农场创立之初就在场里工作，一干就是一辈子。小时候，我总喜欢缠着爷爷给我讲他们那个年代的故事。爷爷总笑呵呵地让我搬把椅子给他，缓缓坐下，然后拍拍自己的大腿示意我坐上去。我乖巧地坐着，双手端起爷爷的茶杯递给他，爷爷笑呵呵地接过茶杯，嘬一口杯中的热茶，目光慢慢望向远方，思绪就这样被一点一点拉回到很久很久以前……

庐山，位于江西省北部。古代地理著作《尚书·禹贡》称之为敷浅原，《山海经》则名其为南障山。相传殷周之际，有匡俗者，结庐于山上学道求仙，后人称所居为“神仙之庐”故名庐山，亦称匡山，是久负盛名的风景名胜区和避暑胜地。

新中国成立前，由于日寇侵华，庐山沦陷，侵华战争导致山区人员四散逃离，加之山火不断发生，山林变成荒山秃岭，荆棘丛生。人们吃不饱、穿不暖，只得砍树当柴售卖维持生计，到处一片萧凄的景象。

面对山区生产生活落后的情况，1957年中共中央江西省庐山管理局委员会积极响应中共中央和江西省委提出的“开发山区经济、发展山区生产，把经济上、文化上落后的山区建设成为进步的、繁荣的、幸福的社会主义新山区”号召，随即提出“开发庐山万宝山”的口号，国营庐山综合垦殖场顺势创建。为了便于管理，下设了海会、云中、东林、通远四个垦殖分场。建场初期，先后有434名干部下放到场里，并吸收了154名青年和65名当地农民，以这支主力军真正开始了垦荒拓土建设庐山综合垦殖场的创业之行。

庐山园艺场隶属庐山综合垦殖场，如今被赋予“百果园”的美称。可在解放前，这一带被称为“狂府里”，是“千村薜荔人遗矢，万户萧疏鬼唱歌”的地方，也是血吸虫重疫区。到解放时，除迁移的以外，就只剩下4户本地人家，大片可耕的农田无人问津，处处杂草丛生，尸骨相积，满目疮痍，一片荒芜凄凉的景象。

庐山综合垦殖场成立后，为了改变这种恶劣的人居环境，在党的“上山下乡、开发山区、建设山区”的号召下，庐山的干部知识青年被召唤来到场里，以下放干部祁文淑为骨干，会同来自14个省76个县的500多名工人纷纷赶赴这里，在恶劣的环境条件下，开始了变“狂府里”为“百果园”的垦荒运动。

他们随地铺上稻草，席地而睡，以天为被；没有粮食吃，就挖野菜充饥；没有水喝，就到十多里以外的地方去打；缺少生产工具就自已制造。开荒的战斗打响了，每天，天空刚刚泛起鱼肚白，他们就扛着锄头，拿着铲子，唱着劳动号子出发了："劳动号子嘛吼嘿，整天动地嘛吼嘿，盘古开天嘛吼嘿，唱到今天嘛吼嘿，不怕风儿嘛吼嘿，不怕雨儿嘛吼嘿，愚公移山嘛吼嘿……"一到垦荒区域，就撸起袖子热火朝天地干起来。荒地上杂草荆棘丛生，砍掉一处都要花费很大气力，很多同志干了一会就满手血泡，可是谁都不愿意放下手中的锄头，照样你一锹，我一铲地向荒地进军，谁也不叫苦，谁也不肯落后半步，一干就是一整天，身上的衣服干了湿，湿了又干。夕阳西下，准备收工的时候，同志们总还要发起一轮冲锋，这里有人建议多干个10分钟，那里有人说再垦完这块地，往往一干，就又多垦出一亩荒地来。

为消除当地百姓受血吸虫病的困扰，在大抓生产建设的同时，每年春秋两季，祁文淑组织全场劳动力进行大规模灭螺大会战。铲土埋、药毁、火烧，并开始兴修农田水利工程。通过一系列的措施，很快就取得了消灭血吸虫的胜利。同时把患有血吸虫病的部分职工送到了条件较好的医疗单位治疗，患者很快恢复了健康，积极投身到生产行列，这又极大地充实了生产队伍。

除海会垦殖分场外，东林垦殖分场在庐山山麓西南大片荒山上展开挖山造林战斗，利用交通便利的条件，创办工业企业。通远垦殖分场在挖山造林开辟茶园的同时，还大力发展畜牧业生产，以及粮食、蔬菜、油料生产。云中垦殖分场本着服务好牯岭山头上内外宾的初衷，搞好山林绿化、云雾茶生产外，大力加强奶牛繁殖、种鸡、牛奶、乳制品、禽蛋、蔬菜等商品性生产，并担负国家和省政府主持的新疆细毛羊在南方饲养等项目的科研工作。农垦人就是在这种恶劣条件下，艰苦奋斗，勇于开拓，践行着庐山综合垦殖场建设开发"万宝山"的历史使命。

我追逐梦一般的理想前行

白驹过隙，转眼间庐山综合垦殖场已风风雨雨历经65载。时代的巨轮在不断前进，农垦故事还在延续。怀揣着儿时的梦，我将接过父辈的旗帜，继续逐梦前行。

“十四五”开局之年，我们始终以“垦区集团化、农场企业化、股权多元化”为目标，以“资源变资产、资产变资本、资本变股本”为路径，整合各方资源，根据庐山综合垦殖场行业特点、产业现状，适时组建庐山农垦集团公司，相应成立庐山农垦茶业公司、庐山农垦文化旅游发展有限公司、庐山农垦农业发展有限公司、庐山农垦林业发展有限公司、庐山农垦资产经营管理有限公司等五家公司，有力有序有效推进庐山综合垦殖场高质量发展。

“一杯云雾茶，半部庐山史”。茶业是庐山综合垦殖场的根基产业，作为庐山云雾茶的核心产区，我们将完善“公司+基地+农户（承包户）+专业营销队伍”的运营模式，统合全场范围内3000余亩茶园规范管理，聘请国内权威机构、专家学者，制定出台了独具特色的《庐山农垦云雾茶产业化技术标准体系》。针对不同茶叶品种和茶叶等级，分别从土壤分析、良种推广、种植技法、茶园管理、采摘规格、加工工艺、产品质量、外观标志、流通管理、检验检疫、质量追溯等各个环节进行标准化、规范化管理，并严格监管与控制，形成从优质茶到普通茶的原料分级生产价值链，构建从“茶园”到“茶杯”的全程质量安全“防护网”。在生产环节做到原料物尽其用，在交易环节做到价格物超所值，在市场环节做到消费安全放心。为进一步弘扬庐山云雾茶文化，投入千万元着力打造庐山云雾茶叶博物馆。该馆位于庐山索道旁，以“茶+旅游”相结合为设计主题，集中向人们展示茶园、茶农采茶、制茶、泡茶以及茶叶发展历史等。漫步其中，欣赏自然田园风光景色，品尝庐山云雾茶香，从而能自“一叶”知茶史兴替。

“一枚碧根果，开启致富密码”。碧根果作为庐山综合垦殖场发家致富的“黄金果”已在农垦土地上遍地开花。我们将围绕园艺场的碧根果古树这一珍贵的遗传资源，开展适合江西乃至南方地区的碧根果丰产高产新品种的繁育、示范种植以及大范围推广工作，积极推进碧根果的深加工，始终做到“两手抓”，即“一手抓”种植：碧根果小苗的栽培、大树定植、移植保护老树；“一手抓”宣传：设计、制作碧根果系列产品伴手礼。与此同时，积极探索碧根果树间套种中草药，发展多种经济作物，形成立体种植模式，带动周边农业转型、促进职工就业，实现了一二三产业融合发展，真正成就“一枚碧根果，开启致富密码”，让兴垦区、富垦民的理想不再是梦！

我的故乡，我的农场，我的梦，百转千回。我不知道如何感谢你，目前我的方式就是用你的精神活出我自己。我身上有你的光，有你几代人的灵魂，有你的气息。活出我自己就是活出你，我，与你并肩同行！

火红岁月

——一位军转干部建设农牧场的故事

呼伦贝尔农垦哈达图农牧场有限公司　包福泉　金峰

有72年党龄的内蒙古呼伦贝尔农垦集团哈达图牧场离休干部包宝林，是军转干部。虽鲐背之年，但老先生依然身体硬朗，军人的气质犹存。他离休回到原籍居住生活了很长时间，今年，又回到了哈达图这片他奋斗过也热爱着的地方。

参军入伍　保家卫国显男儿本色

1930年，包宝林出生于江苏省一个小山村的贫苦家庭。1947年，17岁的他和全乡200多名农民兄弟一起加入了解放军的队伍。部队首长见他年纪太小，把他分配到苏北军区保卫班当兵。他小小年纪机灵得很，凭着英勇机智，多次完成上级交给的任务。

1949年2月，包宝林光荣地加入了中国共产党。3月被提升为苏南军区常州军分区机关保卫班副班长。一次分区首长交给他一项任务，把一项作战命令送到100里外的某部队，他步行一天一宿，爬山越岭，找船渡河，按时将命令送到了目的地，保证了战役顺利展开，取得胜利。战斗结束后，他受到领导的表扬，分区首长还把他调到身边担任警卫员。后来又被提拔为宜县丁三区队指导员，并因工作成绩突出被评为优秀共产党员。

1949年，为了加强空中力量，中国人民解放军空军正式成立。包宝林被调到空军第十航空学校担任区队长兼学员，学习飞机的维护保养知识。学校只有语文、数学和飞机维修三项课程，但这对于只上过两年私塾的包宝林来说也是十分困难的。为了尽快掌握文化知识，他每天一有空就捧起书本认真地学，不懂的就向同学和教师请教。校园里的路灯成了他最好的照明工具，每天不到夜间12点路灯熄灭，他绝不回宿舍休息。刻苦学习3个月后，包宝林的各项成绩均合格，获得了毕业证书。回到空军十二师一支队三大队担任机械员，负责一架飞机的维护与保养。一次在保养飞机过程中，他发现飞机有异常情况，立即向场站首长报告。场站及时派来了专家对飞机进行维修，避免了一次安全事故。包宝林也因此受到领导表扬，被提拔为机械师，带领4名机械员，负责4架飞机的维护与保养。此后，包宝林又被调任场站导航兼任指导员。他和战友们以满腔的热血，让一架架“战鹰”腾空而起，保卫着祖国的蓝天。

艰苦创业 将荒原变成“南泥湾”

1958年的春天来得特别早，包宝林所在的部队里到处都在讲，我们的部队要精简缩编，大批的部队官兵要转业，到黑龙江有个叫北大荒的地方，创建国营农牧场。没多久命令下来了，他被确定为转业，4月便带着妻子和儿子辗转到了北大荒，创建了八五二农场，先是当农工后又担任了二连的指导员。

有一次，一个南方的拖拉机助手面对着茫茫的荒野，日复一日地劳作，实在受不了苦，要当逃兵。作为指导员的包宝林多次找到他谈心，动之以情，晓之以理，帮助他解决各种生产生活中遇到的困难。小伙子被他感动，留了下来，后来成为基层的优秀干部。这位干部每当谈起他的成长经历，始终感谢包指导员的帮助和关心。那时的生活条件比较差，方圆百里的草原上只有开荒队两座孤零零的帐篷，空旷的原野上没有人烟，只能听到成群野狼的嚎叫。大量的蚊虫即使戴防蚊帽、住蚊帐，都防不住。交通条件更差，离场部最近的地方也有50里地。机车零件坏了，需要步行去场部领取。一次，一台拖拉机的支重轮片损坏不能作业，为了不影响生产，作为指导员的包宝林，半夜爬起来拿着手电筒跑着去场部。第二天中午，他背着15余公斤重的支重轮片回到开荒队，保证了机车按时出工。经过一春一夏的努力，开荒大队胜利地完成了开荒任务。农场有了大片种不完的土地。包宝林也受到八五二农场的表彰，被评为优秀共产党员。

1960年春，他突然接到通信员送来的命令到场部开会。会上政委高声地讲："王震将军下了命令，让我们农场组成开荒大队到内蒙古的呼伦贝尔盟，帮助蒙古族牧民开垦那里的荒原，种植粮食和饲料，让呼伦贝尔变成塞北的南泥湾。"他被任命为开荒大队二中队指导员。1960年6月末，包宝林带着开荒队进驻了呼伦贝尔三河道农牧场。那时开荒大队有70余人和十几台"东方红-54"拖拉机。二中队有30余人，有干部和后勤人员4人，其他的都是拖拉机车长和驾驶员。开荒任务十分紧张，为完成各项目标任务，他们不知道受了多少苦，遭了多少罪。

当时毛主席号召要"大办民兵师"，先后担任过武装部副部长、部长的包宝林就积极响应编制了哈达图牧场民兵团的建设规划，以生产（连）队为单位成立民兵连，转业军人分别担任营、连、排干部，并掀起练兵热潮。要求民兵每天进行一个半小时的军事训练。在平时的生产中也以班排为单位，发挥民兵的带头作用，做到以军事训练促进生产发展。为了发挥民兵在生产中的作用，他向呼伦贝尔军分区司令部提出了在全场开展"一带二"，即1名解放军战士带2名民兵战士的构想。得到批准后，1966年2月，4950部队25分队的指战员进驻哈达图民兵团，帮助民兵们开展训练活动。那年春天，哈达图遭受了前所未有的暴风雪，平地雪深一米多，参加"一带二"活动的解放军战士和7个民兵连的700余名民兵投入到抗灾保畜的战斗中。一天傍晚，突然刮起了暴风雪，十队的羊群没来得及入圈，2000余只羊随时都有被暴风雪冲散的危险。十生产（连）队基干民兵和十几名解放军战士迅速从村屯中跑步冲向羊群。战士和民兵们手拉起手在风雪中筑起一道"人墙"，把羊群围了起来，战胜了风雪，保住了羊群。通过向焦裕禄、麦贤德等榜样人物学习，场部好人好事不断涌现。八生产（连）队羊群膘层下降，出现了大量的瘦弱羊，如不及时进行良好饲养，损失会很惨重。场部机关的民兵纷纷参加饲养瘦弱羊的工作，使羊群渡过了难关。四生产（连）队有100余头牛由于没有棚舍，需要调到十生产（连）队饲养，而十生产（连）队的牛舍又需要维修，民兵排在排长的带领下不计报酬地完成了维修任务。

在1963年至1968年的五年时间里，包宝林和民兵团的指战员们克服困难，敢打硬仗，获得了一个又一个的胜利，生产进入一个全新的阶段。农业生产连年丰收，畜牧业生产稳中有升，实现了军垦人让荒原变良田、遍地牛羊壮的梦想，一个社会主义新型的农场展现在人们的眼前。

不忘初心 军垦精神放光彩

20世纪70年代初，在哈达图牧场第四次党代会上，包宝林被推选担任新一届党委副书记。

职务变了，可军人的本色一点也没有变，包宝林做事讲原则，守规矩，深受农场职工的爱戴。一次，有个生产（连）队正在作业的收割机坏了两口轴承，队里保管员着急到总库领件，总库保管员正在下象棋，让领件的人等他一会，下完棋再说。队里的保管员把问题直接反映给了正在场党委会议室开会的场领导。几名常委说开完了会再去解决问题，包宝林说："会议比生产还重要吗？队里正在生产，耽误不得，解决完问题我们再开会，收割麦子可不等人。"他狠狠地批评了下象棋的总库保管员，并作出给这名总库保管员警告处分的建议。总库保管员是一名转业军官，包宝林掷地有声地说："军转干部更应该模范地遵守党的纪律，不给他点处分，以后再这样下去那可了不得。"这件事在农场引起很大反响，人们议论到："包书记连转业干部犯错误都照给处分，咱们可千万不要破坏纪律啊。"

"要想搞好农场的经济建设，需要全场拧成一股绳，心往一处想，劲往一处使。要求职工做到的，干部要首先做到，要求基层干部做到的，党员领导干部首先要做到。"这是包宝林经常挂在嘴边的一句话，也是他多年做党务工作的切身体会。

1976年，包宝林到生产连队蹲点。到生产（连）队后他组织工人进行了广泛的大讨论，让大家谈自己的想法，提出改进工作的意见。职工们的积极性一下子调动起来了，团支部、妇联也配合党支部的中心工作，广泛开展了学习雷锋，做"五好职工"的活动。全连政治工作搞得有声有色。场党委在连队召开了政治工作现场会，部分先进机车组和生产班组的先进人物在现场会介绍了经验，收到了良好的效果。

那一年农业大丰收，可是收割机械力量差，2万余亩麦地，只能靠5台"GT-4.9型牵引式收割机"收割。一遇上大雨，割晒的麦子粘在地上，收割机的弹齿弹不起来，致使捡拾器也无法工作。面对这种情况，他和连队领导商量，把全队的职工和家属都发动起来，连小学生都参加了翻麦趟的会战。两个月起早贪黑的秋收生产结束了，连队获得了农业大丰收，亩产500斤。

冬天到了，职工们想着总算可以稍做休整。包宝林却把冬闲变成了冬忙，他从场部找来技术人员，对靠着菜园子的2000亩土地进行改造，计划把旱地改成水浇地。听到这一消息，干部和职工议论纷纷，都不看好此事。包宝林多次找职工们谈心，跟干部们交流，逐渐解除了干部职工的顾虑。于是，一场轰轰烈烈地打井、建水渠的工程在寒冬腊月里展开。全连120余名男女职工全部上阵，打井工地一天24小时分成三班倒，包宝林亲自带一班人下井作业。一连两个冬春，在全连职工的不懈奋战下，4口大眼井投入使用，为2000亩土地实现旱涝保收奠定了基础。

包宝林在十四生产（连）队蹲点3年。3年里，他与职工同吃、同住、同劳动，推动了各项工作向前发展，队里生产力也有了很大提高，连队生产生活面貌发生了很大的改观，涌现出大批的先进工作者和劳动模范。

看到如今祖国的繁荣富强和农场人的幸福生活，包宝林感慨地说："60年前农场人提出'安电灯电话，住宽敞楼房，吃大米白面'的目标，如今早已实现，现在的好日子超越了当初的设想不知多少倍。人们的生活水平有了非常大的提高，已经走在了小康路上，我们一辈子为之奋斗的血汗没有白流。这些都要感谢党的领导，感谢国家的各种好政策，百姓们才有了如今富足安康的幸福生活！"

农垦人旗帜永飘扬

山东省作家协会　董爱玲

对于农垦人这个称呼，我也是最近才有所了解。

2020年9月份，我被邀请来山东寿光清水泊编写农场志书，通过查阅资料，对这个地方开始有了深刻的了解。

早在多年前，我就知道寿光有个清水泊，但极少从媒体上看到她。她低调内敛，从不随意宣扬自己的优势，这么多年，一直默默无闻地做着自己的事情，出于这些，在我心中，清水泊是一个充满神秘和诱惑力的地方。

今天，我近距离走进她，从农场总场到巨淀湖第一分场，到蔬菜种植基地、养殖场、水稻田，与她有了亲密接触，并深刻了解到清水泊人的胸怀与内涵，充分体会了农场产生的原始魅力。

沿着小清河一路往西，途经塌河、织女河；秋天的景色尽收眼底，道路两旁的风景树，苍翠中透出红、黄、白、绿等多种颜色，随着车子的前进，在眼前不断掠过；偶见白鹭双双，喜鹊欢叫，大雁低回，在迎接我们这些初次谋面的客人；沿河而下，心中不免想道：今日呈现在眼前的每一株秧苗、每一棵蔬菜、每一处养殖场、每一棵树，都是经了风霜的。

草莓西红柿

走进清水泊蔬菜种植基地，最引人注目的，是温室中挂在支架上弯弯绕绕的藤蔓，一个一个粉衣绿脖的西红柿，分散挂在长长的藤蔓之上，可能怕西红柿太多会把藤蔓坠断，隔一段就用铁丝吊一下，以此分解藤蔓的压力。通过了解得知：这种西红柿属于特殊培育品种，它不同于普通的樱桃小西红柿，也不同于普通的大西红柿，这样的西红柿名为草莓西红柿。这个品种极度抗旱，一两个月浇一次水，这样生长出来的西红柿口感好，价格也高于其他品种。

摘下一个放进口中，浓浓的西红柿味道在舌尖缠绕，让我瞬间找到儿时吃到西红柿的那种滋味，那滋味是浸透了阳光和风雨所形成的一种天然味道。

普通的西红柿属于蔬菜类别，算不上是水果，

清水泊农场生产的草莓西红柿，味道沙甜、爽口，早已超出水果的口感。我还了解到，农场生产的“绿源清水泊”草莓西红柿被评为“优品蔬菜”，得到了广大用户认可。

在清水泊农场的草莓西红柿种植基地，我又尝到了那年春天的味道。

绿色水稻田

这里是一片百亩水稻田，这个时节的水稻正泛黄，还有十几天就要收割了。即将收割的稻田早已断水，田间逐渐开始干燥，以免太潮湿影响到收割机进出。

站在地头，呈现在眼前的，是一片黄色汪洋稻海，风一吹，像水一样柔软、细腻，又像一幅油画，在天地间铺展而去。随手摘下一个稻穗，用手搓去稻壳，里面是圆鼓鼓的原白色米粒，随之，一股稻香飘忽而来。

大米口感与品种息息相关，还有一点最重要的，清水泊农场的水稻只种一季，并非像热带地区一年耕收两三茬，从口感而言，这又是一个很大的区别。一块地一年之内连续耕种两三次，无论是土质营养、还是重茬种植带来的不利因素，都会对生产出来的农作物品质有影响。土地也会疲惫，即使加大施肥力度，土地依然有它的疲惫与贫瘠期。有些肥料还未来得及全部吸收，下一茬水稻又插上了秧苗，这样的土地种出来的水稻，应该远不如清水泊农场只种一茬的稻子颗粒饱满、口感好吧。

清水泊农场大米，承载一段泛黄的光阴故事，在岁月无声中酿造出经典之美。

天然饲养场

隔着很远的距离，就看见这些大白鹅，足有上千只，它们身着雪白的羽

衣，在一片小树林中蹒跚而行，看见生人，集体舞动翅膀，嘴里发出“嘎嘎嘎”的叫声。

它们的家园是这个方圆几十里的大园子。园子很大，中间有一条土路隔开，分作几种动物的饲养圈，距离大白鹅不远的另外一个圈里饲养的是绵羊，一片很辽阔的树林中只剩三五只绵羊，一问才知道，羊儿长到了一定的重量，刚刚卖出去，小绵羊还未买进，目前刚好是空档期。绵羊们身着灰白的卷卷毛，正在一棵树下啃着地上的青草，似乎并不在意谁来谁去，谁在它身边逗留，谁在给它拍照。那些都与它们无关，它们安静地过着自己的生活，在自己的世界，安守度日。我望着它们，不由想起那句诗——现世安稳，岁月静好。

继续往里走是养猪场，整个饲养中心，养猪场是占地面积最大的，里面养着近百头大黑猪。工作人员告诉我，原来这里养着近千头猪，但因为当时猪肉价格很高，幼猪仔价格又很高，所以，大猪卖了出去，暂时也没有买进幼猪仔。

养鸡场在紧邻道路的西侧，那里有一片小树林和一条小河，鸡场与羊圈一河之隔。

小时候的记忆总是特别清晰，尤其是一些印象特别深刻的事情。我小时候家里穷，自家养的鸡下的蛋一个都舍不得吃，攒起来留着卖钱给我交学费。我家的房檐下盖了一个五尺见方的小鸡窝，十几只鸡拥挤着住在里面，我们每天天不亮就去打开鸡笼，鸡们撒了欢地在院子里跑来跑去，有“轻功”好的，还能展开翅膀飞到高高的草垛上去，顺便也会将蛋下在草垛顶，还淘气地在鸡蛋上面留下几坨鸡粪，大人们捡鸡蛋的时候顺便也会抓到一把鸡粪。

心存久远的记忆，今天来到清水泊饲养场，一直在寻找鸡笼，或者鸡屋子，结果连个鸡窝也没找到，却看见小树林的荒坡上聚集了上千只鸡。它们有黑色黄色的翅膀，还有纯白色的，正在山坡上寻食吃虫。

我这才恍然大悟，原来饲养场里的鸡都是散养的，要有自己觅食的本领，所以，这里产的鸡肉绿色无公害，吃起来更加筋道有嚼头，营养成分也高。

清水泊人

国营寿光清水泊农场成立于20世纪50年代初期，后来，此处又成立过许多个机构。这里曾是山东省青年农庄、官台养猪场、清水泊种羊场，昌潍地区“五七干校”、中国人民解放军济南军区生产建设兵团等的所在地，一直到1975年7月，兵团撤出，国营寿光清水泊农场正式成立，至今。

清水泊农场地处寿光市北部，这里曾经只有一片白茫茫的盐碱地，除了一些盐碱植物，甚至连棵树都长不大，是一代一代的清水泊人改变了这块荒地。他们响应国家号召，不远千里坐着火车，乘着轮渡，带着一片赤诚之心，怀揣理想，远离家乡，来到这个荒凉偏僻之地。他们在这里忍耐，在这里牺牲，在这里牧羊、喂猪，他们在荒原植树造林，在荒地发展农业，在盐碱地上建设工业。

从20世纪50年代建场初期到今天，半个多世纪的奋斗，从贫穷到富有，从寸草不生到绿树成荫。在时间的长河里，百年只是一瞬间，而对于生活在这期间的所有人来说，却留下太多宝贵的回忆和人生经验。

农场故事源远流长，几十年开垦荒地植树造林，整合林中养殖资源，形成鸡、鸭、鹅、猪、羊等多种禽畜的生态饲养场。修建道路，建设居住区，如今，这里已成为人们居住的风水宝地，不断有人从四面八方来这里参观、交流、学习、贸易。这里大片的盐碱地变成了寿北“小江南”，旧颜新貌凝结着清水泊几代农垦人勇往直前的勇气和他们一路走来不服输的精神。

在这个秋天，清水泊农场的故事好似刚刚开始。新时代，农场发展的脚步正如疾风闪电般一路向前，无论是商业、农业，还是养殖业，都逐渐进入科技化时代。农场虽然很少宣传自己，但“酒香不怕巷子深”，依然吸引着四面八方的宾客前来游玩观光和商业合作。

时代在进步，农场在发展，老一代农垦人鲜艳的旗帜在现代农垦人手中迎风飘扬，毫不褪色。远远望去，这里风和日丽，美丽富饶，农场的自然风光，成为寿光北部地区一道多姿多彩的风景线。

将军的眼光和农场的蝶变

广东农垦湛江农垦局　孙远辉
广东农垦湖光农场　韦利克

“农场要推广多种经营方式”“从场部到柳秀水库，要搞成旅游区”……王震将军生前先后来湛江农垦湖光农场视察指导工作19次，从1956年至1988年，历经半个多甲子。他眼光高远，不仅给湖光农场送来了米棉粮谷、牛羊猪兔，而且在经营战略上给予全方位的悉心指导，让农场在改革发展中推陈出新，不断前行。

“战略”眼光：实施综合经营

1956年，王震在视察湖光农场受寒害橡胶林时，发现受害轻的橡胶树周围有成活的树木。他表示，这说明在这种环境下是可以种好橡胶树的，要赶紧召集专家、技术人员总结经验，做出规划，一定要把橡胶树种好！次年2月，他冒着寒风冷雨视察橡胶林时说：“农场要富，除了种好橡胶树外，要进行多种经营，否则，在产业发展上是要吃亏的！”

1975年春，湖光农场经济陷入萧条。当王震看到倒塌的猪栏、损毁的鸡场、枯黄的橡胶树时，他鼓励大家：“乌云总会散去的，我们要挺起腰杆来，一手恢复多种经营，一手搞副食品加工，为城市服务……”1981年，他再次视察农场时指示：希望湖光农场在农工商综合经营方面带好头，做个榜样。

在王震无微不至地关怀和精心指导下，湖光农场在1960年实现粮油肉菜自给，1975年上交国家稻谷17.5吨、香茅叶16吨、橡胶22万株、积肥17000吨，同时给湛江市供应猪肉、粮食、蔬菜等农产品，湖光农场也被称为“南国的南泥湾”。

这种综合经营、不搞单一产业的战略眼光即使到今天仍然没有过时。2001年后，湖光农场主打甘蔗产业，兼营蚕桑、花卉、果蔬、生猪、肉牛、淡水鱼等产业，农场经济发展步入正轨。

“合作”眼光：开启垦地合作

“农场要推广多种经营方式，养好猪、奶牛和三鸟，要为湛江市区服务，还要争取出口。”1957年2月17日，王震在视察奶牛场和香茅加工厂时说。他要求当时的湛江专署支持农场实施综合经营发展战略，发展多种产业。同年3月28日，他视察农场，要求大力种植林木，搞好绿化工作，并要求农场提供树苗绿化赤坎至霞山一、二线路及湖光岩至铺仔圩公路。从此，垦地合作拉开序幕。

进入21世纪后，农场和地方合作进入新阶段。2009年广东省农垦总局和湛江市委、市政府签订了加快推进地方与农垦合作发展的若干意见、加强地方与农垦合作发展框架协议等文件，将湖光农场纳入垦地合作先行先试示范区范围。

2014年，湛江市政府将农场定位为湛江市西城新区，并与湛江农垦联合召开了多次联席会议，确定了多项合作具体措施，双方合作进展顺利。如今，湛江南国花卉科技园游客如织，湛江教育园建设如火如荼，机电、幼师、技工等学校已经建成办学，园区其他学校正在紧张有序的建设中，人气越聚越旺，鲶鱼效应不断显现。

近年来，湖光农场平稳健康发展，经济效益、社会效益和生态效益显著，而且连续16年重大安全事故为零，环境污染为零。

“突破”眼光：发展生态旅游

“从场部到柳秀水库，要搞成旅游区。”1982年，王震在视察农场时说。在今天看来，这种眼光是极具远见的。因为农场主打产业是甘蔗，在甘蔗产业发展遇到瓶颈的情况下，农场的出路在第三产业——旅游业，而湖光农场又具有旅游资源禀赋。

湖光农场地处湛江市西部市郊，是城乡交汇的“金三角”和交通“咽喉”，地理位置优越。场部距机场、港口20多公里，场域内有火车站，粤海铁路、湛徐高速公路、海湾大桥西连线二期工程、湛江疏港大道、广湛高铁贯穿全场，形成了纵横交错的海、陆、空立体交通网络，方便快捷。

同时，湖光农场旅游环境得天独厚，土地连片集中，坐拥志满、柳秀、五里、新坡和谭高等5大水库，光照充足，雨水充沛。农场内几乎“零工业”，环境接近“零污染”，地下水极其丰富，并富含各种矿物质，对人体健康极为有益。

目前，湖光农场已对生态旅游产业进行规划，形成了以农场场部为中心区的生态休闲中心，以7公里环场部绿道串联起来的闭合圆环形线路，以南北X668、东西X670相连接构成的“丁字形”发展轴，以“高阳工业园区”“柳秀生态农业观光区”“新坡教育园区”“火车西站物流园区”为布局的观光区，休闲生态旅游效应凸现。

农垦精神闪耀青松水库

辽宁省葫芦岛市农垦集团　夏心杰

辽宁省葫芦岛市前所果树农场已走过近70年的风雨历程，历史磨灭了多少记忆，暗淡了多少陈年旧事，唯有青松水库的碧波一直在荡漾，仿佛传唱着老一辈农垦人激情燃烧的那年、那事……

“青松突击队”挖塘蓄水

20世纪70年代中期，前所果树农场种植的2.5万亩果树相继进入丰果期。随着果树供水需求量的不断增加，农场各队的生产用水出现困难。为解决水源，时任农场八队革委会主任的于洪达提议，在发源于燕山余脉流经八队的刘家沟沟底挖塘蓄水。这个提议得到了大家的积极响应，陈启远、马国义和刘玉平等近40名青年纷纷报名参加水源地建设。

青年是一支富有理想和朝气的队伍，为了表达不畏艰苦和扎根农场的坚强意志，他们成立了“青松突击队”，唱响了战天斗地改造山河的青春之歌。

北方的冬季天寒地冻，一铁镐刨下去，石砬子上只留下一个白色的镐刃印迹。为提高效率，队里决定打眼放炮。没有炸药，队员张国通熬了两个通宵终于将由硝铵、锯末和柴油组合的炸药炒制成功。为了制作出称心顺手的工具，刘占魁和张文凤垒起了烘炉，把磨秃了的铁镐钢钎锻打、加钢、开刃。一个个困难被克服，蓄水塘也在大家齐心合力的奋战中一点点扩大。

“青松突击队”的行为感染了场领导，经农场革委会主任高松山倡导、水电科勘测设计，农场决定在刘家沟建一个浇灌全场果树的国家三级水库。

修建水库"大会战"

1977年6月，农场成立了水库建设指挥部。场革委会副主任姜绪荣任指挥部的指挥长，王国平、薛维生、刘凤楼和闫活宝任副指挥长。

指挥部向全场30个基层单位下达了"全民大会战"的动员令，要求全场职工轮流作业。一场近千人的"全民大会战"，让沉寂的刘家沟一时人欢马叫、机器轰鸣……

修建水库就要建拦水大坝，为了保证大坝质量，需要在坝址地表往下挖掘4米深、5米宽、400米长的地槽，然后再铺上黄黏土并一层层夯实，名为"黄土心墙"。库容挖掘出来的土石方护到"黄土心墙"两侧即为大坝。

8队革委会副主任赵忠臣是全场出了名的生产虎将，在大坝建设大比武中，从抡大锤打炮眼到夯打"黄土心墙"，他带着姜德冒、刘有生和徐恒连等一批悍将，坚持保持各项施工进度第一，始终把持着流动红旗，成为各作业组学习的榜样。

比大坝建设更为壮观的劳动场面是库容的挖掘，在广阔的作业面上，30支作业队依次排开，7台75型东方红和2台100号推土机轰鸣在各作业点推土啃石；各作业队工人忙着将沙土石装上拖拉机和大马车运往大坝两侧护坡；施工长高殿文带着近20名施工员现场指挥作业，一向大嗓门的他常常喊哑了嗓子。工地上，各单位队旗、流动红旗迎风招展；指挥哨声、喇叭声、机器轰鸣声、马嘶声、"啪啪"的鞭梢声、号子声和拉歌声，声声汇成了雄浑的劳动进行曲。

农垦精神就是力量

农垦人最听党的话，他们有舍小家顾大家的胸怀，有吃苦耐劳艰苦创业的执着，有改造山河，建设社会主义新农场的拼搏精神。

在水库建设中，刘家沟里住着的刘占魁、刘连升等13户人家需要进行动迁。为不影响水库规划作业，13户人家在工友们的帮助下迅速行动，从搭建简易棚到搬迁仅用了两天时间。

一个工作日的标准时间为8小时。水库工地实行两班倒，一个工作日是

12小时，每天加班4小时。没有作业任务的非水库施工人员，如学校师生、医院医护人员，利用休息日都到工地参加义务劳动。工地没有食堂，工友们自备干粮，为的是节省回家吃饭的时间多打一孔炮眼、多拉两车土石……

经过一年多的奋战，坎长400米、坝高13.5米、占地700亩、容量125万立方米的水库主体工程竣工。水库动用土石方近10万立方米，总造价120万元，其中国家投资30万元，农场自筹资金90万元。

表彰会上，“青松突击队”被授予“先进集体”，水库以突击队的队名命名为“青松水库”。赵忠臣被授予“劳动模范”，赵春学被评为“优秀推土机手”。

在随后的两年里，农场又修建了6万多米的水渠，使青松水库的水浇灌到农场全境果树。

青松水库促进了农场果业的发展。1983年，农场水果产量达到近3000万斤，实现利税450万元。

老水库的时代新歌

2001年，农场以青松水库为依托，自筹资金187万元，开始修建国内领先的青松提水管网自动灌溉工程。这次水利建设得到了农业部农垦局和省、市政府的大力支持，拨付资金达440万元。

经过数年持续建设，农场的2.5万亩果树全面实现了提水管网自动化，为农场果业的进一步发展夯实了基础。

光阴荏苒，青松水库没有因悠悠岁月时光而暗淡，却像一颗绿色明珠闪烁在农场怀抱、滋润着农场的勃勃生机。

如今的青松水库不仅是农场果树生产的主要水源地，还是国家AAA级风景区，成为人们休闲、垂钓和观光的好去处。

清澈的青松水在荡漾，一层层波涟似乎在歌唱，歌声里有对昨日的追思，还有对明天的向往……

沙河情思

湖南省西洞庭管理区　陈本福

沙河，见证了西洞庭农场建立的那段辉煌岁月，承载了老一辈农垦人的初心，也寄托着我对当年那些拓荒者的思念。

沙河位于西洞庭城区附近，南北长4.1公里，面积120公顷，虽然不大，但却是西洞庭现存最长的一条河。西洞庭唯一的公园——沙河公园，就是在沙河南段的基础上建成的。沙河以前曾是马凌航道的一部分，北起清水塘，南达泥港口，进而连通湖南两大水系——沅水和澧水。我18岁那年第一次从清水塘走进西洞庭，首先映入眼帘的，就是这条沙河。后来由于工作关系，我听了不少关于沙河与农垦人的故事，渐渐地对沙河有了一种莫名的情结。

在荒洲湖泊上建场

1954年10月18日，湖南省人民政府作出《关于修复洞庭湖堤垸工程的决定》，湖区人民遵照省委、省政府确立的“重点整修、医治创伤，清除隐患，险堤加固，有计划地并围堵口，合修大圈，争取农业丰收”的方针，开始系统治理洞庭湖，以祝丰垸为中心，将民主、阳城、盛家、九百弓、高阳、西耳、集城、马家、飞燕、王毛岭、仁义、涂家湖、文书湖、毡帽湖等15个大小垸子合并为民主阳城垸。

这一片早自唐代就开始围垸，至明代已围修宿郎、官堤两垸，至民国后期，垸内先后围有大小障垸80个，面积19.7万亩。由于洞庭湖水情的变化，湖床逐渐上涨，水位逐年抬高，围垸堤垸又各自为政，任意垦殖，与水争地，缺乏系统的治水方法，致使堤垸密如蜂窝，堤身矮小单薄，稍遇大水多遭淹渍，形成堤垸此起彼伏、兴废交替的恶性循环。

1955年1月16日，湖南省委派出一支由49人组成的勘查小分队，从南县草尾镇省修湖指挥部出发抵达常德县国立乡农场，次日踏入西洞庭湖建场区开始进行实地查勘。2月4日，中共湖南省委农林工作部圈定农场定案场界，并埋下界桩。省委批准按定案场界，以民主阳城垸西隅的祝丰垸为中心，围垦荒洲湖泊，建立西洞庭农场，总面积105平方公里。5月30日，国家计委对西洞庭农场建场问题予以批复，同意建立国营西洞庭农场。

洞庭湖有东洞庭湖、南洞庭湖和西洞庭湖之分。西洞庭湖泛指赤山以西湖泊群，澧水流经东北，沅水横贯其中。西洞庭农场位于西洞庭湖的中部。此地自西汉以来，一直属常德管辖。

1955年2月，最先来场的干部、职工开始搭工棚、建茅草房，安定生活。4月中旬，调集近百名干部，招收1472名工人，用德特54拖拉机8台、卡车3辆、拖车2台、抽水机10台、棉花播种机9台、条播机9台、联合收割机1台、五铧犁7台、耕牛302头，执行“边开荒、边生产、边建设、边扩大、边积累”的五边方针，采取“先易后难”“先水田后旱田”“先秧田后本田”“边犁、边耙、边滚、边播”“点播水稻、抢插湖秧”等方法，开始垦荒生产，抢种稻、棉、高粱等作物，扩大播种面积。

建场初期的住和行

那时一个队只有两栋工棚，一个工棚长30米左右，住50来个人。搭工棚的材料是晚上打突击从壕口堤或铁甲咀背回来的。搭工棚大体分为三个步骤：第一步是搭房架。首先得用木材或楠竹扎成一个个“伞”字形架子，再把架子串在一起做成房架，立在地上，绑上楠竹檩子。第二步是编茅扇。用茅草的一头夹在两块竹板中间，用草绳缠紧，便是茅扇。第三步是总装。把茅扇一层层依次挂在楠竹檩子上，从棚顶一直拖到地下，北边用来挡北风，南边是敞口、权当是门。棚里一边一条长楠竹架，架子上铺满篾片、芦苇，条件好的铺稻草。这种通铺就是白天坐人、晚上睡觉的地方。棚的中间有一条约70厘米宽的走道，棚的中柱上挂盏马灯，用作照明。

由于湖区地势低洼，土质松软，又没有基础，这种工棚根本经不住大风的袭击。一天晚上，一阵狂风一下子将工棚上的茅扇吹翻了，职工们只好一起钻到茅扇和被子下，在风雨中过了一夜。

工棚虽然简陋，但好歹还可以安身。来得早的一些职工，甚至连落脚的工棚都没有。一名叫袁家余的职工，就在牛舍里住了三天。

农场最初分为3个作业区、10个生产队，外加1个机务队。沙河东岸是一作业区三队的队部。除了总场和三队以外，各个作业区和生产队还没有照明电，也没有三相电，更没有电话。于是，照明就靠马灯，通讯就靠旗杆。无论你在哪里干活，只要晚上看见旗杆上升起了马灯，或者白天看见旗杆上升起了旗子，就可以收工了。无论在室内还是野外，工棚里、晒坪上、扮桶旁、稻田边，哪里有困难，哪里就有马灯，哪里就有光明、有希望，哪里就青春焕发、生机勃勃。

那时农场没有路。由于芦苇荡或湖泊人迹罕至，走的人本就不多，即便是偶尔有人走过，也不会留下什么痕迹，因此，迷路是常事。一天，有一个孕妇即将分娩，医生周泽琼傍晚时分从总场出发，在芦苇荡里转悠了一晚上，直到听到广播，才循着声音走出芦苇荡。等她赶到孕妇家时，婴儿早已顺利出生。

开荒种稻，颗粒归仓

开荒先要砍草、挖树兜，然后再用牛翻耕。三队开荒的地方大多是灯芯草，间或有芦苇、杨树。砍湖草使用的工具是茅镰刀，也有使用板刀的。茅镰刀的刀片像弯月，刀柄2尺左右，使用起来比较轻便。板刀的刀片1尺来长、2寸来宽，刀柄有2米多长，技术熟练的人，用力一扫就可以砍倒一大片草，一天能砍6～7亩。有时碰着一株杨树蔸，就得用砍刀。刀子砍上去一弹一跳，震得虎口发麻。

旱地里开生荒种高粱要开两次荒，第一遍用铧犁深耕，第二遍用重耙砍，水田开荒种水稻则只需犁一次。

水田犁好了，接下来是作田埂。作田埂不能一次到位。先是两个人垒毛坯，一个人往下按住扯板，一个人拽住绳子用力往上拉，把泥浆堆出水面，造出雏形，然后第二天一个人再用单板修整成田埂。

四月中旬，早稻种子已经下泥，插秧的季节快要到了，大田还没有翻耕完。为了不误农时，就组织人力拉，三个人一张犁，一个人在后面掌犁，两个人在前面拉，大家轮流转。

四月下旬要开始抢插早稻了。此时气温上升，翻耕后埋在泥土里的杂草开始腐烂。有的湖毒气重，蚊子、水蛭、蚌壳多，插秧的人没有谁手脚不烂的。第一天只是脚有些痒，第二天手上、脚上、腿上痒得钻心，晚上睡在床上抓个不停，越抓越痒，越痒越抓，直抓得皮破血流，以后便开始糜烂。有的烂得血肉模糊，痛得大汗淋漓，走路时地上留下斑斑血迹。秧苗根须上没有脱掉的种谷，有一头特别尖利，最爱钻空子，一不小心就会碰到手指上的痛处，痛得眼泪直流。那个年代缺医少药，大家只好早晚擦一些红汞水、紫药水和凡士林，擦得到处红的红、蓝的蓝。晚上在田里做事，蚊子叮咬，眼皮打架，不免用手去摸脸，结果弄得满脸药水。第二天一看，大家都像化妆的演员，红的像关公，蓝的像包公，你望着我笑，我望着你笑。

那时候晚上打突击是常态，不打突击是特例。白天由于炎热，用牛的工效不高，于是人们就晚上打突击用牛。晚上虽然凉爽，但蚊子猖獗。有一种俗称“舍命王”的牛蚊子，嗡嗡声特别大，牛只要听到它的叫声就乱蹦乱跳，招架不住。陈新庚和伙伴们只好给牛披上牛蓑衣，全身糊满烂泥巴。人怎么办？也糊泥巴！一个个活像泥菩萨。

由于1954年洞庭湖区遭遇特大洪灾，大半个湖南失收，粮食要从贵州运来，因而十分紧张，职工只好吃麦麸饭。所谓麦麸，就是用小麦皮磨成的粉。吃饭时八个人一桌，就地围成一个圆圈，中间放一钵盐菜、一钵汤。人在哪里，哪里就是桌子。有的蹲在地上，有的索性坐在地上。大开荒、或大收季节，饭菜是送到田里吃的。有时刚才还好好的天，一下子就乌云滚滚、下起倾盆大雨，人们只得用蓑衣遮雨，吃着吃着，碗里就全是雨水了。

去年秋天我去拜访省劳模谭锡庚，他虽耳聪目明，但腿脚不好，站着难受，坐着难受，躺着还是难受，唯有蹲着才舒服，在地上一蹲就是一个多小时。他的蹲功，应该就是那时练成的。

天热了，丰收了。看着金灿灿的稻谷，谭锡庚心里美滋滋的。为了及时把稻谷颗粒归仓，谭锡庚和队友们吃住在田边，累了就歇一会儿，困了就在稻草堆里打个盹，实在不行就把双脚伸进麻袋、被单蒙头一盖，热也好、蚊子咬也罢，睡上一觉，醒来接着又干。天当帐，地当床，多么惬意啊！就这样，谭锡庚在打谷场上连续奋战了11个昼夜。

1955年，农场当年共开春荒26129亩，伏荒11516亩，全年春夏播总面积42422亩，收获主粮总产1129.8万斤，其中上交国家粮食648万斤。

西洞庭农场的建立是新中国成立后党和政府领导劳动人民系统治理河湖的历史产物。它把较为先进的物质技术装备和社会管理引入生产领域，立足于较高的起点，避免了经济发展漫长而徐缓的自然历史进程，唤醒了这片神奇的土地。

流年似水，山河无恙。今天，沙河南岸悄然崛起了一座现代化新城，东岸变成了百亿工业园区。蓝天白云之下，我仿佛听见沙河对我说，哪有什么岁月静好，只不过是有人在负重前行。

万古不废的沙河，不舍昼夜，静静地流，流过春秋，也流过我的心头。它流走了拓荒者的青春，但流不走他们用青春和汗水铸就的农垦精神，也流不尽我无尽的思念。

岳父的垦荒岁月

山东省作家协会　杨延斌

我的岳父叫陈志华，生于1928年。他从少年时起就投身革命，参加过抗日战争、解放战争，1958年以后，又远赴北大荒垦荒。岳父的垦荒岁月留下很多难忘和感人的故事。

从少年游击队到北大荒垦荒队

岳父14岁那年就在山东老家拉起一支少年游击队，开始在方圆百里打鬼子，他是这支游击队的队长。抗日战争胜利后，他领导的游击队并入中国人民解放军第三野战军第三纵队第九师第二十五团，他本人是这个团的侦察排长，后为连长、副营长、营长。他在抗日战争中，参加了打鬼子除汉奸的上百次战斗，拔掉过鬼子几十个据点或炮楼，除掉过不计其数的铁杆汉奸，给八路军输送过多次缴获的子弹，尤其是战场紧缺的急救医用品、鬼子的小钢炮和炮弹，配合八路军护送高级首长穿越敌占区，紧密地配合八路军在山东创建过多个抗日根据地。解放战争中参加的大战役有莱芜战役、济南战役、枣临战役、孟良崮战役、淮海战役，其中多次负伤，最后在1948年11月徐州贾汪的一次突击战中头部受伤，在打扫战场被抬到尸体堆时，一个战友偶然跌倒砸到他身上时，才发现他还没断气，随后被支前民工转移到山东菏泽地区医院养伤。伤愈后响应部队党委号召，就地转业到曹县一个叫桃源集的地方工作，出任乡长。这时他才了解到，同村5个14岁参加游击队的少年，因为在几次战斗中被打散失去联系，活下来的就剩他一个人，其余4个弟兄都死在了抗日战场或者解放战争的战场上。

1958年，国家号召华北华中华南几省的青年人，志愿支援开发建设北大荒，因为他了解到老部队整建制地转业到了北大荒，就在当地协助政府组建起一支赴北大荒的垦荒队，由他带队包坐一节火车车厢，开赴现在的黑龙江省友谊农场。当时的农场干部级别比较高，农场场长是师级，分场场长是团级，他这个营级干部被分配到基层单位，前后担任生产队队长，基建队和场部机关的支部书记。

越是当官越是带头干

北大荒开垦初期是没有房子的，家家先是住地窖、拉合辫、干打垒的草苫房，后来升级到土坯房就已经很知足了，直到20世纪70年代末才在分场场部住上砖瓦房。

岳父率领的垦荒队到达友谊农场一分场是春天，倒春寒很让人难受，但毕竟多干活或者多穿衣能够抵挡。最难以忍受的是热起来的六月天，那些瞎蒙（虻）、小咬（蠓）、蚊子、马蜂、蚂蟥、草爬子（蜱虫），还有那些叫不上名字的种种蠹虫，让人躲也没处躲，藏也没处藏，简直防不胜防，让人难以忍受。岳父曾经说过，那种被蚊虫叮咬的滋味儿绝不比打仗好受。

那时候农场的机械化还没有普及，能帮着人干活的马也不够用，他所在的生产队，一开始是用人力拿镢头或铁锨刨地翻地，播种时用人力拉犁，或者拉播种机。1981年他成为我的岳父后，常常跟我讲，在开荒初期，越是当官，就越得带头多干。干部是名副其实的排头兵，布置工作是业余的事儿，主要时间得下地领头干活，有水坑得第一个下去，有麻袋队长书记要第一个扛在肩膀上。有好事儿得往后站，一直站到最后一个，就算是在田间地头喝口水，也得让别人先喝。那个时候，党员干部都有一种毫不利己专门利人的精神，比的是看谁替群众分担困难多，争的是看谁把好事让给别人多。争先恐后地吃亏，在吃苦受累流血流汗中争当表率，称他们高风亮节，最为贴切。

糠菜团子、杂面馒头和鸡蛋

岳父在友谊农场一分场当生产队队长书记时，农忙季节人人都得带着干粮咸菜下地干活。在1960年春天的一天中午，因为当时全国都在闹饥荒，即便是产粮食的北大荒，粮食也不宽裕，有的人家里孩子多，担心自己带到地里的干粮太寒酸，不敢当着大家面吃。岳父发现有个很能说笑的人，一到中午吃饭就远远地躲着大家。感到蹊跷的岳父拿出侦察兵脚步轻的本事，悄悄走到那个人的背后，看到他吃的是用手巾包着的一团白菜帮子拌粮糠。岳父一把抢过那包糠菜团子，把自己带的4个杂面馒头递给他，说："你是共产党员这不假，但你的身子是从娘胎里出来的，不填饱了肚子，咋能有力气冲在前边带头多干？你不是也当过八路军嘛，这四个馒头就是4个日本鬼子，我命令你干掉它们！"

那个人眼含热泪吃下馒头，岳父却守着他，大口大口地吞咽那包糠菜团子。看不下去的那个人哽咽着说："陈书记呀，你给我吧，那东西太难咽了！"

岳父边吃边说："我说同志啊，你在八路军队伍里，啥时候看到过军官比战士吃的好过呢？八路军的干部不都是这个样嘛。在打仗的时候，你听说过哪个国民党军队的军官给他的士兵洗过脚？那你又听说过有哪个八路军军官没给战士洗过脚？这就是八路军能打胜仗的本钱！"在此后的几天里，岳父天天中午紧盯着那个人，至少要把一半干粮让给这个人吃。有一天下午，岳父昏倒在地垄沟里。他苏醒后说："我头部有子弹没拿出来，晕倒是常有的事。"他挣扎着站起来想继续干活，但没走几步又昏了过去。

人们以为岳父得大病了，赶着马车把他送到分场卫生所。大夫却说他没啥病，是饥饿的结果，给他打了50%高浓度葡萄糖。分场领导闻讯，以党委的名义给他特批2斤红糖。后来他把2斤红糖分给4家孩子多的家庭，说这是党支部救济给他们的，还对连连道谢的他们说："你们不要感谢我，该感谢共产党。"

那个几乎天天中午能吃到岳父给的馒头的人，一听说陈书记是饿倒的，就千方百计凑到10个鸡蛋送到卫生所，并嘱咐大夫不要说是谁送的。

第二天一大早，岳父违抗分场场长让他休息五天的命令，又下地干活了，并顺便把十个鸡蛋拿给那个吃他馒头的人说："你家孩子多，拿回去给孩子们蒸几回鸡蛋糕吃吧。"

那个人误以为岳父知道了鸡蛋是他送的，就流着泪说："陈书记呀，你这不是当面打我脸嘛！"当他看到岳父一愣神儿，才恍然大悟岳父并不知情。他知道，自己的这种无意间"坦白"是得不到书记"从宽"的。

果然，岳父严厉地责怪他说："我要是把你这10个鸡蛋吃下去，你还不如拿刀子捅了我呢。你家连顿全粮干粮都吃不上，咋能把鸡蛋给我吃呢？我要是真吃了，恐怕没病也得吃出病来。"

那个人却眼含热泪说："陈书记，我这个党员今天就豁出去犯错误啦，你要不把鸡蛋拿回去吃到嘴里，我就代表全家当着大伙面给你下跪。兴你当官的吃苦在前，就不兴俺们关心一下干部吗？你这么一头热我不服啊！"

感到很无奈的岳父半开玩笑地说："当年几个敌人端着刺刀包围我，我都没服，今天可让你把我整服啦！这样吧。"岳父说着使劲把一个鸡蛋弹破，一仰脖把生鸡蛋喝进嘴里后，还是要求那个人把剩下的9个鸡蛋拿回家。

能有个地方住就很知足

岳父在生产队安排农活时，会把清闲的活儿给体弱者，但是亲属除外。他的大舅哥多次要求他这个妹夫给安排个好活计，他就是转着弯地找理由不给安排。两个人之间为此一生几乎不走动。

1981年5月2日，一分场场部一场大火，几乎烧毁了所有房子，岳父家连双碗筷都没抢出来。正赶上那年7月2日我和妻子结婚，他连十块钱的礼都拿不出来。我们看到老人家在红兴隆火车站送行时的一汪浑浊的眼泪。

因为岳父在一分场是少有的老干部，场部在火灾后分配住房时，书记和场长同时找他谈话，说为了照顾他是抗日老同志，想给他特批几间好住房。岳父却说："我不需要组织照顾，我一家老小能有个地方住，就很知足。"

岳父的老战友或老上级高升之后，都表示："以前没有条件提拔你，现在可以从生活方面多照顾你。"

岳父却不以为意地说："比起我那些死在战场上的战友，我活着就是一种偏得。你们当上大官，能让我这个土包子进门喝口茶，你们来场里能看看我，我就知足啦！"

用脚步丈量这片黑土地

大兴安岭农垦集团公司　李慧

我们到程德鑫家中采访时，他由于年轻时脑部遭受过重创，加之疾病的原因，已经对过去的事情记得不太清楚了。从程德鑫女儿口中，我们得知了这位曾经用脚步一步步丈量出农垦黑土地的老人的不平凡的一生。

参军入伍

1949年，年轻的程德鑫在上海参军入伍。1949年5月，杭州解放后，笕桥中央航校由中国人民解放军空军部队接管，仍作为航空学校和军用机场使用。程德鑫作为接管部队中的一员来到笕桥机场，担任地勤教官。

笕桥中央航校是1928年11月成立于南京的中央军校航空队，是中国空军的摇篮之一。1930年，蒋介石决定在原中央军校航空班的基础上，择址杭州笕桥，扩建为中央航空学校。当时航校设施齐全，设备先进，由国内优秀的军事人才担任教官，影响遍布全国，至抗战前培养了500多名飞行员和航空机械等方面的空军人才，被誉为“中国空军的摇篮”。

程德鑫入伍时，抗战刚刚结束，新中国即将成立。多年的战争让中国人民深深意识到航空航天的重要地位。然而此时中国的飞机制造业基本处于“一穷二白”的状态。解放军接管笕桥中央航校后，中国开始组建自己的空军。笕桥中央航校大大加快了中国空军建设的步伐，有力地推动了中国航空技术的发展。

当时的程德鑫在这里任地勤教官区队长一职，主要做行政管理工作。他是高小毕业，文化水平不高。为了能当好教官，程德鑫利用一切闲暇时间，认真学习，专心备课。他的讲课十分受学生的欢迎，深入浅出，很容易理解。

在担任教官期间，程德鑫和同事们培养出了很多优秀的飞行员，其中就有参加过抗美援朝的第一批女飞行员。当提到学生时，混混沌沌、记忆不甚清晰的程德鑫竟然完整地说出了一句：“她们特别地勇敢，吃了好多苦，付出了比男学员多出几倍的努力！”

开发北大荒

1958年，程德鑫所在的部队响应中央号召，整建制转到黑龙江八五〇农场，开发北大荒，从此开启了他与黑土地的不解之缘。1962年，程德鑫到谢尔塔拉任开荒指挥组组长。为了更大面积地开荒、更好地种地，勘察荒原便成了当前工作的重中之重，也是程德鑫和同事们来到北大荒的第一要务。

踏查荒原是一件极辛苦的活儿，不光要查清可垦荒面积，还要了解土地类型、地面植被、土壤结构等自然资源，还要确立好建场方案，选好场部与生产队的建点位置。谢尔塔拉是蒙古语“金色草原”的意思，拥有丰富的湿地资源，然而在今天看来这如画的风景却在当年险些要走了程德鑫的命。

在一次勘测过程中，程德鑫不慎落入水塘中，混杂着腐烂植物的泥水埋到胸口。当时同行的人吓坏了，急急忙忙地冲过来要施救。程德鑫临危不乱，冷静地大喊：“你们不要过来！不要再有人掉下来了！”说话间他用两条胳膊架在一旁的塔头墩之上，阻止自己继续下沉，同时示意其他人找来一些树枝递给他，一点一点往坚硬的地面上拉。生死关头，程德鑫想到的第一件事，是不能害得其他人跟自己一起丧命。

对于南方人来说，难适应的不仅仅是饮食上的差异，谢尔塔拉冬季滴水成冰的气温是最大的挑战。那时常常刮“白毛雪风”，在外边走不了多远就将人的眼泪鼻涕都冻在脸上。有时晚上下雪把门堵住，像一层厚厚的冰墙，需要用铲子从里边一点点刨出一条通道，人才能出去。

有一年的风格外大，有一次竟将指挥部一名同志连人带马都卷进了大雪泡子不见身影。这天寒地冻的，旷野白茫茫一片很容易让人迷失方向，若不及时将人找到，就会有生命危险。程德鑫和同事们捂得严严实实，穿上厚厚的“毡疙瘩”，几人一组，从多个方向出发寻人。万幸的是人最后找了回来。回到屋里众人都冻得两股战战，为了不造成人体组织坏死，只能用雪慢慢地揉搓半天，才敢裹上毛毯，喝口热水。

军人作风

1980年12月，程德鑫调到大杨树农场局农林处任科长。在子女眼中，父亲对家庭照顾不多，他全部身心都扑在了单位上。记忆最深的就是父亲是个很爱学习的人，每当闲暇时候，就捧着《毛泽东选集》和《邓小平文选》细细品读，认真做笔记。有一年他订了《北京师范》杂志，来一本学一本。虽然是主抓生产任务，可每次开会领导的总结、计划，很多时候都是他帮着熬夜写的。他的工作作风就是千方百计想办法解决问题，出色地完成党交给他的工作。也正是这种家风影响了子女们，他们在各自的岗位上发光发热。

程德鑫的军人作风一直在工作中延续。在生产供销科当副科长分发物品的时候，也是实打实地按照规章制度办事，从来不会因为谁对他好，或者关系亲近，就私下多给发物品。正是因为他的正直和坚持原则，引发了部分人的误解和不满。“文革”期间，他被错划成反动派，受了不少委屈，腿部落下了残疾。但他宁愿自己多吃些苦，也从来不肯随意指认无辜的人。

“文革”结束，平反后的程德鑫重新走上了工作岗位，可他从来不会因为自己身体上的不便向组织提要求。那时冬天需要烧柴，程德鑫没办法上山，只能让几个子女自己想办法。有人劝他，用公家的车给家里拉些柴火吧，程德鑫拒绝了，他说：“那是公家的车，要拉也是给知青们拉！他们远在他乡不容易，更需要组织上的温暖！”

采访结束，我们往外走的时候，因为知道我们是从家乡来的人，程德鑫老人不顾身体不便执意把我们送到大门口。我们的心情久久不能平静。今天的年轻人没有经历过那段艰难的岁月，正是老一辈农垦人当年的努力奋斗，才有了现在农垦人幸福的生活。

周恩来总理与黄泛区农场的建立

河南省黄泛区实业集团　翟勇

朋友，你知道黄泛区农场吗?

黄泛区农场位于豫东平原周口市西华、扶沟两县境内，是一个农工商综合经营、农林牧全面发展的大型国有农场，它是按照敬爱的周恩来总理的指示建立起来的农场，也是全国唯一用“黄泛区”命名的单位。

或许你对“黄泛区”的含义和黄泛区农场的建立情况还不十分清楚，那就让我来告诉你吧!

黄河，是中华民族的摇篮，是中华民族的“母亲河”，是中华文明最主要的发源地。然而，黄河也是一条桀骜难驯的忧患河。从公元前602年到公元1938年的2540年间，黄河泛滥多达1590次，其中大的改道26次、重大改道5次。黄河的泛滥，给中下游人民带来了无数的灾难。“黄泛区”就是黄河水泛滥的地区。从广义上讲，凡是黄河水泛滥的地区都是“黄泛区”。但“黄泛区”作为一个特殊的地理名词，是专指1938年6月“花园口事件”后黄河改道泛滥的区域，它承载着一段悲惨的历史。

1938年6月，侵华日军占领豫东重镇开封后，大举西进，威逼郑州、武汉。国民党军队难以抵抗日军机械化部队西进，蒋介石悍然下令扒决郑州北面的黄河花园口大堤，“以水代兵”，阻滞日军进犯。混浊的黄河水一泻千里，向东南方向迅猛推进，在黄淮平原随性肆虐，最终形成了跨越河南东部、安徽北部及江苏北部的44个县市、面积达54000平方公里的“黄泛区”，受灾人口1250万，死亡人口上百万。1938年11月，张爱萍将军戎马倥偬中曾写下了一首《黄泛行——经西华到鹿邑》，真实地描绘了当时黄泛区的悲惨景象：“黄河大堤决，一泻千里泽。御寇美其名，人民遭浩劫。遍地若汪洋，水天难分界。村合断残垣，良田俱湮灭。尸骨逐水流，人畜喂鱼鳖。屋顶丧家犬，树梢鸡啼血。不知谁家猫，见主声凄烈。”

从1938年6月9日黄河花园口决堤，到1947年3月15日花园口堵口工程实现合龙，黄水持续泛滥8年零9个月。“百里不见炊烟起，唯有飞沙扑空城。无径荒草狐兔跑，泽国芦苇蛤蟆鸣。”这就是当时黄泛区的真实写照。1947年5月原国民政府行政院善后救济总署关于黄泛区的报告，也不得不承认：“漫漫走沙，愈演愈大，一片荒烟，到处凄凉……古人云，‘鸟飞不下，兽铤亡群’‘田园荒芜，庐舍为墟’，用之泛区不惟不甚，且只能道其十之二三耳……昔日中原乐土，今时人间地狱。”

1945年8月15日日本宣布无条件投降后，根据国际协定，联合国善后救济总署对20多个遭受战灾的国家和地区进行援助。救济物资由各会员国提供和民间募集及各慈善团体捐赠。

1946年6月至1947年6月，联合国救济总署中国分署先后向黄泛区运送各式拖拉机250多台，另有6台自动式“麦斯”康拜因。联合国救济总署中国分署在黄泛区的救济工作，主要有3个方面，一是先后在尉氏樊家村、漯河、方城程庄等地办了5期曳引机训练班，培训学员300多人；二是在黄泛区的腹心西华、扶沟县内建立了3个复垦队，用机器垦荒；三是对灾民发放熟食、衣服、劳动工具，并实施打井、捕蝗、修路等开发性救济。但由于当时正处在战争时期，救济工作只能是杯水车薪，成效不大。

1947年11月25日，联合国第三次代表大会决定撤销善后救济总署这一机构，撤回派往各国的工作人员。当时国民政府成立了行政院善后事业委员会接管善后救济总署的工作。其附属机构有黄泛区复兴局，负责办理豫皖苏黄泛区复兴事宜。该局辖有河南、江苏和安徽三个业务管理处。但此时国民政府在战局上正节节败退，直到1948年9月底，国民政府仍未给复兴局拨发经费，复兴局基本上没有开展业务。

新中国成立后，党和政府十分关心和重视黄泛区的建设。早在新中国成立前夕，中原临时人民政府就组织了黄泛区调查组，进行广泛的社会调查，掌握了大量的第一手资料，为黄泛区的土地改革和复兴提供了可靠的依据。1949年12月，在新中国成立后的第一次全国农业生产会议上，河南代表、时任河南省农业厅厅长许西莲和豫皖苏行政公署农垦学校校长崔玉华就黄泛区复兴问题分别做了大会发言。发言强调，1938年6月的“花园口事件”不仅造成人民生命财产的空前损失，而且导致黄泛区生态严重恶化，土地大面积沙化和盐碱化，许多地方黄沙深达数米，人民生活十分困难，希望国家重视黄泛区的复兴工作。周恩来总理对许西莲、崔玉华的提议高度重视，立即表示要组建高规格的黄泛区复兴委员会，把黄泛区的复兴作为国家的一件大事列入重要议事日程，尽最大努力搞好黄泛区的复兴工作。

1950年2月，中央黄泛区复兴委员会正式成立，当时的中央财经委主任、政务院副总理陈云兼任主任，成员有财政部部长薄一波、水利部部长傅作义、内务部部长谢觉哉、农业部部长李书城、卫生部部长李德全等。1950年3月21日，中央黄泛区复兴委员会复兴局在当时的河南省省会开封成立，局长由河南省政府主席吴芝圃兼任。为便于统一协调、全面开展黄泛区的复兴工作，当时的华东区派解放战争时期在豫皖苏边区工作，曾任中共宿（宿县）蒙（蒙城）怀（怀远）工委书记、皖北行署专员的赵一鸣任副局长，另一副局长则由1933年8月就参加中国共产党、长期在豫东从事革命斗争的路岩岭担任。3月27日，复兴局由开封搬到黄泛区的腹心西华县城黉学庙办公。

在党的领导下，一场大规模的重建家园的复兴运动蓬勃兴起。为尽快恢复生产，改变旧貌，国家拨出专款，并号召农民返乡生产，规定谁开荒谁种地，3年不交公粮，这些政策极大地调动了人们的生产积极性。1950年4月，农业部又分配给复兴局70多名拖拉机驾驶员，组建机耕大队进行垦荒。随后，农业部部长李书城和以梁漱溟为团长的中央视察团又分别到黄泛区督查复兴情况。

据《中央黄泛区复兴委员会复兴局一九五〇年工作简报及今后工作意见》记载，复兴局成立一年主要抓了4件大事：一是协调当地政府，组成几十万人的治河大军，先后疏通了颍河、贾鲁河及双洎河，排除了内积水，确保了农业生产顺利开展；二是开展卫生防疫工作，医疗大队诊治病患者170多万人次，有效地控制了疾病的蔓延；三是组建机耕大队，动员和帮助农民开荒种地，机耕大队累计开荒1000多万亩，其中机耕40多万亩；四是在扶沟练寺、西华清河驿建起了两个苗圃，在西华西夏亭建起了一个8400亩的农场。

1950年12月，赵一鸣、路岩岭受吴芝圃委派赴北京向复兴委员会汇报工作。陈云将此事报告给周总理，周总理在中南海召开指示会，并亲自到会听取了汇报。周总理对黄泛区复兴工作非常满意，说："完成得很好。唯农民房子没有建起来，按粮食收成，比许多县还要好些。地可以按户分给农民，三年不要粮。地多人少，农民分不完，黄泛区可以建个大农场嘛。"与会人员一致同意。

经过紧张筹备，1951年1月，在原复兴局基础上，黄泛区农场正式建立，路岩岭任场长。不久，中共河南省委又派共青团河南省委第一副书记张延积到农场担任党委书记。1951年6月27日，复兴局兼局长吴芝圃、副局长赵一鸣、路岩岭向中央黄泛区复兴委员会书面报告："我局奉令已于（1950年）十二月三十一日结束，自（1951年）元月一日起改组为国营黄泛区农场，所有水利测量林业人员及器材等，已分别移交河南省农林厅，分由水利、农业两局接收外，其余行政机构人员及机耕器材均由农场留用。"

在党的召唤下，一大批干部和农村积极分子从祖国的四面八方云集到这块荒漠贫瘠的黄泛区腹地，开始了艰苦创业的伟大历程。

把一生献给黄泛区农场的科技专家

河南省黄泛区农场　翟国胜

黄泛区农场位于豫东平原的西华、扶沟两县内，是一个农工商综合经营、农林牧全面发展的大型国有农垦企业，也是农业产业化国家重点龙头企业，是河南省重要的小麦良种繁育生产基地和生猪养殖出口基地。如果你有机会走进黄泛区农场，请你一定到黄泛区农场场史馆看看，看看场史馆里“全国农业生产先进集体”“全国现代农业建设示范农场”等一块块闪光的奖牌和产业发展历程中一串串跳动的数字，听听讲解员那饱含深情的叙述。在农场众多的劳模谱里，你一定会记住一个人的名字，那就是为黄泛区农场畜牧业发展做出突出贡献的原场总畜牧师、享受政府特殊津贴的科技专家沈志奎。

无怨无悔扎下根

沈志奎，1929年4月出生在风景秀丽的浙江省慈溪市一个书香之家，父亲是南京邮电学院的教师。1952年8月，沈志奎以优异的成绩从广东中山大学畜牧兽医系毕业。他不留恋江南水乡，也不向往大中城市，而是唱着“革命人永远是年轻”，来到了一年前刚刚创建的黄泛区农场。

1938年6月，国民党军队难以抵抗日军机械化部队西进，蒋介石下令扒决郑州北侧花园口大堤，导致豫皖苏44个县市受淹，受灾人口1250万，形成了54000平方公里的黄泛区，黄泛区农场由此得名。“百里不见炊烟起，唯有黄沙扑空城。无径荒草狐兔跑，泽国芦苇蛤蟆鸣。”这就是灾后黄泛区的真实写照。沈志奎到黄泛区农场时，处处黄沙弥漫，杂草丛生，有的地方蒲草、黄蒿深可没人。职工住的是低矮的茅草棚，吃水时就地挖个深坑，待水渗出半坑后，取出来在桶里加白矾沉淀，等十几个小时后才能饮用。风起沙扬，人们往往是“晴天一身土，雨天一身泥”。

环境是艰苦的，但沈志奎的情绪却是高昂的。他每天笑哈哈地出现在简陋的猪舍里，夜以继日地工作，闲时还和饲养员一起打扫猪舍卫生。但出人意料的是，接踵而至的政治运动，让沈志奎面临一次次严峻的考验，上大学期间沈志奎曾到香港探过亲，就被怀疑是“香港特务”，因此时常受到审查，长期被“控制使用”。尽管工作上兢兢业业，但仍是评不上先进，入不了党。在挫折面前，沈志奎没有灰心丧气，他坚信组织上一定不会冤枉一个好人，早晚会还自己一个清白。他把痛苦埋在心里，每天依然是早上班、晚下班，不怕脏，不怕累，白天辛辛苦苦地工作，晚上则在昏暗的煤油灯下整理技术资料。时间久了，职工们也不再相信一心扑在工作上的沈志奎会是什么“香港特务”。沈志奎在赢得职工信任的同时，也收获了爱情，他和来自开封的一位姑娘在农场结了婚，扎下了根，就这样在农场工作了一辈子。

兢兢业业搞科研

沈志奎在黄泛区农场一直默默无闻地从事畜牧兽医技术的研究、推广和管理工作。生活条件差，他不计较；工作待遇低，他不放在心上；即便是因为莫须有的罪名长期受到不公正的待遇，也一直没有动摇他搞科研的决心。

农场起初养的母猪是项城、西华、扶沟三县的土种黑猪，沈志奎到农场后，就开始着手进行猪的杂交改良工作，培育出的花猪生长快，不得皮肤病。农场就将这种猪命名为“泛农一号大花猪”。1961年，在农垦部的主持下，成立了以黄泛区农场为主，北京农业大学、河南农学院、百泉农专、河南农科院参加的育种协作组，制订了培育“泛农花猪”的具体方案和选育指标，沈志奎担起了育种协作组主持人的重担。一次次摸索，一次次试验，沈志奎不分昼夜地辛勤攻关。1972年后，沈志奎采用闭锁群体继代选育法，一年一个世代，代代闭锁选育，缩短世代间隔，加强基因组合概率，终于有了重大突破。通过5个世代后，培育出的“泛农花猪”体型外貌基本一致，该猪耐粗饲、不择食、易养、病少、长得快。母猪平均每胎产仔11头，初生重

1.1公斤，肉质良好。用“泛农花猪”作母本与长白猪杂交一代育肥，日增量可提高3.5%～15.4%，瘦肉率增加2.27%～6.02%。与本地猪相比，屠宰率、瘦肉率分别提高15.2%和8.7%。尤其通过一轮杂交，瘦肉率可进一步提高到52%～55%，日增量0.6公斤，7月龄可达90公斤出栏体重，节约费用50%。香港五丰行赞誉“泛农花猪”皮薄、肉多，骨头细，瘦肉多。

1977年，沈志奎的科研成果终于得到了组织的认可；1978年5月他出席河南省科技大会，获“重大科技成果奖”；1980年9月加入中国共产党，实现了自己多年的夙愿；1983年5月，北京农业大学、山西农业大学、中国农科院等21个科研单位和院校的31位专家、教授来场，对“泛农花猪”的培育成果进行了鉴定验收，称誉“泛农花猪”广受喜爱。1983年6月10日，《河南日报》头版刊发消息《“泛农花猪”肉脂兼用 经鉴定肉脂良好建议推广》。1983年10月，该项目获原农牧渔业部科技成果二等奖。

1989年1月，沈志奎任黄泛区农场总畜牧师，负责农场畜牧技术。同年，河南省养猪协会成立，他被推举为理事长，承担起全省养猪业的指导工作。1990年春，他领导黄泛区农场建起了全省第一个大型工厂化养猪场。1992年10月，沈志奎被评为国家级专家，享受政府特殊津贴。

丹心谱写“夕阳红”

1994年8月，组织上批准沈志奎办理了退休手续。许多人都说：“老沈忙了一辈子，可该歇歇了。”可沈志奎视事业如生命，哪里会歇得住，他又担任起了场畜牧公司的技术顾问，忙前忙后，用丹心谱写“夕阳红”。

为了实现饲养生猪良种化，沈志奎先后主持制订了“杜洛克”“大约克”良优品种选育方案，为培育良种奠定了技术基础。为解决仔猪早期断奶后的环境刺激问题，他结合猪场实际，提出了转圈母猪、留下仔猪、减少应激的“去母留仔”饲养新办法，使70龄段的仔猪平均增重2公斤以上。针对妊娠母猪产仔弱和死胎多现象，从1996年起，他与技术人员一起，经过两年多的精心实验，成功地完成了“补硒壮仔”的科研课题，使仔猪成活率提高10%以上。在注重种猪选育、科学饲养的同时，他又对饲料新产品开发的技术问题进行了研究，完善了产业链，使企业有了新的经济增长点。

沈志奎注重对年轻人的培养工作，通过授课和现身说法的形式，将自己的专长毫无保留地向年轻人进行传授。他每年为本场技术员和饲养员讲课10多次，指导技术人员撰写科研论文数10篇。在他的指导下，场牧业公司形成了一支高素质的技术团队，还有3人先后走上了场级领导岗位。

1998年沈志奎随儿子定居郑州后，仍情系农场畜牧事业，坚持一个月回农场一次，到猪场转转看看，问问工作情况，与年轻的技术员聊聊天，帮助他们解决一些技术上的难题。2000年8月，沈志奎光荣地出席了河南省离退休干部先进集体、先进个人表彰大会，其事迹材料《老骥伏枥志千里，丹心谱写“夕阳红”》在大会上交流。

2011年，沈志奎在回忆录《我与黄泛区农场》中表达了对农垦事业的深厚感情，文中写道：“农场党组织和职工给了我很多荣誉，我特别珍惜，也非常感谢。如果有来生，我会用全力来报答。”

2015年6月18日，沈志奎因病与世长辞。斯人虽去，风范长存。黄泛区农场的广大干部职工，将会永远记住这位为农场的发展作出突出贡献的科技专家，他无怨无悔献身农垦、历经磨难初心不改的高尚品德将永远激励着人们在新的征途中勇往直前、不懈攀登。

白手起家造大船

北大荒农垦集团八五九农场有限公司　郑浩

黑龙江农垦八五九农场1974年自行建造了“燎原401”号机动轮船。一个农场、非专业船厂建造出大型机动轮船，在垦区历史上是前所未有的。

说干就干，从头开始

1972年初，农场交通运输还很落后，公路是沙石路，一开春就翻浆；而水路仅有3条木制船，加起来也只有120吨位，完成一次航行要耗时13天。为了解决物资运输难的问题，黑龙江生产建设兵团六师二十三团（八五九农场前身）决定自己动手建造一艘机动轮船。

6月，团修理连接受造大船的任务。8月，团修理连副连长徐士海与姜永宏、曲文亭几名老同志一起带领来自修理连的16名技术人员组建造船队。在一无经验、二无设备、三无技术的情况下，开始白手起家造大船。

想造船，却发现连图纸都没有。徐士海费了好大的劲，才从大连造船厂找到一份280吨位轮船的图纸，但他们要建造的是400吨位的大船。徐士海翻来覆去地计算，结构图看了一遍又一遍，逐渐产生一个在现有的图纸上加宽、加长船体来增加载重的技术设想，这个设计方案与计算得到了当时佳木斯港务局袁立本工程师的认可。

12月底，袁工程师被请到现场，当他看到造船队自己建的船台时，惊讶极了，不敢相信能在这么简陋的平台上造船。

袁工程师花了一个多月的时间给大家做具体指导。他教大家看图纸、放大样、理解船体曲线，还利用晚上上课辅导，讲解图纸上标识的学名与作用及造船知识。

元旦过后，在没有任何造船专业机械设备的情况下，大家用双肩把第一块钢板抬上了船台，接着2块、3块、5块、10块……每块钢板都是1.4米×6米大小。

1973年春节一过，造船队就全面开工。曲文亭带着8名小青年，加工船体的关键部件——船首的鼻子。为了方便加工，造船队特意做了一个地炉子，将钢板放在上面加温。曲师傅手持一个带锤，8个小青年每人一把12磅的大锤，在带锤的指挥下，叮叮当当、叮叮当当地敲着加温好的12毫米厚的钢板。整整干了一个星期，终于敲出了船首的弧形。船首被焊接到船头后，整个大船顿时气势大增，蓬“船”生辉。

从造船开始，徐士海就没睡过一个完整的觉。他时常向青年人传授各种识图、下料的技巧。在船体整体焊接阶段，为了把钢板焊口焊透，造船队绞尽脑汁。一次，徐士海从一本介绍国外焊接技术的杂志中看到碳弧气刨技术时，顿时眼前一亮。如果掌握这种技术，造大船的主板焊缝就可以一次焊接成功，但是当时国内没有应用这种技术的经验，更没有可用的焊接气刨工具。不服输的徐士海同技术员姜永宏、焊工师傅徐兆曾一起，对现有的焊钳进行改装，历经无数次试验，经过近10天的努力，功夫不负有心人，终于取得成功。

炎炎的夏季，阳光的照射和钢板反射的热浪让人喘不过气来。在这种环境下，施工人员每天都穿着被汗水浸透的工作服24小时不间断地坚守岗位。在一个30多平方米的船舱里，每天都有五把焊钳同时工作。一到夜晚船台上弧光闪闪，火花飞溅，格外壮观。全体造船人员克服了一个又一个困难，攻克了一个又一个堡垒，在不懈的努力下，工程突飞猛进，船体一天一个样，隔堵、骨架、龙骨都相继安装到位。船体逐渐成形，昂首挺立在乌苏里江边的船台上。

不知什么原因，从大连找来的图纸唯独缺少电气部分。负责人赵寅生处长和徐士海很为难，便找到修理连电修车间负责人李仁，希望他带头承接大船的全部电气工作。李仁接受了这个艰巨的任务，带着他的徒弟鞠斌进驻场地，他们连大船也没坐过几回，从来没有接触过机械船，更谈不上经验了，一切从零开始。

电气任务的首要工作就是绘制图纸，包括船舶启动、航行、停止、航行信号、报警信号、船上照明、生活用电、防爆防潮线路及设施等部分。他们搜遍渔业连，找到两艘拖轮，李仁和鞠斌仔细研究船上的电气设备，并虚心向老船员请教。由于乌苏里江是界江，所有界江航行的船只，都要遵守明确的灯光显示与使用的统一规定。他俩就在乌苏里江边观察苏联过往船只的信号，研究国际航行信号的规则，观察船上的各种报警信号和航行灯的设置等。功夫不负有心人，仅用半个多月时间，二人就绘出了大船电气部分的完整图纸。

图纸有了，电气器材的采购又成了大问题。20世纪70年代物资匮乏，很多器材在市面上无从寻找。幸运的是，鞠斌通过多方联系、请人帮忙，采购到了关键的电气材料。对采购不到的电气设备如配电盘、各种防爆防潮设施，修理连电气车间的同事们便自行研制、生产。

与此同时，团里先后派人去佳木斯市航运局学习驾驶，去饶河学习船运管理，为首航做好了充分准备。1975年初，团里还安排5人去大连军工船舶修理厂学习动力轮机维护。

轮船安上坦克发动机

经过22个月的努力，凝结了八五九农场人心血和智慧的400吨位机动轮船“燎原401”号成功建成，于1974年6月23日成功下水！在船舶验收时，哈尔滨船舶检验所的专家们对“燎原401”的各项指标都啧啧称赞，钦佩不已。“燎原401”号船长56.8米、宽10.26米、高7.5米，满载排水量600吨，结构为混合骨架式，钢质船体材料，水密横舱壁数9。大船造价几十万元。为了充分发挥“燎原401”的运输潜力，建造过程中就考虑到了将来不单单会运油，而且还会运送粮食、化肥等。所以一些必需的管路，在建造时就安装在甲板以下，8个舱口都集中到两个点，看上去就像一艘普通的货船。“燎原401”号配备的两台300马力的坦克发动机，是“12V150加浓型”，拉上加浓装置可达到450马力。当航速达到前进三时，发动机每分钟达到1400转，速度非常快，除了快艇，一般货轮都撵不上它，去佳木斯单程仅需30个小时。

苏联老大哥竖起大拇指

“燎原401”下水成功，经省有关部门鉴定，完全合乎标准。1974年7月1

日上午9时整，船组人员全部到位，开始了第一次航行。进入主航道后，“燎原401”开足马力，如一匹钢铁骏马，劈波斩浪地驶向远方。

首航到达饶河。一靠岸，就引来人们艳羡的目光：“快看，好气派的大船，真漂亮！”都说八五九农场人了不起。

在去往佳木斯运柴油的航行途中，“燎原401”遇见苏联货船，苏联船员向“燎原401”伸出了大拇指，有人双手紧握举过头顶表示友好，有人拿出照相机对准“燎原401”从船头拍到船尾，窃窃私语、频频点头，露出惊叹的目光。

当“燎原401”彩旗飘飘、放着歌曲跟在引航船后面缓缓进入佳木斯港时，沿江码头上停靠着的十几艘船的甲板上齐刷刷站满了迎接“燎原401”的船员。

一声长笛过后，“燎原401”稳稳地停靠在码头上。刚放好踏板，各船的同行们便络绎不绝前来参观，纷纷夸奖八五九农场卧虎藏龙、大船全省一流。

“燎原401”来到佳木斯的消息惊动了兵团第一副司令员颜文斌少将，他派后勤部主任带着慰问品上船看望大家，细心叮咛。在随后的几天里，团里组织各单位人员包括学校的学生，分批来到东安下营码头参观学习，听取造船者的情况介绍。

省造船专家们称赞：“燎原401”这艘轮船无论是建造速度、质量、船体外形、航行速度、液压操纵、电气等方面与在黑龙江、松花江、乌苏里江上航行的船只相比都是第一流的。特别是非专业船厂能造出如此先进的机动轮船，这在垦区历史上更是前所未有的。1974年8月3日的《兵团战士报》称赞：这些造船“门外汉”们自力更生，艰苦奋斗，八五九人创造了小船台制造大轮船的奇迹。兵团六师特给予二十三团造船队集体三等功嘉奖。

2017年11月，八五九农场人曾经引以为荣的400吨位机动轮船“燎原401”号，历经43年的风雨，正式停用。但八五九人自力更生、艰苦奋斗、敢打敢拼、勇创一流的造船精神却作为一笔永恒的精神财富留给了我们。

贵德军牧场护场起义及创业纪实

青海省贵南草业开发有限责任公司　杨丰节

贵德军牧场是贵南军马场、贵南牧场和贵南草业开发有限责任公司的前身。因1933年建场时，场区属贵德县管辖，故名贵德军牧场。

以战求生　护场起义

贵德军牧场能够较完整的回到人民手中，是起义人员英勇搏斗的结果。

时间回到20世纪40年代末新中国成立前夕。人民解放军进行了辽沈、淮海、平津三大战役，国民党精锐部队丧失殆尽。西北战场上，第一野战军也以摧枯拉朽之势横扫胡宗南和马步芳残部，青海解放在即。在这种大势下，马匪帮仍妄图在青海做垂死挣扎。

1949年9月5日，场里接到茶纳童老先生的鸡毛信，信上说有马匪散兵营长率百余人住在庄内，声称要攻打贵德军牧场，望早做准备。时任场长张逢旭受共产党影响，决心护场起义。当即召集各队负责人研究对策，大家一致认为：只能以战求生，拼搏为上。场长张逢旭在场部坐镇指挥。

为了自身和牧场生存，大家同仇敌忾，士气高昂。连夜在场部背后高地挖掩体，在交通要道埋设伏兵。9月6日，场里集合起了骑训队，从马队调来五个班、从各牧场调来两个班，并派出流动哨。傍晚，得知马匪散兵已驻可可里庄（现过芒三队），当即增派两个班进行警戒。9月7日，参战人员全部进入阵地，组织20余人守卫场部，家属一部分疏散至格王庄（现过芒大坝附近），其余集中在场部。上午9时许，可可里庄老乡杨占林来场说："散兵营长要牧场送马200匹，否则，开打后杀个鸡犬不留。"张逢旭回答："不仅给马，而且给每人发10元钱和路条，但要放下武器回家。”杨占林回庄后，散兵从可可里庄东北沟里直上场部二层高地，在4挺机枪掩护下，一大群乱哄哄向我方扑来。在距我方700米时，我方用排枪快放，敌方停止前进，开始对射。随后，敌人在机枪掩护下抱头鼠窜，作鸟兽散。战斗胜利结束。

青海省军管会副主任张国声和贵德县委书记李熙波都称赞护场人员“保护国家财产有功”，还未解放就打走马匪残部，是起义的队伍。9月22日，贵德县委书记李熙波代表省军管会接收了该场。

攻坚克难　顽强生存

贵德军牧场地处边远高寒牧区，当时，各级政权刚刚建立，青海牧区匪患不断，鲁仓分场一次就被抢去马180余匹。后来，土匪公然控制军牧场周围高地，见人就开枪，以致运输中断，一度粮缺料尽。出门挑水都有危险，更无法放牧。全部马匹关在圈里，又无饲草料补充，疾病增加，死亡量剧增，有时一日死亡马匹达30匹之多，惨不忍睹。

1950年4月1日，西北军区后勤军牧部接收贵德军牧场，当时面临着严峻的斗争形势：一是内部人员复杂，经常发生携械潜逃事件；二是外部土匪猖獗，抢劫马匹，射击放牧人员；三是交通极为不便，场区至西宁没有正规道路，各种生产生活物资极度匮乏。西宁至贵德100多公里，乘马需3天。贵德至过马营50余公里，乘马又需1天。过马营至鲁仓60余公里，乘马还需1天。所有生产、生活物资，均靠牦牛从西宁或贵德沿便道驮运。

但是，没有英勇的人民解放军克服不了的困难、攻克不了的难关。当时，军牧部确定了“对内整顿，对外团结”的方针。整顿措施是：合并牧群，腾出人员加强自卫和发展农业。土匪不来就挡马，土匪来了就打仗。团结措施是：场里领导经常研究场群关系，主动向贵德、同德（当时贵南县未建政）县委汇报工作。按照方针，牧场自力更生，卓有成效。牧场大力发展农业，增编了农事股，当年播种650亩，收粮128000斤，马料基本自给；加强学习，建立了汇报制度；治好了困扰已久的马匹疾病；派出了巡回医疗组给藏胞治病。不幸的是，战士李生福在追击土匪途中英勇牺牲。

1951年，马连仲匪特企图攻打、瓦解莫曲沟分场，导致部分人员动摇。

该分场领导对内加强思想教育，提高干部战士防匪防特的警惕性，对外配合贵德县公安局，最终粉碎了匪特组织；1952年春，鲁仓分场一放牧员亲戚借探亲之名，给尖扎一个反革命组织传递情报，准备里应外合消灭鲁仓分场，我方做好了应变准备，但尖扎反动武装没有按时到达，劫场未成；1952年4月，西北军区和青海省委收到情报说贵德军牧场以场长卢一田为首的“反共骑兵团”已经暴动，马匹、财产被劫，场里干部王秉哲、邵叔度被杀害……随即，西北军区后勤军牧部部长杨忠林、省公安厅政治部主任黄太兴等人迅速率领部队，准备进场战斗。行至贵德时，他们与王秉哲、邵叔度相遇，感到十分诧异，故决定：只带骑兵排进场，其余部队暂住贵德。经过一个月的甄别，5月25日逮捕了卢一田、杜河清等10人。后据黄太兴说：除卢一田系军统特务、杜河清因贪污判刑外，其余皆被释放，回乡务农。由此可见，军牧场当时面临的斗争形势是何等复杂、严峻。

浴火重生　无私奉献

就是在如此艰苦危险的斗争环境下，根据上级指示：军牧场从1950年10月至1952年1月，共制作牛肉干130000余斤，缝制皮大衣2800余件，采购各种皮张60000张，牛羊油100000余斤，铜类50000余斤，用于支援抗美援朝，为保家卫国做出了积极的贡献。

1953年，贵南县建政。因为军牧场场区大部分划在贵南县界内，故改为贵南军马场。军马场在龙哇台和茶纳的3400多亩耕地全部交给贵南县，用以发展生产，609匹马分给当地农牧民发展生产。

贵德军牧场在护场起义及其后的几年时间里，经历了严峻考验。在党和政府的坚强领导下，在全场干部战士的艰辛努力下，共输出军马563匹，民马1500匹，产粮油250多万斤，盈利33000元，有力支援了国防和地方建设。军马场起死回生，全面复原，生产步入正轨。我们为那连绵的雪山、无垠的草原、奔腾的骏马而陶醉，更为军马场牧马人“以场为家，艰苦创业”的精神所感动。这些军马人在异常艰苦的环境里，爬冰卧雪、餐风饮露，默默无闻、吃苦耐劳、坚韧不拔，献出了青春、献出了生命。军马场精神永存！

家在北大荒

北大荒农垦集团有限公司　郭思宝

北大荒，原本是他乡。

20世纪60年代末，我父母从山东来到黑龙江。20世纪70年代末我出生时，村子有三四百户人家，通过一条南北马路与农场的一个生产队居民点相接。记得小时候，农场小麦种得多，村里水稻种得多，因山东人爱吃面，母亲便用大米同农场职工交换。大学毕业后，我到八五七农场工作，通过参与编修农场志，让我真正了解、熟悉并爱上了可爱的农场。

八五七农场是1951年3月在接收原第四野战军炮八师开垦的5.8万亩耕地的基础上建立起来的。农场传唱着一首歌，歌词开头是："兴凯湖畔、穆棱河畔，如花的田地处处飘香，这就是我们八五七农场，垦荒者心爱的家乡。"这样的农场，谁会不爱？

1991年的夏天永远难忘。穆棱河水怒吼，呼啸着向八五七农场穆兴西堤袭来。全场一万两千多名群众，护堤防洪，誓与大堤共存亡。6天6夜，保住了40多公里的防洪大堤，保住了40万亩良田。7月31日夜，洪峰再次袭来，为保虎林县240万亩良田，上级传来命令——"立即转移沿堤生产队群众，放弃西堤，炸坝分洪。"场长杨发林睁大熬得通红的眼睛望向党委书记张洪学，张洪学会意地点了点头："执行！"这是一个艰难的决定，是一个不得不做出的痛苦选择。8月1日中午，穆兴西堤决口，1亿多立方米分流洪水淹向农场良田及4个生产队居民点。穆兴东堤岿然不动，虎林县240万亩良田保住了，15万人得救了。这就是我熟悉的"宁可牺牲自己、坚决顾全大局"的八五七农场，这就是我敬爱的"舍小家顾大家"的农场人！

我在农场工作6年后，调入黑龙江省农垦总局史志办公室。17年的史志生涯，让我慢慢走近北大荒的历史世界。他像一位年过七旬的长者，向我诉说着不朽丰碑上的过往和北大荒美好家园创建的故事。讲到动情处，有时会兴高采烈，有时也黯然神伤。

其实，对于大多数北大荒人来说，北大荒原本是异乡。由14万复转官兵、上万名地方干部、10万大中专院校毕业生、20万内地支边青年、54万城市知识青年所组成的百万垦荒大军，皆为异客。而最终，北大荒却成了大多数复转官兵、支边青年“离不开”“葬我身”的家乡，成了他们“献了青春献终身，献了终身献子孙”的故乡。他们是：

周光亚，通北机械农场第一任场长。1947年12月6日，时任辽北军区司令部作训科科长的周光亚（《老兵新传》原型），与老红军战士廉亨泰、大学生朱龙飞等10余人，决定将场部建在日本开拓团青年训练所的旧址上。从此，一片荒凉的土地，开始充满了生机与希望。第二年3月初，修理所建起小发电室，北大荒原野上，农场职工第一次用上了电灯照明。4月，女职工南玉文从哈尔滨市到农场工作。不久，其爱人陈世富从东北行政委员会调到农场，他们是农场的第一个职工家庭。黑色的大地播下了绿色的希望，收获了金色的果实。年底，农场生产粮食近150万公斤，除自给外，大部分支援前线。

建场初期，按当时供给制规定，周光亚年过花甲的老妈妈属于公费赡养之列。周光亚却动员妈妈晒干菜、腌咸菜，无偿供给食堂，说：“我妈妈身体好，还可以做些力所能及的活儿。”老妈妈喂了三四十只鸡，鸡蛋舍不得吃，供给食堂改善生活；有的职工家属生孩子了，她将存起来的鸡蛋送去当“喜蛋”。周光亚以农场为家，老妈妈以儿子为家，他们在茫茫荒原，升起了建设社会主义新中国美好家园的缕缕炊烟。

关永祥，1948年从齐齐哈尔市来场，身背诊包走门串户，行医送药。可以说是“一个大夫、一根银针、一个诊包、一把草药”。1950年一个夜晚，修理厂宿舍的20余名工人瓦斯中毒，经他抢救全部脱险。曾有人劝他回老家齐齐哈尔市当医生，他却说：“我哪儿也不去，农场就是我的家。”

刘瑛，1950年3月受梁军事迹的影响，从北京三中来到通北机械农场当拖拉机手。她热爱这份事业，说：“我们一走过去，草原立时就变成了良田。”1954年，她参加友谊农场建设，成为新中国第一代女收割机手，带领联合收割机组，在多雨的情况下，以班次收割小麦二十五垧又七亩的成绩刷新全国纪录。一次祝酒会上，周恩来总理问刘瑛："小鬼，你从哪里来，做什么工作？"刘瑛爽朗地回答："从北大荒来，是收割机手！""好哇，你为农业插上了机械化的翅膀！"。她被称为北大荒的"云雀姑娘"，被李富春的夫人蔡畅亲切地称呼"北大荒的女儿"。1961年，党组织送她到大学深造。毕业时，学院考虑她家在北京，准备把她分配到北京工作，可刘瑛向党组织表示："农场送我上大学，我坚决要回农场工作！"她不仅回到了农场，还把母亲、弟弟接到了农场。

杨清海，1947年春，23岁的他来自冀西平原，在德都县"李家花园"屯建黑龙江省机关直属生产农场。蔡尔诚，1958年4月从巴蜀之地转业到五九七农场，扎根北大荒气象事业。被尊为"北大荒奶牛之父"的张源培来自北京，他建立了完达山食品厂畜牧场，1966年5月1日生产出"完达山"牌全脂甜奶粉。被誉为"北大荒的焦裕禄"的王正林，医治疗养期间，参观养鸡场、奶牛场，进行社会考察，将一份《农工商联合企业的考察报告》递交给党委，自己却昏倒在办公桌前。被誉为"北大荒水稻之父"的徐一戎，50多年致力于寒地水稻栽培技术的研究和推广，足迹踏遍87个农场和30多个市县，行程8万多里。从宁波下乡到雁窝岛的知青陈越玖，结肠癌晚期，在生命的最后一刻，她向党组织请求："一定要把我的骨灰送回雁窝岛，我是北大荒人！"

王震，中华人民共和国开国上将，与北大荒结下不解之缘。1954年至1956年，王震以铁道兵司令员的身份，率7个师1.74万多名铁道兵在北大荒建设了八五〇、八五二等一批"八"字号军垦农场，建设了黑龙江省第一个中央直属垦区——铁道兵农垦局。"密虎宝饶，千里沃野变良田；完达山下，英雄建国立家园。"这是将军赠给垦荒战士的一副春联，表达了他贯彻执行中央开发北大荒决策、建立并扩大机械化农业生产基地的决心和信心。1958年3—5月，王震率十万复转官兵，向地球开战，掀起了北大荒军垦开发的热潮。建立了黑龙江省第二个中央直属垦区——合江农垦局，并兼任局长。1956年到1962年，王震曾13次到八五二农场现场指导。八五二农场的首任场长、铁道兵三师代师长黄振荣是与将军共同开发南泥湾的战友。1956年6月1日，王震参加了在"老三号"举行的开荒典礼。第一句话就问大家："同志们，我们现在来到了什么地方？"大家齐声回答："北大荒！""哦，只说对了一半，我们一到，这里就发生了天翻地覆的变化，北大荒这三个字要进历史博物馆了！”当晚，王震在马架里和垦荒战士促膝谈心，鼓励他们发扬南泥湾精神，开创新的农垦事业。笑着对黄振荣说：“蓝天当被，大地当床，月亮当灯，蚊子还为我们唱歌伴奏，我们倒是乐在其中哩！”说完，轻轻地唱起他平时喜欢唱的“花篮的花儿香”来。在北大荒，王震踏遍三江平原，从乌苏里江畔到小兴安岭南麓，从黑龙江岸到兴凯湖平原，处处流传着他的事迹。将军去世后，骨灰的一部分埋在了他深爱的北大荒。他，永远是北大荒最爱戴的人。

越走近北大荒的历史世界，越让我思索。为什么这么多异客如此热爱北大荒这个异乡？是什么将他们凝聚在一起，排除万难在茫茫荒原建设美好家园？

越来越多的北大荒人创建家园的故事，向我传递着一个答案：党和国家建设需要他们去哪里、农垦事业发展需要他们去哪里，他们就把家安在哪里，他们的故乡就在哪里。只因他们拥有一个共同的家，叫北大荒；他们拥有一个共同的名字，叫北大荒人；他们身上传承着同一种精神，叫“艰苦奋斗、勇于开拓、顾全大局、无私奉献”的北大荒精神。

家在北大荒，胸有大荒魂。

我成长于这片黑土地，我记录、书写这片黑土地，我也将葬于这片黑土地。

抗震救灾　重建家园

河北省唐山市汉沽农场　李志友

20世纪70年代，汉沽农场是全国农垦系统学大寨典型。盐碱地上夺高产的经验经常见诸报端。水稻、玉米等产量一年跨越一个台阶。尤其是在多种经营创收上，农场在农垦系统开了先河，闯出了路子。两万多名职工的汉沽农场，除了大力抓好农业生产，还先后经营了工业和副业，建起了冷冻厂、电镀厂、灯管厂、奶粉厂、磷肥厂等十多家工业企业。这在当时的农垦系统绝无仅有，上级领导给予了许多关注与肯定，来自大江南北前来参观学习的车辆也是络绎不绝。

沥青厂是汉沽农场的骨干企业。经济效益和社会效益首屈一指。20世纪60年代初，十几名职工白手起家，靠“三口大锅”炼油创业。经过十年艰苦奋斗，从小到大从弱到强，发展成拥有四百多名职工，年产值达到四五千万的大企业，除了生产柴油，还生产石油沥青，拥有“丰丰牌”油毡等知名产品。

1976年7月28日，唐山地震。我年仅27岁的妻子张宝芬和刚刚出生180天的女儿，永远地离开了我。在领导和同事们的帮助下，四天后，我强行打起精神，化悲痛为力量，重返沥青厂，重返工作岗位。

不屈不挠，重振雄风

突如其来的大地震，对沥青厂如同灭顶之灾。四周的院墙倒塌了，高高的炼塔倾斜了，沥青的氧化釜岌岌可危。数千平方米的油毡大车间几乎夷为平地。职工食堂不见了，大礼堂不见了，三排职工宿舍也成为一片废墟。

更严重的损失是，地下储油池被震裂，一千多吨黑乎乎的重油跑掉四五百吨。

震后的第三天，农场党委调整了厂领导班子，深入基层蹲点直接指挥，一场“抗震救灾，重建家园”的硬仗，在沥青厂打响了。

本就与职工亲如一家的厂领导，在抗震救灾的特殊时期，更是与职工吃在一起，住在一起，劳动在一起。分不出谁是干部，谁是工人。企业里风清气正，工人们干劲十足。每天早晨天一亮，无须领导召唤，不用干部组织，大家就不约而同地来到工地，有的清理废墟，有的刨捡砖头，技术工人维修设备或建设厂房，更多的职工跳进脏兮兮的沟渠，打捞跑掉的重油。

早战、午战加晚战，大家每天都要工作十几个小时。那个时代，一般职工只有二十多元月薪，极个别的老职工可以拿到三十几元。但没有人发牢骚，没有人说怪话，更没有人比报酬争福利。大家靠着“主人翁”的精神，靠着“企业主人”的信念，利用业余时间夜以继日地参加义务劳动。

8月28日，大地震仅过了一个月，我们油毡车间的设备就重新轰鸣起来。为空旷的厂区带来了生机！新的油毡流水线比以前更宽大，更漂亮，更安全卫生，日产量也翻了一番。看着一车车油毡运往丰南，运往唐山，发往全国各地，石化人脸上露出了久违的笑容。我们知道，给灾区送去的不仅是建筑材料，不仅是救灾物资，更是我们第二次创业的胜利成果，是我们不屈不挠顽强拼搏的抗震精神。

三个月后，我被调到厂部政工科工作。主要负责文秘工作和宣传报道。我知道，宣传是抗震救灾的有力武器，能够传播第二次创业的精神力量。在领导支持下，我们组织了一场较大的厂史演讲活动，请老职工介绍“三口大锅”创业的经历，讲述“自力更生，艰苦奋斗”的企业精神。在青年职工中反响强烈。这对抗震救灾，对实现第二次创业，都是不可忽视的精神力量。

厂里有两块黑板报，每个车间也有宣传阵地，每周最少更换一次。厂大门口的橱窗同样是宣传阵地，图片、照片、先进模范人物的事迹等定期更换，每期都会引来很多职工驻足观看。厂区的主要道路上，广告牌、大字标语、各色彩旗等都为“抗震救灾，重建家园”造势，向广大职工传递正能量，给人们以积极向上的力量。

厂里的广播也被我们充分利用起来。每天早晨七点播放中央人民广播电台新闻联播，中午11：30广播自己编排的节目。供稿主要靠各车间班组或后勤科室的通讯员。这些人每周活动一次，布置组稿任务，评比优秀车间或稿件。有总场党委“抗震救灾”的政策规定，也有相关问题的简报，主要是厂里的好人好事，或抗震救灾中的典型经验。有时还穿插歌曲或曲艺等文艺节目。广播深受职工们喜爱，如有特殊情况停播，就有人找上门来问个究竟。

当厂里开展重大工程项目时，我们就将广播设备搬到施工现场，为大家现场直播鼓劲加油。比如：打捞五百吨重油的突击战；工业企业治理排水渠大会战；2000米铁路专用线突击战等，广播室都到现场直播，无论酷暑还是严寒。现采现播的节目新鲜活泼真实可信，非常受大家欢迎。

在2000米铁路专用线工地上直播，还发生一个小笑话呢。当时正值寒冬腊月，我们在临时搭建的棚户中工作，非常阴冷。手脚冻得又红又肿，只能站立着写稿广播。握笔的手都不听使唤了，因此，写起字来难免潦草。在表扬总场政治部主任孙启佑时，广播员并不知道孙主任大名，误将孙启佑读成了“孙启佐”。只听工地上“轰”的一声，大家笑得前仰后合。把孙主任搞得还挺尴尬。他摇着头说：这个广播员，怎么左右不分了。

到了1976年底，热力车间经过较大的维修改造，也恢复了生产。沥青车间和卸油车间的设备，也随之运转起来。地震发生仅仅四个月后，厂里所有的设备都旧貌换新颜，所有的产品都上了新的档次，标志着“抗震救灾，重建家园”的历史使命，取得了决定性胜利！

凤凰涅槃，再创佳绩

为了缩短了卸油时间，降低了生产成本，在总场党委和铁路部门支持下，我们修建了2000米长的铁路卸油专用线。当时总场党政机关领导一百多人，顶风冒雪参加工程，只用短短两个月，就结束了租用芦台站线路的历史，一年下来可节约支出四五万元！

为了增强储油能力，改变土池储油的历史，维修车间的干部职工，决心像大庆人那样：有条件上，没条件创造条件也要上！大胆探索，创造奇迹。我们只用七十多天，就焊制了四个储油大罐，可储存重油8000吨，每个大罐焊制成本不到专业加工公司的十分之一。这样大的工程若在地震前，想都不敢想。

我们还投资了48万元开发润滑油项目，柴机油、汽机油、润滑油等十几个产品，一问世就产销两旺，每年可获利180多万。唐山钢铁公司，迁安大化和湖北二汽等都是重点客户。

紧接着，我们又投资了600万元开发石油树脂项目；投资1000万更新改造老旧的“炼油设备”等。极大提高了产品质量和产量，增强了企业后劲。

更加鼓舞人心的是，我们的主打产品，10号石油沥青，很快被纳入了国家计划。年加工4万多吨产品，全部由石化部分配到四省十市。从此，汉沽农场沥青厂更名为唐山石油化工总厂，下设沥青、炼油、油品、树脂、油毡等七个分厂。

就这样，我们经过1000个日日夜夜的艰苦奋斗，沥青厂在一片废墟上实现了凤凰涅槃，成为蓟运河畔的一颗明珠！连续三年创造了利税奇迹。从震前的300万一跃提高到600多万、800多万，直至突破了千万元大关！人均创利税一万四五千元。在那个年代，这是惊人的数字！

石化厂连续多年获得各种殊荣，被总场党委评为学大庆先进单位，被农业部评为贡献突出的工业企业。在唐山众多工业企业中，我们的利税总额排名前六位。我们摄制的厂史资料片《走向辉煌》，在河北电视台晚间新闻中播出。我也连续多年被总厂（场）评为先进工作者、优秀政工干部。

时光荏苒，斗转星移。四十多个寒暑更迭如弹指一挥。真的难以忘记，那肝胆欲碎、痛不欲生的日子。更难以忘记，“抗震救灾，重建家园”的日日夜夜。那是我们这代人值得自豪，值得怀念的时光，那是不计辛劳，不计报酬的时代；是无私忘我甘于奉献的时代，是激情燃烧的青春岁月。

啃馒头睡澡堂的场长

湖南省西洞庭管理区　曾庆友

为深入开展党史学习教育，西洞庭区纪委联系到我，希望我能结合地方党史以及几十年的工作经历，讲一些西洞庭农垦开荒建设时期与纪检或廉洁纪律相关的故事。这令我想起了那位正直、清廉、一心为公家着想的场长：王月奎同志。

西洞庭垦殖场前身是一望无涯的荒湖荒洲，芦苇丛生，淤泥1～2米深，血吸虫猖獗。1955年2月，曾给陈毅、陈国栋担任过警卫员的南下干部王月奎奉命带领小分队来到西洞庭勘测地形，那一年他28岁。直到1990年2月离休，王月奎先后担任过国营西洞庭农场机务队队长、党总支书记、农场副场长、党委副书记、场长顾问。

坐硬座和啃馒头

20世纪70年代初，西洞庭开始大规模平整土地。平整土地主要靠机械化作业，需要修理厂制造大量的铲运机，在计划经济年代，钢材是计划分配物资，农场一年分配到的钢材指标远远不够，不仅如此，用于制作铲运机油缸的特殊规格厚壁管更是不容易买到。

1973年5月的一天，王月奎同志对我讲："等几天你和我去上海。"他告诉我，这次去上海是去找他的老首长，时任上海市委书记的陈国栋，想请他帮助解决西洞庭钢材紧缺的困难。我接连答应："好，好。"我心中窃喜，这是我第一次和领导去上海，一定能借这次机会见见大上海的繁华，过几天大都市的日子。没承想，此行给我留下深刻印象的，不是第一次看见的车水马龙，却是朝夕相处已久的王月奎同志。

几天后，我和他一同搭汽车队货车到达长沙火车站，去买到上海的火车票时，我想他是处级干部，按规定可以坐卧铺，就跟他说："我就给你买张卧铺票吧！"他听后说："咱睡什么卧铺，给公家省几个钱，就买硬座。"上火车后，我俩坐在硬座上，时而看看车窗外的景色，时而闭目小憩。到了午饭时间，我问他："我们到餐车去吃午餐吧？"他说："等火车下一站停，你到站台买几个馒头，车上有不要钱的开水。"按照他的话，趁小站停车后，我买了4个大馒头，倒了两杯不要钱的开水，就这样吃了一个中餐，当天的晚餐也和中午一样。这馒头一吃竟是几天。

遛黄浦江和睡澡堂

傍晚到达上海，我俩徒步到黄浦江边一条街上，他要我找旅社住下，我找了两家都是30元一晚，回来告诉他，他却说："咱不住那么贵的。"我连忙解释，告诉他已经找了两家，而且这已是最便宜的了。

王月奎同志对我说："你在这里等，我去找。"半个多小时后，他兴高采烈地回来对我讲："我找了一个好地方住，咱们先到江边走一走，等12点后回来睡。"我很困惑，为什么要到江边玩那么久？他回答道："要等客人洗完澡以后，我们才能进去睡。"这是什么旅社，还有这规定？正当我心底犯嘀咕时，他告诉我："是澡堂，12点以后澡堂的躺椅就是床，只要5元一晚上，多便宜。"就这样，我俩在江边走走坐坐，到12点才进澡堂睡觉。

找市委书记和办批条

第二天早餐后，我和王月奎同志赶到上海市委大楼，一进门就被警卫拦住了。警卫问道："你们有什么事？找谁？"王月奎同志连忙说："我是陈国栋老首长解放上海时的警卫员王月奎，咱找他有事。"警卫拨通电话说明了来访者的情况后，指着王月奎同志说："就你一个人上楼去吧。"等的时候我心里还犯嘀咕，也不知道能不能办成事儿。大约等了40分钟，他笑着下了楼，对我讲："钢材的事情解决了，首长给咱批了个条子，咱们赶快去火车站买票回长沙。"回到长沙后，他把批条交给办事处的同志，要求他们迅速去省计委办理，就带着我风风火火回到农场。

回农场后，一些同事轮番问我："大上海的繁荣都让你看尽了，美味都该尝完了，上海市委书记亲自宴请了吧。"我回答："吃了几天馒头，睡了几天澡堂，黄浦江边走了几个小时，连南京路在什么地方都不知道，就回到了农场。"

我随同王月奎同志出差上海的事情也许在他看来只当作是本分，再自然不过，但在我的心里却留下了深深的记忆，让我对他从此心生敬佩、敬仰和敬畏。

当前，违规公款吃喝问题仍屡见不鲜，症结还是在于人，是少数党员领导干部在思想上松了劲，高压态势下仍未树牢"不想"的意识。想与不想，更在于内化于心的党性修养。在艰苦卓绝的战争岁月里，秉承"延安作风"的领导干部翻地、种菜、背筐捡粪，和普通农民没两样。毛泽东一件睡衣穿了几十年，上面密密麻麻、重重叠叠总共有73块补丁，勤俭节约的党性修养闪烁其中。王月奎同志出差一趟费尽心思为公家省钱，一心只为解决厂里的钢材问题，毫无特权思想。照现在的话来说，常"贴着本"为公家办事。

青山高而望远，白云深而路遥，廉洁奉公无私，成为我对王月奎同志党性修养的永久感怀。

民族团结书写光荣与梦想

广西农垦国有九曲湾农场　谭仕东

在广西农垦九曲湾文化馆里，一块“全国民族团结进步先进集体”的奖牌摆在显眼的位置，这是国务院1988年授予九曲湾农场的荣誉称号。这份国家荣誉，记录了九曲湾人付出的点点滴滴，展现了民族团结逐梦前行的成就。

心中有阳光，脚下有力量

1973年12月，广西国营九曲湾农场成立。1200名农场职工全部来自素有“石山王国”之称的都安瑶族自治县。吃苦耐劳的都安人，在接收部队“五·七”农场移交的2.3万亩缓坡丘陵后，便开始了垦荒创业的打拼，从此与九曲湾结下不解之缘。

建场时，农场以种植水稻和菠萝为主。按照自治区党委、政府的要求，必须把农场办成“自主经营，自负盈亏；按劳分配，多劳多得”的示范农场，也就是“工分制”的新型农场。这对刚走出山门从未种过水稻，不知道菠萝是什么样子的热血青年们来说是一次严峻的考验。

初生牛犊不畏虎。肩负着兴办示范农场重任的年轻人，决心在九曲湾干出一番事业。他们在满是荆棘的坡岭上垦荒造地，在蚂蟥成群的水田里插秧，在赤日炎炎的大暑天抢收抢种……他们住着茅草屋、土坯房，喝着浑浊的小河水，吃着集体饭堂的大锅饭，出勤画“○”记工分……心中有阳光，脚下有力量，大家流血流汗，只为初心梦想、使命担当。

然而，创业不是一帆风顺的。1974年底，一场罕见的霜冻和寒潮使绝大部分菠萝烂心死掉，给了踌躇满志的年轻人当头一棒。1974年年终结算时，全场总产值仅32万元，亏损47万元。第一次品味到失望与无奈，很多人打起了退堂鼓。

就在这关系农场前途命运的关键时刻，1975年，自治区党委、政府从都安县调来了时任都安县下坳公社党委书记的黄道业，担任农场党委书记。自治区农垦局局长韩炜亲自挂帅，带领工作组到农场指导工作，与职工搞“三同”（同吃、同住、同劳动），鼓励大家弘扬“艰苦奋斗，勇于开拓”的农垦精神。

为了丰衣足食，大家夜以继日地垦荒造田，1975年水田面积增加850多亩，总面积2140亩，总产量659吨，比上年增长70%，实现了粮食自给自足。为了使“望天田”变成旱涝保收田，1975年底，集全场人财物，农场建造了第一座水库——团结水库（后更名为坛沙水库），容量为45万立方米；随后，新桥水库、六队水库和三面光渠道相继建成，所有水田实现旱涝保收，产量大幅度提高。1978年总产量达到782吨，比1974年增长1倍多，粮食自给有余。

为了大力发展经济作物，农场千方百计筹集资金到广东等地购买菠萝苗，1975年菠萝面积达到3580多亩，总产量1019吨，比上年增长52%。同时组建菠萝种植示范队，开垦荒坡，进行高产栽培试验；1977年，农场扭亏为盈。基本实现自治区党委、政府要求的把农场办成“示范农场”的目标；1978年，全场菠萝总产量1270吨，比建场初期增长87.8%。

勇立潮头，敢为人先

1978年，改革开放的东风吹遍神州大地，农场借力改革开放大潮，作出了走“农工商一体化，产供销一条龙”道路的重大决策。团结一心，铆足干劲，农场决心从办罐头厂开始，在改革开放的浪潮中大显身手。改革开放前，农场生产的菠萝要按计划交给南宁罐头厂，因为制罐头用的玻璃瓶和马口铁都有国家计划指标。现在农场要办罐头厂，是无法享受国家计划指标的，资金更是大问题，困难可想而知。

为了大力发展工商业，农场领导亲力亲为，利用改革开放的政策优势，争取到了自行加工自产农产品的许可，玻璃瓶和马口铁也获得了一些计划外的指标。当100多吨菠萝罐头在简陋的加工厂里试产成功后，全场干部职工欢欣鼓舞。场领导千方百计跑贷款、找借款，筹措资金。几年间，农场先后筹集资金近1000万元，新建了年产规模1万吨的罐头厂、两座年产2300多万块标准红砖的砖厂、年产纸箱60万个的纸箱厂和年产塑料袋300万个的塑料编织袋厂等。场办工业从无到有、从小到大。1985年，场办工业总产值1187万元，占全场总产值的84.8%，成为农场经济的主导产业。同时，农场办起了商店、市场、饭店和旅馆等服务行业，促进了农工商一体化发展。

经过发展，农场罐头厂最高年产量达8600多吨（1991年），产值达2426万元，占全场总产值的65%，成为农场的经济命脉。而罐头食品加工又带动了农场产业结构的调整，先后种植柑橘、荔枝、龙眼和甘蔗等经济作物，使农场经济进入良性循环轨道。

农场还建立了自己的商业网络。农场罐头厂以北京、上海等大城市为中心，设立商业网点，网络覆盖全国各地。罐头系列产品畅销国内20多个省、市、自治区，还出口到东南亚，打造出了自己的品牌。农场罐头厂出品的“春山牌”菠萝罐头曾荣获“农业部优质产品”“农业部绿色食品”称号，罐头厂曾被农业部农垦司评定为全国农垦200强企业。

乘着改革开放的春风，农场成为广西农垦打破“铁饭碗”、砸破“大锅饭”的一面旗帜。1986年，自治区授予农场“广西企业整顿先进单位”的荣誉称号；1988年，国务院授予农场“全国民族团结进步先进集体”荣誉称号。

征途漫漫，唯有奋斗

就在人们向更美好的明天全力进发时，受到市场疲软的影响，农场经济形势急转直下，连年亏损。1998年亏损额高达860万元。

工厂停工、职工失业、工资不能兑现、养老金不能按时足额发放……农场发展进入最低谷。

面对严峻的经济形势，九曲湾人没有被困难吓倒。农场领导班子决心重整旗鼓，打一场彻底的翻身仗，一定要让这片承载着九曲湾人的期待和梦想的红土地重新绽放光彩。

新的思路决定新的出路。农场领导班子审时度势，创新思路，意识到要加快发展，必须寻找新的经济增长点。此时，党中央关于加快城镇化建设的决定，为农场发展提供了新的机遇。依据自身的区位资源优势，农场决定把工作重点转移到土地开发建设上来，实施城镇化兴场发展战略。

2001年，农场成功打出了具有保健养生功能的地热泉水，由此拉开了农场城镇化开发建设的序幕，迈出了“二次创业”的铿锵步伐。随之，“九曲湾新城”的概念应运而生，《南宁市九曲湾新城总体规划》获得批准。总体定位为集旅游度假、休闲娱乐、强身健体、居住办公等功能为一体，具有民族文化底蕴的九曲湾新城，打造城市的新品牌。

随着九曲湾新城总体规划的实施，招商引资工作如火如荼。2002年，嘉和城项目落地九曲湾新城，投资额超过50亿元；之后，温泉度假村、华夏文博园、绿地城、太华药业、商贸城、农垦职工新村、九曲湾大厦、“三月三”文化产业园等大商家、大项目纷纷落地，每个项目投资额均在1亿元以上。

如今，九曲湾已被打造成风景秀丽的旅游胜地和宜居之地，成为南宁市卫星城样板基地。“国家AAAA级九曲湾温泉度假村”“国家AAAA级嘉和城温泉谷”“中国房地产开发企业500强”和“中国十大温泉质量品牌”……一张张的靓丽名片展现着九曲湾发展的新成就。为此，农场多次荣获上级表彰；二次创业领头人——黄江山，2013年获得了自治区授予的“全区民族团结进步模范个人”荣誉称号。

经济的腾飞提升了九曲湾人的福祉。农场把一笔笔开发收益投向民生工程，总额达4.5亿元以上。农场旧貌换新颜，职工群众安居乐业，社会保障福利全覆盖，文化生活丰富多彩……职工群众真正享受到“民生蛋糕”的红利。走在小康大道上的九曲湾人，人人洋溢着幸福的笑容。

艰难方显勇毅，磨砺始得玉成。历经风雨的九曲湾人用自己的奋斗书写了不悔的青春故事，定格在历史的记忆中；新时代的九曲湾人，沿着党指引的方向，踏着前辈的足迹，迈开新的步伐，朝着更美好的目标砥砺奋进，绘就九曲湾更加灿烂的蓝图！

三代人眼中的农场变迁

湖北省运粮湖农场　曹体康

2021年是湖北省潜江市运粮湖农场建场60周年。60年的发展历程和丰硕成果，凝结着几代农垦人的智慧和汗水。正是有了他们一代代的努力，才建设出了如今幸福美好的运粮湖绿色家园。

一代拓荒者：肩挑手抬建家园

李国安老人是友爱办事处机务队退休职工，当年从山东省东明县到湖北省人民大垸农场垦荒，后辗转到十里铺农场，于1961年来到运粮湖农场，从此扎根于此，一待就是60年。“我刚来运粮湖时，就是一名拖拉机手。”80岁的李国安回忆起当年奋斗的峥嵘岁月，非常感慨。当时这里是一片荒湖，他开着“东方红”拖拉机，在1人多高的芦苇丛里穿梭开荒。

基础条件差、生活环境恶劣是20世纪60年代运粮湖农场的真实写照。为了改变贫穷落后的面貌，运粮湖人迈出了大开发、大建设的步伐。

“当时机械很少，工程主要都是靠人工。”李国安说，荒湖排干水后，有厚30～40厘米的蒿渣腐殖层，腐殖层下又有1米左右的淤泥。为防止下陷，人们将蒿草捆成捆，铺在淤泥上，站在上面甚至是趴在上面作业。大家排成队，用盆子、水桶盛着腐殖层和淤泥接力向外传，十分艰难地开出一条条排水沟。

积水排出后，地表干了，但下面残留的腐殖层、淤泥却难以干透，拖拉机经常陷车。各分场均组建了三四十人的拉车队，专门去拉困在泥中的拖拉机。李国安和机务人员将自制的木链轨板安在链轨上，增加链轨宽度和地面受力面积。经过艰苦不懈的努力，一块块荒地被开垦出来。

就这样，到了1966年，全场累计垦荒43000余亩，开垦了可垦面积90%以上的荒湖。直到20世纪70年代初，垦荒任务才基本结束。

今天的运粮湖农场，有总干渠、运粮河、新干渠三大水系，九条支沟、若干条南北沟，相邻支沟间隔1000米，相邻南北沟间隔500米，均平行排列，呈“井”字形分布。“田成方、林成网、路相通、渠相连、灌得上、排得出”的林田格局就是当时艰苦劳动打下的基础。

李国安老人现在已光荣退休，他身体硬朗，平时喜欢看看报纸，与一帮老友在广场上遛遛弯，在绿树成荫的休闲路上散步。“现在国家政策好，农场也越来越好，我们一家人平平安安，日子安逸又稳定。”这就是老人眼中的幸福。

二代耕耘者：不断探索谋发展

一代开拓、一代耕耘。20世纪80年代，王代明从父辈手中接过建设的大旗，成为农场的第二批建设者。

当时的农场是国家商品粮基地之一，主要种植水稻。王代明承包了30亩地，起早贪黑地劳作，一年大部分时间都困在田里。水稻价格不稳定，成本也不断上涨，经济效益不好。

20世纪90年代大家都种经济作物，王代明也开始尝试种棉花。种棉花最费人工，劳动强度大，除草、打药、采棉，要忙到11月底才结束。后来，国家取消棉花临时收储政策，棉价回归市场定价，纺织企业需求萎缩，棉价持续下跌，卖棉又成了大问题。何去何从？王代明倍感迷茫。

后来，潜江市的虾稻产业在全国声名鹊起，运粮湖人也积极响应市委、市政府号召，大力发展“虾稻共作”，王代明成为第一批受益者。2013年，他开始养虾，随后的两年时间里，虽没赚钱，但也未亏本。到了2016年，随着种养殖经验的积累和虾-稻产业的红火，经济效益凸显。“我现在承包虾稻田70多亩，一年有30多万的收入，这是过去想都不敢想的事。”王代明高兴地说。

三代发展者：创新转型绘蓝图

如果说第一代、第二代农场人是开拓者和建设者，那么第三代农场人则肩负着农场转型发展的使命，严仲黎就是其中之一。

严仲黎是友爱办事处军河队队长，他不畏难、不怕苦，大胆摸索搞特种养殖，是队里第一个掌握“虾稻共作”技术的，继而成为虾稻种养大户。在推广小龙虾育养分离技术的过程中，他又成功试验了“虾-鳖-稻”共作模式、“虾-黑鱼”复合养殖模式，并且一直保持高产出高收益。他不仅养殖技术过硬，还经常在队里走东跑西，给农户作义务指导，传输经验。2017年，他被潜江市农广校聘请为小龙虾养殖培训班“乡土教师”。

站在新的起点，虾-稻产业“走出去”是必由之路。严仲黎多次受邀到江西、江苏、河南、陕西等省授课，推广潜江龙虾的生产标准、安全标准、技术标准，指导当地虾稻养殖，帮助更多群众脱贫致富。

“我们这代人，是接力者也是传播者，希望通过努力，把运粮湖农场建设得更加美好。”严仲黎说，他希望通过“走出去”宣传，不断扩大潜江龙虾的影响力、号召力，为提升潜江龙虾知名度和含金量多做贡献。

历经风云变迁和时代进步，运粮湖农场实现了前所未有的大突破、大跨越、大发展。如今全场“虾稻共作”面积4.5万亩，亩均收益保持在6000元以上，并且逐步形成了集生态养殖、冷链物流、精深加工于一体的小龙虾全产业链，产值达10亿元。

农场整体面貌、人居环境、乡风文明不断改善，“实力农场、特色农场、花园农场、和谐农场”建设成效显著，近几年先后被确定为“省级生态乡镇”“全省四好农村路示范乡镇”“国家卫生乡镇”，群众的获得感、幸福感和安全感得到了切切实实的提高。

谢尔塔拉草原上的牧马姑娘

呼伦贝尔农垦谢尔塔拉农牧场　姜春利

我做梦也没想到能当上老师，并因此与谢尔塔拉草原上的一群牧马姑娘结下深深的情缘，被她们的故事和动人事迹吸引、感动……

事情是这样的，1968年10月的一个早晨，同事告诉我，前一天晚上召开了职工大会，大家一致推选我到一所贫下中农管理的学校当老师。

这让我既高兴又紧张，高兴的是当老师能教书育人，培养教育农垦子弟争做栋梁之材，做合格的社会主义建设者和接班人；紧张的是责任更大了，自己文化水平低，怕辜负了职工群众的期望。杨东山老师的一句话打消了我的顾虑，他说："有什么困难咱们一起扛！"盛情难却啊，从此我就成为一名小学教师、一位学校负责人。

刚到学校时，学校还没有通电，上下课只能由值日老师吹口哨。后来通电了，安上电铃，学校才开始逐步走上正轨。那时的校舍全是职工住过的泥垛砌成的平房，房顶年年得用碱土抹一遍，不抹，下雨就漏。我和老师们用白灰把所有室内墙里子刷了一遍，一下子就亮堂了。冬天取暖要用火炉子，有时煤供应不上，我和老师们带领学生到河边割空心柳、山丁子、李子等干树枝来烧炉子取暖。

条件差还都好克服，最难办的是刚复课，教材印不出来。没有统一的教材，还得学校自己想办法。为弥补教材不足，我和杨东山老师绞尽脑汁，反复琢磨，我问："咱们自己能不能编教材？"杨老师说："我看行！咱们先开个会，征求一下大家的意见。"

最后，大家决定自己动手，编写乡土教材用来弥补现有教材的不足，把建场以来涌现出的先进人物和典型事件作为编写教材的切入口，先从采访六队女子牧马班入手。

决定去采访的那天晚上，我跟队领导说了，队长答应次日早晨给我们派一套马车，让我们坐马车去。

坐马车去，咋也比骑自行车强啊！交通工具解决了，两位住宿青年女老师也要同往。“好啊，正赶上周日，你们不怕累咱们就一起去。”

大鞭子一甩，大车很快跃上山岗，若不是怕惊毛了马，这帮人嗓子痒得早唱起来了。蓝天白云，微风拂面，清新的空气略带迷人的草香，极目远望，碧草连天，半山坡上，一群群红白花、黑白花的牛在悠闲地吃草……大自然的美景让人心旷神怡。

快马加鞭，跃过两道山梁，映入眼帘的是一片沸腾的打草场，一台台打草机、搂草机、捆草机像出征的战舰，在茫茫的绿海里往来奔驰。

快到六队了，队部和家属房屋渐渐进入我们的视线，一位英姿飒爽的牧马姑娘手持套马杆从队部出来，只见她一拽嚼子，一磕蹬，马一溜烟消失在茫茫的草原……

六队党支部书记刘玉峰、队长杨增寿热情地接待了学校采访组。两位领导代表六队党支部和全体职工对我们的来访表示了欢迎，并介绍了三八女子牧马班的概况。

人们传颂，在谢尔塔拉草原上有一朵“红花”——三八女子牧马班。刚开始只有姜桂芝一个人，到后来最多时有12名青年，正好一个班。这些刚毕业的女知识青年，响应毛主席上山下乡的号召，远离父母，奔赴北国边疆呼伦贝尔大草原，满腔热情地把情和爱献给谢尔塔拉，跃上马背，拿起九尺套马杆，走上牧马工作岗位。她们在六队放牧着清一色枣红的三河马群，年复一年，春夏秋冬，她们不分昼夜，风里来雨里去，出色地完成了任务，为培育三河马做出了贡献。她们可歌可泣的英雄事迹，曾受到黑龙江农垦总局、内蒙古自治区农垦局的表彰，在呼伦贝尔大草原上树立起了一枝独秀的标杆。

一阵热烈的掌声过后，丛桂英第一个发言：“我真的记不清从马上掉下了多少次，哭过累过，也笑过，但我从没后悔。那种坚守，对我们而言已经不仅仅是工作的责任，而是发自内心，仿佛是一种本能。我骑马的技术一天天提高，可以和其他姐妹一样单独放牧时，那种成长带给我的力量是无法用语言来表达的。我也像老战士一样，坚守工作岗位，做到人不离群，跟群放牧。

一转眼到了冬天，寒冬腊月，马也得放牧。冬天非常冷，北风刺骨，穿着棉衣棉裤，外面再套上皮衣皮裤，脚穿毡疙瘩，走起路来笨得像个企鹅。在草甸子上放牧时，要时常下马休息一下，但再上马就上不去了，没办法，只能在草甸子上捡牛粪聚成堆，踩着粪块上马，很难啊！有一次我从马上掉下来，马跑了，只能在甸子上走着放牧，一个人也有些害怕。走着放牧是很累的，还穿着那么重的衣服，有时真的气哭了。”

我插话问道：“你们放牧员有几匹骑马？驯马很费力气吧？”

“那时我们放牧班里每人一匹骑马，如果自己感觉不够用或想找一匹更好的马，可以自己驯小马，做备用骑马。因为驯马，我差点摔死。那天我把驯了好几天的小马骑到甸子上，大风从远处刮来一张纸片，小马毛了，飞似地往马圈奔去。我拽也拽不住，马一尥蹶子，把我摔到地上，当时我啥也不知道了。等我醒过来，人已经在海拉尔医院了。经过一段时间的治疗，我身体恢复过来，还好，无大碍。”

队党支部书记接过话茬，说牧马班里的谭金香为了练习骑马，两次从马上摔下来，锁骨被摔断，但毫不气馁，坚持练习，终于掌握了骑马技术，现在成了班里出色的放牧员。

郑焕芝接着讲起了自己的亲身经历：“春天，草原上意外发生了一场大火，正在牧场上放牧的我和谭金香看到从东北方向翻卷而来的大火，首先想到的不是个人安危，而是马群的安全。我们俩镇定地圈住横冲直撞的马群，把马群赶到侧风向离火头较远的空旷安全地带，然后同战友们一起冲进火海。风越刮越大，火越烧越猛，像一条挣扎的火龙，大火烧着了我们的衣服，浓烟呛得喘不过气来，我们全然不顾，心中只有一个念头：扑灭大火，保住马群。大火扑灭后，望着安全脱险的马群，望着我们满脸灰黑的牧马姑娘，职工们竖起大拇指，给予了我们赞赏的目光和热烈的掌声！”

女子牧马班像这样动人的故事何止一件两件，牧马班副班长鹿金花，在一次夜牧中，遇到了暴风雨，炸了群的马四处狂奔，她不顾饥饿寒冷，顶风冒雨，紧紧跟住马群，有几匹马跑散了，她东跑一趟，西跑一趟，找啊找，直到第二天中午才一个不少地把马群赶回来。

还有一个动人的故事，姑娘们发现一只企图窜进马群的野狼，班长姜桂芝不信邪，迎险而上，单枪匹马追逐野狼，飞奔100余里，直到把野狼追到洞穴里。姜桂芝用套马杆往洞里捅，直到狼从洞里钻出来，姜桂芝飞身上马，硬是用套马杆把狼活活捉住。

最令人难以忘怀、永远铭记的故事是，在一个风雨交加的夜晚，年仅18岁的知识青年张凤霞，为保护马群，迎着狂风暴雨雷鸣闪电，跃马扬鞭，驰骋在茫茫草原，狂风夺不走套马杆，暴雨熄不灭执着信念。结果人马不幸中了雷电，张凤霞献出了宝贵的生命，笑容永远定格在18岁……

风吼叫着，凌空打旋，一飞冲天，刮乱马鬃，刮松马缰。姑娘们擦擦脸上的汗，甩甩头上的黑发，把歪斜的马鞍正过来，翻身上马，去寻找张凤霞用过的套马杆，嗖嗖！马群飞奔，她们义无反顾地驰骋往返在茫茫谢尔塔拉草原……

女子牧马班是知青群体的典范。这些十八九岁的姑娘们，英姿飒爽挥马杆，抖缰磕蹬逝天边，与马群为伴，让恶狼逃窜，让风雨送行，让繁星指路。女子牧马班在激情燃烧的岁月里，茁壮成长起来。牧场成了她们的家，她们爱上了牧场，用自己的双手、青春年华把牧场建设得更加美好。

采访结束，我们把牧马姑娘的故事编写进“乡土教材”，让历史长存人们心中。1971年，我们学校由此获得“呼伦贝尔盟教育系统先进集体”的称号。1976年，北京电视台（现中国中央电视台）摄制组看到教材后，先后两次来谢尔塔拉种牛场拍摄，制作成了时长21分钟的《牧马姑娘》电影专题纪录片，英雄的牧马姑娘的动人故事从此传播开来，成为那个时代永恒的记忆。

一个规模化奶牛场的创业历程

宁夏农垦平吉堡奶牛场　任望云

平吉堡奶牛场位于银川市郊，距离银川10多公里。40年前，简易的牛棚里只有100多头奶牛。夏天，职工们要克服蚊虫的叮咬，到荒草滩上割草，把草拉回牛棚后，又要忍受着粪尿味喂牛、挤奶，工作环境十分艰苦。

20年前，奶牛从100多头发展到上千头，告别了简易的牛棚，奶牛住进了宽敞的牛舍。职工们的工作条件也得到了极大的改善，不仅挤奶方式从人工转为机械，也不用再拿着镰刀去割草了，牛场有了青贮窖，奶牛一年四季都有草吃。

今天，奶牛从上千头发展到5万头，农场成立了贺兰山奶业公司，共有大小14个奶牛分场，其中有6个奶牛场采用转盘式挤奶方式挤奶，各个奶牛场全部采用TMR投料车饲喂奶牛，运用现代先进监控设备观察奶牛。

从20世纪60年代建场开始，奶牛场几代养牛人抛洒辛勤的汗水，用筑梦、追梦、圆梦，展现了一个奶牛场的创业历程。

筑梦

1962年，平吉堡农场开始养奶牛，当时引进的奶牛品种是荷兰的荷斯坦奶牛，这些黑白花的奶牛共有100多头。尽管没有牛舍、没有饲料，也没有很懂养牛技术的人，但荷斯坦奶牛在平吉堡农场“安家”了，从此平吉堡农场改叫平吉堡奶牛场。

第二年，引进的荷斯坦奶牛第一次产奶。当时运送牛奶的是一个小卡车，只能装几桶，一个桶能装100斤牛奶。这些牛奶都被运送到银川市食品公司乳品加工厂，一部分供给新生婴儿，一部分做了炼乳。那时，牛奶很珍贵，大部分人是喝不到牛奶的。

那时候在奶牛场上班很辛苦，天不亮就上班，挤奶、喂牛、交奶，每天3次。条件很艰苦，奶牛住在简易的牛棚里，卫生条件很差，职工踩着牛屎牛尿干活，可他们不怕脏、不怕苦，把奶牛当成自己的孩子一样照顾。到了夏天，除了正常上班外，职工还要到荒草滩上割草拉回来给牛吃。那时候好多荒地还没有开发，草长得有半人高，蚊子就藏在草里，一动镰刀，一只只蚊子就往脸上、身上扑，被蚊子咬过的地方，立马起一个小红疙瘩，奇痒难当。但就是这样的条件，奶牛场的职工从不叫苦。

起初，奶牛场没有专业的养牛技术员，养牛极不规范；也没有专业的兽医，奶牛的病死率很高。有一次，一头大牛产犊时难产瘫痪，由于得不到救治而死亡，不久又有几头奶牛因各种病死亡，这让场领导和职工的心里很难过。

那时候，国家养牛才刚起步，懂养牛技术的人太少了，场里一时招不来兽医，领导决定选派几位文化程度比较高的职工外出学习。

当时共选派了6人外出到东北一家正规牧场学习，他们有学养牛技术的、有学兽医的、有学繁育的。一年后，这6人学成归来，利用学到的知识进行科学养牛，从此，平吉堡奶牛场走上了正轨。

首先，一改往日放养、人工割草的方式，在奶牛场建起青贮窖。秋天，把收购来的玉米秆铡碎放在青贮窖里，在青贮窖的上面蒙上塑料膜，然后再压上土，等发酵后给奶牛吃，这样奶牛一年四季都有青贮吃。做青贮饲料的那些日子，奶牛场的职工齐上阵，他们白天黑夜地铡玉米秆，有时候累了就直接睡在草料上。

奶牛场成立兽医室。工作以防病为主，细心观察奶牛，加强消毒措施，减少奶牛的患病；对病牛，按照奶牛发病类型、发病时间建立档案，有针对性地给奶牛治病，提高奶牛的治愈率。

奶牛场从外地购进冷冻精液，采取人工授精的方式给奶牛配种，大大提高了奶牛的配种率。技术人员不断地学习奶牛繁殖知识，提高自身技术，减少空怀天数。

经过一系列改革，奶牛场发展得很快，10年后，奶牛从起初的存栏100

多头发展到上千头，成立了畜牧公司。1976年，畜牧公司建成了第二奶牛场。虽然奶牛产业发展了，但挤奶方式依然落后，还是传统的手工挤奶方式，不但职工的劳动强度大，挤出的牛奶也不卫生。

“平吉堡奶牛场的奶牛以后会发展到上万头，挤奶工作也会机械化，还会用上最先进的养牛模式。”时任畜牧公司总经理的郭生荣这样说。

追梦

为了进一步改良奶牛、提高奶产量，从1981年开始，身为畜牧公司总技术员的郭劲松带着两个奶牛场的技术人员几次到北京、上海等种公牛场选取适合平吉堡奶牛场的精液来改良奶牛。经他们反复试验，终于改良成功，经过改良的奶牛，不仅产量高，并且出生的牛犊健康、成活率高，这给奶牛场以后的发展起了决定性的作用。在不到十年的时间，两个奶牛场的奶牛总数从一千多头发展到了三千多头，畜牧公司又筹建第三奶牛场。

1988年，第三奶牛场建成。第三奶牛场终于实现了当初挤奶机械化的梦想。机械化挤奶在当时是很先进的技术，报纸、电视台都做了宣传，大大提升了平吉堡奶牛场的知名度。机械化挤奶使牛奶的卫生和品质有了保障。在挤奶时，奶牛的乳头要经过药浴、擦拭、触摸等步骤，保证清洁卫生，挤出的牛奶经过管道流入奶罐，迅速降温至2～4摄氏度，然后装入奶罐车。

不懈地追梦，平吉堡奶牛场的发展驶向了快车道。先后又建成了第四奶牛场和第五奶牛场。这两个奶牛场都采用自动脱杯式挤奶技术、并使用TMR投料车饲喂奶牛。同时，第一、第二奶牛场也各自修建了挤奶厅，用上了机械化设备挤奶，全部牛奶厂都告别了手工式挤奶；第三奶牛场翻修了挤奶厅和牛舍，给奶牛做了卧床，运用电子设备监视日粮车和奶牛的活动情况，发展成为一个现代化奶牛场。

有了硬件设施，平吉堡第三奶牛场向更高的产量目标迈进。

“养牛行业，要做就做最好的！我有信心，经我们努力，第三奶牛场泌乳牛的单产会从现在的38公斤，上升到40公斤，那时候，我们的成绩就是数一数二的。”第三奶牛场的场长朱军说。要想奶牛产奶多，就要在吃上下工夫，朱军首先把重点放在了日粮配方上，在这方面可谓下足了功。他要求日粮配方要精准、科学，制作日粮的各个环节都要形成可追踪的数据。除了日粮配方，朱军也非常重视细节管理等方面的工作。

圆梦

宽阔的街道、繁华的农贸市场、干净整洁的“乳香花园”小区，这就是今天的平吉堡奶牛场。奶牛场的职工依靠奶牛业的发展，从平房搬进了楼房，过上了小康生活，几乎家家都有小汽车。

平吉堡奶牛场经过逐步发展，成为“蒙牛”“伊利”等品牌的奶牛基地，被誉为“宁夏奶牛的摇篮”。2003年，贺兰山奶业公司成立后，养殖、繁育、管理以及品种改良等有了进一步提高；尤其第三奶牛场在朱军场长的科学管理下，泌乳牛日单产突破40公斤，在全国上万家奶牛场泌乳牛单产评比中获得第三名的好成绩，在公司排名第一。

第六奶牛场是平吉堡新建的奶牛场，2013年建成，是大型奶牛牧场，奶牛存栏4000头，采用国际最先进的转盘式挤奶方式，一次可挤奶牛80头。第六奶牛场建有职工餐厅、宿舍；还有篮球场、乒乓球室、卡拉OK等文体娱乐场所。除了第六奶牛场，贺兰山奶业公司还分别建了好几家大型奶牛牧场，奶牛存栏都在4000头以上。

平吉堡奶牛场建场59年，几代养牛人用筑梦、追梦、圆梦，展现了一个规模化奶牛场的创业历程。

一块石碑的故事

北大荒农垦集团绥滨农场有限公司　魏荣江　刘洪军　王立东

在绥滨农场场史馆里中心位置，耸立着一块石碑，格外醒目。它高110厘米，宽53厘米，上面的图形和刻字因风雨侵蚀，有些模糊不清。靠近观察，石碑正面接近顶部有一颗红五星，五星下面刻的是修理厂落成时间，再下面刻有126个人的名字。这块68年前刻成的石碑，是场史馆的镇馆之宝。它见证了绥滨农场的艰苦创业历程。

绥滨农场的建立，是当时的合江省绥滨县委为了加大粮食生产力度，支援解放战争而作出的一项重要决策。绥滨农场始建于1948年1月，老场部选在农场原26队（老二队）。

县大队干部张云鹏率领80名垦荒志愿者，带着16挂马车，最先来到这亘古荒原上，进行垦荒前的准备工作。在4月化冻后，志愿者们建起了第一栋办公室（马架子）和第一栋职工宿舍（地窝棚），打响了绥滨农场向地球开战的第一枪。当年，共垦荒76垧，复耕撂荒地320垧。

1951年9月，农场更名为松江省国营机械农场，到了1953年初，由于生产规模扩大，生产队增加，机械设备增多，机车维修的任务开始繁重起来。为了适应新的形势，农场领导决定建一个农业机械修理厂。经主管部门松江省农业厅批准，工程预算为4.3万元人民币，这在当时也算天文数字了。1953年3月，农场开始筹建砖木结构的修理厂。修理厂的图纸，是省里参照当时苏联老大哥集体农庄修理车间的样式设计的，现在依然能够看出苏联工业的建筑模式。

省里的领导非常重视，省农业厅田澍厅长几次亲自修改图纸，还请来富锦县和绥滨县的两个施工中队帮助建设。水泥、钢材、白灰、红砖、木材、砂和河卵石、石头等建材都是从富锦县运过来的。因为计划将修理厂建成当时富锦县地区规模最大、最先进的工业类厂房，在建设过程中，田厅长多次到现场检查指导工作，省农业厅科员张保山专门住在工地蹲点监督施工。

修理厂的基础土方完全是人工挖的，深2米，采用钢筋混凝土底板结构。用来砌墙的是白灰、砂料和水泥三合一材料，墙体砌筑采用双面清水墙（即里墙和外墙都是勾缝，不抹灰）。混凝土中的砂和卵石，施工前全部用水清洗一遍去泥，以保证混凝土的浇筑质量，过磅后再人工搅拌，振捣全部用人工振捣；模板都是双面人工刨光，以保证混凝土拆模后的美观。屋架采用人字方木屋架，长11米多。大房架是采用传统的“套马杆”方式架上的。吊顶采用刨光松木明棚，刷绿色混合漆，屋面采用望板，铺油毡纸铺水泥瓦，水泥地面。

修理厂主体层高5.84米，最大跨度11.5米，长度22米，总面积650平方米，分为主车间、辅助车间和零件库等。主车间南北方向设有桥式吊车一部，吊车行走梁采用牛腿柱支撑，通梁上铺有钢轨，可以吊装三吨左右的物件。主车间西侧有落地高窗采光，最大限度地利用太阳光，屋面有排风设施，保证冬季室内换气顺畅。

当时施工人员业务水平参差不齐，条件也十分艰苦，既缺少大型吊装设备，又没有现代化厂房施工经验。大家住在窝棚里，吃的以玉米、高粱为主，偶尔也会有白面，算是改善伙食，菜主要是咸菜，极少吃到新鲜蔬菜和肉类。但建设者们并没有被困难打倒，他们早出晚归，在干中学、在学中干，解决了许多技术上的难题。创造了两个第一：一是建设时间第一，当年施工，当年10月20日竣工，用时仅7个月；二是质量第一，清水墙缝的厚度均匀一致，整齐美观，就是现在的工程也很少能达到这样的水平。更难得的是，68年过去了，厂房主体结构依然完好如初，墙上没有大裂缝，基础也没下沉。

除了修理厂，当年建设者们还新建了宿舍、食堂、办公室、家属房等合计近三千平方米的建筑物。厂房落成时，大家欢欣鼓舞，都为自己能参加这样的工程感到自豪，落成仪式从简，只放了一挂鞭炮。为了纪念建场以来第一大工程，施工队专门从富锦县请了一个叫王朝瑞的石匠刻了一个碑，把所有建设者的名字都刻在了碑上，碑立在厂房正门西南侧，作为永恒的纪念。

1953年10月份，场部由二十六队搬迁到了二十四队，标志着垦荒事业又进入了一个新的阶段。这座修理厂是绥滨农场建场后的第一个标志性建筑。它的建成大大提高了农场农机修理的水平和质量，技术逐步成熟，走在当时合江垦区的前列。

修理厂的成立，不仅满足了当时农机修理的需要，而且还为农场培养了许多机车修理的骨干力量和管理人才。一个修理厂凝结着绥滨农场几代农机人挥之不去的情结，见证了农场迈向农业现代化的光辉历程。它不仅是绥滨农场建筑和农机修理的宝贵遗产，在垦区也是重点保护文物。2010年二十四队（二十四居民组）拆迁时，修理厂被完整地保留下来。纪念碑几经辗转，被二十四队职工崔祥友收藏在家里，于2010年秋被“请进”了农场场史馆，成了镇馆之宝。这块碑上，永远记录着当年建设者们的名字，见证着先辈们开发绥滨的丰功伟业。激励着我们不忘初心，继续建设北大荒。

在多情的土地上
谱写农垦之歌

辽宁省五四农场集团有限公司　李鑫

辽宁省五四农场位于黄海最北端，鸭绿江与黄海的交汇处，与朝鲜新义州陆地接壤，民间曾称之为“一步跨”“安东的北大荒”。曾经，成千上万的志愿军经过这里进入朝鲜，抗美援朝、保家卫国，谱写出震惊中外的壮丽史篇；如今，经过几代农垦人的艰苦奋斗，这里碱滩变良田，品牌大米备受青睐，多情的土地上，农垦之歌久久传唱。

创建农场，围海造堤苦也甜

1962年，我国正处在困难时期，国家发出了“大办农业、大办粮食”的号召。辽宁省委为贯彻中央“发展经济、保障供给”的战略方针，决定在丹东市沿江、沿海百里岸线成立国营农场，开荒造地生产粮食。时任省委第一书记的黄火青亲自率队到现场考察，指导选址工作，他站在窟窿山上面对百里荒滩说：“农场就在这里建，农场的干部、工人就从安东（今丹东市）出！”

省委决定下达之后，安东市农业局主持成立了农场筹建处，农场第一代领导带领筹建处的21名同志，从建场地点、建场资源、建场规模和性质、劳动力来源、建场期限和收益、全部投资以及机构设置与人员编制等多方面进行了规划和调研。

来自不同城市的青年和退伍军人积极响应党的号召，陆续来到农场。这批平均年龄不足20岁的小青年，操着不同的乡音，在荒无人烟的盐碱滩上，用惊人的毅力、顽强的奋斗精神，开始筑建防潮大堤、开垦水田、挖掘灌溉渠道……

1963年5月4日，筹建处召开大会，宣布农场正式成立，定名为“国营安东市长山五四农场”。

说到“围海造堤”，第一代五四人说，那时是真的苦，但多苦都是为了今天的甜。

农场的大部分土地临近黄海，每次大海涨潮时，海水倒灌，土地都会被淹没，根本没办法种庄稼。为了防止海水侵袭，改良重盐渍化土地，开发新农田，修建防潮堤便成为唯一选择。

农场第一任场长白文守是抗美援朝老兵，转业前是团长，他对农场实行半军事化管理，5个生产连、19个生产排沿黄海岸边一字排开，鸡鸣而起、日落而息，打响了前无古人的围海造堤战役。

在绵延的黄海滩上，人们排成长列，每人分担一段，一锹一锹地挖泥，一铲一铲扔到坝上。泥不够的时候，就用草绳编的抬子，到取土点把泥抬到坝上，修完一段接着修下一段。海上筑堤不同于陆上建坝，有时刚刚建起一道堤坝，一夜之间又被潮水冲得无影无踪。堤坝修好后，还要在迎水面上铺上草皮，草皮用板锹割成条块，离坝近的可以用铁锹端到坝上，离坝远的就需要用人背过去。

许多青年下乡前很少拿铁锹，更别提干力气活了。每个人的手掌上都磨起了水泡，破了、结痂，逐渐变成老茧。手背被寒风吹得红肿发痒，双臂累得酸痛，连握锹都很困难。脚上穿的是胶鞋，太阳一出来，化软的烂泥直往鞋上粘，双脚整天泡在泥水里，袜子都被浸湿。有的女知青身单力薄，扔不动烂泥，连人带锹一起甩到坝上，坐在烂泥里呜呜直哭。

一天紧张而繁重的劳动之后，职工或借住在老百姓家，或住在临时搭建的窝棚里，十几个人挤在一张冰冷的炕上，忍受着从未有过的漫长煎熬——“天上飞机叫（蚊子），地上坦克跑（跳蚤），浑身酸麻痛，遍体痒难熬（虱子）”。清晨早早起床，趟过齐腰深的潮沟，站在漏雨的席棚下吃完早饭，再蹚过泥泞的海滩，来到防潮堤工地便又要投入到艰苦的劳动当中。中午喝的菜汤里有许多砂土，洗脸、做饭用的水全是人工在地表面挖的坑塘浸出的

"泡子水"，水中各种小虫肉眼可见。傍晚，人们拖着蹒跚的脚步再回到那令人生畏的"宿舍"……

就这样日复一日，在如此艰苦的条件下，硬是靠人工修筑了五千多米的防潮大堤，开垦了两千多亩水田，挖通了四千多米长的灌溉渠道。

碱滩变粮仓，战天斗地保生产

建场伊始，一切都是新的。土地是新开的，因为城市知识青年根本没种过地，所以劳动力也是新的，就连马匹都是没干过活的"新手"，而更新的是在荒滩上种水稻。

当垦荒的拖拉机开进荒无人烟的碱滩时，许多老农投来敬佩而又疑惑的目光，有的老人好心劝说："这是明碱地啊，我们祖辈都住在这里，根本不能种稻子，你们还是换个地方吧。"这也难怪，在人们的记忆里，这片荒芜的碱滩上只长着一片片的三棱草、白菅草，有些只长几棵碱蓬子，一块块明光光的，地皮上呈现出一层白霜，群众叫它"明碱"地。在这样的土地上，如何种出水稻呢?

有的土地播种两次都不出苗，技术员抓几颗稻种放进嘴里一尝，碱性重得把种子都腌咸了，怎么能出苗呢?后来，技术员想了一个办法，就是洗碱。把清清的甜水放到碱地里，经过搅拌，让碱垢溶解在水里，再把水排出去，如此反复，再播种，终于保住了苗。

全场用洗碱的办法改造了300亩重碱地，碱滩上第一次长出了鲜绿的稻秧。姑娘的脸不再粉红，小伙子从白面书生变成了黝黑的庄稼汉。渴了，扑下身喝碱滩脚窝里的水；累了，躺在碱滩地上歇息。修渠、引水、平地、插秧、除草、施肥、收割……终于，汗水和土地一起有了收获，坑洼的泥塘变成了纵横交错的渠道，广袤的盐碱滩结出了金黄的稻粒。白文守场长感慨地说："碱滩终于变成粮仓了！"

然而，天有不测风云。1997年8月，山东、辽宁等沿海省份遭受到强台风的袭击，东港市整个沿海养殖业受到重创，经济损失巨大。台风海潮冲坏农场海防堤1200延长米，冲坏虾池500亩，淹没水田300亩，损坏闸门2座，直接经济损失311万元。

面对如此重大的自然灾害，农场没有退却，紧急召开党委会，全场总动员。干部、职工不论何种职业，不分男女老少，上到70多岁的老工人、老党员，下至四年级小学生，全部义务出工。当时全场总人口不足4000人，最高峰时，上堤人工达1800人，全力奋战21天，终于修复了损坏的防潮大堤。抢险工地的动人场面数不胜数，至今历历在目。当时，估算抢险需人工费370余万元，这对农场来说，绝对是天文数字！关键时刻，是“艰苦奋斗、自强不息”的五四精神，挺起了五四人的脊梁，保住了农场的“生命线”。

打造品牌，日新月异向未来

水稻种植一直是五四农场的主要产业之一，在稻米价格好的时候，职工群众的收益还可以支撑日常开支；但价格走低时，粮贩子还使劲压低价格，让职工们苦不堪言，眼看着一年的辛苦“竹篮打水一场空”。该如何发展才能改变现状？必须转变思路，另辟蹊径，走一条水稻产业的特色之路。

2008年，农场投资建设了一个收储、加工、销售一条龙的内部米业加工厂（2018年成立公司），注册了“五四农场”和“海阒”两个稻米品牌，首次实现了由只卖水稻到卖品牌大米的突破。加工厂以高于市场的价格收购职工种植的水稻，彻底解决了农户卖粮难的问题。后逐步改变农户单打独斗的零散模式，实行订单种植，统一管理，即统一品种、统一育苗、统一机械插秧、统一供水、统一肥料、统一收购储藏。

为了打造特色品牌，农场从日本引进越光水稻品种，严格按有机稻米生产方法耕种加工，规划专门的无污染种植区，肥料全部为发酵鸡粪，人工除草，不使用任何化肥和农药。凭借独特的种植方式和高端的米质，越光米刚一上市便受到了市场的追捧，农场也成为丹东地区首个试种越光米成功的单位。之后，丹东地区开始广泛种植越光米。

漂亮地打响第一枪后，农场乘胜追击，先后在东港、丹东、宽甸、凤城、沈阳、大连等多地开设品牌大米专营店，成立电子商务有限公司拓展网上业务，积极打造集稻米种植、储藏、加工、销售为一体的一二三产业融合发展新模式，真正叫响了五四农场的大米品牌，带领职工群众走出了一条产业致富路。在职工群众中有这样一句顺口溜，道出了他们共同的心声，“跟着米业走，产销不用愁，跟着农场干，人人有钱赚”。

吃得好，还要住得好。建场之初，大批职工住宅建设标准低，房屋结构简陋，尽管后期部分职工群众自行改善了居住条件，仍有许多住房属于危房和老旧房范畴。2011年，国家启动农垦职工危房改造工程，农场抢抓机遇，主动向地方政府争取资金和政策支持。2011年农场确定危房改造户349户，统一在东港市区建设了住宅楼“福兴园小区”。许多老职工在农场辛苦了一辈子，没想到老了还能进城住上楼房，喜悦之情溢于言表。

2017年，《辽宁省深化农垦改革专项试点实施方案》出台，五四农场作为辽宁省推进国有农场企业化改革和公司化改造试点单位，根据自身特点和产业优势，开展土地确权，清产核资，不断完善农场管理制度，注册成立了五四农场电子商务、五四农场保洁和五四农场米业3个分公司，还成立了丹东垦区米业联盟，促进米业共同发展，实现共赢。

2021年6月，农场成功改建为东港市五四农场集团有限公司，全面完成社会职能和“三供一业”的移交，推进改革取得实效。

经过60年的发展，五四农场发生了翻天覆地的变化，田成方、路成行，家家小瓦房，户户太阳能，村村通油路，休闲娱乐有广场，夜晚出行有路灯，绿化植树、环境整洁，职工老有所养、病有所医。水稻插秧、收割实现全程机械化，水产养殖育苗全部实现工厂化，稻米和水产两个产业人均年收入超万元。

那青春似火、激情燃烧的岁月，凝聚了几代创业者的心血，见证了每个五四人如火如荼的战斗历程。忠于职守、兢兢业业为农场贡献一生的前辈们，激励后人继续在这片多情的土地上，谱写更加辉煌壮丽的农垦之歌。

在奉献中享受快乐

——记红星农场农机工程师王宝珍

北大荒农垦集团红星农场有限公司　王淑红

王宝珍是第一代北大荒农机工人，是垦区开发建设的见证者、亲历者、践行者，虽然仅有小学文化，却凭着非凡的自学能力，刻苦钻研的惊人毅力，持之以恒的执着精神，在几十年的工作生涯中，先后研制出40多种农机具和机械修理设备，为垦区开发建设做出了突出贡献。

在艰苦环境中汲取营养

1932年，王宝珍出生于一个普通农民家庭，家中有兄妹4人。他从小就爱学习，怎奈挣扎在温饱线上的父母倾尽所有，也只能供他上到小学四年级。1950年，他响应国家开发建设北大荒的号召，与许多农村青年一道，毅然地踏上了异常艰苦的北大荒开发建设之路。

第一次坐进拖拉机驾驶室，幸运地成为一名拖拉机手，他感觉自己像在做梦。驾驶着现代化大机械，听着悦耳的机车轰鸣，那种欣喜与兴奋是用任何语言都难以形容的。建场初期，荒无人烟的北大荒无论是工作环境还是生活条件都极其艰苦，但都并未影响他高涨的工作热情，每天想的都是如何回报组织的信任，如何对得起这份令人自豪的工作。

工作不总是一帆风顺的。一天，他正驾驶拖拉机在野外作业，机车突然熄火，怎么捣鼓都没反应，让他一时慌了手脚，在这前不着村、后不着店的荒郊野外，惶恐不安、绝望无助的情绪瞬间袭来。这件事让他意识到：仅有工作热情是远远不够的，还必须要有驾驭大机械的过硬本领。在没有老师可以求教的情况下，他决定自学，他充分相信，书籍就是最好的老师，书籍可以给人无限力量。

有了目标，就有了前进方向。为攒钱买书，他对自己十分苛刻，将有限的工资一省再省，生活标准一降再降，节约的钱全部用来购买书籍。白天正常工作，夜晚在油灯下如饥似渴地看书学习，一晚仅睡3个小时的觉。为适应嘈杂环境，他练就了只要捧起书本，就如同与世隔绝一般，不受任何外界干扰的“超能力”。阴天下雨，机车下不了地，同事们或休息睡觉，或聊天娱乐，只有他雷打不动地看书学习。先后自学了初中数理化、各种农业机械基础理论、农机具的维修与保养，机械电器学、液压理论学等专业知识，边琢磨、边学、边干，如遇理论与实际不符的情况，他就对照书本，将零件亲自拆卸下来，并按顺序编上号，再重新组装回去。功夫不负有心人，在长期学习实践中，王宝珍练就了只要听到机车轰鸣，就能准确判断出机车状态好坏的特殊本领。机车出现故障，只要他出手，基本上是手到擒来，大家亲切地称他为“王技工”。

由于具有过硬的修理技术，1960年他被调到农场刚刚成立的修造厂，专门从事机械修理工作，这为他提供了更加广阔的施展舞台。

在工作实践中享受快乐

修造厂成立之初，厂内仅有三台旧机床，只能从事简单的维修与保养工作。每年拖拉机大修，各道工序都要靠人来操作，最为典型的是人工研瓦，不但速度慢，而且干出来的活也不标准。能否自制一台电动铣瓦机，将工人从繁重的体力劳动中解脱出来？经过几天的冥思苦想，王宝珍将报废的东方红机体两端切下来作刀杆轴承架，一台简易电动铣瓦机就此诞生。经多次调试和试验，最终获得成功，虽然其貌不扬，但作用却不可小觑，可一次性同时铣七种车型的主轴瓦，工效提高十几倍。

冬季机械检修的起重问题是他的一块心病，时常搅得他寝食难安。由于没有吊车，大型零部件拆卸只能靠人抬、肩扛、撬棍撬，装卸一台发动机，往往需要12个人多次抬上抬下地折腾，既费时又费力，这让他心里很不是滋味。于是他向领导建议，自制大型电动吊车。领导很快批准，并责成他亲自设计研制，吊车跨度11米，要起重5吨。他与几名老工人一边设计、一边施工。白天与工人一同抡大锤，夜晚在煤油灯下画图纸。在计算吊车纵横速度时，虽然查阅了大量资料，但依然未能获取准确数据。后来他想到了一个土办法，在室外的雪地上量出30米的距离，掐着手表步行计算。也不知走了多少个来回，最终测算出纵向26～29米/分钟、横向15～16米/分钟的最佳速度。当吊车进入大梁组装的最后一道工序时，大梁发生弯曲。有人提议用千斤顶顶一下，但尝试后没有丝毫效果。为这事他吃不下饭，睡不着觉，牙龈发炎，半边脸肿得很高。晚上牙疼得睡不着觉，起来用凉水一遍遍漱口时，他突发灵感，联想到了热胀冷缩的原理，最终找到了问题所在。

有人曾经问过他：你这么拼命，最大的工作动力是什么？他毫不犹豫地回答：工作获得成果时的那份快乐。20世纪70年代中期，修造厂承接了农场制造7台推土机的艰巨任务。当时，由于厂里没有下料机，想在有限时间内完成任务十分困难，当务之急是尽快研制一台剪板机。没有图纸，他就用纸壳作样板，边比画、边设计、边改进、边施工。在研制过程中，遇到了很多困难，例如缸筒小，没有劲，只能剪一毫米左右的铁板，但加大缸筒直径，增加压力，又会导致缸筒变形。经过查阅大量资料，他从变速缸原理上受到启发，在大活塞里套一个小活塞，增大活塞面积，使小油缸产生大压力。然而，在试验过程中，却又出现油缸鼓断裂的现象。于是，他又用铁板卷个筒，套在油缸外面来增加缸筒强度，同时，又对原有油路设计进行重新改造，使压力从6吨增加到12吨，最终电动剪板机获得成功，可剪16毫米铁板、75毫米角铁、28毫米圆钢，为推土机制造奠定了坚实基础。

在无私奉献中体现价值

1977年5月，他承担了农场下达的改装康拜因任务，限时两个月，7月下旬投入秋收生产。时间紧，任务重，虽然压力很大，但他还是无条件地接受了任务。当时正赶上雨季，为抢工期，白天只能顶风冒雨地干；夜晚经常停电，就点着蜡烛干。他既是指挥员，又是战斗员，每天坚持跟两班作业。一天，在工作中他突然昏倒，被紧急送往医院。经诊断，是疲劳过度、血压降低所致。医生建议他回家休息，可他哪里躺得住啊，稍有缓解，就不顾家人劝阻，再次投入紧张的生产之中。每天依然忘我地工作，超负荷运转，睡眠严重不足。在一次夜间生产时，他的左腿不慎被铁料划伤。为不影响生产进度，他并没有声张，直到伤口感染化脓，才被大家发现，强行将他送回家休息，不料第二天早上，他又艰难地拄着棍子出现在了车间。经过两个多月的昼夜奋战，康拜因终于改制成功，如期投入秋收生产，综合损失率低于3%。

20世纪80年代初，他被调到工业科担任总工程师，主抓全场工业生产经营工作。工作性质变了，工作环境变了，但他的工作初心没变，高涨的工作劲头未减。他先后参与并指挥了乳品厂筹建及设备安装，制材厂大锯车间木工自动生产线的设计安装，饲料加工厂的筹建及设备安装，电业所发电车间的组建，加工厂油房、酱菜车间、挂面车间的改造及扩建等工程。在乳品厂达标验收期间，由于每天大量绘制图纸，站立时间较长，过去感染过的左脚出现红肿，不敢着地，每天仅靠一条腿站立坚持工作。正在他全力以赴地为工业企业生产经营奔波忙碌时，唯一的女儿却患上了骨癌晚期。由于过度悲伤，急火攻心，他也不幸患上脑血栓。一连串的打击并没有将他击倒，他每天上午输液、针灸，下午坚持上班。

1992年6月，他已经达到法定退休年龄。8月，农场为美化场区环境，计划在休闲公园设置几处喷泉。考虑到他的身体状况，场领导想先征求一下他的意见，他二话不说，欣然答应。

设计喷泉，就要亲自到有喷泉的大城市去考察。考察喷泉只能徒步行走，年轻人都吃不消，何况是一位60多岁的老人呢？白天他一个现场一个现场地去认真察看、做笔记，夜晚一个人窝在小旅店里画图纸、搞设计，一干就是一个通宵。为节约时间，能多看几个喷泉，他每天买两个面包带着，什么时间饿，什么时间吃。在调试喷泉喷嘴方向时，他不顾大家劝阻，每天在齐腰深的水里一泡就是几个小时，最终将喷泉调试成功，为红星农场场区增添了一道靓丽风景。

作为第一代北大荒人，他将自己的一生都无私地献给了农垦的农机事业，用毕生精力先后开发研制出转盘式划印器、开沟犁、铲运机、推土机、粒肥机、粉碎机、康拜因、拆装工作台、铣瓦机、尼龙压铸机、桥式吊车、冲床、裁剪机、镗缸、磨缸、无声铆等40多种农机具及机械修理设备，用行动谱写出了无悔的人生，他先后被国家农牧渔业部、黑龙江省政府、黑河市委、总局、管局评为农业科学技术推广工作者、先进生产者、先进科技工作者、劳动模范、优秀共产党员。

第二部分

圆梦小康

索伦的味道　幸福的味道

内蒙古兴安农垦索伦牧场　金朋

一直以来，都很庆幸自己大学毕业后回家乡工作这个决定——兴安农垦索伦牧场，这片生我养我的土地，以她厚重的底蕴与无尽的生机，为我打开了一幅浩瀚而又多情的画卷。

记得刚刚参加工作时，正值早春三月。牧场冰雪初消、阳光微暖、杨柳新绿，我正式成为了一名基层宣传干部。从那时起，我的目光便不再局限于自家的小院，而更多地关注起这片广袤土地上的山山水水。握着手中的相机，我渐渐读懂了家乡，读懂了勤劳质朴的农垦人。

翻开厚重的《索伦牧场场志》，字里行间不断闪现出一幅幅画面——70多年前，这片黑土地在农垦人手中划出第一道犁痕，老一辈农垦职工和知青前辈在极为艰苦的条件下野外牧马，“为保国防养军马”的嘹亮歌声响彻大地，用赤诚的红色铺就了奋进的底色。经过几代农垦儿女的努力探索，索伦牧场在农业建设、畜牧养殖、特色品牌、民生基础建设及产业发展等诸多建设上从无到有、从小到大，如今已发展成为兴安盟内小有知名度的现代农垦企业。

索伦牧场是内蒙古兴安盟小麦、大豆的主产区。儿时的记忆里，自家吃的面都是父亲用地里种的小麦磨出来的。母亲亲手蒸的白面馒头，配上自家院子里种的小葱，再蘸点黄豆酱，就已经是人间至味。后来，粮管所里用场里生产的小麦制作面粉加工生产面包，我和小伙伴们的美食探索之旅也开始升级。那时候，父母种地回家常常很晚，一般都是提前把钱放好，等我和姐姐放学了去粮管所买面包。当时姐姐也就刚上小学，每次都是她推着自行车，我在后面扶着跑。当面包买回来后，我和姐姐就会把它们一袋袋整齐地摆在厨房柜子上，然后在一室的香甜中翘首盼望父母早点回家，才好品尝这美味。

慢慢地长大了，我也经历了在外求学、工作，可是这些留在记忆中的味道却依然时时会想起。直到再次回到了故乡，我循着记忆中的味道，又一次探寻了儿时的粮管所。曾经的老房子，已经成了备用储粮仓库，取代它的是崭新的索伦河谷兴垦食品有限责任公司生产园区，面粉厂生产车间内是现代化的生产加工设备；没变的是采用牧场种植的红小麦。用这个小麦生产加工面粉，无须任何添加剂，生产出的“索伦河谷”系列面粉口感筋道、麦香浓郁，始终留存着记忆中的味道。

如今父亲也到了退休的年纪，每天早晚除了在平房的小菜园里种种菜，就是到牧场里的小广场上和老朋友们一起锻炼、聊天。他时常感慨，年轻时赶着牛车挂着犁杖、一锄头一锄头锄地时的情景依然历历在目，经历过当年那些辛苦劳作的岁月，现在的生活于他们那一辈人来说格外幸福。

在农垦参加工作的十余年里，我亲身参与了牧场基层连队的建设，发现了外界对农垦越来越多的关注，也感受着牧场蕴含的勃勃生机。伴随着改革发展的洪流，三代农垦人走过了不同的创业历程，接力艰苦创业、建设家乡。为了实现企业新的高质量发展，2018年秋天，兴安农垦垦区集团化、农场企业化工作破题起步，集团党委及各分、子公司领导班子带领全体党员干部和职工群众真抓实干、阔步前行。放眼望去，如今的兴安农垦万亩规模化耕地任机械驰骋，农业科技示范园区新型农产品开花结果，“垦”味的农副产品已经初步实现从种到收、从田间到餐桌的完整产业链，满面笑容的农垦儿女踏着新时代的鼓点舞动着对幸福生活的美好憧憬……

美丽的兴安农垦索伦牧场，你多彩秀丽的风光让我沉醉，你绿色淳朴的粮食哺育了几代人的成长。我亲爱的故乡，你是我心底永远的情怀！

记忆中的二连

江苏省滨淮农场有限公司　王海龙

二连，是江苏农垦滨淮农场第一生产区二大队在兵团时期的称呼，全称是江苏生产建设兵团二师九团一营二连。二连是我的第一故乡，从蹒跚学步到高中毕业，我的童年和青少年都在这里度过。

二连当年拥有十多栋公房，近二百人口，是个规模较大的农业连队，现在却是人去房空，无一住户。只有那些历经沧桑、像部队营房一样的老屋、枝丫卷曲的老树，还在低声诉说着当年的热闹与繁华。可对我来说，这里有说不完的故事，抹不去的画面。

记忆中，住宅区东南边的两栋房子，是昔日的营部小学，也是我梦想起航的地方。在教室门前长着棵歪脖子树，上面挂着一个铁铃铛，上下课的“号令”就由此发出。任课老师中令我印象最深的是教音乐的宋老师，不光歌唱得好，脚踏风琴也如行云流水，是我们顶礼膜拜的“明星”。

印象比较深的还有教体育的张老师，上体育课时经常组织同学们进行足球对抗赛，从那时我就喜欢上了足球，直到现在，每逢世界杯，我还会半夜三更爬起来看比赛直播。

前几年，十多位当年下放到农场营部小学当老师的知青组织故地重游，其中的孙老师特别惊讶地发现，在小学两栋房子的西墙上，还保留着他当年亲手用石灰水书写的“农业学大寨、教育要革命”大幅标语，虽经40多年风吹日晒，却依然清晰可见，他顿时激动得泪流满面……

在住宅区的最南面，有两口大水塘，东边的水塘是用水塘，淘米、洗菜都在这里，西边的塘是吃水塘，烧水、煮饭的水就来源此处。平时水塘还放养了鱼苗，每到过年，每家每户都能分到二三斤小鱼，成为大年三十年夜饭上一道“硬菜”。这两个水塘当年对我们小伙伴来说，还是游泳、戏水和钓鱼的“游乐场”。

记忆中，住宅区的西边有一块土晒场，还有一幢仓库，连队种植的麦子、大豆等农作物就在土场上晒干、扬净、入库。我们小伙伴常在场边玩斗鸡、丢沙包、捉迷藏等游戏。

记忆中，住宅区的西侧有一幢高大的食堂，既是知青的伙食点，又是连队开会时的会堂。经常看到知青们将打好的饭菜带到宿舍再吃。印象中，食堂的大馒头最好吃，里面掺和有糖精水，有股甜丝丝的味道，常常梦想，如果天天有大馒头吃就好了。

记忆中，在营区北边有一大片果园，主要是桃树和梨树。到了结果的时候，我们总想抢先去尝尝。记得有一种又扁又大的桃子，好像叫蟠桃，特别香甜可口，是大家的最爱。

记忆中，连队大沟小河中鱼虾成群，放学后往往第一件事就是悄悄地拿起探网、铁锹、脸盆等工具去捞鱼摸虾，不需要费多大的事就能捞上二三斤小鱼，为家中餐桌增加一道美味。

记忆中……

如今，缺衣少食的年代早已成为过去。放眼翻身河畔，高楼鳞次栉比，道路纵横宽阔。这里麦稻满仓鱼虾满塘，高标准农田旱涝保收，新技术新装备广泛应用，智慧农业如虎添翼。播种施肥大马力，治虫防病无人机，智能电站手机控，粮食产出进烘干，现代农业走在江苏农垦前列。

如今，农场的城镇建设日新月异，大街小巷成片桂花树香飘四溢，赢得“桂香小镇”美誉，全场绝大多数职工居民搬进了宜居宜业的场部小镇。原先分布全场的30多个连队居民点，现在只规划保留了7个。

2018年，二连住宅区被列入农场补充耕地土地复垦规划……这里的老旧住宅将会变身良田碧野。但不论再过多少年，那整齐划一的农田林带，那清清的小河，那摇曳的狗尾巴草，连同那老房子和泥泞的道路，都将永远驻留在我的心灵深处。

卅岭农场胶变曲

广东省农垦总局　王元

说起来，我与卅岭农场还真有缘。20世纪90年代初，我刚参加工作，第一次到基层驻点就到了卅岭农场。那时的驻点，是到经济社会发展都比较好的先进单位学习、总结先进典型经验。当时的卅岭农场是粤东垦区橡胶农场的明星，橡胶单株产量高，年年增产，效益好，每年有三四十万元利润，在那个年代是相当了不起的了。

那时的卅岭农场给我的印象很好。农场不大但环境不错，到处是郁郁葱葱的橡胶林，空气清新，莺歌燕舞，有一种耳目一新的感觉。场部职工住的是砖瓦房，有些陈旧，但很整洁，道路也很干净，特别是那栋作为办公楼的石头房子，冬暖夏凉，让我感到新奇。

住在农场那几天，我们不是找场部机关干部座谈，翻看有关材料，就是下到基层生产队，考察橡胶生产基地，与生产工人交谈，了解情况。驻点一周的时间很快就过去了。回到单位后我立即写了一篇热情洋溢的新闻通讯报道，算是不虚此行。

让我意想不到的是，过了几年再去，卅岭农场竟然面目全非，经济社会发展一落千丈，让人有一种满目疮痍的感觉。

究其原因，过去卅岭农场一直躺在计划经济的温床上，产品不愁销路；进入市场经济，一旦面临市场竞争风险，胶价连续低迷，加上遭受百年不遇的强台风，卅岭农场顷刻间萎靡不振。在砍胶上果、发展“三高”农业的高呼声下，卅岭农场砍掉了一半的橡胶，元气大伤，新种的荔枝、龙眼、橄榄又没投产，青黄不接，农场一下子从盈利变成亏损；决策失误，用多年的盈余买了一块地想用于开发物业，孰料因位置偏僻一直搁置，更让农场经济雪上加霜。这让我唏嘘不已。思路决定出路，但思路不对就是死路。

但卅岭人没有因此沉沦，几任领导人接续探索，终于又找到了发展路子。

敢问路在何方？路在脚下。脚踏实地永远是我们必须遵循的发展原则。卅岭人根据当地政府在农场周围建立工业开发区的机遇，把农场定位开发区服务配套中心，为开发区提供住宿、饮食、购物、休闲等服务，农场的经济社会发展焕发了新活力。

如今的卅岭农场面貌焕然一新。场内道路全部实现硬化，安上明亮的路灯，绿树成荫，蜂飞蝶舞，职工住房是清一色两层半高的小别墅。庭院深深，花香满溢。职工的脸上洋溢着幸福的笑。住宅小区广场建设了健身小道、健身器材、绿化带，可与大城市商品房住宅小区媲美。还新建了灯光球场、展览厅、酒店、停车场，小城镇的味道十足。离场部不远的地方又打造了农业公园，以橡胶树为主题，配上荔枝、龙眼等岭南果园、茶园，建设娱乐设施，突出后花园的作用。

卅岭农场60多年的起伏发展，特别是改革开放40多年来翻天覆地的变化，让卅岭人提前过上小康生活，让我感到由衷高兴，相信他们的明天会更好！

“翻身河”上那座桥

江苏省滨淮农场有限公司　冷永新

浓浓的乡愁如同醇香的陈酿，越品越觉得有滋味。在位于黄海之滨的江苏滨淮农场中间，有一条由西向东通向黄海的河流，人们称它为“翻身河”。60多年来，翻身河把滨淮大地的盐碱荒滩，滋润成绿色的肥沃热土。所以，滨淮人又把翻身河称为“母亲河”……滨淮人对巍然屹立在翻身河上的那座桥更是情有独钟。因为它见证了两岸的滨淮农场职工和滨淮镇农民开垦建设、艰苦奋斗、改革发展、创业致富的历史，从贫困落后走向文明富庶的历程。所以，他们给它取了个响亮的名字——翻身河大桥。这座桥历经过数次重建。它的历史，也是农场改革发展的历史。1957年，为了给滨淮区域227平方公里的土地洗盐改碱、建设水利，万人会战、手挖肩挑，新开出一条37公里长的人工河，命名为“翻身河”。当年，为把河南岸的滨淮镇与北岸的滨淮农场连接起来，在滨淮农场集散中心的位置建起了一座木质结构桥。虽然桥面狭窄、简陋，但它为农场、乡村南北流通与发展创造了便捷条件，成为一条场地共同创业致富奔小康的通道。

20世纪70年代末，随着人口增加、场镇扩展，翻身河不断疏浚扩宽，原来的狭窄木桥已经不能满足人们的需求了，加之木材腐朽、桥身摇晃，既不安全，也不便利。为此，滨淮农场筹资重建了翻身河大桥，把木桥改建成水泥砖混的三拱桥。落成那天，人们兴高采烈地奔走相告。此后，这座桥成了农场人流连忘返的景点。下放知青和农场子弟纷纷在桥面、桥栏、桥拱下合影留念，成为展现农场形象的“名片”。同时，这座桥也成了青年人散步、谈情说爱的好去处。

翻身河桥留给我们这一代人太多的记忆，尤其是夏季，那里是嬉水的好场所。每天午后，爱好游泳和跳水的年轻人，从翻身河东侧游到大桥下，站在桥桩上展现强壮的体魄。更有胆大的站到大桥栏杆上用各种姿势跳水：有的后空翻，有的如金鸡独立，有的如老鹰扑食，引得大桥上和两岸的行人驻足观赏。每当夜幕降临，桥面还成了两岸人们纳凉的好场所。那时的桥上汽车通行少，晚饭后，人们把凉席铺在桥栏杆边，一家人席地而坐，一边纳凉，一边谈天说地。进入21世纪，改革发展的浪潮让滨淮经济社会发展实现又一次跨越。2000年后，翻身河大桥又一次重建，桥面扩到12米，桥长延伸到80米，采用桩基、钢筋全框架结构混凝土浇筑，成为一条南来北往、繁荣经济的宽敞大道。如今的翻身河大桥成了促进场地合作、共建共赢的大动脉，农场现代农业的发展既发挥示范引领作用，又带动农民进场就业，真正实现了农业结构互调、生产用工互助、农机作业互帮、场镇优势互补。滨淮乡村彻底甩掉了几十年的“贫困帽”。2020年，滨淮农场又一次实施翻身河桥建设工程，打造两岸驳坡走廊风光带，桥面两侧拓宽人行道，桥上扮亮彩虹智能化、亮化、美化灯光秀，使之成为滨淮东北隅一道最靓丽的风景线。

站在翻身河大桥上，眺望两岸美如画卷的风光带和一幢幢拔地而起的高楼，赏览滨淮非遗“桂香小镇”，仿佛置身于扬帆起航的船上，每一个滨淮人无不感慨，翻身河大桥真让人们“翻身”了！

老家住在五支渠边

湖北省潜江市法院　彭振林

我出生在湖北省国营总口农场雷台分场（当时叫七分场）的建新大队。一条名为五支渠的河渠流经大队。渠北岸有一条无名的土路，我家的老屋就坐落在土路的丁字路口旁。

记忆中，那条土路不宽，坑坑洼洼、高低不平，上边还有两条深深的车辙。

老家一带的泥土是土黄色黏土，一经多天雨水浸泡就变得泥泞粘脚。行人一旦踏入泥里，脚和雨鞋就陷进去很深，拔脚出来都很困难。于是，人们大多选择路两旁有草的地方走。然而，走的人多了，草就踩没了，地表光滑，弄不好行人很容易滑倒。所以，从小我就不喜欢下雨天。

每年开春后，这条土路开始热闹起来。送农家肥的板车，前去犁地的牛车，以及上学或玩耍的孩子们，都集中到了这条路上。遇上雨天，路面泥泞，为了不影响春耕生产，队里就号召大家拖些砖渣覆盖到路面。然而砖渣也是有限的，只能填到那些特别难走、特别低洼的地方，作用有限。

记忆中的童年，总是下雨。望着雨水不断的天空，年幼的我不禁祈盼：不知何时，能有一条下雨时也好走的路呢？

1984年，农场招录一批干部，我被录取了。于是家里给我买了自行车。每个星期五我就骑车回家，星期天再回场部参加培训。那时，门前还是那段土路。遇上雨天泥泞难走时，只能推车前行，手里还要备上一根小木棍，时不时地用它把自行车车轮和挡泥板之间的泥掏出来。这不是件轻松的事，即使在寒冷的冬天，也会累出一身汗来。

终于有一天，家门口的那条土路铺上了青石子。尽管石子较大，在上面骑自行车也很费力，但我还是很喜欢。因为，遇上雨天，我就不用担心路面泥泞，路滑难走了。

再后来，我离开农场调到潜江城区工作。不久，举家搬离了农场，加上父母的先后离世，除了每年清明和春节，平时回老家的次数就更少了。

2015年的一天，家里人到城区办事，中午在一起吃饭时，他们告诉说：家门前那条路都测量好了，不仅要加宽了，而且还要修成水泥路了。

仿佛就是一眨眼的工夫，家里人的话就成为现实。家门口的那条路终于换上了“新装”，变成了宽敞结实的硬化水泥路。这让我兴奋不已。是的，今后下雨我可以不用再脱鞋子，可以穿戴整齐地回老家了。而且从城区开车回去，只需不到半个小时。

现在，当我重新踏上老家门前这条走了几十年的路时，记忆中灰尘漫天、道路泥泞的情景早已无影无踪，路旁的平房都重新盖成了楼房，景象已经大变样。家家都有摩托车和小汽车。而且他们很多在潜江城区做事，像城里人一样开车从门前水泥路到城里上下班。他们都说：“路修好了，干啥都方便了。”

从他们轻松的话语中，我感觉到老家人的生活蒸蒸日上，也想到了习近平总书记讲的话：“农村公路建设要因地制宜、以人为本，与优化村镇布局、农村经济发展和广大农民安全便捷出行相适应，要进一步把农村公路建好、管好、护好、运营好，逐步消除制约农村发展的交通瓶颈，为广大农民脱贫致富奔小康提供更好的保障。”

是啊，一条路的变迁，承载了老家几代人的梦想，更是体现了党中央对广大农垦人实实在在的亲切关怀！

家乡开出了幸福花

北大荒农垦集团红五月农场有限公司　郗军

盛夏季节，走进我的家乡——坐落于小兴安岭南麓的北大荒集团红五月农场有限公司，含笑扬花的大豆和竞相拔节的玉米映入眼帘，它们在广袤无垠的田野上郁郁葱葱、随风摇曳；“勿忘我”主题庄园的田园风光和秀美的南阳河湿地公园让游客们流连忘返。场区内，一条条宽敞平坦的硬化水泥马路、一盏盏造型精美的路灯、一幢幢整齐排列的楼房和职工群众丰富多彩的文化活动……时时处处洋溢着小康生活的气息。所有这些变化，无不让我感动、感慨。我的家乡——美丽富饶的红五月，开出了姹紫嫣红的“幸福花”！

1962年9月24日，我出生在红五月农场。我的人生与农场的发展变化同频共振。父亲在世的时候常给我讲：“开荒建场时，我们住的是马架子、土坯房，睡的是大土炕、木板床。播种时，45马力的‘东方红’拖拉机拉着笨重的播种机，运种运肥全是四匹马的大马车，一个月的时间才能播完。秋收时，‘东方红’拖拉机牵引着康拜因在田野里艰难地爬行。许多地块因涝情严重，小麦和大豆只能用镰刀割倒后再脱粒收获。秋季要用一个半月的时间才能把粮食全部收获完。那时的小麦亩产只有400多斤，大豆亩产也只有240斤左右。”

斗转星移，沧桑巨变。如今，我的家乡已经实现了农业现代化、智能化。每到收获季节，一台台大马力收割机排成“人”字形或“一”字形，把丰硕的果实吞进吐出，让富裕的希冀颗粒归仓。一辆辆运粮的汽车如龙穿梭，把“北大荒”的英名运送到远方。那一台台卫星定位的智能化整地机车，翻开流金的黑土地，为下一年春播埋下伏笔。

现在，我的家乡在春秋两季，分别用10天左右的时间就能高标准、高质量、高效率地完成春播和秋收生产任务。更令人欣慰的是，大豆亩产达到400斤，玉米亩产达到1300多斤。与此同时，父老乡亲的衣、食、住、行等生活条件也得到彻底改善，小城镇楼房化率为95%，道路硬化率和街道亮化率达到100%，人均年收入达到2万元。农闲时节、茶余饭后，父老乡亲纷纷来到职工活动中心和文化广场，尽情享受打乒乓球、打篮球、打台球、打太极拳、跳广场舞和健身舞、扭秧歌的幸福和快乐。

近两年，红五月农场在发展壮大现代化大农业的同时，深入挖掘红色历史文化、依托丰富的自然资源，积极发展红色旅游，先后建设了南阳河湿地公园、书画院、知青驿站和“勿忘我”主题庄园等。职工群众和外来游客在观光游览时，可以尽情观赏种植着优质大豆、高产玉米、酒用矮高粱的无垠田野，亲身体验“激情红五月”的热度和“魅力南阳河”的醉人景象。同时，在游览中接受红色基因和北大荒精神的熏陶。

变化不仅仅发生在红五月农场，也发生在黑龙江垦区的每个农场。是的，垦区早已由空旷荒凉的“北大荒”变成了年产400多亿斤商品粮的“北大仓”、变成了国家粮食安全的“压舱石”。这翻天覆地的变化，凝聚着一代又一代北大荒开发建设者的心血和汗水。

“荷”你一起奔小康

江苏省云台农场有限公司　殷尚

“接天莲叶无穷碧，映日荷花别样红。”南宋诗人杨万里的佳句，将夏日荷塘之美描绘得淋漓尽致。

而今，每到夏日，江苏农垦云台农场的云水湾湿地公园也会出现这动人的景象。加之远处黛青的云台山和近处的农场新居倒映在万顷荷塘中，不得不让人感叹，云台农场这方钟灵毓秀的诗意山水，被一抹浓郁的绿色装扮，汇聚着无尽的灵韵和朝气，宛若一幅大师级水墨长卷，描画出云台人建设生态宜居农场和幸福小康生活的梦想。

走进美丽的云台农场，你会不时被这个老农场涌现出的新场景打动。华泰山南福第花园小区人头攒动，大家正忙于交房前的各项准备工作；云水湾湿地公园和环云水湾采摘园的游客络绎不绝；豆丹养殖基地的豆苗长势喜人；连成一片的水稻田里传出了声声蛙鸣，处处散发出这片热土的勃勃生机。

赏荷，是都市人在这个夏日的休闲首选。一家人徜徉在湿地公园弯弯的小径上，一顶花色淡雅的遮阳伞伴手，放眼万顷云水之间，一丛丛翠莲亭亭玉立，红装少女似的荷花露出笑靥。

周末正是好时光，约上三五好友，坐在塘边的小亭中极目远眺，凝目在被朝霞衬托得更为明快的云水湾，我们仿佛也变成了一株株荷花，在这个特别的夏日燃烧般绽放。来农场工作多年，只有阳光知道，我对这片土地爱得是怎样的炽热与深沉！我把像荷叶一样的脉脉馨香融化在每一缕风里，绽放的荷花则倾注了我生命中全部的激情。

我喜欢这世外桃源般的美景和宁静，轻轻斜靠塘边的栏杆，迎着朝阳闻香听风；或静立于池水边，欣赏水面倒影中自己的中年模样，让自然凋落的花瓣搭乘浮萍游子的小船渐渐归去，向着那碧绿的天际进发。我为自己是云台农场一员而感动，也庆幸可以足不出户就能感受到“青荷盖绿水，芙蓉披红鲜”“浮香绕曲岸，圆影覆华池”的江南意境。

“妈妈，快看啊，那里有一大朵荷花要开了！”一个女孩的叫声打断了我的怀想。

可不是么？那朵荷花真的硕大无朋，袅娜的暗红色花骨朵高高挺立在田田荷叶之上，在云水间显得格外突出。“真是太美了，是风姿绰约的仙子吧？”我禁不住脱口而出，引来一阵欢快的笑声。笑声里走来一位中年女子，她微笑着向我推介手中的矿泉水。女子显然认出了我，而我也立刻认出了这是农场刚刚退休的田大姐。“以前农场日子过得紧巴，现在场子效益越来越好。我虽然退休了，却住上了整洁明亮、水电气齐全、跟城里一样的电梯洋房，孩子工作也不错，一家人别提过得多幸福了！”田大姐眉开眼笑，“现在是旅游旺季，荷花开得正艳，赚小外快那都是借口，每天来闻闻荷花的清香才是真。毕竟，咱们在这片土地上奋斗了大半辈子，这叫退休不褪色！”

大姐的心思我当然懂。退休前有一段时间，大姐不时往场部跑，我们曾有过很多交流，谈创业、谈改革、也谈转型发展。从住茅草房、砖瓦房到电梯洋房，从田间肩挑人扛、机械化作业到现代农业与生态旅游的跨越发展，走过了改革的阵痛，迎来崭新的发展，农场人的全面小康之路越走越坚实。

最近十年，农场依托生态环境、交通区位和现代农业等资源优势，大力发展生态旅游业，云水湾景区年接待游客突破了10万人次。“雄关漫道真如铁，而今迈步从头越。”今天的农场生态旅游又与名闻遐迩的大花果山景区深度融合，投资25亿元的江苏省第十二届“园博园”已破土动工，2022年9月将正式开园迎客，这将为云台农场高质量发展带来前所未有的机遇。

“送你一瓶矿泉水，大家拼命加油干，和你一起奔小康。”大姐笑得开心，旋即融入云水湾人流中。

“大姐加油干，‘荷’你一起奔小康！”云水湾飘动的荷香沁人心脾，人流中的田大姐回头朝我一笑，她显然听出我的，不，是我们的心声。

开着汽车奔小康

江苏省岗埠农场有限公司　徐卫

俗话说“夏至水门开”，过了这个节气，雨水就特别频繁。这不，早上又下起了倾盆大雨。按照我和妻子的约定，我担负起司机的责任送她去上班。

这回的雨格外大，雨刮器都快忙不过来了，但是妻子在车上处之泰然，笑着说：“这个车啊，也就在下雨天作用最大啦！”她的话，一下勾起了我许多年前的回忆。

记得那是在我念小学五年级的时候，因为当时就读的姜荡小学被合并，我不得不骑车到离家2公里的岗埠中心小学上学。一辆破旧的自行车成为我的第一辆“坐骑”。很庆幸，我学骑车比较早，所以骑自行车上学难不倒我，可就怕下雨天。

从我家到学校有一段很长的泥土路，一到下雨天就非常泥泞，别说骑车了，走着都费劲。记得一次大雨天，我穿上雨披骑上车，一头冲进雨中，可只三四百米就慢慢骑不动了。定睛一瞧，自行车轱辘和挡泥板之间满满的全是泥巴。就算用树枝一点点地弄下来，没过多久就又堵塞了，真是举步维艰。平时10分钟的车程，那天我足足用了一个小时，还弄得一身狼狈，全身上下又是雨水又是泥巴。

从那以后，我对下雨就有了深深的阴影，总是在想，我要是有一辆汽车该多好，既不怕淋雨也不怕泥浆。当然，那时候真的就是一个梦想。要知道，当时全村也没有一辆汽车呀！

伴随着党的政策越来越好，农场发展的步伐也越来越快，对基础设施建设投入逐年加大。没过几年农场就修了水泥路，而我们家的交通工具也从自行车变成了电动自行车。当我骑上电动车走在平坦的水泥路上，心里别提多美了。于是，下雨天骑自行车上学的阴影就这样逐渐被淡忘了。

转眼来到了2012年的夏天，我刚刚大学毕业，邂逅了我如今的妻子。当时她在市区上班，每天早出晚归。为了赢得她的芳心，我每天骑着电动车接送她。因为家里离市区较远，再加上两个人骑一辆电动车负载较大，往往到了半路就没电了，还得到修车铺花上20分钟充电才能骑到家。看着心爱的人陪我一起骑电动车，我的心中又幸福又愧疚，心里默默地想：要是我有一辆汽车，她就不用陪我风吹日晒了！少年时的汽车梦想再一次涌现脑海。

或许正是这一段电动车相互陪伴的经历，坚定了我和妻子在一起的决心。但步入了婚姻殿堂后，我没能立刻实现我的诺言——让她坐上汽车。妻子却并不在意，安慰我说："只要我们夫妻同心，就一定能实现这个梦想。"听了她的话我十分感动，可不是吗？幸福是奋斗出来的！只要肯努力，我们就一定能圆汽车梦。

2013年，我们一起应聘回到了家乡——岗埠农场工作。那时候我在生产区任大队管理员。因为要跑田间地头，同事们的标配都是摩托车，只有个别人买了汽车。也就从这一年开始，农场的发展进入了新阶段，水泥路等基础设施建设投入逐年加大。慢慢地，大家的钱袋子鼓了起来，纷纷盖起了楼房，买了汽车，生活质量越来越高。

2015年，我们的第一个孩子出生了，而带孩子日常出行也成了一件比较烦恼的事情，骑电动车稍不注意宝宝就会受凉感冒。于是，妻子撺掇我说："要不买辆轿车吧，这样带娃出去就方便了！"

她这一说不要紧，我这才注意到，我们这一排总共10户人家，已经有7户买了汽车了。我疑惑地问妻子："咱们的钱够吗？以后还有别的地方要用钱呢。"妻子拿出了手机指了指银行卡信息说："你看，买车绰绰有余！"

就这样，我们家成了这一排第8个拥有汽车的人家。

那些和读书有关的往事

北大荒农垦集团兴凯湖农场有限公司　王菲

“人之初，性本善。性相近，习相远……”一阵清脆的童音如一股清泉从兴凯湖农场文体中心图书室的窗口飘出来，和着夏日凉爽的风流向远方，也流过我记忆的闸门，让我忆起那些书籍匮乏的岁月。

“不能那样扭着脖子看报呦！乖孙，那样眼睛就看斜愣了，长大就找不到婆家了。”奶奶坐在炕上，一边摇着蒲扇，一边对我说。我当时正看得如醉如痴，哪里会理会奶奶的唠叨，继续蹲在墙角看报纸。

那是20世纪80年代后期，改革开放的春风已经开始惠及中华大地，但我生活的那个小村子，却如一块冻得结实的冰块，尽管每天春风吹着、太阳照着，依然化得缓慢。

9岁那年，我上小学三年级。语文老师开始要求学生写作文，统一题目，内容可以自由发挥，不跑题就行。但我和大多数同学一样，对“作文”这两个字只知道大概轮廓，不知道具体概念。我记得很清楚，老师当时拿出一本32开的小学生作文选，在里面找了几篇范文读给大家听。那是我第一次接触课外书，也就是那次接触，为我认知外面的世界打开了一扇新的窗口。直到现在，我依然认为，我对文学超乎寻常的热爱，就是从那一刻、从那本书开始的。

但那时候，课外读物非常匮乏。读书，只能是一个孩子的梦想。

一次，闲着没事的我抠墙上糊着的报纸玩，没想到，却被一篇有趣的文章一下子吸引住了，让我立刻有了柳暗花明的感觉，很快便沦陷到对报纸的阅读中去了。

我老家乡下的房子都是黄泥平顶的土房，条件好的人家，房顶会用黄泥吊顶，四面墙和顶棚再糊上报纸，配上刷着蓝色或者绿色油漆的木头窗户。

每逢春节，在大队开拖拉机的父亲都会拿回来一大沓报纸糊墙。墙糊上报纸后，屋子里亮堂了，过年的气氛也就来了，我最开心的日子也就来了。

这些报纸让我童年和少年的生活不再单调，我对读书的渴望也越来越强烈。到了20世纪90年代中期，我随父母搬到了密山市境内的兴凯湖农场。那时的北大荒正以日新月异的速度发生着翻天覆地的变化，衣食住行方面都得到了显著提高。

农场没有土房，清一色是白瓦红砖房。房子不大，整洁干净，室内都是白色的涂料，自然也不用糊报纸。农场那时还没有图书馆和阅览室，家里的生活条件又不允许我买书，我只能把对于阅读的渴望压抑在心里。这让我时常想念故乡那个老房子，想念倚在门框上盼我回去的奶奶和满墙的报纸。

搬到兴凯湖的第二年，我便考学去了一座很远的城市，此时的我才真正获得了徜徉书海的快乐。

学校附近有书店，里面的书多种多样，随便选，可以租也可以买。宿舍楼下偶尔还有卖书的。也就是那时候，《平凡的世界》《白鹿原》《简·爱》《飘》等一大批中外名著被我搬到书架上。所有课余时间我都用来读书，我觉得我是一条快乐的鱼，终于游回了书的海洋。

没书读的日子早已成为历史。尤其是党的十八大以来，无论是城市还是乡镇，图书馆、阅览室随处可见，全民阅读不但成为国家倡导的一种生活方式，更成为很多城市的发展产业，成为一座城市挖掘历史文化、展示城市风采、创建和谐文明的载体。

如今，坐在宽敞明亮的楼房里，回忆从前读报纸的往事，混合着奶奶慈祥的声音，内心都会升起一种莫名的乡愁和感动。奶奶已经去了天堂，我想如果奶奶活着，看着我住进宽敞明亮的楼房，有了自己喜欢的书柜，可以坐在阳台的沙发上读书，每天都是书香环绕的日子，一定会笑得合不拢嘴。

快乐门球　美好夕阳

江苏省滨淮农场有限公司　王森瑜

都说“夕阳无限好，只是近黄昏”，但是只要人老心不老，积极寻找生活乐趣，又何尝不是“莫道桑榆晚，为霞尚满天”呢。

我叫王森瑜，今年81岁。退休前，我是一名老政工，在连队里当过文书，在营部当过政工干事，在分场当过总支书记，岁月的积淀和磨炼赋予我波澜不惊的淡定和从容。平日里我喜欢练书法、拉二胡，但我最为挚爱的还是门球，它丰富了我的晚年生活，给了我无限快乐。

与门球结缘，其实说来也简单。我之前在家时一直不喜欢运动，对球类尤其不感兴趣，有时间就打理打理房前屋后的菜园子，这就是我最“繁重”的活动了。

2000年退休后，突然慢下来的生活节奏让我有些无所适从。有一天，农场门球队的老戴找上门来，约我一起去打门球，刚开始我不太愿意去，总以家里有事为借口推辞。后来老戴又先后多次登门，热情邀请，出于友情和面子考虑，我抱着娱乐和放松的态度，第一次走进了门球场。

初遇门球，便一见如故。门球，起源于法国，又称槌球，是在平地或草坪上，用木槌击打球，使球穿过铁门的一种室外球类运动。自第一杆球打出去以后，我就感觉这真是一项不错的运动，不仅规则简单、轻松有趣，而且可以激发脑力、促进身心，运动量也不大，非常适合老年人。一起打球的同伴，给予了我悉心指导和帮助，不到三天时间，我已经熟练掌握了门球的基本规则和具体打法，发球、进门、击球、送球，在运动中消耗对手，保存自己。

经过几个月的刻苦训练和一次次的比赛切磋，我的球技与日俱增，很快成为门球队里的骨干。从那以后，门球也就成了我退休生活的必修课，每天不打球就会觉得生活缺了点什么，浑身不自在。

2000年秋，阜宁县举办门球联谊赛，滨淮农场第一次组队参赛，这也是我接触门球以来第一次参加这样的赛事。比赛前夕，我们主动找机会和兄弟球队交流，了解其他球队平时训练、参赛的经验，在切磋中汲取知识、提高水平。没想到第一次参赛，我们就取得三场二胜的好成绩，大家都兴高采烈，参与门球训练和比赛的积极性、自信心也随之高涨。

为了积累经验、提高球技，球队每年都要与友邻单位开展多场友谊赛，我们也从中学到了不少新式打法，提升了战术水平，让我们在对外比赛中屡创佳绩。

近年来，滨淮农场小城镇建设飞速发展，新建了许多文化体育设施。在交通便利的祥云湖畔，还新建了两座塑胶门球场，安装了高杆灯，白天黑夜全天候都可以训练、比赛，大家的热情更足了。

为让更多的人参与门球运动，加入全民健身中，发展新队员成为我的新爱好。见到一些老同志、老朋友我就主动邀请，反复宣传介绍打门球的益处和快乐，先后有十多位新队员加入球队。

到今年，我已经有整整20年的球龄了，很多平时朝夕相处的老球友先后“下岗”，队伍里80岁以上的球员，只剩我一人仍“坚守岗位”。长期坚持门球运动，让我吃得饱、睡得香，常年连个伤风感冒都很少，精气神儿特别足。

门球这项运动，既让我锻炼了身体，又拓宽了交际面，在球队中我认识了很多志同道合的球友，晚年生活也因此变得更加充实、精彩，让生命充满蓬勃的力量。

岳父岳母的幸福时光

安徽省农垦集团有限公司　王洪

站在幸福河边，脚踩绿茵茵的草地，猛甩一下鱼钩，然后屏住呼吸、眯着双眼，紧盯住河面，静静等待着“幸福”时刻的来临……

对于72岁的岳父来说，垂钓只是夕阳红之乐的一部分，而一遍遍地回忆农垦岁月的过往，则更多的是对眼前幸福生活的咀嚼和满满的获得感。

时间回到1959年的春天。那时的岳父还是个11岁的山里娃，因为贫穷，装殓父亲的棺材钱都是他和姐妹们跪着向乡亲们讨来的。在埋葬了父亲之后，他含着眼泪辞别姐妹，挑着箩筐离开那座山，去投奔在20里之外皖河农场的堂哥。后来岳父从农场参军入伍，退伍后到农场机务排当了一名机务工，再后来成为作业区主任、基层党支部书记……2008年，岳父光荣退休。

岳父的退休生活注定是精彩的。

刚退休时，他一个月能拿到1000多元的养老金——从2003年开始，作为人多地少的特困农场，皖河农场职工以低进低出的方式全部加入了养老保险，开始时每月养老金是185元。2007年，养老保险政策开始规范，养老金增加至1000元。2011年，社保政策进一步落实，农场已退休职工每人每月又增加100多元，当然，这其中不包括国家每年增加的养老金。现在，岳父和岳母每个月养老金加起来有4000多元，种种小菜园，在自留地里种着不打农药的有机稻，过着“农夫、休闲、有点甜”的生活，其乐融融。

岳父有两个女儿，结婚后的大女儿原来家境窘迫，一度成为二老的心病，可是后来在劳务输出政策鼓动下，大女儿两口子外出开了早点铺，通过白案经济实现了脱贫致富。这在皖河已经不是新鲜事了——外出务工的职工蒸包子发家挣了个盆满，在家承包土地的人规模种植赚了个钵满，劳务经济与农业经济形成良性互动，目前农场人在信用社的存款余额已达到5亿元左右。

岳父说，这一切归于党的恩泽，所以要报恩，想想过去、念念现在，吃水不忘挖井人。

岳父始终不忘自己是一名党员，他积极参加分场党总支的“三会一课”，在平时社区修桥补路等公益活动中，他带头捐款，并组织公益劳动。在今年疫情防控中，他不仅主动捐出善款，还承担了小区值守的任务。

岳父退休后更“忙”了，而岳母的晚年生活也仿佛回到了“花样年华”。她喜欢养花种草，房前屋后，茉莉花气袭人，栀子暗香阵阵，广玉兰迎风怒放，夹竹桃粉面透红……把个小庭院侍弄得像个大花园。

和众多农场退休职工一样，物质生活优裕的时候，岳父岳母也“玩”起了时尚。2018年，我为岳父家安装了移动宽带，还为二老买了智能手机，教他们抢红包、发帖子，开音频视频通话。岳母最近又迷上了短视频，她还时不时把自己和同伴跳的广场舞视频发到群里，求点赞……

女儿2018年考上一所211大学，岳父岳母送了外孙女一个万元大红包，女儿推辞，连连说“不能啃老”。岳父岳母说：送你大红包，这说明我们日子过得好，你一定得收下!

女儿扮了个鬼脸，甜甜地一笑：“政策这么给力，外公外婆赶上了生活美好新时代，希望你们日子过得越来越幸福！”

那个让我魂牵梦萦的地方

北大荒农垦集团八五二农场有限公司　夏红英

有这样一个地方，由数字组成它的名字，经过三代北大荒人的辛勤劳作，它从千里荒野变成万亩粮仓。

有这样一个地方，以父辈部队的番号命名，用他们的铮铮铁骨、一身热血，创造黑土地新的辉煌。

它就是生我养我的家乡，是我魂牵梦萦的地方，是被誉为"美丽八五二、神奇白桦林"的地方，是拥有"百万亩旱作农业第一场、建设北大荒军垦文化第一城"之称的地方——黑龙江省八五二农场。

作为宣传工作者，在工作的20年时间里，通过手中的笔，我对八五二农场有了更加深刻的认识：耕地面积120万亩，是大型机械化国有农场、全国现代农业示范区。近年来，先后9次被授予"全国粮食生产先进场"荣誉称号，连续10年被黑龙江省农垦总局授予"高产创建先进单位"称号，这些荣誉，让作为八五二人的我，满心都是自豪感。

每当我到国家AAA级景区蛤蟆通水库景区采访时，看到辞赋墙、将军峰、将军亭等景点，我的眼前就会浮现父辈们伟岸的身躯——他们携着三五九旅当年的雄风、携着开发南泥湾时的荣光，在这里划出第一道犁痕、撒下第一粒种子。多少人，将自己的花样年华留给了这片土地，奉献了他们的一生；又有多少人接过了父辈的使命、将根深深地扎在了祖国最北部边疆，开发建设，创造辉煌。

八五二人深切缅怀王震、黄振荣等垦荒大业的奠基人，他们的功勋业绩铭刻在这片神奇的黑土地上、铭刻在人民的心中，也将更加激励北大荒儿女在新时代的航程中奋发图强，将农垦伟业更加发扬光大。

仿佛间，我看到了王震将军站在一台拖拉机上，发出向荒原开战的命令、点燃第一把荒火的场景；看到了老红军黄振荣初踏荒原，10块脚指甲冻掉9块的场景；仿佛看到了支边青年“铁腰姑娘”孟庆芬为了水稻－大豆种植模式高产，与男同志一起收割比赛时的场景；仿佛看到了杭州知青孙文珍立下遗嘱，死后将骨灰埋在北大荒的场景……

是他们，是她们，发扬北大荒精神及“无畏坚守、无私奉献”的白桦精神，激励我们一代代接过手中的接力棒奋勇向前！

“这里示范种植水稻面积7万亩，承担着农业农村部水稻高产创建推进项目，产量目标为700公斤/亩！”当我到第二管理区水稻高标准栽培示范区采访时，听着技术人员侃侃而谈，看着威风凛凛的亚洲第一犁和凯斯、克拉斯等先进机械，我对这里的现代化农业的铿锵步伐感到震撼。

徜徉在一望无际的田海中，映入眼帘的是滚滚稻浪，一望无边，置身在“稻海”里，我想所有人都会像我一样，坚信我们有能力“种好中国粮食、端牢中国饭碗”，发挥压舱石作用，为打造农业领域航母贡献力量。

听，白桦树在微风中沙沙作响；

听，轰鸣的收割机传递着丰收的喜悦；

看，一望无际的大豆高粱；

看，蛤蟆通河畔新的辉煌。

就是这样一个地方，让我深爱了45年，也让我心甘情愿去把你最美的一面写出来奉献给别人，那个让我魂牵梦绕的地方——八五二农场！

农场夜色美

内蒙古兴安农垦巴达尔胡农场　王海英

夜幕悄然而至，广场上秧歌的唢呐声远远地飘来，让静谧的夜色多了一份闲适。每当此时，我和母亲喜欢沿着林荫小路漫步。母亲叨念着她的青春、农场的青涩、岁月的瘢痕，每每这时，我浅笑着，思绪随之回到了那段艰难的岁月。

1976年，我出生在兴安农垦的巴达尔胡农场，在这里长大、求学，直到上高中时，才走出这个给我带来童年的欢乐、青年的激昂的地方。

16岁那年，我背着行囊，到离家400多里的扎兰屯求学。当时农场一天只通一趟班车，挤满了人。在妈妈的帮助下，瘦小的我总算挤了上去，但只有一只脚踩实，另一只脚始终悬空。随着班车的颠簸，人们像水桶里的水一样晃来晃去。50公里的路程，走了3个多小时，到了旗里，已经赶不上到扎兰屯的车了，只能住上一宿，第二天再重复同样的挤车之旅……400多里的路程，辗转颠簸2天到达目的地时，人已经累得筋疲力尽。每当谈起那段经历，我还心有余悸。

如今，绝大多数农场居民都有了私家车，再去扎兰屯，宽阔平坦的柏油路，只要两个多小时的车程。怀旧时，更多的是感叹，感叹社会的变迁、时代的进步，感叹农场人生活条件的提升和经济发展的提速。

暮色渐沉，思绪渐远，十年前的光景恍如昨日。那时，整个场区900多户、2700多口人没有一处广场，晴天的街巷道尘土飞扬，雨天道路泥泞，职工住房大多是土坯房，一到雨季，党员干部就要逐户排查，疏散人员。雨幕里的身影，在脑海中至今依然清晰。10年间，党中央棚户区改造政策，如春雨润洒着农垦大地，一座座居民楼拔地而起，整修后的平房也如花园别墅，喜迁新居的笑脸，像一幅年画，定格在农垦人的幸福里。

夜幕下的广场，是农场最活跃的音符。孩子们在追逐嬉戏，老人们或是闲谈或是扭着秧歌，但眼神不时地瞟着自家小孙子淘气的身影，小伙子们在球场上耍着球技，吸引着姑娘们的高声喝彩。

从何时开始，农垦人的生活变得如此闲适？

也许是从农业的机械化开始的，大型机械代替了马犁、牛车、小四轮，旋耕、整地、播种、施肥一次成型，一个人一天可以完成四五百亩地的作业，再也不是老婆孩子齐上阵、“面朝黄土背朝天”的时代了；也许是从土地规模化开始的，职工们把土地流转到种植大户手中，实施规模化经营，自己则进城里打工或者在庭院里搞特色种养，不但闲暇的时间多了，钱包也更鼓了；也许是从生活的信息化开始的，打开电脑冲个浪，方寸之地洞悉天下之事，眼界宽了，头脑活了，粗壮的汉子也能成为网红，点点手机，农垦的产品就能送到千里之外的百姓餐桌。

暮色已深，伴着蛙声，梦回千转。习近平总书记提出的“中国梦”，使农垦人精神振奋追梦而行。看，党员干部撸起袖子、甩开膀子，带领职工奋战生产一线；职工群众干劲十足，对致富奔小康的渴望如甘泉奔涌；上下一心，共同谱写全面建成小康社会的华丽篇章。

月色如水，透过微风中摇曳的金叶榆，在农场的欢腾与娴静中，又一个丰收年正孕育着。

母亲的退休金

河南省黄泛区实业集团　孙国彦

经过十几年的连涨，不知不觉间，母亲的退休金已经悄悄突破了3000元。具体的数目我不大清楚，但母亲却能准确无误地报出来，并且精确到分，言语间充满了喜悦和满足。但喜悦与满足的同时，脸上紧接着便氤氲出一丝不安："你看看，不干一点活儿，国家还白给那么多钱……"给人的感觉是老太太总觉得这退休金拿得不够心安理得。

我本来想用"这是国家对你们老农垦以往贡献的回报"等诸如此类的话来给她解释，但又想，就让老人保持这份朴素的感恩和知足，不是更好吗？于是我也就常常给她打气："既然政策那么好，那咱就把身体保养得硬硬朗朗的，再活个几十年，对得起国家的照顾。"

最初，退休人员的工资都是现金支付，后来改为打卡，这让母亲和她的老姐妹们感到诸多的不适应：这看不见摸不着的，谁知道里面有钱没有？有多少？安全不安全……对于她们来说，这么一张小小的社保卡，怎么都不如用塑料袋包起来，藏在一个隐蔽的地方来得踏实。倒是几个老大爷表现得相对镇定些：放心吧，比你自己存放还保险，小偷都偷不走。但从他们并不够坚定的眼神里分明能看得出，他们对自己的话其实并没有足够的信心，大概也只是想在一群老太太跟前表现自己的见多识广吧。

为了打消母亲的顾虑，月底只要收到退休金到账短信，我都第一时间打电话给母亲报个数，本月发多少、余额是多少，同样精确到分。电话那边，母亲不停地"哦哦"地应着，这才彻底放下心来，确信自己的养老钱乖乖地在卡里待着呢。

母亲将近80岁，却自认为还不老，任我们磨破嘴皮，还坚持一人独住。我们每次回去看她，自然成了她最开心的事。张罗着买菜买肉，让我们吃饱喝足，又大包小包往后备厢塞、二百三百的悄悄往包里放。

母亲有老年病，每月吃药大概得五六百元，加上日常开销和时不时冒出的临时花销，所剩应该不多。然而，母亲几乎每个月都能结余2000多，不用问，肯定是省吃俭用攒下来的。我们常常劝她，该吃就吃，该花就花，养老有我们兄妹呢。可老人总是听不进去，依旧我行我素。我想，对他们这一辈来说，可能只有看到退休金余额一点点不断往上涨，才会有一种安全感吧，“手有余粮，心里不慌”嘛。这样想着，我便也对母亲那种极致的俭省多了一分理解。

然而在有些事情上，母亲却相当大气。新冠疫情暴发不久，全场组织为武汉捐款，给退休人员的建议数额是100元。刚接到通知，母亲就风风火火地蹬上三轮，前往分场办公室捐款，回来后还一个劲儿地说，要不是看人家都是那么些，她真想多捐些。也难怪，居家隔离期间，每天看疫情播报，母亲都揪心不已，愁得不停地叹气：看这疫情多凶猛吧！国家该有多难吧！如今，能为抗疫尽一些绵薄之力，对她来说该是多大的欣慰啊！

前不久回家看母亲，我告诉她说，已经定了，今年还要给你们涨退休金呢，标准和去年差不多，您的还能涨一百六七。母亲听了，最初的反应是吃惊，进而变为更为强烈的不安。“啧啧啧，今年灾那么大，又是病毒又是水灾，国家都那么难了，咋还给涨工资啊？都三千多了，已经不少了！”我安慰她说，就是再难，国家也不会冷落你们这些老人的。母亲满意地笑着，嘴里不停地念叨：“有共产党领导，就是好！”

回乡记

黑龙江省农业农村厅综合处　许开峰

又两年多没回故乡——二九〇农场了，思念之情愈演愈烈。

今年6月，北大荒樱桃飘香的时节，我驱车回到这座美丽的城镇。这里正在举办樱桃采摘节，热闹的场面吸引众多过路人驻足观看。故乡的老少爷们儿手持各种器具穿梭于樱桃树之间，那挂满枝条、晶莹剔透的果实映红了人们的笑脸，现场荡漾着爽朗的笑声。

这条栽满樱桃树的柏油路总长10公里，横穿农场场部、直达黑龙江边，是进出农场的主干道。这里曾是一条土路，坑坑洼洼、凹凸不平。每天过往的车辆鸣笛前行，尘土飞扬。1995年7月我大学毕业后回农场工作，坐着客车沿着这条路颠簸着进了农场，随行的人不停地埋怨着路况，有的还嘟囔着，嘴撇成了“丑八怪”。

樱桃树是故乡的“场树”，农场的人们对樱桃树有着特别的感情，每逢重大节日、重要场合都会提及它，它成了人们追求幸福生活的重要标志。

2008年，农场号召机关人员连续栽了半个月的樱桃树，看着整齐的樱桃林，有人感慨地说，如果这条路再铺成水泥路，那可就更敞亮了！可没等到路修好，我先后被调到了管理局和农垦总局上班，由于工作繁忙，多年都没能回去看一看。

听朋友讲，经过多年的发展，我的故乡变成了一个美丽的小城镇，繁荣而昌盛、美丽而可爱。他们的讲述，让我“近乡情更怯”了。

来到场部，我急切地寻找曾住过的老房子。1996年，我花了2.1万元购置了一座砖房，离开农场后，我将它卖给了一位农场的老职工。这些年它始终是我的牵挂，总想能再看看它。我怀着激动的心情找了半个小时，却没有见到它的踪影。农场职工说，我走后的第二年这里就拆迁了，如今，这里建起了四栋欧式风格楼房，职工都搬进了宽敞的楼房。社区的工作人员告诉我，现在农场城镇化水平逐年提高，力争再过二三年，可能要消灭平房了！

“离别故乡岁月多，近来人事半消磨。”看到眼前的一幕，我惊讶不已，我的故乡真是发生了翻天覆地的变化。

“小康不小康，关键看老乡。”在故乡，见到了我曾帮扶过的李哥，他已住进了100多平方米的楼房，电视机、电冰箱、空调、太阳能热水器等家用电器一应俱全，家里还购置了电脑，日子过得挺滋润。李哥拿出珍藏了十多年的北大荒酒招待我。

2003年以前，李哥还是出了名的贫困户。经过我与他谈心，他开始养殖奶牛，那些年奶粉销路好，3年光景他就还上了贷款。后来，我搬到了哈尔滨，我们只是通过电话联系，当时他的“小九九”可不少，说要弃牛种植水田。再后来，我们就失去了联系。

“你可真行，不光住上了楼房，还购置了轿车，生活真是比小康还小康呀……”我有说不完的赞誉。“过去咱老是瞎扯，今儿咱哥们也要享受一把真正的小康生活！”李哥骄傲地说着。

农场工会人员告诉我，李哥后来种了300亩水田，又购置了农机具，一年能收入20多万元。这些年，富裕后的他又成立了蜿蜒河水稻种植合作社，吸纳了20多名贫困户加入，还培育了自己的“蜿蜒河”绿色有机水稻品牌，水稻产业越做越大，他也成为远近闻名的富裕户。

走在农场，只见一栋栋一排排崭新的高楼拔地而起，把故乡装扮得格外美丽。宽阔的马路纵横交错，四通八达，车辆川流不息。道路两旁绿树成荫，人来人往。公园里，充溢着孩子们天真爽朗的欢笑。科技园区里，辽阔的万亩大地号连同点缀其中的“醉美两江”水稻图纹标志，构成了一幅壮美的画卷。超市里的商品琳琅满目，还能经常见到产自南方的稀有水果。

“不管是风吹雨打/无论是春秋冬夏/举起誓言/举起责任/二九〇牵动富饶的黑龙江和幸福一起出发……/和幸福一起出发……”

行走在故乡的街道上，激昂的《二九〇之歌》响起，我深信，在全面建成小康社会的历史时刻，中华民族千百年来的期盼一定会变成现实，我的故乡二九〇农场也一定会越来越好，越来越富强！

南华农场见闻散记

广东农垦南华农场　刘南源

广东省南华农场系广东农垦下属农场，这里风景优美，职工居民生活富足，处处充满乡土风情。作为南华农场职工子弟，出于对这片土地的热爱，遂写下这篇关于南华农场的见闻散记。

老于回乡

昨夜的雨，恣意泼洒在农场的红土地上。以往大雨过后，红土的黏性增加，道路上的泥土层层粘在鞋底，甚至让行人连鞋带脚陷进泥里，很难拔出。随着鞋底的土越来越多，人也就显得越来越高，当地人戏称为“步步高”。

几年前，农场要道全部铺上了硬底水泥路，雨天行路“步步高”也就成为了历史。

此刻，近二十年没回农场的知青老于走在硬的水泥路上，左右观望，对农场的变化感慨不已。夜晚，老于和故人畅叙别情，桑麻往事历历在目，说起农场乡村的发展变化，两人倍感欣慰。

“老于啊，我前年住进了现在的别墅新区。能住上别墅，这可是上半辈子做梦都没想到的事啊。”故人带着些许的醉意，拍拍老于的肩膀。两人相视一笑，眼底满是盈盈的笑意。

歌声嘹亮

雨过天晴的午后，蝉声在龙眼树、荔枝树、黄皮树间此起彼伏，这是夏日乡村里独特的交响乐，也是农场收获的嘹亮号角。

在南华农场场部中心区，浓荫如盖的老榕树下，社区的社工把老人们聚集起来，唱红歌，开展文艺活动。打榕树旁经过的车，有的会停靠在路边，下来三三两两的人，一起和着、笑着……在此，喧闹与安逸就这样融为了一体。

思乡的人一路走来，远远就能看见，不变的榕树、不变的乡音，还有不变的情怀。情怀不变，生活在变。如今的职工群众，安居乐业，过着富足的生活。

田间劳作

远处一片田里，浇水少女的灵巧身姿与一片嫩绿相映成趣，奏出田间舞曲。飘洒出的水珠，照见少女甜甜的笑靥和劳作的欢愉。

嗒嗒的机车声，从田间地头传至炊烟袅袅的农人住房，留下一种美丽的期盼。

背着胶具的工人，横穿一片碧绿，在一株橡胶树下，按照原有割面，下刀、收刀，不多时便收获了承载着希望的白色胶水。

从田间地头到别墅林立，农人们靠着勤劳的双手，在红土地上发家致富。

梦想实现

农场是远方游子的家乡。有人时常远望，惦记着家乡那片竹林，是否和曾经一样，飘着轻薄的雾霭，穿过金色的阳光，幻化成梦中才有的光景。

夏雨洗田尘。一块块农田，生机勃勃的红花绿柳，夹杂着农场人的梦想，悄然入眠。

一个老农坐在楼前抽烟，烟气袅袅升起，飘散在身后喧闹的农场。农场红色的土地，承载着一群人的希冀。

全面小康、精准脱贫的和风吹过美丽家园，轻轻地播撒甘露，把国与家的百年梦想，实现在万亩美丽的农田里。

路，在脚下

呼伦贝尔农垦集团　李光明

路，是固定的诗行，千百年来在风云变幻中承载着历史的脚印。

晴天一身灰，雨天一腿泥。这是我的家乡——通辽市香山农场20世纪八九十年代的道路，泥泞的土路、田间道和自然路，坑坑洼洼，延伸向远方，构成那个时代的交通图景。

记得那时进一趟城要早早起床，等上每天一班通往市区的客车，四五十公里的路要走上半天，甚至一天，每个人都是灰头土脸，浑身像散了架子。遇到雨雪天气有时还会遇到陷车，只能求助附近的大型机车进行拖拽。哪怕是在场区附近活动一圈，脸上、身上、鞋上都是土，即使这样，依然挡不住人们对未来生活的激情与渴望，对外界美好事物的向往，每个人脸上始终都写满了坚毅和乐观。

场区的路每年都要由农场自己来维护，曾经的这些蜿蜒甚至有些坑洼的道路，连接着人们彼此沟通的生命通道和感情寄托，承载的是迁徙于此的祖辈们肩扛马拉、手推锹掘、用刀砍、用镢挖、用脚踩出来的希望，它更记录着一代又一代农垦人辛劳的汗水。

这些路有时又是那么脆弱。1998年爆发特大洪水，农场与外界唯一的通道被冲毁，场部与生产队之间的路也断了，一时间职工群众的生产生活陷入了困境，两队之间只能用摆渡船和大型拖拉机才能勉强通行。随着洪水退去，修路、修好路成为那个年代职工群众最强烈的呼声和心愿。

如今，场部那条连接外界的土路和场区中那一条条街道，早已化成影像资料，成为人们永远的记忆。

光阴荏苒，日月如梭。进入21世纪，农场的路终于迎来脱胎换骨的契机，靠着党和国家交通建设政策以及农场自身的合力拉动，通过一事一议、乡乡通、村村通等一系列措施，开始了通场队公路建设工程。几年时间，一条宽阔的新修通场水泥公路建成了，连接场队和乡镇村屯的路便捷了，通往县城的高速路建成了，往日坑洼不平的乡间土路早已变成了平直整洁的水泥路面，道路两旁由过去的一排排白杨衍生成了各式各样的灌木风景树，昔日地理位置十分偏僻的农场和连队变得四通八达了，原本几个小时的路程现在仅需30分钟。

随着轿车的普及、人们观念的改变，去县城消费、购物也仅仅是小事一桩，农场上班城里生活成为现在许多农垦人的真实写照。当我每次回到家乡，踏进久违的农场时，一切让我耳目一新，不禁为之怦然心动。每条巷道的水泥路旁都安装了路灯，家家户户门前都栽树种花，绿树红花映衬着一排排砖瓦房、楼房。

如今，农垦人正在用勤劳的双手扮靓自己的家园。走进农场，再也看不到过去那种柴草粪便、垃圾杂物胡乱堆砌的模样，再也看不到牛羊满街走、下雨污水流、泥泞肮脏的街道。我所遇到的，是往来穿梭于街道的林林总总的电动车、摩托车和小轿车。这一切的变化，怎能让我与以前偏僻落后的老家相提并论呢?

小时候，站来村口的路边望向远方，不知道道路的尽头是什么样子，远方是那么遥不可及，梦想着走出去看看外边精彩的世界；长大了，外出求学、工作，看到了五彩斑斓的一切，是路的变迁改变了生活，改变了许许多多人包括我的命运，它缩短了时空，拉近了城市与乡村的距离。现在不出家门，手机一点，心仪的物件随时送达。这一切的变化，不正是一条条道路快进的缩影吗？“灯不亮、面不白、进趟城、回不来”的时代已经成为过去，父老乡亲们走上了一条和谐幸福、平坦光明的康庄大道。

“三生”有“幸福”

广东省湛江农垦局　傅学军

20世纪90年代末，一群大学生从四面八方来到广东省湛江农垦，我是其中一个，当时被安排在幸福农场做文秘。

作为内地来沿海的年轻人，遥远的距离、陌生而新鲜的环境，让我们对未来充满美好畅想，但是如果没有物质基础作为支撑，信誓旦旦的精神情怀、初来乍到的新鲜劲儿便很难长久。不久，就有不少人因为不适应农场生活而纷纷离开。也许和“幸福”这个农场的名字有关，我在稍做动摇后，仍然选择留了下来。

那时候，作为农场主产业的橡胶跌入了历史低谷，加上台风等重大自然灾害的后续影响，有些农场甚至连基本工资的发放都无法保证。幸福农场还算比较好，不仅工资按时足额发放，甚至还偶有奖金。

湛江农垦是新中国成立初期，为了发展天然橡胶，按照中央指令创办的，下辖数十个农场。改革开放之前，农场生存和发展压力较小，后来市场经济兴起，农场没能及时转变理念，加上天灾影响，亏损在所难免。我清楚地记得，那个时期作为幸福农场场部生产主战场的橡胶林，也由曾经的热闹非凡化作安安静静。

出于情势需要，幸福农场不得不抓紧推进一件大事——节水抗旱、发展“三高”农业（高产、高质和高效）。长期种植的橡胶林让农场可以“靠天吃饭”，但生产出来的橡胶产品却不值钱，要赚钱盈利就得实现“三高”，而“三高”的首要条件就是水分充足。但是据史料记载，湛江南部的雷州半岛“十年九旱”，幸福农场就处在雷州半岛中心区域。

根据当时的工作经历，我采写了一篇消息稿，也许是因为应时应景，这篇手稿寄出后，很快刊发在当地党报的头版头条，并产生了积极影响。

随后不久，我被调到湛江农垦局机关工作，从而有机会接触更多的农场，但毕竟是“第二故乡”，我始终对一百多公里外的幸福农场念念不忘，每有机会便欣然往之。我曾经特别关注的那片橡胶林，因为天然橡胶价格的回涨，也再次焕发勃勃生机。虽然它早已不再是农场的主要经济来源，但也一直是农场发展的重要补充。幸福农场因为土地面积较大、地理位置较好、长短作物结合适当等条件，“三高”农业发展势头越来越好。

党的十八大以来，“绿水青山就是金山银山”的理念深入人心，身处地方农垦机关，我越发觉得新时代“两山”理念在垦区有了越来越多的生动实践。就拿我比较熟悉的幸福农场来说，近年来也在按照上级有关要求，建设热带农业公园。公园中央有个造型独特的“福”字主题雕塑，从上空鸟瞰，这个雕塑就像红土地上正在蘸泥的一方厚重印章；走路近观，这是绿色园中高高耸立的一尊愿望石。一百个造型各异的“福”字，在周边农耕雕像的依次衬托下，从历史走来，向未来走去。作为公园组成部分的橡胶林，曲径通幽，林中亭、椅遍布，白天可以纳凉，晚上可以散步，早已成为农场人喜欢的好去处和外来人热衷的打卡地。

曾有省政府领导在此调研时强调，要切实保护好生态环境，将生态环境优势持续转化为经济发展优势；要拓展农业功能，大力发展休闲农业和乡村旅游，打造以农业为主，集设施农业、休闲农业、农事体验等为一体的田园综合体，让广大农民、农工在乡村振兴中体验更多的获得感、幸福感。

也许是有意无意间的一份坚守，二十多年来，尤其是近些年来，自己有幸作为一名湛江农垦人，亲眼见证了幸福农场的发展变化。那一片郁郁葱葱的橡胶林，农场生产、生活和生态功能的完善，让我似乎又发现了“幸福”的真谛。

我在团场的N个第一次

阿拉尔市西北兴业投资发展（集团）有限公司　冉仁淑

1998年，我从山城重庆来到新疆塔里木河畔的一个农牧连队（原第一师九团九连），在这里落脚、扎根。此后，在这片土地上，发生了许许多多酸甜苦辣的故事，演绎了许许多多的第一次……

第一次见识了"平沙莽莽黄入天"的荒漠戈壁，"大漠孤烟直"的空旷荒寂，第一次成为一名拾花工，每天与以前连见也没见过的棉花打交道。

第一次喝涝坝水（在家乡喝的是纯天然山泉水）、住连队军营式土坯房，第一次吃苦苦菜、蒲公英（因为经济拮据，那时的菜稀少而且很贵）。

第一次在下倾盆大雨时，坚守在棉田里浇水而没往家里跑，因将棉花地淹成了汪洋大海，遭连队领导严厉批评后的我忍住眼泪，发誓要干出成绩来证明自己能行。

第一次见识了黄沙翻滚遮天蔽日的沙尘暴，承受了沙尘暴将我承包棉田的棉苗刮死三次又重播种三次的记录，也是第一次承受了辛勤劳作一年收入为负数的不甘。

第一次以长绒棉467公斤/亩获得连队植棉状元称号。

第一次作为连队主力队员参加团里的知识竞赛获得了一等奖，第一次作为团选手参加师里的知识竞赛荣获一等奖，也是第一次接受团领导对一个农工的盛情款待……

第一次参加团举办的演讲比赛，因一口地道的四川话引来台下哄堂大笑；在历经多次的磨炼后，也第一次荣获了演讲第一名的好成绩。

第一次跨进塔里木大学校园进修，圆了我在故乡未能圆的大学梦。

第一次虔诚地将自己稚嫩的稿件小心翼翼用信封装好投进邮局，历经漫长的等待后手捧报社编辑为自己字斟句酌精心修改后油墨飘香的"豆腐块"

喜极而泣……

第一次实现了一个农工年报刊刊稿80余篇的纪录，被团里破格评为优秀通讯员。第一次在跨团的公开招聘中以第一名的成绩被录取成为一名连队政工员。

第一次荣获塔里木报优秀通讯员一等奖、“塔里木主人”一等奖、兵团好新闻三等奖，“师市优秀通讯员”等荣誉称号。

第一次当选基层农牧连队党支部书记、政治指导员，第一次在几百双职工群众热切期盼的眼睛中感受到了肩上沉甸甸的压力与责任。

第一次目睹了习近平新时代中国特色社会主义思想在兵团土地上四处落地生花，亲历了深化改革所释放出来的活力“搅活了一池春水”，让这片土地以及这片土地上的人民发生了翻天覆地的变化：第一次亲历了团场从传统农业到现代农业、特色农业的飞跃式发展，见识了如神话一般地将南方的水果、药材、花卉、树木等成功种在北方沙漠；第一次目睹阿拉尔这座北方小城，在短短十几年时间按下发展的“快进键”，跑出了“加速度”，吸引汇聚八方英才，一跃而成塔河上一颗璀璨明珠；第一次目睹了这片土地广大的职工群众，在产业中致富、在生态中休闲，在文化中成长……在中国共产党的领导下，用勤劳和智慧一步步走上了小康。我也第一次购买了楼房和小汽车，在如花的城市中尽情地享受城市文明，并接来年迈的父母、公公婆婆离开居住了一辈子的大山，来阿拉尔定居。载着老人家环视了阿拉尔一圈后，在老人家“兵团真好”的感叹声中陶醉……

N多个第一次，是一个内地农工扎根新疆生产建设兵团充满艰辛的心路历程，更是一首自强不息、圆梦兵团的奋斗诗篇，是成千上万个兵团团场职工的缩影，更是兵团翻天覆地变化的见证……

也许，在人生的道路上，还有N多个第一次等着我去开拓、去奋斗，我将信心百倍，用感恩作翼，在追求日益美好生活的道路上展翅翱翔……

小康路上看变化

北大荒农垦集团江川农场有限公司　邱宏伟

“兵团战士胸有朝阳，胸有朝阳，屯垦戍边，披荆斩棘战斗在边疆……”2020年7月20日上午，黑龙江省江川农场上空蓝天白云。来自北京、上海、杭州、哈尔滨的46名知青乘坐农场的大巴车，唱着昔日的兵团战士歌曲，开始了主题为“小康路上看变化”的参观旅行。

“现在我们的客车正行驶在通往农场十九站的通村公路上，目前像这样的白色水泥路面在农场已经实现了全覆盖。”望着宽敞的路面和两侧高挺的树木，艳丽的鲜花，听着年轻解说员聂慧的介绍，坐在前排的上海知青蒋显龙禁不住问：“现在团部到十九连（十九站）骑自行车要多长时间啊？”聂慧挠挠头说：“10公里的路，小汽车顶多也就20分钟，自行车——就不知道了！再说现在也很少有人骑自行车了啊！”看到聂慧尴尬的样子，坐在一旁的杭州知青童柏仁笑着对蒋显龙说：“还以为是50年前你媳妇生孩子时用自行车拉爬犁到团部接大夫呢，来回要6个小时！”蒋显龙白了他一眼道：“那都是哪年的皇历了，还提！”“我爷爷说了，没有当年团部医院的大夫大老远地到十九连给我奶奶接生，就没有今天的我……”蒋显龙六岁的小孙女蒋甜甜天真的话语引来知青们一阵大笑。

说笑间，知青们来到十九作业站一处像块绿地毯似的水稻田边，当听说这里的水稻平均亩产700公斤，是农业农村部命名的高产田时，原十九连指导员，上海知青王银生感叹地说：“你们知道吗，这块地1968年时种的是小麦，那年松花江涨水，每亩只收了36公斤！”这时一架无人飞机盘旋着喷洒农药经过，聂慧自豪地道：“像这样的无人机目前职工手里有500多架。习近平总书记要求北大荒‘要大力推进农业机械化、智能化，给农业现代化插上科技的翅膀’，现在我们农场在基本实现农业机械化的基础上，正在向推进智能农机技术应用，探索农业机械向无人化方向发展。”听着聂慧的介绍，知青们纷纷走到稻田间拍照留念，说是回去后要给孩子们看看北大荒的现代化大农业。

“现在大家看到的一排排米黄色楼房建筑是农场的工业园区，占地80公顷，内分大米精加工区、大米深加工区、综合利用区、其他功能区，是辐射三江地区的龙头加工企业，每年可加工江川牌‘长粒香’米50万吨，并且在北京、上海、天津、杭州等全国12个大中城市都有销售处。”看到知青们来参观工业园区，正在这里检查工作的农场工业办主任李清当起了临时讲解员。李清的话音刚落，性格爽朗的原农场粮油加工厂职工，北京知青张淑琴就大着嗓门，惊讶地接过话茬：“占地80公顷！辐射三江地区！年产50万吨！乖乖，我在农场那会只有一幢砖瓦结构的90平方米的大米加工车间，年产大米也就100多吨，焖出的米饭还有沙粒呢，吃着直硌牙。不提了，不提了，过去的事说出来都让年轻人笑话。这江川牌‘长粒香’米在我家附近的超市里可是经常能看到，晶莹剔透，香气扑鼻，口感特好。”

“这里是别墅小区，清一色的欧洲泰晤士风格。”“别墅？农场也盖别墅了！”“真是没想到！”望着知青们惊诧的目光，陪同参观的农场办公室主任邢冲补充说：“农场领导说了，欢迎各位知青回场定居呢。”“多少钱一平方米啊？”上海知青李建军问道。“每幢250平方米，每平方米2200元，如果知青回来购买每平方米只要2000元。”“这么便宜啊！我今天晚上就给家里打电话商量，在农场买幢别墅，夏天把上海的房子租出去，到农场的别墅里避暑多好啊！”

夕阳西下，一天的旅程结束了，可是知青们却没有一丝的倦意。“爷爷，你不是说第二故乡还有野荷四塘、古城、稻草公园吗？今天怎么没看到啊？”“傻孩子，农场在全面建成小康社会进程中的变化太多了，一天是看不完的，还有明天……明天会更好！”

蒋显龙和孙女蒋甜甜的对话将满车知青们的思绪带入了对农场未来美好的憧憬中。

这里的变化静悄悄

广西农垦新兴农场有限公司　孙绮霞

时隔8年，好友再次到访我家。见面的第一句话是："你还是老样子，但是这里跟当初你刚来的时候变化不是一般的大呢。"

她说的这里就是我工作生活的地方——新兴农场，广西农垦的一个二级企业，综合排名靠前的糖料蔗农场之一，位于广西工业重镇——柳州市的南大门。兴许是我在这里工作生活多年的缘故，这里的点滴变化都在静悄悄地发生着，甚至被我理所当然地忽略了吧。

2012年，大学刚毕业的我选择了这里。那时好友来看我，从下中巴车到达我居住的宿舍要步行一公里，而这短短的一公里，是坑洼的泥水路，两边随处可见一排排破旧低矮的瓦房，这是原来的农场棚户区宿舍，我居住的宿舍还算较新的过渡安置房。当晚，朋友留宿一晚，发现洗漱的水是浑浊泛黄的。朋友当时给我来了一个"灵魂三问"：确定在这里扎根？不再到外面看看大世界？不去遇见更好的机会了吗？我那时已经内心安然，说："也许目前看到的只是这儿的一小部分面貌，也可能只是暂时的呢。"

就这样，那年，我成了一名广西农垦人，并与这个小农场紧紧地联系在了一起。一路走来，我收获了奋斗带来的成就感和幸福感，也见证了农场在新时代里奋勇向前、向高质量发展的历程。

听老一辈农场人说，早在我来这里之前还有更多破败不堪的低矮房屋。除个别居民点，农场27个生产队棚户区居民点的1800多户职工仍然居住在20世纪六七十年代由农场统一建设的砖木结构小青瓦房里，而且私搭乱建现象严重。

前几年，直到国家实施国有垦区危房改造工程，为改善职工群众的居住条件提供了良好机遇。新兴农场紧抓这一有利时机，全面启动危旧房改造工程，2012年当年就改造了1450户。

党的十八大以来，以习近平同志为核心的党中央把脱贫攻坚摆在治国理政的重要位置，更突显了危房改造这个大民生工程对改变职工群众的居住面貌，为建设和谐富裕新兴农场、全面奔小康的重大意义。包括我在内的农场人无不精神振奋、上下同心、铆足了干劲投入到这场保障和改善民生的攻坚战中来。

不久，场部范围内低矮破败不堪的房屋不见了踪影，取而代之的是幢幢高楼套房和生产队自建楼房，甚至是别墅。

在农场小城镇建设过程中，我们按照“新农垦、和谐农垦、富裕农垦”的标准，立足长远、兼顾当前，做好科学规划、科学建设、科学管理三篇文章。

近几年，柳州市力推“紫荆花城”的城市名片，于是我们在场部范围种满了紫荆花景观树。每年4月，这座小城镇便“粉花开遍房前屋后”，就连基层生产队也成了农场的“后花园”。再加上乡村振兴战略的实施，一条条柏油路、水泥路建了起来。如今家家户户开上了私家车，预计年底还将坐上经过家门口的轻轨。出门便是泥坑路，风尘仆仆行路难的历史将不复存在了。闲暇之余，新兴人喜欢在新建的住宅小区广场跳起广场舞，在活动中心运动娱乐，在大树底下聚会话幸福、话未来。

转眼8年多时间，我在这里成家立业，身边的很多亲朋好友也都共享着农场改革发展的成果，买了农场开发建设的新房过上了好日子。农场小城镇建设不仅展现着产业强、环境美、职工富的农场新形象，而且为全场经济社会的稳步健康、高质量发展提供了新动力，这也将让职工群众的获得感、幸福感、安全感更加充实、更有保障、更可持续。

不仅如此，农场还积极参与到脱贫攻坚奔小康的大潮中。自2018年起，农场成为当地一个贫困村的扶持单位，并派遣工作队员到一线直接参与扶贫。作为农垦人，我为农垦这些年的发展变化感到骄傲，也为能在彰显责任与担当的国企工作而无比自豪。因为，在脱贫攻坚的决胜战场上，在致富奔小康的征途中，有我们一起书写的奋斗诗篇。

长命百岁不是梦

北大荒农垦集团八五二农场有限公司　朱秀莲 口述　孙海燕 整理

我1921年出生，今年101岁了。

我这辈子什么苦都吃过。我见过日本“鬼子”。那时候只要听到“鬼子”来了，我就往脸上抹锅底灰，趴在路边的沟里躲起来。我还见过红军、八路军和解放军，红军披蓑衣戴斗笠，还冲着我笑呢！1949年新中国成立那一年，我知道了伟大领袖毛主席！

我19岁结的婚，和公婆一大家子人住在一起。后来，我生了一个闺女一个儿子，孩子的父亲就去当兵了。我每天天不亮就起来，推磨、摊煎饼、种地，晚上熬夜纺线、织布。家里有点吃的穿的，也先给老人和孩子，我自己常常饿肚子，吃上顿没下顿的。后来我二伯嫂离世了，我又帮他们带三个孩子。那时候生活条件很艰苦，只要没有毒的野菜我都吃过，只要能咽下去的树叶我都尝过。为了这一大家子人能吃上饭，我每天奔命忙碌，才30岁出头的我，瘦的只有八十几斤，我想自己活不了多大岁数。

最让我痛心的是我那3岁多的儿子，因一场重病无钱医治去世了。那时候的确很穷，眼瞅着儿子在我怀里要一口馍吃，我都不能满足他，我是流着泪、叹着气看着儿子闭上了眼睛。

1958年，转业官兵开垦北大荒，我随孩子的父亲来到了黑龙江农垦八五二农场，又生下了两个闺女。一家人过上了安稳的日子，老家的亲戚朋友接连不断地来串门，投奔我们，我开始到处给他们找学校、落户口、找工作、找对象，解决吃住问题，一天到晚忙忙碌碌的，日子过得苦些，但大家都很乐呵。

1984年，孩子的父亲因为肿瘤出血病危，为了抢救他，惊动了农场党委领导班子，农场书记刘仁江在手术室里坐镇，场长张太和一些干部家属在手术室外陪着我、安慰我，群众连夜组织验血，对上血型的人争着献血……天亮了，孩子的父亲终于躲过危险期了。望着眼前的一切，想起当年我那可怜的儿子，我发自内心地说，共产党真好，社会主义就是好！

我84岁那年住上了楼房。一开始我还不想上楼，因为总是腿疼，怕上下楼不方便，可住上楼房后，屋里很暖和，住得很舒服，我腿疼的毛病也好多了。

住上楼房没啥活干，还净吃好的，出门就坐小汽车，我闲着没事就画画、摆扑克、玩平板游戏。我不识字，可总听闺女说，现在国家的政策越来越好，人们的生活水平越来越高了。我除了退休工资之外，国家还每月给我多发100元钱呢。

我有三个孝顺的闺女，先后从不同的岗位退了休，她们一心一意地伺候我。二闺女还告诉我，现在生活条件好，国家政策也好，老人若能活到一百岁，国家还奖励每个子女20万呢！我知道这是变着法儿哄我高兴，是希望我能健健康康地多活几年。

这不，我的百岁生日快到了，二闺女要为我举办一个不收任何礼金的百岁庆典活动。她提前好些日子就开始忙，买气球布置会场，设计带寿字的请帖和长寿花，还定制了一个巨大的生日蛋糕。闺女把我的照片和日常生活录像收集到一起，专门找人做成了片子，像放电影一样，在大屏幕上播放，我看到自己上电影了，真高兴啊！

2020年9月6号，是我生日，这天极其热闹！亲朋好友从各地赶来，就连我92岁的三妹也从哈尔滨赶来了。一大早，宴会厅里就聚满了人，可能都想看看我这百岁老人啥样吧！从我一进大门，就被一大群人围了起来，拍照的、录像的、鼓掌的，还有许多手伸过来，要和我握手，弄得我像个大领导一样，激动得找不到北。

庆典搞得红红火火。看着一个个精彩节目，看着一批批小辈们给我磕头拜寿，我的心里特别不平静，眼泪都流出来了：我能活到100岁，眼不花耳不聋，生活基本能自理，这都得感谢党、感谢国家，感谢这么好的农场人。

你问我还有什么愿望？我真没想到自己能活到100岁，能看到这么多好光景，能过上这么好的日子，这一辈子的福我都享受到了，我太满足了！如果说愿望的话，我希望孩子们也都能活到100岁。我相信，有我们这么好的国家，这么好的党，人的寿命也会越来越长，长命百岁不是梦。

祖孙接力　情牵农垦

内蒙古兴安盟农垦公主陵牧场　周艳丽

我的妈妈谢令小是兴安农垦公主陵牧场第一生产队的老妇代会主任，72岁的她，是一名有着四十多年党龄的老党员。在平凡的岗位中，她用一颗火热的心、一股真挚的情履行着她的职责，用她的一言一行影响着我。

20世纪80年代初，公主陵牧场的妇女做手术时，为了减轻妇女术后的痛苦，妈妈就把自家驴车牵来，自己充当“人肉”沙发，让妇女倚在她身上，以缓解她们的痛苦。有时候一天工作完回家，腰都直不起来，胳膊肘也磨破了皮。妈妈用行动演绎着对工作的热爱，用她的话说：既然干了，就得实干、就得把事干实。妈妈用真诚赢得了理解，用质朴赢得了信任。30多年的努力和执着，让这位热爱农垦事业的基层妇代会主任在追求信仰的道路上，美丽前行着。

1997年，经过全队职工选举，我接过母亲的岗位。妈妈在交接工作时千叮咛万嘱咐：要学习、有热情、踏实干。我从基础开始，学经验，创新工作机制、提高工作热情，真正地把自己融入服务妇女工作中，在工作中总结经验和做法。2005年，我光荣加入了党组织；2007年，被任用为场机关妇联、计生办干事；2010年被授予先进个人称号。2012年被评为自治区级“学雷锋优秀志愿者”，这份沉甸甸的荣誉把我的思绪拉回到了16年前：记得那年夏天，我作为生产队的计生员，每个月都要入户核查信息，由于工作关系，我与一名患有风湿病的妇女结下了姐妹缘。她的身体情况特别得不好，严重的时候不能坐，在闷热的小土房里更是憋闷得上不来气，长长的头发裹着她的脸和脖子，“二嫂，你要是不嫌弃，我帮你把头发剪短点，能凉快点。”就这样，冬天一个月一剪，夏天两个月剪三次，一剪就是16年。从那以后，我在志愿服务路上越走越宽，义务给场老年人和弱势群体理发200余人次，为居住在平房的老人担水搞卫生，还开通了爱心热线。一分耕耘，一分收获，志愿服务让我更深深地体会到了农垦精神的内涵，更让我明白：良好的工作态度是工作成功的基础，只要用心了，努力了，热情提高了，态度端正了，工作其实就是一种乐趣。

2018年8月，我把妈妈教我的，打包成一个“文件夹”交到了儿子手中，并告诉他一定要用青春和热情，去传承农垦精神，用实干和拼搏为公主陵牧场的发展贡献力量。儿子高荣旺在第四生产队从事会计工作。工作中，他严格要求自己，积极参加各项活动，2017年被评为兴安盟优秀共青团员，2019年被评为区级优秀共青团员，同年7月被列为入党积极分子。2017年全区农垦改革发展推进会上，他和其他15名志愿者共同努力，圆满完成会议接待任务，让来自各盟市垦区的会议代表感受到兴安农垦人的细心、真诚和淳朴。在“十四冬”圣火采集仪式志愿服务中，他被分配到五一广场对面楼顶记者服务组，在近2个小时的工作中，他以出色的服务赢得宣传报道组的好评。2020年，面对突如其来的新冠疫情，他义无反顾地冲在一线，既是宣传员、战斗员，又是快递跑腿员。他常说，我年轻，我来吧。就这样，只要职工群众有需要，他随时出现在生产队的大街小巷。饿了吃点方便面，渴了就喝冷水。他说：“看到我身边的党员舍小家为大家，冲锋向前处处以身作则，我一定也要好好表现，争取早日加入党组织。”

回首往事，放眼今天，展望未来，一方水土养一方人，祖孙接力情牵农垦，带上春华秋实，带上风调雨顺，带上对农垦的那份爱留下一串坚实的人生足迹。

我家的五年规划

北大荒农垦集团八五二农场有限公司　王婷婷

2020年，对于国家而言，是全面建成小康社会和“十三五”规划收官之年，也是谋划“十四五”规划的关键之年；对于我而言，则是我家的“三五”规划开局之年。

说起我家的“五年规划”，与父亲生前的夙愿有关。

那是2000年，父亲为我家设计了一栋130平方米、带有地下室的房子，地号审批下来了，地基也打好了，可他却病逝了，留下了终身遗憾，更留给我一个梦想——拥有自己的大房子!

这个房子梦，一做就是十年。我结婚时，住在40多平方米的平房里；后来我和母亲合资，在农场场部购买了一套60多平方米的楼房。直到2010年，孩子12岁上初中三年级时，我们感觉房子还是太小了，不适合老人休息、不适合孩子学习。于是，我和丈夫商量着制定了第一个“五年规划”：好好工作多攒钱，再买一套大楼房，建立一个更舒适的家。

我的工资是有限的，多挣钱多攒钱的重任就落在了干室内装修的丈夫身上。他是美术专业生，既能很快领悟客户的意图，又能给出合理化建议，他手工绘制的设计图，总是能得到赞同与喜爱。

那几年，农场加快城镇化建设，场直地区和分场场部都建起了许多楼房。丈夫除了接场部的装修活外，还接了不少其他装修工不愿意干的分场的装修活。

记得一个夏天，丈夫接了一家分场的装修。平常都是东家来车拉装修工具的，可这家人却没有车，工具只能由丈夫自己带去。他也是蛮拼的，把小件工具装在一只大袋子里，横搭在摩托车的油箱上；剩下一个大气泵，他用绳子捆绑了几道，愣是背在后背上，骑了近两个小时摩托车，跑了70多里才到了工地，两侧的肩膀被勒出了深深的红色印子。

那次，因为吃住在装修工地，环境条件极差，丈夫患上了风疹，出现了发热、流涕症状。但他强忍着全身的不适和疼痛，一丝不苟地干活并按期交工，东家很是满意他的手艺，不仅当场现金结账，更是打车把丈夫送回场部。到家时，他的风疹还没好，由于当时没有重视竟落下了病根，后来喝了几年中药才算是养好了。

2014年秋天，我们终于实现了第一个“五年规划”，在农场建筑质量最好、物业管理最佳的小区，购买了一套93平方米的楼房。丈夫爱极了这套房的结构，想要将房子改建成复式楼，还专门学习了3DMAX和CAD等设计软件，制作出效果图。因为孩子转年要读大学，家里又会增加一笔支出，于是，我们制定出了“二五”规划：既要供孩子读大学，又要全面完成复式楼的装修并入住。

接下来的5年里，工作日的白天，丈夫忙着给别人家装修，我忙着工作的各项业务，晚上下班才能忙自家的装修，而且还不敢弄出大动静，生怕影响了已经入住的居民。只有到周末休息时，我们才能有整天的时间，抓紧干较大的工程。记得在打复式二层时，丈夫站在支好的预制架子上，我站在凳子上，朋友站在地面上，把混凝土装在桶里递给我，我再把桶举到架子同高处，丈夫接上去，把混凝土倒进预制盒板里，也不知道有多少汗珠子摔进混凝土里，不知道全身酸痛了有多久……就这样，我们一钉一铆地逐梦，“二五”规划如期实现。

2020年春节时，孩子回来过年了。

这些年，孩子大学毕业后在杭州找到了理想的工作，丈夫帮助不计其数的人家圆了住房梦，我的教学工作也很出色，连年获得各级先进。看着父子俩燃放烟花时欢乐的样子，我心里漾起全家人团聚的温暖，尽管突如其来的新冠疫情扰乱了人们正常的生活，但又一梦想的实现，总是让我们感到无比喜悦！

这不，我家的“三五”规划已经新鲜出炉啦！乘着大力发展养殖业的东风，丈夫和我利用早年的平房宅基地，申请建起了养殖场。休息天，我俩一起忙碌在工地，丈夫炼成了集木工瓦工电焊工等技能于一身的“万能工”，我也炼成了超有“眼力价”的小工，开心地劳作着……

我们坚信：只要心有梦想，只要勤劳肯干，只要努力奋斗，更多的“五年规划”都可以完美实现！

从“二轮”到“四轮”的奋斗史

内蒙古兴安农垦布敦化牧场　齐林晶

从白手起家到现在的小康生活，家里的一切，都是父母通过勤劳的双手一砖一瓦挣起来的，在艰苦的奋斗岁月里，让我印象最深的是家里的换“车”历史。

我和弟弟差两岁，大概是在我七八岁的时候。家里唯一的交通工具就是被称为“二八大杠”的老式自行车，之所以叫“二八大杠”，是因为它的车轮直径28英寸，车身有一根横梁。

家里的庄稼地很远，每回父母去锄地，都要很早就叫醒我和弟弟。我斜坐在硬邦邦的钢梁上，硌得屁股生疼，父亲骑车，他先坐在车座上，然后等母亲抱着弟弟在后座上坐好后，父亲问一声：“都坐好了吗？要出发喽。”等我们说“好了”，父亲就用力一蹬，我们一家人就出发了。那时候都是土路，坑坑洼洼，颠一下疼一回。因为路程远，后期我就用胳膊撑起身体，避免颠簸，有时候用力过猛，父亲把不住把手，车子左拐右拐失去平衡，惊吓了一家人。

到了地头，一家人吃完玉米馍馍和咸菜后，父母就拿起锄头锄地，我帮着父母拔草，弟弟就跟在后面玩，有时候，我和弟弟累了，就坐在自行车旁，转着自行车车轮玩。

那辆“二八大杠”承载着一家人艰苦岁月的记忆，父母靠着它拉货、赶集、走亲戚。如今，随着自行车的更新换代，这种高大且略显笨重的老式自行车渐渐退出了人们的视线，但在每一个曾经使用过它的人心中，它是那样独具一格、不可替代，因为它所承载的关于那个年代的回忆，随着时间的流逝，历久弥新。

记忆里还有毛驴车、拖拉机的乘坐历史，每种“车”都有在不同的岁月里奋斗着的记忆。后来，“二轮”逐渐被“四轮”替代，“二八大杠”暂时走进历史的角落。摩托车、小汽车相继出现，普通人家拥有私家车的梦想，开始逐渐走进现实。

父母的原始积累，为我和弟弟创造了良好的生活条件基础，各自有房有车，这时候我们家的出行车就是小轿车。每到重要节日，我们就开着小轿车去吃火锅，冬天冷了有暖风，夏天热了有空调。如果没有父母骑着“二八大杠”的奋斗历史，就不会有现在的楼房、轿车，没有一家人其乐融融地吃着火锅。

“爸妈，你们两个人白手起家开始奋斗，辛苦一辈子，这两个人变成了九个人，儿孙绕膝，多幸福啊。”我坐在小轿车上，拍着爸爸的肩膀笑着说。

“哈哈，是啊，我们是知足喽，这回就看你和弟弟怎么努力奋斗了，一定要比我们干得更好。”我听父亲说着，往前凑过去，看到父亲和母亲的白发比去年又多了……

总有一种力量深入人心，总有一种精神点亮生活，总有一种旋律催人奋进，总有一种声音世代传承，那便是奋斗奉献的传统美德。一代又一代，见证着家乡的变化。从爷爷、父亲再到我，我们一家三代农垦人走过了兴安农垦布敦化牧场的70年，也见证了祖国的伟大变迁。当我回望祖国的伟大变迁和家乡翻天覆地的变化时，艰苦奋斗的精神在我们三代人赓续传承，勇于开拓的精神也早已融入我们的价值观念之中，传承着农垦精神，我仿佛听到一个声音高喊着：“祖国，你好！我们是奋斗中的农垦人！”

衣橱里的小确幸

江苏省云台农场有限公司　潘婷

我超级喜欢阳光的味道。每到周末，我就把被褥从我住的小三居拉到父母住的大院子，搬上阳台，让它们充分沐浴阳光。虽然每次都像搬家一样，但我却乐此不疲。

很庆幸，爸妈住在农场，有着200多平方米的小洋房，有着可以种上各种时令蔬菜的小菜园，有着摆放各种多肉的小花园……四季常有绿、时时见花开，让许多人都羡慕不已。

妈妈常搂着我的肩膀说："这个小院跟你的年龄一样大。"在我出生的时候，老两口七拼八凑地借钱，建起了两层小楼，让我早早地就有了属于自己的房间。2015年，我有了自己的小家，爸妈也把小院重新装修了一番。妈妈说："你衣服多，装修时得整个专门的衣帽间。你家房子小，倒不如把放不下的都拿来，我帮你归置。"就这样，我又在爸妈的小楼里有了专属的衣帽间。

妈妈是个细心的人，我小时候的衣服许多都被她打包珍藏着。所以每次回去，我都忍不住钻进衣帽间，拿起以前的衣服在镜子前比画起来。

拿起衣橱里蓝白相间的毛衣，闻着熟悉的皂香，我就会想起妈妈晚上一边看《还珠格格》一边织毛衣的场景，穿上这件新毛衣出席10岁生日宴的那天是多么开心，每每穿上它总是忍不住向别人炫耀我有一个巧手妈妈……毛衣虽已泛黄、起球，但每次推开橱柜门的瞬间，那个站在蛋糕前许下10岁心愿、鼓着腮帮吹蜡烛、笑得合不拢嘴的小女孩仿佛就站在我的面前。

转身又拿起边上已经洗的褪色的桃红色运动服，那是我初三参加体育中考时，妈妈专程带我坐车进城去买的第一套"大牌"运动服，用了家里半个月的伙食费。妈妈说："这是我的幸运色，祝你中考开门红！"衣服已褪色，长裤也变成了中裤，但是那一年在操场扎着马尾拼尽全力奔跑、颠球、跳绳的我，在场外默默为我加油鼓劲等待好消息的爸妈，就像放电影一样出现在眼前。

慢慢向后翻看，色彩越来越鲜艳。看到衣橱里的那个专属位，放的是我出嫁那天的婚纱。层层叠叠、轻纱弥漫，那是妈妈为我定制的独一无二的嫁衣。触摸那上面闪闪发光的宝石，我仿佛感受到了那个待嫁的姑娘正挽着父亲的臂膀走向属于她的幸福之路……每每想到，我的脸上总会情不自禁地洋溢着甜蜜的笑容。

婚后不久，我们便有了可爱的小“猴宝”。每次带她去我的姥姥家，老人都会偷偷地在小“猴宝”衣服里塞钱，但每次都会被我发现。她说：“现在国家政策好了，生活好了，退休工资也用不完，你给孩子买点吃的。”我也总是忍不住向闺女炫耀：“你的太姥姥可是有一双巧手哦，你看衣橱里的虎头鞋，红蓝黄绿各色花棉袄……都是太姥姥一针一线做给妈妈穿的。”每次说到这我的眼眶总是湿润的。老人总会抱着小“猴宝”说：“现在小孩的衣服贵是贵，但是没有棉花做的衣服暖和靠身。”闺女一进入衣帽间，总是会拿起我小时候的衣服穿在身上去给太姥姥看，还吵着让太姥姥给她也做花棉袄。

小小的衣帽间，有我太多美好的时光片段，每一件衣服都讲述记录着成长路上的小幸运，逐梦路上的小确幸，小康路上的大跨越。

农场情思

宁夏农垦灵农畜牧有限公司　俞向东

农场，对我来说，是蕴藏在我内心深处的一块田、一泓清泉、一抹相思，一缕乡魂。那是一种久违的味道、一种难以割舍的情怀、一种深植于心的眷恋。

农场是一幅浓妆淡抹的山水素描，远近深浅都是那么古朴凝重又让人回味悠长。一锅飘香四溢的农家饭，一杯灵农大曲，大通排的土坯房，渠边满是沙枣树和大槐树，沙枣花香和醉人的槐花一不小心就会让你放慢了脚步。春天绿油油的麦苗和果园里缀满枝头的果花充满暖意，田间地头到处是耕耘幸福而忙碌的身影。怒放的花点缀着地头田边，就连布谷鸟儿也变得肆无忌惮，欢快的歌声唱响了春天的主旋律，远处飘来几声再也熟悉不过的叫卖声，此起彼伏的长调，交杂着由远及近，和着田间隆隆作响的机车声，温馨又充满生活气息。

农场是高唱低吟的歌，那是我儿时永久记忆定格之处，一辈子被魂牵梦绕的生生之地。在我的记忆里，农场的忙碌可以占去三季，春天播种绿色的希望，夏天热浪翻滚的麦田里，送饭的手扶拖拉机让队里夏收的工人们望眼欲穿，永远难以忘怀大食堂的饭菜和浓浓米香味的米汤……瓜果蔬菜是农场夏天里最为平常不过的收获，各种蔬菜都是要用菜票去购买的，每天卖菜的门市部前都排着长长的队伍，马车满载着各种蔬菜……那时的瓜果真的很甜、很好吃。

秋色永远是那么的迷人，喜悦的人们似乎都不知道疲倦了，忙碌在满载丰收的晒场，车来车往，堆成小山的稻谷、扬场的大风扇大声地唱着欢歌，码放整齐的玉米，大片的金黄色堵了你的眼，果园里，时不时传来爽朗的笑声，苹果压弯了枝头，红元帅映红了人们的笑脸……丰收的景象是农场秋天里最浓重的色彩，霞光染红天边时，人们才唱着歌儿，走向回家的路。

农场的冬天，寒冷让我的花棉袄略显单薄。天亮了，窗外竟是一片银装素裹，下雪了，家家户户都被雪包裹着，农场变成了白色恬静的童话世界。记忆里，每家都有菜窖，木头搭的顶，里面真是品类不少，大白菜、土豆、黄萝卜、青萝卜、大葱、洋葱、莲花菜、青麻叶，很多很多菜，那是一家人整个冬天的储藏。漫长的冬季，人们是闲适的，也只有这一季，农场的人才能闲下来，女人们在家做着针线活，男人们悠闲地串着门，农场在等待着、盼望着下一个春天的到来。

弹指间，包括我在内的农场第三代都已经步入中年了。历经七十年风雨寒暑，农场经过热火朝天的垦荒开拓，经历了时代变革的铅华洗礼到如今的繁盛和谐。现在的农场，已是今非昔比，高铁穿场而过，手扶拖拉机早已被家用轿车替代，农田里用上了无人机打药。农场的职工住在敞亮的单元楼里，小区环境干净整洁，马路宽阔，路灯辉煌，广场上每到傍晚，音乐响起，职工们载歌载舞，老人们幸福地乐享晚年，他们在一起时，谈论最多的是党的好政策……农场，正在幸福的康庄大道上阔步前行。

天下黄河富宁夏。农场是黄河水浇灌出来的美丽田园，农场是装在行囊里用以慰藉心灵的一把钥匙，锁上的是不解的情愁，放不下；打开的，是对它终身的眷恋和无尽的牵挂，行行走走中我们始终说着农场话，聊着儿时的梦想，过去了的如白云苍狗，淡了痕迹，写下来便有了寄托，成了永久的记忆，既是对前辈开拓最好的纪念，也是留给后来者最值得品味的一杯浓茶。

农场，故人相视无言，两树梧桐还在，少年情怀依旧。

农场情思，剪不断，理还乱，才下眉梢，却上心头。

小康路上的边疆情怀

北大荒农垦集团红色边疆农场有限公司　尤东明

红色边疆农场有限公司像一颗明珠，镶嵌在美丽的黑龙江畔。这颗明珠，历经黑龙江水经年累月的浸润洗濯，如今变得愈加光芒璀璨。

风雨漫漫七十年，那腾起在江上的细碎浪花，无时无刻不在关注着岸边上那些边疆人在斗转星移间所发生的变化。居住在这里的人们，做梦也不会想到当年以捕鱼为业的小渔村，居然会崛起成农垦新城，他们那世代而居的拉合辫、马架，会变成高耸的楼房。

那座坚固美观的水泥大桥，取代了那座曾经被时间与河水侵蚀过的破木桥。

这条河，有一个诗样浪漫的名字，叫太阳河。

在它的南岸，有一片占地二十公顷，建有三百栋大棚的果蔬园区。这里产的果蔬，丰富着周边百姓们的餐桌，丰盈着人们的味觉，也丰满着果蔬种植户们的腰包。

当年，一个叫刘文臣的种植户，一口气包下十三栋大棚，全家人在大棚里春种菜，夏种瓜，秋天摘葡萄、提子。财富从来都眷顾勤奋的人，靠着种大棚果蔬，刘文臣一家住上了楼房，还开上了轿车。

深秋时节，广袤的黑土地就像一幅浓淡相宜的隽美画卷：豆铃儿随着金风摇曳，忘情地演奏着丰收的乐章。往日苗条淑美的玉米，也顾不得矜持，忙不迭地露出挂在腰间的“长棒槌”。那金黄色的稻穗，也谦恭地垂下自己的穗头。倒是籽用南瓜，像大师毕加索画笔下的金色线条，粗犷、任性地洒满整个地块。可别小看了它的瓜子，它可圆了多少农场家庭的小康梦，又醉了多少边疆人的心窝窝呦！

随着农场土地集约化管理、高科技精准农业种植、全程高效机械化作业的普及运用，农场二十多万亩土地焕发出勃勃生机。勤劳的边疆人与黑土地上的农垦人携起手来，保障着国家的粮食安全，同时也鼓起了自家的钱袋子。

在波光粼粼的黑龙江畔，有一个依江而建的满达文化公园，这里是人们茶余饭后喜欢去的地方。

走进公园大门，首先看到的是一座高耸的巨龙腾飞金属雕塑，它代表着农场各族人民在党的领导下，众志成城、团结奋进，像巨龙一样腾飞的拼搏精神。顺着公园广场向前，有一座雕塑，这是一位身穿战袍，跃马扬刀的将军塑像。这位将军就是清朝时抗击沙俄、战功卓越的萨布素。公园的广场，是农场举行各种大型活动的场地，也常看到身着民族服装的人们在这里载歌载舞，用火辣辣的大秧歌演绎着最炫的民族风。

若你有幸来到边疆，再有缘结识几位满、达斡尔等民族的朋友，那你舌尖上的福气就来了。豁达好客的他们一定会为你打上几尾新鲜的“三花五罗”来，一桌鲜香味美的江鱼宴，一坛本地特产边疆红特曲，就权当为你接风了。

江上早已不见了祖辈的独木舟、桦皮船，勤劳的边疆人，把江上的渔猎捕捞与黑龙江水产养殖结合起来，这是他们走向小康的一个新亮点。

隆冬的黑龙江冰封千里，白雪皑皑。但在这厚重的冰雪下面，农场的冬季却暗暗地涌动着澎湃的春潮。边疆人在习近平总书记重要讲话精神的鼓舞下，牢记边疆人民“忠守、尚德、博越、新远”的文化精神，努力地成为北大荒这艘航母上的螺丝钉、压舱石。

勤劳持重的边疆人就是这样，在为祖国生产粮食这件大事上，力争做得最强和最好！

梦圆青山绿水间

江苏省云台农场有限公司　刘玉春

云台，紧随着新中国成立的脚步诞生。1952年9月，一群拓荒者来到这片土地，展开他们的逐梦之旅。

听父辈说，那时的云台是“兔子不拉屎”的盐碱滩，零星的几座拱形铁皮房在一望无际的芦苇荡中若隐若现。第一代垦荒人住茅屋、吃粗粮，手挖肩扛，披星戴月，开始了轰轰烈烈的水利大奋战，誓将荒野变绿野。

风雨十年，云台人开挖水利157万立方米，改良耕地3万亩，其中5000亩达一级种植标准；建起1.7万平方米的生产、生活用房；成立了医院，创办了学校。1962年，首批城市知青为云台吹进文明的春风，职工白天垦荒，晚上扫盲，职工子弟进学堂。农场成立了畜牧队、农产品加工厂、果园、良种队、机耕队、修理厂；兴建输电线路、变电所，架设34千伏线路，建设电力排灌。云台主河道烧香河的水清了，大寨河、妇联河、云善河欢快地奔腾歌唱，流向农田。万亩荒滩变绿野，盐碱地里稻花飘香。云台追梦人用坚强的意志创造了属于自己的奇迹。

党的十一届三中全会犹如一夜春风，使云台迈上了推行联产承包责任制、农工商齐发展的多层次经营之路。农服中心从植保、气象、农机、水利多角度、全方位服务，解决职工后顾之忧，充分调动职工的积极性，大农业突飞猛进。

场办工业异军突起。农产品加工厂、电子元件厂、塑料厂、标准件厂茁壮成长，依托万亩良田发展的粮油棉加工产品，撑起云台经济半壁江山；云台一二三产结构比例调整为20∶54∶36；设施农业初露端倪，职工建起日光温室进行花卉、反季节蔬菜种植；2002年，学校、派出所移交地方，农场社会保障体系实现全覆盖。

新时代，拼搏奋进的云台追梦人抢抓连云港市东扩南进战略机遇，发挥地处城郊优势，2004年进军房地产业。“海连新天”楼盘成为港城十佳楼盘；“华泰丰泽园”生态宜居项目打出“安居园博园，乐享西游情”营销主题，一房难求；合作投资的凤凰星城项目成为港城人抢手香饽饽；生态旅游业高歌猛进，云台人用粗糙的大手精心描绘万亩湿地云水湾，将其打造成国家AA级景区，百果园内四季有花、长年有果，实现了“农田变景点”的华丽转身，更成为省第12届园博园核心园区；胖胖的豆丹、白嫩的莲藕、“萌”化了的多肉、香甜迷人的葡萄、桑葚、无花果等，成为现代农业舞台上的“花旦”，“云台农庄”品牌整合力量显现，前景妙不可言。

2011年起，场域内实行危旧房改造，红瓦白墙乡村别墅整齐美丽，打造“十分钟健康圈”，居民点道路、绿化、文体配套设施齐全；依托“荷”产业，打造企业“荷”文化，职工富裕，场风优美；社会职能改革步步扎实，“三供一业”改造到位。现在的云台，人在景中，景在画里，农场发展和居民生活水平像是芝麻开花节节高。

近70年的奋斗，云台追梦人的努力一次次获得了时代的认可。新时代号角激起云台人敢为人先、勇立潮头的干劲和热情，确立“生态宜居”发展定位，将绿水青山变为自然财富和经济财富。生态宜居好风景很“吸粉”，市残疾人托养中心、市康复医院、市特殊教育中心等社会事业项目相继落户云台；地方政府重点项目上合物流园、申马物流园开工建设；借势园博园，林业、物业应对“大考”取得优异成绩；发挥“园博效应”，发展“后园博”经济；结合地方大健康产业规划和区位优势，谋划新型健康产业，八方聚力，云台人踩着乡村振兴的鼓点高歌猛进。

人不负青山，青山定不负人，几代人的拼搏圆了云台青山绿水小康梦，未来属于云台人的圆梦故事会越来越精彩。

给儿子的一封信

北大荒农垦集团八五一一农场有限公司　陈旭

亲爱的儿子：

时间过得真快啊！看着你从肉嘟嘟的小圆脸成长到棱角有些分明的小男子汉，我从心底里感到快乐和欣慰。你喜欢宇宙，喜欢恐龙，有时你会问太阳为什么会这么热，水星上有冰吗？土星上有土吗……你还说你要做挖掘恐龙化石的科学家。有时你还会问我："咸鸭蛋是咸鸭子下的蛋吗？龙须面是用龙须虎的须子做的吗……"你好奇，总是关注生活以及离我们非常非常遥远的事情，并不去问"这有什么用"，这，多么好！

在你这个年纪，长大的最好方法是阅读。书里藏着别人的世界，读懂了，你的世界就拓展了。两岁的时候，你在我的怀里，一本一本地让我给你讲故事。我给你讲过一本《霸王龙》的故事，有一次你拿起书很自然地说出了书中那句"霸王龙的声音传得很远很远"。说完这一句，你就羞涩地用书挡住了自己嘴巴。我想，那可能是你第一次开口讲故事，我激动得差点掉眼泪，真为你高兴。

除了阅读，还有一个可以丰富生活的好方法，那就是经历。妈妈在农场电视台工作，镜头拍过的地方，我都想带你去看看。我们的农场是完达山乳业的发源地，有悠久的畜牧业发展历史。我带你去牧场里看过奶牛，看过不长角的小牛犊；带你去中医农业生态园抓过泥鳅和蝌蚪，在梯田池埂上盛开的蒲公英花海里留下快乐的脚步；到你爸爸工作的作业站，去看过生长中的农作物……我希望你明白，你生活的地方是几代农场人通过不懈努力创造的，他们离你并不远。

2019年的正月十五，我们一家去密山看烟花，因为人很多，为了让你看得更远，爸爸让你坐在他的肩膀上。这是你第一次看烟花，你望着高高的天空说："是烟花把星星的眼睛遮住了吗？"妈妈很惊讶，小小的你能说出这么美妙的话语。

黑夜需要光亮来指引，我们在人生中也应该有指引我们的光，不然我们就迷路了。让我们一起来点亮心里的灯。

第一盏灯叫善良。还记得小时候你看到了一只小猫，特别喜欢，可是小猫一看到你就害怕地躲到车下面去了。你轻轻蹲下，歪着小脸对它说："小猫你别怕，我喜欢你，你出来啊。"我以为猫会跑掉。可是恰恰没有，它可能感受到了你的内心和善意，从车下钻了出来，你很自然地摸了摸它的后背，它便在地上打了个滚露出了它的肚皮。当你温柔待人的时候，他也会温柔待你。

第二盏灯叫坚持。有一次你的手受伤了，你问爸爸可不可以今天不去弹琴了，而爸爸带你去包扎了一下，然后你一整堂课用一只手弹琴。放寒假了要回奶奶家，我建议把琴带上，让你每天练一会。你每次学琴回来都要把谱子带回来，给我弹你新学的曲子，说要教我。你静静地弹，当美妙的音乐在安静的屋子里回荡的时候，我相信你一定知道了坚持的意义。

第三盏灯叫感恩。记得2016年你爸爸去五常旱作水稻种植基地工作，很长时间才能回来一次，临走的时候，你一听到爸爸说："爸爸要走了，坐晚上的火车走。"就立马从被窝里爬起来说："不睡觉了，我要陪爸爸玩。"你爸爸感动得眼泪都要出来了。你还把压岁钱拿出来给姥姥报销路费和买菜的费用。你这些的举动让大家非常感动，常怀感恩之心会成为你一生的财富。

以前，我总以为做父母的会盼着孩子快快长大。现在，我多希望时光停留，你长得慢点再慢点……当有一天，你打算自己去闯荡，你也许会扭过头，犹豫着寻求我的鼓励。我会担心，但是我一定会笑着让你自己走。因为我知道，你心里的灯会让你温暖，会为你照亮更大的世界。

永远爱你的妈妈

自己动手才能丰衣足食

江苏省新洋农场有限公司　邱玲娜

2020年的年春节，我们全回爷爷奶奶家陪老人过年。大年初二中午，爸妈叔伯姑姑都在厨房忙饭菜，小辈们在客厅看电视，只见奶奶一个人偷偷溜出屋去，走到门前停着的四五辆车前，喜滋滋地摸摸这辆，又摸摸那辆。

“您干吗呢？”我钻到她身后问。“哎呀，你这丫头，吓我一大跳，我这不看到你们这些孩子都开着小车回来，开心啊。这左邻右舍的，谁家有我家车多。真没想到我们现在的日子过得这么好！”奶奶笑着说。我抱了抱她：“奶奶，又想到您小时候的苦日子了吧。可甭想了，祖国在发展进步，咱们的日子当然也跟着越来越好了。”

不怪奶奶惊叹，她今年82岁高龄了，吃过那些吃不饱穿不暖的苦，又在“三年困难时期”颠沛流离，怎么会想到几十年后自己能过上吃穿不愁、住楼房、坐小车的幸福生活呢。其实我自己也觉得短短几年内能过上这么好的生活实在太不可思议了。

2007年，我到苏州上大学，灯红酒绿的繁华都市和小桥流水的古韵风光没能留住我的脚步。毕业后，怀揣建设家乡的梦想，我义无反顾地选择回来，机缘巧合下来到了新洋。我学的是中文，于是被安排到场志办负责校稿工作。

那年，我是6月入夏时来到新洋的，刚工作时，工资不足两千元，住的是单位分的宿舍楼，唯一的电器是一台电视机，吃饭也必须自己解决。看到我们面露难色，送我们来的领导说：“别抱怨了，你们现在的条件已经比我们当初来的时候好多了。毛主席说过，‘自己动手，丰衣足食’，这么安排，就是让你们明白只有自己‘动手’，才能吃饱饭，才能有想要的生活。”听完，我们都不做声了。

后来，随着对农场创建史和发展史的进一步了解，尤其是与老一辈新洋人的近距离接触，我被他们不畏艰苦、献了青春献终身、献了终身献儿孙的精神所折服，于是坚定了扎根新洋、奉献青春和终身的决心，并相信日子是越过越好的，我们新一代的新洋人定能沿着前人的奋斗轨迹继续前行。

一晃10年过去了，当初的正确选择收获了今天的成功喜悦：工作越来越顺心，待遇越来越好，家庭也美满幸福。凭借自己的努力，我们从来场时的一无所有，到如今有了车，还有了在农场和县城的大套房，“丰衣足食”早就不在话下。不仅如此，冰箱、空调、地暖、水暖，城里人能享受到的幸福生活我们一样不缺。更洋气的是，开着小车去种田成了新洋的常态！近年来，随着办社会职能改革的推进，农场与地方接轨，我们通上了城乡公交，建成了高标准道路和红绿灯，喝上了长江水，用上了峰谷电，还同县城居民一样享受到全民体检、居家养老、殡葬补贴等惠民政策。就连城里人享受不到的我们也享受到了，场部建成了面积200多亩的金龙湾生态文化园，茶余饭后，进入园内，走走跑跑，呼吸森林氧吧的新鲜空气，享受农场特有的景色风光，生活别提有多美了。而今，有了“乡村振兴”政策的支持，我们推进民生福祉的建设步伐更加坚定，改造污水管网、推行“厕所革命”、引进管道天然气、争取住房条件改善……

习近平总书记说过“小康不小康，关键看老乡”“全面小康大家一起走”，幸福的生活是靠自己的双手创造的。农场给我们创造了这么好的发展环境，相信在党的领导下，在我们“自己动手”、共同努力下，我们老百姓的生活会越来越好，新洋全面小康之路也一定会越走越广。

草原深处乳香飘

呼伦贝尔农垦集团特泥河分公司　田瑛

我的家乡特泥河，是呼伦贝尔草原上的一个农牧结合场。20世纪50年代，它以“畜牧疾病防治场”的名字走进人们的视线。从那时起，勤劳智慧的特泥河人，从来就没有放弃开辟富裕之路的梦想。他们用自己的心血和汗水，在草原深处谱写了一曲曲壮美的追梦乐章。

我10岁之前从没去过城里，原因是路难走，出门难、回家难。那个时候，这里流传着这样的顺口溜，“特泥河，陷泥河，行路难、吃水难、看病难、儿童上学难、没钱生活难”“灯不亮、面不白、职工生活缺烧柴、去趟城里回不来”，贫困的生活不允许我们有进城玩一玩的奢望。

第一次进城，是暑假时哥哥带我去的。那天，在城里上班的哥哥对我说，要带我去城里玩几天，把我高兴得觉都睡不着了。经过3个多小时的颠簸，终于来到了我向往已久的城里。那里的一切都是新鲜的：第一次看到了楼房、穿梭的汽车、琳琅满目的百货商场、比我家电灯还亮的路灯，还有路边的各种小吃……

哥哥说一个礼拜后带我回家，可是我一住就是三个礼拜。这对第一次离开家、离开爸爸妈妈的我来说时间太长了，我想家、想爸想妈更想家里那只小花猫。我越想越害怕，感觉永远也回不了家了，再也见不到爸爸妈妈和小花猫了。于是，我每天都哭哭啼啼地和哥哥说：“我要回家。”哥哥很无奈地告诉我：“咱家那边下雨了，路不好走，这几天没车。等有车了哥就带你回家。”第一次进城的喜悦被回不了家的恐惧冲刷得干干净净，从那以后，我再也不想出门了。

如今私家车早已成为日常代步工具，平日或节假日去城里过个生日、朋友聚会吃顿饭，开车就走。宽敞的水泥路四通八达，用不了一个小时就进了城。

这只是“小额”消费，更大的消费是农场人说走就走的旅游上。前几年，农场成立旅游公司，方便了人们走出农场看世界。公司每年都要推出几个旅游项目，只要你有时间，只要你愿意，全国各地、甚至世界各地任你去旅游。如果你不喜欢组团游，也可以和家人、朋友自驾游，让车轮上的灿烂星空，陪你度过浪漫的自由之旅。

现在的特泥河，小别墅、廉租楼、“冰泉小区”拔地而起，场容场貌绿化净化美化，告别了往日的贫穷和落后。

生活幸福是奋斗出来的。20世纪80年代，为提高职工生活水平，农场以家庭为单位搞起了养牛业。为发展养牛产业化，兴办了乳品加工厂；为解决牛奶的运输和收购，在边远生产队修路架桥，促进职工养牛的积极性。现在养牛户饲养的奶牛少的十几头、多的有100多头，并且逐步实现了科学化、机械化养牛。过去养牛“苦”“脏”“累”，现在奶牛进了“牛托所”，轻轻松松就挣到了钱。

“男人队里忙种地，女人家里忙养牛。儿子结婚卖头牛，姑娘结婚陪送牛。平时花销有奶资，手里有钱心有底。”——富起来的特泥河人用这样一段顺口溜来描述如今的幸福。

夕阳西下，晚霞里的特泥河农场格外美丽。宽敞干净的水泥路、穿梭的汽车、整齐划一的房舍……夕阳里，在花园广场散步健身、休闲娱乐的人们和那些嬉戏玩耍的孩子，脸上溢满了幸福的微笑。

吃饱了鲜草、喝够了河水的牛儿披着霞光回家了。硕大的乳房蓄满了乳汁，它们挪着健硕的身躯，在浪漫的夕阳里快乐地向着家的方向走去，草原深处飘出了浓浓的乳香。

盛在牛奶桶里的时光

宁夏农垦平吉堡奶牛场　任望云

2019年，我们平吉堡奶牛场完成了改建，新修建的职工食堂环境整洁，餐桌换成了新的，给就餐职工家的感觉；还有新建的六间职工宿舍，每间安装了有线电视，让离家远的职工不再奔波往返；另外，奶牛场还修建了洗澡间以及库房。

有了新库房，旧库房自然要拆除。那天我们去库房搬东西，一走进去，便看到立在墙角的几只旧牛奶桶。那些铁桶都锈迹斑斑，蒙着灰尘。它们静静地立在那里，好像上了年纪的老人在回忆着今生过往。

30年前，平吉堡奶牛场还是手工挤奶。每个挤奶员每班次要挤10头奶牛。我们先将牛奶挤在小水桶里，待满了再倒进牛奶桶。牛奶桶约有一米高，桶口两边各有一只“耳朵”，能装50公斤牛奶。挤完牛奶，我们还要送到收奶房，距离虽然不远，可一人没法搬动。这就需要两人合作，各自抓住牛奶桶的一只“耳朵”，一起将牛奶桶提过去。

合作提牛奶桶的两人，都是平时很合得来的。在我们组里，有个叫高平的小伙子和一个叫小慧的姑娘，每次都一起提着牛奶桶去交牛奶，交完牛奶后两人又一起提着空牛奶桶回来。半年后，他俩就给我们发喜糖，说是要订婚，这可能是两人在合作提牛奶桶过程中擦出的爱情火花。

我的搭档小李是一个干瘦的小伙，和我住同一间宿舍。我们的宿舍离奶牛场不远，土坯房，里面阴冷潮湿。和小李一起提牛奶桶时，他总是很吃力，尤其是在上收奶房的那段台阶时，我俩需要费好大的劲才能提上去。

记得有一天下着毛毛细雨，我和小李提着牛奶桶在上那段台阶时，小李不小心脚下一滑摔倒了，膝盖重重地磕在台阶上，牛奶桶像个淘气不听话的孩子一样挣脱我们两人的手，撒泼似的倒在地上，白花花的一片。小李心疼地蹲在地上，这时我才看清，他的膝盖被磕破了，血从裤子里渗出来……

后来，我和小李成了很默契的搭档，在长期的磨炼中，小李逐渐有了手劲，我们一起提牛奶桶交牛奶时，他不再吃力了。挤牛奶的工作虽然很脏很累，但我和小李两人都坚持了下来，一直到后来用上机械化挤奶。

1992年，奶牛场修建了挤奶厅。用上机械化挤奶后，挤奶时，挤出的牛奶顺着管道直接进入制冷罐，比手工挤奶干净、卫生。有了机械化挤奶，牛奶桶完成了它的使命，被束之高阁，收进库房里。

又过了10多年，奶牛场修建了更大的挤奶厅。新修建的挤奶厅采用自动脱杯，挤奶过程由电脑控制。奶业在发展，职工的收入在增长，职工告别了小平房，搬进了环境优美的小区楼房，过上了小康生活。

如今，奶牛场无论是工作环境还是生活环境，都得到了很大的改善，外地的大学生慕名前来应聘，给奶牛场注入了新的血液。

为了让职工有个更舒适的环境，奶牛场又进行了改造。改造后的奶牛场绿树掩映，鲜花怒放；整齐的牛舍，敞亮的挤奶厅；舒适的餐厅，整洁的职工宿舍。看到这些情景，令人赏心悦目。

一晃30多年过去了，这30多年的时光似乎都盛在牛奶桶里。盛在牛奶桶里的时光，让牛奶桶如同饱经沧桑的老人，它们静立于库房一角，诉说着一个奶牛场的变迁——由当初的手工挤奶发展到机械化挤奶，又发展到更先进的机械化挤奶。看到发展起来的奶牛场，每个职工的心头不由生出获得感、幸福感。

梦圆老母山

内蒙古兴安农垦跃进马场　王丽坤

三年困难时期，我的爷爷带着一家人，从山东老家流落到了兴安盟的一个山沟沟里。

在我6岁那年，为了能吃得好、穿得好，父亲带着一家人，赶着牛车、拉着他结婚时唯一的家具——一对红色大箱子，从山沟沟里来到了这个传说中可以天天吃白面馒头的地方——兴安农垦跃进马场（原老母山机耕农场）。

仰望母亲般亲切慈祥的老母山，捧起老母山水库的粼粼碧波，聆听老母山辉煌的历史，我对这片土地产生了深深的崇敬。

曾经，无数的转业官兵和知识青年在这里爬冰卧雪、开垦沃土，为国家贡献粮食；曾经，大批的军马在这里繁育成长、训练驰骋，奔向保家卫国的边疆……

我爱上了这片土地。是这片土地给予了人们希望和憧憬，让他们在土壤里播种着梦想，收获着未来。从此，父母“吃好、穿好”的梦想在这里开花，我的记忆也从那时和我一起在这里成长……

那时候，父母拉着牛、扶着犁，耕种着几十亩地，一天下来回到又矮又小的土房里，累得连大碴粥也喝不下。播种、施肥、趟地、除草、秋收……全靠一双手，一年到头都在地里忙活。那时，他们做梦都想有一台拖拉机，少受累不说，还能提高效率，也就能多挣点钱了。

老母山没有辜负他们的梦。在我9岁那年，我家买了队里唯一一台15马力的小四轮拖拉机。邻居们羡慕极了。那时队里只有少数几台拖拉机，最大的也不过12马力啊。有了帮手，父母的干劲儿更足了，我13岁那年的春天，他们张罗买砖瓦、水泥、钢筋，盖起了120平方米的三大间砖瓦房。一年后，父母又置办了全套的农耕设备，种地再也不那么辛苦，粮食产量也提高了。

父亲经常讲起他小时候，只要村里来了汽车，他们一群小孩总会追出老远。那时，他就有了拥有一辆自己的小汽车的梦！2009年，他的梦实现了，有了自己的夏利小汽车。他喜欢得像得到了无价之宝，自豪感让他走路都挺直胸膛。4年前，夏利换成了本田，辛劳了一辈子的父亲开始享受他的老年生活了。

已经退休的父亲依然闲不下来，最喜欢在农场里转转看看，有啥新鲜事都要第一时间告诉我们。去年，大田开始统一耕种的时候，父亲兴冲冲地告诉我："现在在地里干活的车都不用人开了，听说是什么北斗定位、无人驾驶呢！"在历经了牛耕手工、半机械化、全程机械化后，如今，马场人又抢先一步迈进了无人驾驶时代。这如梦如幻的经历，有时甚至让人觉得像是在做梦。可是，这翻天覆地的变化就切切实实地发生在我们身边……

说起现在的幸福生活，60多岁的父亲很满足，满足之中饱含感恩。和我家一样，马场的职工群众依靠党和国家的好政策，依托资源优势，靠着勤劳和智慧，大力发展农业生产，买了小汽车、住进了楼房，圆了小康梦。从前，是为吃不饱、穿不暖、出行不便而发愁；现在，愁的却是每天吃啥好、穿啥好，逢年过节该上哪儿旅游……

5月，冰雪消融，又到了一年一度最繁忙的春耕时节。和煦的春风拂过老母山水库，碧波粼粼、风光如画。亲切又慈祥的老母山，正欣慰地注视着她的万千儿女和数万亩良田，看着他们一步步走向更加美好的明天。

家在农场　幸福快乐

安徽省淮南农场综合营运管理服务公司　刘光全

1979年，我读初中。有一天父亲对我说，政策这么好，咱家可以放心喂猪了。

几天后，父亲从乡下亲戚家买了四头小猪崽。父亲把它们放进用土坯垒成的猪栏里，四头小猪哼哼着在里面追逐嬉戏，引来连队大人、小孩们的围观。

父亲生于1936年，7岁时就帮地主家喂猪放羊。1957年进入安徽农垦正阳关农场时，还放过两年鸭子，所以父亲对牲畜有一种特殊的情感。自从买来四个小猪崽，父亲就没有睡好一个安稳觉。当我还在睡梦里，父亲就拿着镰刀背着箩筐，去离家十几里路远的地方割猪草。回来时已是太阳高挂，孩子们背着书包上学的时间。

也许是有了父亲的示范带动，连队一些家庭也陆续饲养了鸡鸭猪等家禽家畜来，其中有一家就养了六头猪。每次上学或者放学回家，我都感觉连队在悄悄地变化着。炊烟慢慢升起，空气里弥漫着饭菜的香，一群鸭子在水塘里嬉戏，冷不丁一只小狗撵着一群小鸡从身边掠过，闭着眼就能听到鸡鸣犬吠猪哼哼的声音。沉睡多年的连队一下子热闹起来，大地一片生机勃勃！

有付出总会得到回报。经过近一年的精心饲养，我家的四头肥猪出栏了，一算账，一头猪净赚了100多元。有了钱，母亲托回城知青从上海买回一台14英寸凯歌牌电视机。至今我还记得凯歌牌电视机的广告语：家有凯歌，幸福快乐。

1986年，正阳关农场实行家庭联产承包责任制，我家分到100多亩土地。当时农作物种植是一麦一豆，记得当年收割黄豆的时候，100亩地的黄豆，只收了9000多斤，年底一算账亏损数千元。事后父亲分析了亏损的原因：认为地势低洼，雨水多，难以排出，造成黄豆被淹而减产。

第二年，父亲改变了种植结构，在所有的洼地种上了水稻。经过精细化管理，等到秋收的时候，100亩水稻田收获了10万多斤水稻，盈利3000多元。父亲说，家庭联产承包责任制让农垦人过上了富裕的生活。

1996年，父亲退休了。闲来无事的他，最爱去两个地方兜兜转转：一是去庄稼地转转，二是到公园看看。选择去庄稼地转一圈，是劳作一辈子的父亲对土地的不了情；选择去公园溜一圈，是一种甜蜜的回忆。

父亲每次去玄帝庙公园，都有一种难以言表的心情，因为多年以前，玄帝庙还是正阳关农场米面加工厂的所在地，也是父亲曾经工作过的地方。曾经的米面加工厂，如今已经华丽转身，变成小桥流水、竹林掩映、环境幽雅的公园，让父亲怎能不爱呢？

父亲常说刚进农场的时候，住过茅草棚、土坯房、小平房，过着吃了上顿没下顿的清苦日子……一切如白驹过隙。如今住上了楼房，用上了自来水，还能领到每月2000多元的退休金，日子过得比蜜甜，这幸福的生活都归功于党的好领导。

最后用父亲作的一首诗来做结束语吧：

七十年艰难困苦，
四十载玉汝于成。
两个百年复兴路，
千年梦圆在今朝。

第三部分

传承南泥湾精神和农垦精神

叶剑英与新中国天然橡胶事业

广东省农垦总局　陆基民

1982年10月12日，中华人民共和国农牧渔业部宣布，被世界植物界公认为在北半球只适宜生长于北纬17度线以南的巴西三叶橡胶树，已经在我国大面积北移种植成功！最高种植纬度已达北纬24度。中华人民共和国科学技术委员会决定，给这个项目以及创造了这一惊世业绩的工作群体授予国家科学发明一等奖。

全世界生物界的学术权威和橡胶种植业界翘楚，都为之惊叹：如果这一事件是真实的话，不啻是“绿色革命”的一个世界奇迹。因为这意味着，关于橡胶生长禁区的权威论断已被打破，世界橡胶生产的固有版图正在改变，一页颠覆性的橡胶产业发展历史已经掀开。他们对中国橡胶业的迅速崛起深表意外，对中国橡胶业神奇的崛起深感惊讶。为了探究中国“橡胶北移”的真实性和奥秘，1983年5月，全世界41个橡胶生产国的业界权威人士云集北京，举行国际橡胶科技会议。随后，他们飞赴中国南方的橡胶生产基地实地考察。绵延起伏在海南岛、雷州半岛和云南西双版纳的高纬度橡胶林海征服了他们的感觉神经，经过最严格的科学测试检验，确凿的实物和数据证实了这个“世界奇迹”的存在，他们终于由衷地意识到：全世界所有热带植物学科学论著和大百科全书，毫无疑义地都必须重新修正关于橡胶树的条目。

就在同一个月的10日，在广州，时任中共中央政治局常委、全国人大常委会委员长、中共中央军委副主席的叶剑英元帅在王震将军陪同下，亲切会见了广东省农垦总局领导成员。叶剑英说：“许多外国人都不相信北纬17度以北能种橡胶，你们通过自己的科学实验和辛勤劳动，在北纬18度到24度区域大面积种植橡胶成功，这在世界上是没有先例的，是个了不起的创造。”

时任广东省农垦总局局长王昌虎回忆起新中国橡胶事业起步时的那段艰难岁月：“那是1951年，叶剑英同志兼任华南垦殖局局长，亲自部署开发海南、湛江的橡胶生产基地。”叶剑英却说：“那都是在党中央领导下进行的，我只不过牵了个头。”

这是叶剑英的谦虚，他何止是“牵了个头”！在开创新中国橡胶种植事业的关键时刻，在垦殖战斗的关键节点，他都发挥了关键性的作用。党中央、毛主席作出了“一定要建立我们自己的橡胶生产基地”的伟大决策，叶剑英则是这个伟大的历史决策的组织者和执行者，在这个没有硝烟的战场上，他是总揽全局的战斗总指挥。可以这样说：党中央、毛主席是新中国天然橡胶事业的策划者和缔造者，叶剑英是这一伟大事业的奠基人。

敏锐领会中央意图，未雨绸缪

1951年9月的一天，一个重要会议在广东省人民政府内秘密举行，参加会议的，有华南地区党政军领导人，中央人民政府林业部部长梁希、副部长李范五，中央和广东省的农林业专家，还有三名苏联专家列席会议。共同主持这个会议的，是专程从北京赶来的时任中共中央政治局委员、中华人民共和国政务院第一副总理兼国家财经委员会主任陈云和时任中共中央华南分局第一书记、华南军区司令员、广东省人民政府主席叶剑英。这是中国突破帝国主义的封锁，向世界植物界权威论断发起挑战，开展一场将巴西三叶橡胶树大面积北移种植的绿色革命的首次会议。

橡胶不仅是一个国家国民经济必不可少的重要物资，与钢铁、石油、煤炭并称为四大基础工业原料，在现代战争中，它还是极其重要的战略物资。没有橡胶，战车开不动，战机上不了天，连大炮也得靠它制造的轮子来移动。可橡胶历来只生长在北纬17度至南纬10度的热带地区，历史上有华侨把它移植到海南岛，但都是少量的试种，形不成规模。以美国为首的西方国家对新中国实行经济封锁和物资禁运，橡胶作为重要战略物资，西方对它的禁运不仅针对中国，当时的整个社会主义阵营都是被禁运的对象。为打破西方国家的封锁和禁运，中共中央委员会主席毛泽东提出“一定要建立我们自己的橡胶生产基地”，苏联共产党中央也表示了合作的意愿。毛泽东和苏共领袖斯大林共同作出了两国合作发展天然橡胶的决策，决定以苏方出钱出技术，中方出地出人的方式合作发展橡胶。1951年8月31日，政务院第100次会议通过了《关于扩大培育橡胶树的决定》，这个决定对中共中央和毛泽东、斯大林的决策作出了实施的部署。毛泽东亲自点将，对周恩来说由陈云和叶剑英专门承担开创新中国橡胶生产基地的任务，陈云抓总，叶剑英负责组建机构，建立垦殖队伍，领导生产基地建设。陈云就是按毛泽东的意图，受周恩来委托主持召开了政务院第100次会议，并在会议一结束，便马不停蹄赶来广州，与叶剑英一起抓落实。陈云和叶剑英共同主持的这个秘密会议，作出了建立和发展新中国橡胶事业的第一步行动计划：在海南岛和高雷地区、合浦地区建立橡胶垦殖场群；根据中央决定，立即组建华南垦殖局，下设高雷、海南、广西三个分局，领导橡胶垦殖工作。会后，经毛泽东提议，中共中央决定叶剑英兼任华南垦殖局局长。

其实，早在这个会议之前，叶剑英就已介入橡胶垦殖工作。在解放大军屯兵雷州半岛，海南岛的解放指日可待之时，叶剑英接到周恩来转达的毛泽东的指示：海南解放之后，一定要保护好为数不多的老胶园，同时调查了解海南岛的土地、气候等自然条件。叶剑英敏锐地领会到中央拟大力发展橡胶生产的意图。1950年8月，海南岛解放才3个月，他便派出一个由广东省农林厅、中山大学等单位的专家和干部组成的考察团，在海南岛和雷州半岛等地开展橡胶资源调查，历时两个月。叶剑英认真仔细地研究了考察团提交的资源调查报告，而且两次亲临海南岛和雷州半岛了解情况，得出了在这些地区存在橡胶宜林地带的初步判断。随后，他又指示广东省农林厅引进一些橡胶新品种在海南岛的儋县、雷州半岛的徐闻和广州郊区的燕塘进行试种。朝鲜战争爆发后，中央拨出一笔专款资助海南发展私营橡胶种植，叶剑英由此预感到橡胶需求的迫切，敏锐地判断出大规模垦殖橡胶的事迟早要到来。他指示海南军区司令员冯白驹派出部队保卫现存的老胶园，1950年12月，他又指示海南军政委员会发布了《公私合营与民营垦殖橡胶的暂行办法与决定》，以政府出资三分之一，私人经营管理，利润与政府按比例分成的方式，鼓励、推动民间种胶。按照叶剑英的指示，海南军政委员会于1951年1月1日设立了橡胶垦殖处，组建了5个橡胶垦殖场。1951年7月，叶剑英还专程前往湛江，召见高雷行署和驻湛江的四十三军领导，与他们研究发展橡胶生产问题。他给四十三军题词“发扬革命英雄主义，开发华南，建设华南”，号召部队一手拿枪，一手拿锄，参与地方建设，保护好现有胶林。四十三军按照他的指示，先后抽调135名军官参加橡胶垦殖前期工作，还派出两个连的兵力，分别奔赴雷州半岛的徐闻、海康两县，协助寻找老胶树，同时驻扎到一些老胶园里，执行保护现有橡胶树的任务。

叶剑英的未雨绸缪，不仅使他掌握了海南岛和雷州本岛的橡胶资源情况、地理环境与气候特点，对在这些地区能否发展橡胶生产有了成竹在胸的判断，而且为大规模垦殖橡胶做了“热身”般的准备。

再次亲自实地调研，把橡胶垦殖区再往北延伸

尽管经过一连串的调查，对橡胶生产各方面的情况已掌握了较充分的资料，可是，当新成立的华南垦殖局在1951年11月召开第一次领导办公会议时，主持会议的叶剑英却表示要亲自再做一次深入的实地调研。他希望把橡胶宜林地带尽可能往北移，使橡胶的种植地域得以扩大，而橡胶能北移种植到哪个位置，必须有充分的根据。而且，他想通过对垦殖地带各方面情况的进一步了解，把垦殖工作部署得更具效能。那时，海南岛解放才一年多，社会情况复杂，粤西和广西的匪患还相当严重，华南军区和省政府的其他领导及有关部门对叶剑英的安全问题感到担心，但任何理由都无法阻止叶剑英出行的脚步。1951年11月21日，叶剑英带上3名苏联林业专家，一行十余人离开广州，这是他为新中国橡胶事业的第三次南行。

在雷州半岛，凡是听说曾经种过橡胶的地方，叶剑英都要去看，光是在徐闻县境内，就跑了坑仔等10个地方。看过这些地方当年华侨引进的老胶树，叶剑英继续北上。来前，他已知道雷州半岛以北的茂名县历史上曾经有过橡胶引种活动，但是必须要有实物来证实。在茂名县的公馆镇附近，叶剑英见到了几株树龄20年以上的橡胶树。根据当地干部、群众提供的线索，叶剑英一行在县城高州近郊一个叫东门坳的地方，又见到了几株橡胶树，经了解，这是一位华侨从马来西亚引进，经茂名农校校长之手种下的。这是在华南地区发现的种植纬度最高的橡胶，处于北纬22度。叶剑英当即把手往前一挥，说：“从这里开始，一直往南，都可以种橡胶！”

结束了雷州半岛的行程，叶剑英渡过琼州海峡到海南继续实地调研。他先走西路，到达儋县那大，再折回海口沿东线自北而南向文昌县、琼海县和陵水县一路走去。这些地方，都有当年华侨建立的一些老胶园。叶剑英走进一个一个橡胶林段，看林相，看胶工割胶、收胶，钻进胶房，站在臭烘烘的泡胶池边看加工胶片。在胶园简陋的棚屋里，叶剑英坐到用板条钉成的小凳上与胶工聊，仔细了解育苗、定植、抚育管理等橡胶种植过程。

叶剑英此次出行，历时20天。深入的调研使他更详实地掌握了垦区的自然、地理和资源条件，对如何打好大规模的橡胶垦殖之战有了更深一层的思考，这些思考，在后来垦殖工作的实施中形成了具体措施，如：建立起多个育种基地和中心苗圃，设立大型拖拉机站，在开荒中使用大马力的机械除杂清岜，配备专业车队加强生产运输、保障后勤供给等。

无疑，在高州发现那三棵橡胶树，是叶剑英此行最有价值的收获，它带来的直接效果是新中国橡胶垦殖蓝图令人振奋的改变。叶剑英据此大手一挥，中国橡胶垦殖区域就从原先计划的地段往北推进了约200公里，世界橡胶人工群落的分布格局，也因此而改变。

组建秘密部队，抓准突破点解决橡胶垦殖的关键问题

1951年12月中旬，也就是叶剑英从雷州和海南调研回来一个多星期后，毛泽东收到了叶剑英主持起草的一份中共中央华南分局的报告，题为《目前橡胶工作上应抓紧之重点》。这个报告，是叶剑英根据调研情况反复思考的成果，它具体阐述了对发展华南橡胶事业的看法，提出了一些实质性建议，集中反映了叶剑英的工作思路和实施措施。报告中说："高雷、海南，土壤肥沃，荒地多，可以大力发展橡胶种植业……海南、高雷地处国防前线，发展橡胶必须有足够的国防力量加以保护。因此，要把橡胶事业的发展和其他经济建设事业结合起来；要调整前线的军事部署，加强铁路、公路、邮政、民航等方面的建设；加强海南岛的领导和行政机构，将海南行政公署改为海南人民政府，成立中共海南岛党委，直属华南分局领导；抓紧整顿和巩固现有的橡胶基地，抓好种、苗、树、胶四个环节，特别要注意整顿苗圃和组织收种（橡胶种子），立即进行橡胶林地的勘测、设计和开荒，并加紧培训干部

与橡胶的科学研究工作；将华南垦殖局迁到湛江，以便就地指挥，及时解决问题。”

毛泽东完全赞同叶剑英报告中的意见，尤其是“要把橡胶事业的发展同国防建设结合起来”的观点，他把报告同时批给周恩来总理和中国人民解放军总司令朱德及总参谋长聂荣臻。很快，叶剑英就收到中共中央的复电：“同意所说各点。”

叶剑英立即按照中央同意的工作思路和措施，加紧工作部署。当年年底前做的一件大事，就是把华南垦殖局前移到垦殖第一线湛江去。1951年12月，他主持召开全局会议，落实了搬迁事宜。他还特地把粤西区党委书记刘田夫、粤西行署专员李进阶、湛江市市长方华带来参加会议，当面要求他们全力支持和协助华南垦殖局的工作。华南垦殖局前移到湛江，使橡胶垦殖领导机关和垦区之间实现了直接指导，贴近指挥，极大地提高了垦殖工作的效率。华南垦区能在其后的一年多时间里，实现种植140多万亩巴西三叶橡胶树的惊人战绩，指挥机关前移是一个重要因素。

橡胶垦殖的战前部署，在叶剑英的组织下一项一项地实施。其实，叶剑英在以中共中央华南分局的名义给中央正式报告之前，已经以个人名义亲笔给党中央写过一封信，汇报调研的所见所闻和自己的分析见解，并按自己的思路开展了工作，只不过正式报告经中央批复之后，这些工作推进得更快了。

正如叶剑英在报告中所阐明的，橡胶垦殖面对和急迫需要解决的，主要是领导机构、工作队伍以及人力资源、生产技术环节三大类问题。在部署华南垦殖局总局机关搬迁之前，叶剑英对另两类问题都已有了解决的思路和措施，并着手行动。当年9月，在与陈云主持了那个决定成立华南垦殖局的秘密会议之后，他就给中央写信，建议在全国范围动员农林技术人员参加橡胶垦殖事业，他充满激情地写道：全国的农林学家和技术人员，请到北纬22度来站队！在他的建议下，党中央和政务院发出通知，动员大专院校农林学科的师生到华南垦区来开展橡胶垦殖场的勘测、规划设计。从1951年12月起，一批批大专院校师生来到广州。叶剑英亲自到场表示欢迎并给他们做奔赴垦区的动员报告，讲解橡胶垦殖的重大意义。一些当年听过叶剑英作报告的学生还记得，穿着半旧军装的叶剑英，一手提个竹壳热水瓶，一手拿只搪瓷口盅走上讲台就开讲，平易得让人无法相信他就是华南地区党政军最高领导人。

他从讲台下拿出一双浅黄色的生胶鞋底高高扬起，告诉大家这就是橡胶。其后的演说深入浅出得叫人历久难忘。他还亲切地告诉师生们要注意防病防蚊叮虫咬，布置有关方面给师生提供蚊帐、油布等防护用品。在叶剑英的激励、部署下，1000多名大专院校师生充分发挥积极性，仅用半年时间，就完成了海南、高雷和广西垦区橡胶宜林地的勘测设计任务，总计面积825万亩，折合净面积680万亩。

垦殖工作急需大量的干部、技术人员和工人。叶剑英从三个方面解决人才和人力资源的问题：从部队、地方各级及土改工作队、培训干部的南方大学调遣干部；动员农林科研和教育机构的科技人员参加垦殖工作，号召参加勘测、设计的大专院校学生留在垦区工作，在社会上物色有过橡胶种植经历的东南亚归国华侨；在华南各地农村土改后的翻身农民和城镇贫民中招募工人和民工。他亲自到驻湛的四十三军和广州的南方大学做动员报告，号召部队干部和南大学员到垦区参加垦殖工作。他指示地方各级政府大规模征募职工和民工。在叶剑英的指示、组织和亲自动员下，共计调遣来军队干部125名、地方干部7300余名、南方大学干部生400多人，动员招募到东南亚归侨3820人、职工21万人、民工25万人，组成了46万余人的垦殖大军。

早在考虑组织垦殖队伍之时，叶剑英就想到动用部队，他认为，如此大规模和紧急繁重的垦殖工作，必须有一支骨干力量充当领头羊，发挥攻坚突破的作用，堪此重任的无疑是有着钢的意志铁的纪律，一切行动听指挥的人民解放军。在搭建华南垦殖局领导班子的时候，叶剑英就有意识地向中央推荐解放军一五六师师长兼江西南昌军分区司令员邓克明担任华南垦殖局副局长。在垦区橡胶宜林地的勘测、规划设计完成，即将转入大开荒的时刻，叶剑英再次提起调动部队参加垦殖的事。他直接给中央写信，建议抽调2～3个师的部队，交由华南垦殖局调配、指挥，安排任务。分工橡胶垦殖的时任国家林业部副部长李范五也有此共识，他向李富春副总理建议在解放军中组建林业工程部队，直接参与华南的橡胶垦殖。这个意见得到周恩来总理的赞同。1952年2月，毛泽东以人民革命军事委员会主席的名义发布命令，将若干野战部队改编为经济建设部队，林业工程部队由此诞生。当时，橡胶垦殖属于国家秘密，橡胶树被称为特种林业，所以林业工程部队也称为特林兵。1952年7月，中南军区召开军事会议，抽调部队组建林业工程部队，决定以原第四野战军十四兵团三十九军一五二师指挥机关及师直属队组成林业工程第一师（简称林一师）师部，下辖3个团，由海南军区独立二十六团、二十七团、二十八团改编成。以原第四野战军十五兵团四十三军一五六师指挥机关及师直属队组成林业工程第二师（简称林二师）师部，下辖3个团，分别由原第二野战军五十八军一七四师五二二团、原第三野战军两广纵队独立十五团、原第四野战军十二兵团四十六军一五九师四七七团改编成。把原广西军区税警团改编成林业工程独立团。两个师一个独立团的林业工程部队官兵共计19653人，由华南垦殖局统一指挥，华南垦殖局副局长、原一五六师师长邓克明担任部队司令员。按照叶剑英的部署，林业工程部队以行军的方式秘密进入垦区，林一师驻海南，林二师驻高雷，独立团驻广西龙州。

采种、育苗和垦荒是橡胶垦殖的三个主要环节，而在起步阶段，采种、育苗尤为关键，没有足够的橡胶种子就育不出足够的橡胶树苗，即使垦出更多的宜林地，无种无苗也无法开展橡胶定植。橡胶种子的采集有季节性，时机很讲究，早采了胶籽没熟透不易发芽，晚采了或输送不及时，胶籽又容易坏掉。叶剑英强调采种、运种、育苗都要及时，保证质量，他提出以“点种定购”的方式及时到私营胶园采收胶籽。他把林业工程部队放在刀刃上，主攻采种、育苗。指令林一师开进海南岛的老胶园专事采种，林二师在高雷，承担从海南往大陆抢运胶籽和带领民工育苗开荒的任务。为确保胶籽运送的及时和畅通，叶剑英让海军派出舰艇支援胶籽运送，指令海港、码头、轮渡优先让运送胶籽的车辆通行。5—7月是胶籽成熟的季节，而这时琼州海峡常有台风影响胶籽的运输，叶剑英协调民航使用飞机空运空投，构建起一个海陆空立体运种网。没有足够的苗床，有技术人员提出，可以用小竹篮装营养土的方式来育苗，可是这种方法需用的竹篮数额巨大。叶剑英指示高雷各地方党委、政府，广泛发动群众编竹篮，解决了育苗场地的问题。为了加快垦荒的速度，叶剑英与华南垦殖局领导制定了在开荒中“先机器，后人力”的原则，充分发挥从苏联引进的大马力拖拉机的作用，人机协调，以机器突进开路，人员跟进清场的方式展开垦荒大会战。他亲自接见那些实为拖拉机手的苏联“机务专家”，要求有关部门尽可能给他们提供较好的生活条件，使他们保持较好身心状态，保证开荒作业的进度。

在叶剑英及其带领的班子的运筹和领导下，华南垦殖局按中央要求制订的橡胶定植计划基本按部署完成。到1953年初夏，在高雷地区、合浦地区和海南岛北部平原，共种下巴西三叶橡胶树140万亩，这是新中国的第一代橡胶树，它奠定了新中国橡胶事业的基础，写下了它辉煌而曲折的历史第一页。这个起步才一年半的新中国橡胶生产基地，已拥有29个垦殖所、309个垦殖场、10个拖拉机站和一个机械修配厂。

布下科技棋局，攻克橡胶北移种植的科学难题

巴西三叶橡胶树最终能大规模地绵延在南中国的土地和山野上，科学的力量起到关键的作用。如果没有坚定地迈出科学的步伐，不是依靠科研的力量，这道由三叶树构筑的壮美风景，就不可能出现在北纬17度以北。这是科学的力量把新中国的橡胶事业推上了世界同业的顶峰。其中，叶剑英的深远眼光和大刀阔斧的运筹功不可没。

以往，北纬17度线以北之所以被世界业界认定为巴西橡胶树的生存禁区，是因为它是热带雨林植物，怕冷，到高纬度不胜寒。它还有一个弱点，树干木质轻脆，风大易折。中国的高雷、海南地区，不仅地处北纬18度以北，冬天会有寒流自北而来，而且台风频发年年光顾。因此，寒流和台风，是中国要实现橡胶北移种植的两大障碍，换句话说，要在中国华南地区发展橡胶种植，必须解决抗风抗寒的问题。

叶剑英从受命主持橡胶生产基地建设开始，就已意识到这一点，他知道，这两个难题必须用科技手段来解决，一是营造适合橡胶生产的局部小环境，二是培育抗风耐寒的橡胶品种。华南垦殖局一成立，他就着手橡胶事业的科技大布局。

1951年12月12日，也就是叶剑英从高雷、海南调研回来的第三天，他就召集有关党政领导和专家学者举行“橡胶研究座谈会”，探讨开展橡胶科学研究和建立科研基地的问题。会上，他特别强调科学研究要和生产相结合，以科学指导生产。他发出了那个著名的号召：请橡胶专家和技术专家前来工作，到北纬22度来站队！随后，大手笔地进行科研布局。

1952年1月18日，成立橡胶研究筹备委员会，叶剑英亲任主任委员，聘请中国农业科学院首任院长丁颖和著名学者李沛文担任副主任委员。委员会

设立育种、繁育、栽培管理、病虫害防治、割制胶等研究组，开展橡胶研究工作的组织、指导、调查等各项活动。

筹建华南特种林业研究所，1953年上半年已设立10个研究室，以后又发展成为华南热带作物研究院和华南热带作物学院，即世界闻名的中国热作“两院”。

在垦区腹地建立橡胶研究和选育种站（所）群。首先在海南儋县依托华侨留下的老胶园，成立那大（联昌）橡胶研究站。其后，从1953年起，接续建立了海南万宁、石壁、那大橡胶优良母树观察站，粤西（徐闻）试验站，广西（龙州）试验站，广州燕塘试验站，海南加茂、那大橡胶树育种苗圃。这些由叶剑英主导的一线科研基地，以后增设和改造成海南保亭、大岭、大丰、文昌、南俸，粤西徐闻、化州等七个育种站。这“七站”，连同“两院”，在后来的岁月里培育出一批批抗风、耐寒、高产的橡胶树新品系，在新中国橡胶发展史上起到不可估量的作用。

叶剑英不仅运筹科研大局，还深入第一线调研指导科研工作，给科技人员鼓励打气。1952年6月，琼州海峡两岸橡胶垦殖正进行得热火朝天，叶剑英来到了文昌县垦殖场的开荒工地，他要见一个人——归国华侨钟南。他是在当年年初的广东省第一次政协会议上认识钟南的。当时，已参加垦殖工作的钟南以归侨身份出席会议。会中，叶剑英接见垦殖代表，要求大家在实践中研究怎样针对我国实际条件种好橡胶，钟南提到了从品种改良上着力，培育抗风耐寒高产新品种。叶剑英表示完全同意并鼓励钟南在这方面作出贡献。这次在垦殖第一线见到钟南，叶剑英再次提起培育橡胶新品种的事并再次鼓励钟南大胆去闯。在叶剑英的鼓励下，钟南建立了一个3人育种小组。9年之后，一个抗风高产的橡胶无性新品系‘海垦一号’被确定为重风害区的推广品种。‘海垦一号’的抗风力和产量都大大高于国外引进的无性系。‘海垦一号’获农垦部科技成果一等奖。

支撑起新中国橡胶种植业的还有许多新品系，如：抗风的‘PR107’‘红星1’，抗寒的‘GT1’‘93-114’‘天任31-45’‘合口3-5’‘青湾坡17-22’等。这些新品系，都是新中国的橡胶科技工作者历经多年甚至数十年努力研究的成果，但是，如果没有叶剑英当年布下的科研大格局，在新中国的橡胶发展史上，是否还能取得这些足以令世界橡胶种植界惊讶的成就？

1953年3月，叶剑英奉调担任中共中央中南局代理书记，1955年奉调进京担任中央军委重要职务。虽然不再直接负责橡胶垦殖的领导，但是叶剑英的橡胶情结一直伴随他走到生命的终点。1953年9月，正当华南垦区的新植橡胶连续遭受历史罕见的特大强台风和寒流侵害，损失惨重的艰难时刻，他专门把华南垦殖局的领导班子召到武汉，一起总结经验教训，研究科学发展橡胶的对策，鼓励他们战胜困难，把新中国橡胶事业继续推向前进。从那时开始，叶剑英每次南行华南，必定到海南或雷州半岛的橡胶农场看看。他尤其记挂着橡胶科研事业的进展，对曾经担负起给新中国第一代橡胶提供种子的老胶园满怀深情。1959年2月28日，他接见华南亚热带作物研究所工作人员，并题词“四十年前旧胶园，将来发展看无边。橡胶好似人中脚，结合机床共向前”表达他深挚的橡胶情怀。1980年5月，年近90岁的叶剑英再一次视察了海南岛的国营橡胶农场。看着橡胶洁白的乳汁沿着胶工割出的割线汩汩流进胶杯，他露出欣慰的微笑。这个场景，被一张照片定格在了中国橡胶发展的史册里，而南中国那铺天盖地连绵不绝的高纬度橡胶林，正是这位伟大的奠基者立身的背景。

赤子情：漂洋过海来种胶

——建垦归侨参加新中国天然橡胶建设纪事

海南省社会科学院地方历史文化研究所　陈勇

2020年12月29日晚，海南省侨企侨胞在海口举办迎新春联谊晚会，近二十个国家的海南乡团侨领、侨企代表、侨务研究专家、工作者百余人参加了联谊晚会。

加强同海外侨胞、归侨侨眷的联系，维护他们的合法权益，发挥其独特作用，助力海南自贸港建设是一项重要工作。站在自贸港建设开放新高地回顾海南开发建设历史，我们依然可望见归侨不远千里漂洋过海来种胶的身影。

早在海南解放之初，马来西亚、泰国等东南亚一带的归侨就响应周恩来总理的号召，回国到农垦参加新中国天然橡胶事业建设工作，为解放之初的海南经济社会发展做出了独特贡献……

建垦归侨是一支独具特色的垦荒植胶队伍

新中国天然橡胶事业是由毛主席亲自谋划、亲自部署、亲自推动的重大国家战略，落子海南创建农垦是实现该战略的重要安排。

众所周知，在1952年至1962年海南农垦创办初期的历史区间，其天然橡胶事业是由归侨、军工、知青、南下学子、民工这几支建垦大军扎根山野，辟岭垦荒而创办的。其中归侨是一支独具特色的建设队伍，他们与军工、南下学子等其他群体一起，把家安在农垦，把智慧和汗水奉献给胶园，把赤子之情洒在南疆大地。农垦史料将这批归侨统称为建垦归侨。

史料记载，建垦归侨先后分两批次集中回国到海南农垦。其一是1952年前后回国的马来西亚归侨，仅当年就有2193人（安排就业的），占当年垦区职工人数的22.2%；其二是1960年海南农垦受命安置的印度尼西亚归侨4695人。他们主要安置在原西联、红明、红华、南海、南林、东太等几个农场。

建垦归侨群体来自马来西亚、印度尼西亚、泰国等东南亚一带国家，是那个特定时代的特殊身份的产物，有着复杂坎坷的政治、历史、文化烙印。新中国成立之前，建垦归侨为了家庭生计，远离故土，漂洋过海到东南亚一带谋生。后来，为了躲避印度尼西亚、马来西亚等国家的暴力排华，也因为对家园的想念和对新中国的憧憬而回国，来到瘴疠横行、荒野连天的海南岛参加新中国天然橡胶事业建设。

对于这些漂洋过海回国来种胶的同胞，海南农垦根据国家集中安置要求，做了周到的安排。1951年，生活水平低、物资紧张，但政府向归侨们发放了衣裤、棉被、蚊帐等日用品，安排工作，给予最大程度关照；1960年，印度尼西亚归侨回国，恰逢国家遭受自然灾害，国民经济相当困难，但海南农垦按照国家安置要求，向归侨们优惠供应粮油、肉及其他副食品，并给予适当照顾。当时，粮食相当紧张，农垦老工人每月粮食12斤左右，但建垦归侨在一定时间里，每月有30斤左右，还有半斤花生油及3～4斤猪肉；在住房上，广大垦殖工人自己盖茅房，腾出瓦房，让远方的归侨同胞住进去；在他们到农场前，有关部门就为他们准备好锅、碗、筷等日常生活用具。西联农场在艰难条件下，还杀了只一百多斤重的大山羊，为远方归侨同胞洗尘。

“回国时父亲已经42岁，在华侨作业区担任副主任，组织侨工们开荒种胶，虽说是组织者，在那个年代也是身先士卒，冲在一线的。父亲根本没有时间、精力管家。印象最深的是，妈妈给弟弟喂奶，边喂边哭着质问父亲：‘什么时候才能回印度尼西亚呢？’父亲回答说：‘那里反华、排华，骂你、驱赶你、打你！有什么好的？这里苦、这里累，但这里人好、团结、帮助，有什么不好呢？’妈妈虽然很不习惯，但人心的温暖还是使她咬紧牙关跟着父亲挺住了。”这是原红明农场侨联主席房顶林曾向笔者追述的一个令他记忆犹新的故事。采访中，不少建垦归侨反映，海南农垦的关心照顾，让他们深受感动，由此感受到了家、国的温暖。

羊羔跪乳，乌鸦反哺。建垦归侨们在归国前后天壤之别的待遇，形成了巨大的心理反差，所迸发出的竭尽全力回报家、国的感恩行动，正是他们为新中国天然橡胶事业呕心沥血的强大精神动力。

建垦归侨在新中国天胶的舞台熠熠生辉

建垦归侨在东南亚一带的职业历程中，先行积累了丰富的橡胶管、养、割经验技术，有少部分人甚至有科研经历，比如当时知名的中国橡胶专家徐广泽。这是同期进行新中国天然橡胶事业开发建设的其他群体所无法比肩的！由此成就了建垦归侨作为当时橡胶先进生产力代表的耀眼光环，被关注重视、寄予厚望。可以说，没有他们，新中国天然橡胶事业的舞台就会缺失许多精彩！

“崖州何处是？生渡鬼门关”是新中国成立时海南的生动写照。1951年1月，东太农场第一批建场创业者中就有337名归侨。他们挑着行李，从海口步行7天7夜到达东太地区。在灌木丛生、乔木参差的山脚下，在沟壑棋布、蚂蟥遍地、野兽毒虫横行的山岭，归侨们与其他建场群体一起割草盖房，砍木为床，安营扎寨；喝山沟水、顶烈日、冒风雨、挥锄舞刀，奋战在荒岭野林中，砍芭开荒，育苗定植、种胶管胶割胶。这是广大建垦归侨们创业农垦的时代缩影。

“带回第一粒胶种、第一颗芽接苗，栽培第一株胶苗，开出第一条胶线，制作第一块胶片，带出第一代胶工。”海南农垦原侨联主席萧逸生这般总结建垦归侨对海垦橡胶事业的贡献。2001年12月，海南省农垦总局表彰建垦50周年百名功勋人物，其中就有徐广泽、叶林、陈晓、李东、罗木娇等15名建垦归侨，占比15%。时隔10年之后的2011年12月，仍有9名建垦归侨入选海南农垦创建60周年60名杰出人物奖，占比15%。

作为天然橡胶曾经的先进生产力代名词，建垦归侨群体在叶剑英元帅的高度重视和关心下，在新中国天然橡胶事业的舞台上才情迸发、光芒四射。

解放初期，我国橡胶业界的技术人员相当奇缺。归侨胶工、技术及科研人员的到来，充当了生产发展的主力军，更重要的是充实组成了强大的技术力量，填补了空白环节。不少人来到农场，就负责起橡胶育种、芽接、品种形态鉴定以及栽培芽接苗技术的指导工作。如西联农场，在20世纪50年代建场初期，担任从开荒、砍岜、育苗、栽培、种植、管理到制胶整套技术全面指导工作的张有和、曾苏云，都是马来西亚归侨。其间，该场还涌现了以郑红芬、郑运长、黄裕秀以及李东、叶娣为代表的“胶园八姐妹”等一批为西联乃至海南农垦天然橡胶事业作出突出贡献的归侨代表。

橡胶树正常投产期一般是6～8年。20世纪60年代，正是建垦初期定植的橡胶陆续开割时期。这段时期，海南农垦对良好割胶技术的渴求犹如饿汉对米饭般强烈，但懂割胶、割好胶的胶工却寥寥无几。在南洋积累了丰富割胶经验，掌握了良好割胶技术的建垦归侨们担起了先锋模范和带徒培训的重任。李东、郑红芬、谭纪来、黄凤娇、罗木娇、杨运莲等是当时建垦归侨群体中涌现出来的优秀割胶技术代表人物，他们被誉为“割胶大师”“割胶神刀手”等。史料记载：海南农垦充分发挥李东等优秀割胶技术代表人物的创新、示范作用，在总结他们割技特长和经验基础上，制订了《割胶技术操作规程》，广泛开展割胶技术大练兵，普遍提高了广大胶工割胶技术等级，有效促进橡胶产量大幅增产。

值得一提的是，南林农场胶工罗木娇1951年从马来西亚回国参加农垦橡胶事业工作后，总结了一套影响深远的“六清洁、四整齐”的胶园生产管理宝贵经验，先后入选了海南农垦建垦50周年百名功勋人物和海南农垦60年60名杰出人物。

20世纪50年代初期，海南农垦植胶界的芽接技术人员，仅有屈指可数的叶林、刘带胜、骆士开、廖一萍等几位归侨。1954年，这4位建垦归侨技术员从归侨队伍中挑选出温贵、李元发、房珠三位优秀芽接手，分别在各育种苗圃开办芽接技术培训班，培训了垦区第一代芽接技术骨干。截至1957年，共培训垦区第一代芽接手1448人。

1955年，廖一萍用1厘米宽的刀片在橡胶树苗上进行刺检，开国内橡胶产量早期预测的先河；他还根据自己的经验，在国内首先总结出橡胶无性系的形态鉴定技术，培训出第一批形态鉴定队伍，为验证引进的橡胶无性系，为纠正增殖苗圃品系的混乱，做出了重要的贡献。

据统计，20世纪50年代中期，海南农垦生产部门通过建垦归侨等途径引进了‘PB86’‘PK107’‘RRIM600’等约20个国外橡胶优良无性系种源。其中做出重大贡献，享有盛名的是雷贤钟。1955年10月，他带回‘RRIM60

0’‘612’‘614’‘623’‘PB86’‘PR107’‘RI84’‘G1-1’‘TJ16’等18个橡胶品种，300多株芽接桩、200多米芽条、100多斤胶籽，受到周总理的两次接见和高度赞扬。而且，雷贤钟和同为归侨的马文谷分别在南田地区创办了侨福胶业公司、侨联胶业公司，首开农垦系统以公司化方式运营天然橡胶事业之先河。

橡胶生产科研方面，建垦归侨们也做出了显著贡献，不少科研成果甚至填补了当时国内橡胶业的空白。马来西亚归侨徐广泽，从1954年至1976年在海南农垦工作22年时间，取得了丰硕的科研成果。他亲自拟定、组织实施海南橡胶选育种规划，并带领一批技术人员选育出47个适应海南地区风害、干旱、寒害的橡胶品种；先后撰写的论文有60篇左右，出版了我国第一部有关橡胶的著作《橡胶育种》；1984年7月，他应邀到法国蒙别里埃市，参加国际橡胶生理及育种会议，用英语宣读了自己的论文，受到与会外国专家的肯定。原海南农垦局副局长梁文辉、原海南农垦橡胶生产技术顾问刘带胜、享有“海垦一号之父”美誉的钟南及东太农场“胶树医生”陈晓等归侨人士分别在育种、栽培、胶病防治方面做出了突出贡献……

享誉橡胶史册的毕竟是少数，更多的是沉寂在历史风尘中的无名人士。比如，原三道农场的泰国归侨罗春兰带出的胶工徒弟不计其数；还有，原海南农垦橡胶研究所的马来亚归侨黄振光等人。黄振光自1951年8月到海南农垦后，默默工作30多年，一直担任该所的割胶总辅导员，他言传身教，悉心传授，仅1985年就为农场培训胶工400多人（次）。

不论是声名远扬、街知巷闻，还是寂寂无闻，建垦归侨群体以精湛的割技为海南农垦以及中国天然橡胶事业培训了数以万计的胶工，有些人还走出岛外到广东、云南、福建等植胶区帮助当地培训胶工。

建垦归侨的奋斗精神芬芳海垦激励后人

低廉的报酬，异常繁重的高强度劳作，落后的生产、生活环境，建垦归侨们仍然扎根山野不屈不挠地奋斗，这是为什么？

为了追求美好的幸福生活，建垦归侨及其先辈们不畏艰难困苦，辗转千里打拼，铸就了他们勇于拼搏、吃苦耐劳、守望幸福、豁达乐观的共同性格品质。从多次采访，面对面敞开心灵的交流和对大量史料审阅分析得出的结论是：虽然有些无奈，但更多的是建垦归侨们先天就继承父辈乃至祖辈拼搏、坚韧、勤劳的内在品质基因，还有对新中国厚待而感恩的情感等多因素综合迸发。

面向艰辛困苦能顽强拼搏，除了上述优秀品质外，还有建垦归侨们以苦为乐的乐观、豁达、互助的外在性格支撑。接受采访的几十位建垦归侨，平均年近80岁。经历了无数苦难的他们，有的甚至目前境况不尽如人意，但仍然以朗朗笑声追述了那些常人难于忍受的艰难困苦、冤屈的工作生活经历，有时简直像在讲述别人的故事，仿佛自己不曾经受过。有好几位建垦归侨甚至拿起心爱的吉他为笔者弹唱一曲，舞上一回。

建垦归侨不仅乐观，对事对人还很豁达。在原南海农场采访从印度尼西亚回国的建垦归侨，他们都不约而同地讲述了“华侨新村”的故事。这是一个有特定含义的名词，指代的是位于该场六区五队39号林段的“归侨公墓”，这里集中安葬着180多位去世的归侨。特别需要说的是，他们对“死亡”有着与众不同的见解和处理方式：出资、出力帮助死者亲属，没有哭声，出殡前，大家相聚一起弹琴、唱歌、跳舞，谈笑风生。他们认为，生老病死是一种必然，哭着来到世上是不得已，但是可以笑着离开世界！

采访中，我常常追问建垦归侨们是否后悔回国参加农垦初期的天然橡胶事业开发建设工作。“不后悔！”是他们异口同声地回答。需要指出的是，改革开放后，不少建垦归侨的生活翻天覆地好起来，有房有车有存款有家庭自营经济。原南海农场印度尼西亚归侨麦翠花在香港姐妹亲人的帮助下找了月薪近万元的工作，也不想去。她说，习惯了在海南的生活，不想走了！海南农垦不但是建垦归侨们身体的栖息地，更是他们安身立命的精神家园。

似水流年，建垦归侨已老去、凋零，但海南农垦、海南开发以及中国天然橡胶的历史不应忘记他们，也不会忘记他们！

三代人初心传承
红土地上的奋斗使命

广东省湛江农垦集团有限公司　孙远辉　刘惠东

2021年是中国共产党成立100周年，也是湛江农垦创建70周年。在湛江农垦金星农场，一代代农垦人在这里艰苦创业。历经70载风雨征程，曾经荒无人烟的瘴疠丛林，已成为产业迅猛发展的希望田野。这其中，就有老党员谢连城、谢云桥、谢标一家三代人的功劳，艰苦奋斗的初心传承在一代代农垦人的心田。

坚守初心　甘于奉献的拓荒者

50多年前，祖国的一声召唤，800多名转业军人来到祖国南疆这片荒山滩涂，成为第一代农垦人，如今已经80岁高龄的谢连城就是其中一人。当年，谢连城带着妻子扎根农场，面对开荒时的恶劣环境，他却说："我十分愿意到农场锻炼自己。"他以开发红土地为傲，以到最艰苦的地方工作为荣。

他被分配到11队成为一名割麻工人，从此麻田成为了他奋斗的天地。完全没有割麻经验的谢连城从零学起，冒严寒，战酷暑，迎朝阳，送落日，挥汗如雨，任劳任怨。割麻、种麻、麻田管理，他从一个"愣头青"成为了剑麻生产的行家里手。在农场从兵团改制为国营农场之后，他承包的70多亩剑麻，年年超产超额，在"四化"建设中荣获二等功。他常说："农业生产就是要扎扎实实从管理中要效益。"

1981年，谢连城成为了一名共产党员，如今80多岁高龄的他，依然记得自己在党旗下的铮铮誓言，他回忆说："那个年代，生产生活虽然很艰难、很枯燥，但是总想到自己是祖国培养的一名军人、一名共产主义者，从事的农垦事业是最光荣的事。”现在的他依然坚持亲自将党费交到支部书记手中，多少年来，从未间断。

坚守初心，甘于奉献。他和无数普普通通的“垦一代”一样，用青春和智慧征服了这片红土地，耕耘在这片希望的田野上，他们的人生，铭刻着属于那个年代的艰辛，铭记着那段艰苦岁月里的美好时光。

传承初心　艰苦奋斗的建设者

1989年，谢连城的儿子谢云桥高中毕业。当年金星农场连续遭受大台风袭击，经济受到重创，谢云桥觉得“面朝黄土背朝天”的生活太艰辛，决定外出学习大货车驾驶，希望成为货车驾驶员。

谢连城看在眼里，急在心里。一天深夜，谢连城找到外出学车的谢云桥，语重心长地说：“儿啊，你是我唯一的儿子，我们的根在农场，你在外面跑运输，风里来雨里去也许能赚几个钱，但是在农场只要好好干，不会比在外面差。”

在父亲的劝说下，谢云桥回到这片红土地，成为了农场车队的一名司机，踏踏实实，勤勤恳恳，一干就是15年。2008年，又一次在父亲谢连城的鼓励下，谢云桥决定传承父辈耕耘红土地的初心，放弃相对稳定的司机岗位，回到十一队接过父亲的剑麻地，当起了产业工人。

由于踏实肯干，不计得失，谢云桥在职工中逐渐积累起威信，也得到了当时十一队队干部的肯定，2009年，谢云桥光荣入党，成为共产党员。2010年，他升任十一队的副队长，2017年更是被委任十五队的队长。

传承初心，艰苦奋斗。从一名普通的产业工人成长为一名懂经营、善管理的生产队干部，谢云桥始终传承父辈的奋斗使命，默默耕耘在红土地上。

不忘初心　勇于开拓的创业者

在父辈为垦区事业奉献毕生精力的耳濡目染下，“90后”的“垦三代”谢标，一出校园即返田园。怀揣着振兴乡村的梦想，谢标回到养育他多年的金星农场，从此扎根基层，风雨无阻，艰苦创业，成为致富“领头羊”。

有言道：万事开头难。创业之路远远比谢标想象的要艰辛得多。回到农场之初，谢标在金星农场五队承包了70亩的土地种植甘蔗，每天过着“面朝黄土背朝天”的生活。对于一个过惯校园生活的年轻人来说，从事农业不管是在体力还是在精力方面，都难以适应。由于种植经验不足，管理不当，他第一年种植的甘蔗产量低下，加之又遭遇市场价格低迷，更是雪上加霜。

原本期盼第二年能够打一个漂亮的“翻身仗”，可是不幸的是遇上了超强台风“威马逊”，他种植的甘蔗被台风夷为平地，损失惨重。初始创业，却连受挫折，他几乎血本无归。面对已在大城市闯出一番新天地的同学，谢标感到迷茫，心里开始挣扎。爷爷谢连城的谆谆教诲给了他很大的动力：“是农场养育了我们，我们要建设好农场，扎扎实实管好这片土地，农场就是我们大有作为的广阔天地。”

在父母和爷爷的鼓励与支持下，谢标不仅没有放弃，反而更加努力地通过多种办法，积累创业的成本，继续其创业致富、振兴家乡的梦想。2016年，在父母以及朋友的支持下，他再次开启了创业之路。

“纸上得来终觉浅，绝知此事要躬行。”在创业的过程中，他意识到在学校学到的理论知识，在实际创业中是远远不够的，只有实践才能得到真知。为了学习更先进的知识和技术，谢标充分利用闲时学习参加继续教育和农垦局举办的各种培训活动等，通过自学以及集中学习，不断积累自己在作物种植和管理经营方面的经验，为自己的创业之路打基础。

工作上，他勤勤恳恳、任劳任怨，每天都起早贪黑，跟着生产队老干部职工下地干活，身上整天脏兮兮，英俊的脸也变得又黑又粗。每逢甘蔗收获季节，谢标经常通宵值班毫无怨言，他早已沉迷于这份事业，乐此不疲。

通过几年的学习与探索，谢标积累了丰富的农业种植与管理经验。2017年、2018年，他种植的甘蔗等作物收益较好，每年纯收入数十万元。

在创业小有成就后，谢标富而思源，开始带动身边的人共同致富。他认为应加大机械应用到实际生产中，减少生产成本，达到提质增效的目的。于是就发动身边的年轻人集资购买装蔗机，但装蔗机价格太昂贵。经多方努力后，谢标成功说服了身边的三名年轻人与他一起，采取入股的方式，集资加贷款购买了三台装蔗机。

在甘蔗收获季节，这三台装蔗机发挥了非常大的作用，不仅有效解决了装蔗难问题，还提高了甘蔗的进厂速度，保证了产品的新鲜度，增加了收益。仅一个榨季时间，装蔗机便创收60余万元，同时提供了5个就业岗位，一个甘蔗收获季就能为农民增收25万元。提及此事，与谢标一起合资购买装蔗机的三位年轻人笑逐颜开，声称是谢标带领他们走上了致富路。

在谢标的带动下，越来越多的年轻人投入农业事业中。由谢标牵头的农场青年创业团队，2018年在农场承包了一百多亩的土地种植甘蔗种苗，当前榨季创收了25万多元；2019年种植了170多亩巴厘品种的菠萝，共盈利40多万；2020年剑麻育苗300多亩，目前麻苗也茁壮成长，为农场提供了坚强的种苗保障。

由于创业创新成效显著，谢标曾在2018年当选共青团第十八次全国代表大会代表。

创业有起点，事业无终点。谢标深知今天取得的一点小成绩只是明天事业的一个基点、人生的一小步，他还有很长的路要走。他表示，将继续以乡村振兴为己任，以更加积极的态度、饱满的热情投身农业事业中，同时动员广大青年踊跃投身农村振兴战略，组织青年创新创业创优，用奋斗的青春在红土地上谱写人生绚丽的篇章。

一粒种子撒入红土，而今四季充满希望；一种精神沁入心田，而今生命灿烂奔放。七十载光影如梭，一代代农垦人秉承“艰苦奋斗、勇于开拓”的初心，继续前进在这片希望的田野上。

红兴隆群像

北大荒农垦集团红兴隆分公司　陆书鑫

这是一片神奇的土地，金戈铁马的呐喊化作拓荒的惊雷，莽莽荒原变成了中华粮仓；这是一片光荣的土地，塞外苦寒的呼啸化作不屈的脊梁，羁绊鬼沼建成了人间天堂；这是一片英雄的土地，千年沉落的寂静化作铿锵的誓言，汇聚成“勇敢担当、奉献国家、追求卓越”的永恒信仰。正是这永恒的信仰让振兴之梦变成现实，引领一代一代的好儿女奔跑在追梦的路上。

信步在北大荒农垦集团有限公司红兴隆分公司博物馆，我仿佛坐进了世纪的列车，尽情地饱览着红兴隆“五位一体”的和谐胜景，品尝着粮食生产“十七连丰”的甘甜，领略着中国农业公园、中国十大旅游避暑城市、全球百座旅游避暑名镇、国家低碳国土实验区的独特风情，目酣神醉。

望历史长河，看云卷云舒。回眸70余载风雨艰辛路，是“完达山下英雄建国立家园，密虎宝饶千里沃野变良田”的铮铮誓言，是英雄解甲铸剑为犁战天斗地的无畏精神，是拓荒者们“亿吨粮，千吨汗，百吨泪，十吨歌”的豪迈气概，是“献了青春献子孙，献了子孙献终身”的无悔奉献，是“勇敢担当、奉献国家、追求卓越”的永恒信仰。

畅游红兴隆辉煌历程，我看到了农垦集团化、农场公司化、股权多样化的“三化”美丽画卷正徐徐展开，听到了向具有国际竞争力的农垦大型农业企业集团迈进的声声号角，点燃了为农垦美好明天“坚守、忘我、奉献”的梦想。

沧海横流，方显英雄本色。祖国的需要，就是集结的号令，任何困难和危险都难以制胜虔诚的信仰，总会喷薄出生命中无穷的力量——这是红兴隆人开拓不止、奋进不休的真实写照。

静伫于王震将军雕像前，1958年十万转业官兵奔赴千古荒原北大荒的雄浑场面浮现在眼前，燎原的荒火烈烈燃烧在胸膛。

耳边回荡起了一个声音："我们共产党人，就得让老百姓有饭吃……"这声音是黄振荣在"完北荒原"向老铁道转业官兵发出的动员令。在零下40多摄氏度的酷寒中，他踏荒7天，冻掉九个脚趾甲，发现了300多万亩可开垦耕地。当荒火熊熊燃起时，他高声地说："战友们，脱了军装我们还是军人，现在北大荒就是战场……"黄振荣兑现了庄严承诺，建起了八五二农场，又扩建了八五三、八五五农场，年产粮食达1亿斤以上。黄振荣因走得早了些，没有看到今天的富裕兴旺，没有享受到美好的生活，但他却用生命坚守了心中的信仰。

红兴隆是复转官兵的战场，也是内地支边青年挥洒青春与热血的地方。"雁窝岛铁汉子"山东支边青年张德信为赶修机车抢收小麦，背负5公斤多重的齿轮泅渡宝清河，因劳累过度体力不支，被拖入河水中。年仅22岁的他面对生与死的考验，抓住的不仅是机车零件，更是高于生命的信仰。

信仰的力量，奏响了一曲回肠荡气、震撼心灵的旋律，壮丽了一部挑战极限、忘我开拓的史诗。1976年，北大荒知青陈越玖的事迹在全国引起强烈的反响，弥留之际留言："转告党组织……一定把我的骨灰送回雁窝岛……我是北大荒人！"

我的心中铭记下了这样一些名字：丁训民、范国栋、郭维和、李军、李晓军、廉成章、林予、刘字孝、罗海荣……他们是为北大荒献出生命的英烈，黑土埋忠骨，化作大荒魂！

赏读了红兴隆拓荒的壮丽史诗，我敬仰着千千万万的垦荒战士，是他们给荒蛮的原野播种了文明和希望的火种。

作为北大荒第二代的我，为与北大荒共拥美好的梦想而自豪，要把虔诚的信仰来延续，坚守黑土地，为她美好的明天贡献力量。我要像先烈们一样，以国家需要为己任，视艰苦奋斗为乐事，用信仰托举起北大荒旗帜。

虎踞龙盘今胜昔，人间正道是沧桑。荡气回肠的记忆，感天动地的旗帜，是永恒信仰孕育出的旷世神奇，是百折不移凝练的不朽精神——这是红兴隆人团结奋进、忘我追求的动力源泉。

生生不息的荒火解冻了禁锢的大地，更似高高飘扬的旌旗指引着列车前进的方向。我的心随车动，与历史碰撞，心灵也得到洗礼。

1954年冬，完达山地区遭遇了百年不遇的酷寒，朔风卷地、寒彻入骨。中国人民解放军农业建设第二师第六团的官兵顶着风雪，奔赴密山县，接受筹建二九一农场捞运木材的任务。12月28日夜，未燃尽的炉火复燃，火苗腾空蹿到低矮的棚顶，又点燃了棚内床铺，瞬间变成一片火海。战士们第一时间想到的不是生命安全，是国家财产和集体安全。

张继通，为抢出火海里的枪支弹药，义无反顾地冲进火场，因火势猛烈，瞬间被大火吞噬。发现他的遗体时，烧焦的怀里紧紧抱着5支钢枪。

荒原的夜空被火光照亮，这场大火整整燃烧了一夜。有23名烈士带着对母亲的思念，带着对甜蜜爱情的遐想，带着对生命的渴望，永远长眠在黑土地上。

追随着红兴隆英雄集体的动人事迹，我走进北大荒人的精神高地雁窝岛，电影《北大荒人》中“潜水挂钩”的动人画面浮现眼前。

1957年春天，王震将军带队进入雁窝岛勘察，点燃了开发雁窝岛的第一把火。由此，12人组成的“进岛先遣队”，冒着暮春冰雪挺进雁窝岛。行进中，抢运物资的6台拖拉机相继陷入沼泽中，7吨绞盘机的齿轮打坏了也未能拉出一台。

为了“战车”能把春天拉动，共产党员包车组长任增学不顾个人安危主动请战，要亲自潜到水底把铁钩挂在拖拉机底盘上。面对全是冰碴的沼泽，他脱下军装潜入到冰水中，一分多钟后，任增学嘴唇青紫、脸色惨白地浮出了水面，深深地吸了口气后，再次潜入冰水中。在他第三次潜入到冰碴中时，整个夜空仿佛都凝滞了，只有心脏的跳动在为他祈福。当他成功浮出水面，晕倒在战友的怀中，醒来时第一句话便问“钩挂上了吗？”在任增学的带动下，车守松、戴泽钧、梁友、任光明、杨民主、王周才、张起玉等一同投入到潜水救车中，将6台拖拉机全部救了出来。

他们的精神作为北大荒精神原型永载北大荒史册，筑起了一座英雄群像。

自从撩开黑土地神秘面纱，就注定了要承载党和国家赋予的神圣使命。1978年，友谊农场五分场二队作为中国农业机械化试点单位，率先引进美国约翰迪尔先进农机62台。10月30日，《人民日报》头版头条刊发消息：现代化农业初显神通，友谊农场五分场二队夺得大丰收，20人种11000亩土地，平均每人产粮20万斤。创造了中国五千年来单人生产粮食最高的历史。

就在这时，美国友人韩丁来到了友谊农场五分场二队，提出：你们引进的设备，是加拿大1900年的技术，在20世纪20年代传到美国，后来传到苏联，苏联又传到你们这里。不能再用30年代的设备干70年代的活了！

从此，五分场二队真正在全国迈开了农业现代化建设新步伐。《人民日报》指出：五分场二队对于中国改变几亿人搞饭吃的落后局面，为中国农业高速发展带来可喜的消息。

如今的五分场二队，每个农业工人年产粮已达到80万斤，居世界先进水平。1983年8月7日，邓小平来到这里，高兴地点头赞许。

二十三烈士、雁窝岛先遣队还有五分场二队，他们用团结的力量缔造了一个伟大的群体，用忘我的精神展示了中华民族不屈不挠的傲骨。

仰视英雄集体，心潮澎湃。我的心中燃烧起一把火，那是红兴隆永不熄灭的火种，那是红兴隆永远传递的火炬。我愿做火炬的传递者，把美好的梦想来传承，用忘我的奋斗精神冲在时代的前沿。

雄关漫道真如铁，而今迈步从头越。稻田万顷书写着壮丽诗行，新城座座奏响了时代乐章，黑土地洋溢着中华大粮仓的光彩，红兴隆到处是一派和谐兴旺——这是红兴隆忠贞坚守、质朴忘我的传世制造。

红兴隆的历史并不仅仅是战天斗地、艰苦创业的拓荒诗篇，更是一列不断创新、追求卓越、奋进不休的快车，带我进入红兴隆振兴的梦路。

1982年，大学毕业的李作安毅然选择了扎根边疆，梦想成为一名育种专家。李作安承担了国家“七五”攻关课题《优质大豆新品种选育》，成功地选育出了“红丰8号”和“红丰9号”新品种，“红丰8号”获首届中国农业博览会铜奖，“红丰9号”获第二届中国农业博览会银奖，这2个品种后来是黑龙江省“大豆振兴计划”的入选品种。

很多科研机构看到李作安取得的科研成果，纷纷伸出橄榄枝。高薪高职，不为所动，因为他明白“北大荒才是自己扎根的最好土壤。只有守住了黑土地，才能守住真诚和事业”。是“坚守、忠诚、忘我”，让他培育出的大麦新品种，占到全省大麦播种面积的99.01%，给种植户带来近4亿元的效益。40多年来，由他主持选育的大麦品种已累计推广3800多万亩，为农民增收10亿多元。

百舸争流千帆竞，勇立潮头敢为先。红兴隆正是有着一批传承北大荒信仰、承接着事业发展的好儿女，才会如一轮朝阳冉冉升起。

2009年盛夏，一位瘦矮秀气的花季女孩 走进了双鸭山农场“翠博园”蔬菜种植基地，承包了两栋蔬菜大棚。她就是“红兴隆新人”—— 23岁东北林业大学毕业的郭晶。

当人们知道她是一个大学本科毕业生，还是一个哈尔滨都市女孩时，都投来了疑惑的目光。“大学生咋还干上这活了？”“她撑不了几天，新鲜劲儿过去就跑了！”“她肯定是出风头来了，镀层金就不知道干啥了。”……面对着大家的猜测和不解的疑问，郭晶没有正面给出答案，在日记中写道：大学是我起步的地方，省城是我惦念的地方，北大荒是我实现抱负的地方，红兴隆是我走向成功的地方。坚持，坚持，一定要坚持，成功就在明天。

郭晶没有过多的语言，每天就是一身迷彩服安静地工作在大棚中，试种引进了3个葡萄新品种、4个菜瓜新品种，2个青椒新品种。为了验证产品优良的品质，她骑着自行车将菜拉到市场试卖。曾遭受到客户白眼和冷言冷语，曾连人带车和菜掉进2米深路边沟，曾被大雨浇在旷野上……无论怎样，她从没有动摇过信念，总是暗自劝慰自己“坚持住就能成功。”

一年多的艰辛付出，让她有了回报。新品种产量高、品质优、效益好，一亩地效益超过3万元。在她的带动下，全场蔬菜大棚由600多栋发展到1340栋，成立了“双鸭山果蔬生产协作体”，销售半径540公里，亩效益均超过2万元。

面对着成功，她很坦然，说：“我是北大荒人，就得有股子劲儿，敢拼才会赢！”

因为是北大荒人，就要为红兴隆鼓足拼劲。南京农业大学“七君子”“矢志不移守边疆”育种专家梁甲农夫妇、全国劳动模范北大荒“杏王”白琳、“钢铁医生”全国“五一劳动奖章”获利者刘永林、“石砬山新愚公”全国劳动模范胡国静、“全国农业劳动模范”“龙江工匠”陈国建……他们都是为北大荒发展奉献青春和智慧的，传承弘扬北大荒精神，为辉煌未来与时俱进、奋力开拓。

在世纪列车里，我不断地搜寻着一个个美丽瞬间，心灵被一次次震撼，有这样一块光荣的大地和英雄的人们，北大荒必将辉耀五洲。

在红兴隆历史沿革中，我读懂了北大荒精神，领悟了“神奇北大荒、魅力红兴隆”的真谛。

从“巨浪”到“牧场”

北大荒农垦集团巨浪牧场有限公司　张帝龙

我家门前有两棵树，一棵是榆树，另一棵也是榆树。

听母亲说，这两棵树是祖父当年来北大荒开荒时栽下的，它们都已过了花甲之年，而它们的生日与巨浪牧场建场是同一天。这两棵树见证了祖父那一代人艰苦奋斗、勇于开拓、顾全大局、无私奉献的历史，见证了他们不远千里来到北大荒这块不毛之地，发扬南泥湾精神，创造出北大荒精神，更亲眼见证了三代农垦人在巨浪牧场的开发、建设中家国情怀的传承。

1958年，在国家开发北大荒的号召下，我的祖父瞒着家人，从山东茌平来到黑龙江，以一名普通垦荒职工的身份，投身到农垦开发大潮中。

那时的巨浪牧场，一眼望去，万亩芦苇荡，满眼是荒凉。随着劲风掠过，苇絮摇曳，此起彼伏，如滔天巨浪般蔚为壮观，因此得名“巨浪”。实际上，巨浪并没有“浪”，连个像样的湖泊都没有，而与它交错环抱的扎龙湿地，除了野兽横行，并没有带来太多的福利。

祖父和他的战友们要想在这种草原、沼泽遍布，狍子、野狼等上百种野兽出没之地扎根、建设，谈何容易？首先要解决的就是吃住问题。面对茫茫荒原，他们毫无惧色，肩扛铁锹、手把镰刀，撸起袖子，说干就干，嘴里唱着《青年垦荒队队歌》，一头扎进“巨浪”中。

他们用茅草和木杆搭起了第一批马架子窝棚，虽然比风餐露宿好了很多，但飓风一过还是得重新组搭。吃的是大饼子、大碴子、大咸菜疙瘩，嘎嘣嘎嘣地硬啃。由于此地土壤偏盐碱，少有的地表水也都是又苦又涩又咸，他们就在窝棚附近挖了许多口“水井”，烧开了喝一口，嘴里咸滋滋的，即便如此，垦荒队员们也是很满足了。唯一美中不足的是，这些“水井”常被附近小动物“邻居”光顾，隔三岔五就会从井里打上来一些癞蛤蟆、泥鳅之类的，引得女同志们一阵阵地尖叫，一时间，此起彼伏的尖叫声，竟也成了垦荒队员们艰苦生活中的一道风景。可是时间久了，大家也都习惯了，尤其女队员们更是“巾帼不让须眉”，渴劲一上来，管你什么癞蛤蟆、泥鳅，随手把小动物扒拉出去，扤一舀子水，咕咚咕咚一干二净，照样喝得美滋滋。

祖父那一代人经历了新中国成立前的兵荒马乱，他们感恩遇到了好时代，他们有的是力气，一门心思要为国家开垦边疆，开荒种粮，让子孙后代再也不为吃不饱饭发愁。即便面对着做梦也不曾想到的零下40多摄氏度的严寒，全身裹成了粽子依然冻得睡不着觉，即便睡着了，第二天早晨全身都已冻僵，衣服上、被子上结满了冰霜，连上厕所都很困难。可是，即便如此，乐观、豁达、朝气蓬勃的垦荒队员们依旧信心满满、干劲十足，挺过了寒冬，继续打水井、盖房子、开荒种地，忙得热火朝天。

如果说北大荒的冬天零下40多摄氏度酷寒难耐，那么北大荒的夏天也足够让你终生难忘。黄豆大小的苍蝇、蚊子时刻围着你打转，每天都会叮得你浑身是包、咬得你到处痒痒。那龙眼大小的牛虻，在这里俗称“瞎虻”，因为它飞翔时带着嗡嗡声，又快又急，好像乱飞一样，但是下起口来异常狠毒，他们专门吸食人畜的鲜血，被它叮咬过的地方，立即鼓起很大的脓包，就连强壮的牛马被它叮了都会血迹斑斑落荒而逃，可以想象，被它叮咬的人是何等凄惨。而它们最适宜繁殖的地方正是沼泽地、苇塘，恰好巨浪牧场全都有。

恶劣的环境，使垦荒队员们饱受其苦，可是天生乐观的他们怎会就此屈服？正如那首《青年们，向荒地进军》的歌里唱得一样：不能让荒地长野草，不能让荒地睡大觉。有一千条困难就打破一千条，有一万条困难就打破一万条。一定要让它生长出粮食来，用我们的双手创造出幸福的生活……

也正是在这种环境下，祖父他们喊出了一个响亮的口号——向地球开战，向荒原要粮！志在巨浪干，定叫巨浪变！

1960年，巨浪牧场已初具规模，在原本茫茫荒原上建起了四个生产队。住的房子也从“马架子”换成了“干打垒”，大通铺也变成了6间1栋的“对面炕”“对面屋”。

所谓“对面炕”，就是一间房内砌两个大炕，南北两炕各住一户，中间用布帘隔开，每户使用面积大约10平方米，炕前只有不足一米的空地。而“对面屋”的条件就要更好一些了，东西两间房各住一户，厨房在屋子外面，属于两户共用，谁起得早谁先做饭，另一户一家老小只能眼巴巴地瞅着，这种厨房俗称“外屋地”。一直到20世纪90年代，因牧场城镇化改造，“对面屋”才彻底退出历史的舞台。

虽然“对面屋”的房子依旧狭窄矮小，依旧解决不了冬冷夏热的烦恼，而且每户只有不足一平方米的两扇三块玻璃小窗户，但至少已有了家的感觉，祖父对此已是心满意足。

这一年的3月21日，是祖父终生难忘的日子。经上级研究批准，确定这一天为巨浪牧场建场日，为了庆祝巨浪牧场这个“新生儿”的诞生，祖父在家门口种下了两棵榆树苗。邻居们开玩笑地说：这么小的树苗，得啥时候能长起来啊？只会埋头干活、不善于表达的祖父总是嘿嘿地一笑说：前人种树，后人乘凉嘛，不急，不急。

1960年是巨浪牧场这个“新生儿”来到世间的第一年，不巧的是，恰好赶上“三年困难时期”。全国都缺粮少米，巨浪牧场自然也不例外，虽然开荒得来的粮食勉强自给自足，但北大荒人与生俱来的家国情怀却不允许自己只扫门前雪，他们规定每人每天限制三两成品粮，吃不饱就挖野菜掺着康麸做成饼子充饥，而生产出来的优质米粮和乳制品，则源源不断地输送给受灾严重、没有粮食吃的地区，以北大荒人开拓进取、无私奉献的博大胸怀支援着全国各地。

也就在这一年，祖父因为聪明好学，喜欢研究，不管做什么，只要看一遍就能学会，所以被领导调到了粮食科。起初，他只负责加工豆油，后来加面的机器坏了，他帮着把机器修好，领导觉得他踏实可靠，又有技术，就让他去加工白面，兼职机器修理工。

那时，牧场种的小麦全部收到粮食科，祖父再把麦子加工成面粉。粮食科只有一套大型加面机，既要多打面，又要省着用，这可是技术活。祖父总能及时足量地加好面，又能合理利用机器，用他的话说：机器少出故障就是给集体省钱了。

祖父那一代人，心里装的是国家、是集体，眼里看到的都是工作，他们似乎从不吝惜自己的身体，付出再多都觉得远远不够。他每天都加班加点地工作，还时常替别人值班，有时候加班和替班连在一起，好几天都不回家。面对爱人的不理解，他总是说：“多干一点能咋地？毛主席的恩情俺一辈子都还不完！”

他的心里一直有份感恩，能成为一名光荣的工人，为国家建设贡献一份力，这是多么荣耀的事啊！

祖父只知埋头苦干，从没想过给自己家里改善点生活。邻居们见他家总是缺米少面，便好奇地问他："你守着粮仓，怎么自己家里还时常断炊呢？"他总是憨地一笑说："粮食是集体的，个人绝不能占集体一分钱便宜，宁可自己饿点、累点，也要保证集体的粮食足斤足两。"正是这种再朴实不过的初心，支撑着他走过了17个年头，在这17年里，集体的粮食总是足斤足两，一粒也不少，可是在不知不觉中，他的身体却累垮了。

1977年夏，他在工作的时候突然一头扎在地上，昏死过去。粮食科领导对祖父的病情非常关心，一再叮嘱只要能治好老张的病，什么药咱都可以买！可祖父听了却直摇头，他说："我就是一颗微不足道的螺丝钉，能为牧场建设尽一份力就知足了，不要为我浪费集体的钱，把那些钱用在刀刃上……"

谁也没想到，年仅45岁的他从住院到去世仅仅过了20多天。祖父的去世惊动了全场，他也成为巨浪牧场历史上第一位进行火葬的人。牧场在大礼堂为他开追悼会，前来送别的领导、群众有500多人，牧场场长亲自护送他的骨灰到墓地安葬。

祖父离开了，带着他对北大荒的眷恋，带着对巨浪牧场的不舍离开了，但他亲手种下的两棵榆树却留了下来。历经风雨沧桑、岁月洗礼，这两棵榆树早已长成三人环抱的参天大树。这两棵树亲眼见证了巨浪牧场从亘古荒原的苇塘"巨浪"变成今天现代化牧场，亲眼见证了人们从"马架子窝棚""干打垒""对面炕""对面屋"到起脊瓦房、砖房，再到如今的楼房、小别墅，亲眼见证了牧场职工从节衣缩食、吃不饱饭也要支援全国到牧场职工可以吃饱吃好吃出绿色健康，把"中国人的饭碗任何时候都要牢牢端在自己手上"作为自己的历史使命。

如今的巨浪牧场高楼林立、温泉入户，街道整洁，环境优雅。牧场的人民安居乐业，正在朝着生态园式牧场的目标共同努力奋斗着。清明时节，我在两棵榆树上挂上了写有祖父张广起名字的千纸鹤，让他知道他们当年的付出是值得的，他的心愿已经实现！

踏着前辈的足迹前行

北大荒农垦集团八五二农场有限公司 李阳

冬季的八五二农场，白雪皑皑，一片片白桦林银装素裹、亭亭玉立，不畏严寒、不惧风雪，即使身处这冰霜大地，却依旧可以从容地生长。踏着足迹走进她，会发现林中白桦有一种“我自横刀向天笑”的气魄，更有一种征服极寒的铮铮傲骨，好像在激励着一代代八五二人不畏艰难、奋勇前行。

八五二农场始建于1956年，是时任铁道兵司令员王震将军亲自选址开发建设规模最大的军垦农场，也是拉开完北垦荒第一犁序幕的农场。据统计，当时参加农场开发建设的专业官兵达11274人，是专业官兵参与开发建设人数最多的农场，不仅实现了亩投资最少，也是见效最快的农场。同时，八五二农场是黑龙江垦区唯一一个由三五九旅一部开发建设的农场，王震将军曾经率领这支部队在南泥湾开展了著名的大生产。在农场的开发建设过程中，他们继续发扬南泥湾的光荣传统，以“解放军面前没有困难”的钢铁意志，艰苦创业、顽强拼搏，为开发建设八五二农场做出了杰出的贡献。自此，南泥湾精神在这片黑土地上生根、发芽，“传承南泥湾薪火、演绎白桦林神奇”已俨然成为农场人奋勇前行的不竭动力。

自开发伊始，八五二农场就拥有了红色的基因，被深深地打上了军人的烙印，开发建设农场的大军中，红军战士走在最前边，转业官兵随后而来，支边青年、山东移民、知识青年紧跟垦荒的旗帜纷纷来到农场，加入开发建设北大荒的大军，转战完北垦荒前线，带着中原的尘土，在北大荒建设新的家园……拓荒者们艰苦创业、团结奋斗，完成了一件又一件使命，创造了一个又一个奇迹。如今，踏着拓荒者们的足迹，一代又一代八五二人不仅继续继承和发扬着“艰苦奋斗、勇于开拓、顾全大局、无私奉献”的北大荒精神，更赋予了“无畏坚守、无私奉献”的新内涵，正以时不我待、只争朝夕的紧迫感和使命感，不忘初心、牢记使命，共同奋进在前行的道路上。

使命在肩，越是艰险越向前

风雨兼程，八五二农场从建场以来已经走过了六十五个春秋，回首六十五年来，仿佛初探荒原、打通虎宝线、建场典礼、为建国十周年献礼……这一个个农场的重大事件和光荣历史就在眼前。

1956年3月12日，漫天飞雪。黄振荣师长带着计划员甄科、生产股长李海法、通讯员张寿泉，背着干粮、枪弹和地图，与向导一起向茫茫荒原进军了。

距宝清县城东门五公里的万金山区公所是进入“完北荒原”的大门。在这东西南北千里范围内都是大片沉睡的荒原。午后到了一片较高的岗地，看到一道道被积雪掩盖的小土包。黄师长对照地图，认出这是当年曾被开拓团插足的“老三号”。这里是计划中的新场部的位置。黄振荣高兴地用红蓝铅笔在地图的预定位置上画了个大红星，写上三个鲜红的大字“曙光镇”。总场部位置确定了，黄振荣师长又在白雪皑皑的荒原上继续踏查了7天。

初探荒原，黄振荣师长摸清了完达山北麓有三百多万亩可垦的土地。他立即拟写电文向王震司令员报告，请求大军北上。一场以铁道兵官兵为主体的征服“完北荒原”的战斗就此打响了。

1956年4月上旬，先头部队开进完达山北，进入了荒原。随着解冻期的到来，小清河、挠力河、大酱缸、中间的蛤蟆通河及大、小索伦河相继开化，数十条水线上下一齐流，把荒地块块隔开，通往宝清县城的雪道冰路，霎时变成泽国水道。战士们肩抬手扛，总算把部队日常必需的口粮、蔬菜运进了荒地。可是开荒建场的大批油料、物资、机械工具和主副食品都运不进来。

一天晚上，黄振荣师长召开了进军荒原后的第一次紧急会议，传达王震司令员来电。来电内容是“你们深入山北地区，行动迅速，意志坚定，很好。目前转建部队正在整装待命。大量机械已经集中完毕，即将向你们垦区进发。望务于5月10日前打通虎林至宝清直达公路（尤其抓住穿越完达山重点工程），以便迎接部队到来。祝你们胜利！”

随后，黄振荣师长又传达了虎林总场党委关于抢修虎宝线的全面部署和指示。

第二天，黄振荣师长带领十几个连队两千多名干部战士，在宝清至虎林120公里的一条长线上战斗。他们伐树、烧树根、铲草皮，将军岭下80名战士手拉四根大绳，拽着一个大锤，打下了千古荒原第一桥桩。仅用二十余天时间，修路大军以遇山开路、遇水架桥的胆识和勇气，修建桥涵46座，于1956年5月8日打通了垦荒大军的运输大动脉。

1956年6月1日，王震参加了在“老三号”举行的开荒典礼。27台拖拉机分成三组，每组9台，组成“前三角”“三三队形”，雄赳赳地布置在虎宝公路线上。机车行列对面的白杨树上，挂着一幅巨大的红布横批，上面写着“开荒典礼”四个大字。

在这激动人心的时刻到来之前，拖拉机手们趁会议还没有正式开始互相亲切地交谈着。这时，队伍里有人喊了一声：“我们的司令员来了！”

只见几辆小卧车沿着虎宝公路疾驰而来，车到会场跟前停住，第一个下车的正是大家熟悉的王震司令员，随后还有三位苏联专家、指挥部领导和新闻记者。王震司令员亲切地和拖拉机手们一一握手，笑容满面地对大家说：“同志们辛苦了！”大家把胸脯一挺，按部队的老习惯，响亮地回答：“为人民服务！”

王震司令员庄严地宣布：“中国人民解放军八五〇二部农场从今天正式成立”。破土仪式开始了，他检阅了拖拉机中队威武的阵容，登上了最前面一台拖拉机的履带上，回头望了一眼早已严阵以待的拖拉机手们，把大手一挥，庄严地宣布：“我命令你们，向荒原开战！”说完，弓身进了第一台车的驾驶室，与驾驶员谭广友说：“发动机车，前进！”谭广友脚踩离合器，加大油门，当胸一拉操纵杆，顺着王震司令员手指的方向，深耕了八五〇二部农场成立后的第一犁，同时也拉开了完北垦荒的序幕。

在开发建设初期，垦荒大军发扬了人民军队的光荣传统，继承和弘扬了南泥湾精神，并将南泥湾精神与社会主义垦荒事业相结合，总结出了“五边”建设方针（边开荒、边生产、边建设、边积累、边扩大），使农场建设取得了飞速发展。自建场到1957年底，不到一年半的时间，农场共计开荒45200公顷，建筑房屋13万平方米，平均亩开荒投资19.66元。在1957年全国农业水利工会代表大会上，被朱德副主席称赞为“全国投资最少的一个农场”。

1958年11月，匡汉球副场长经王震批准，奉命带领1000余人到“炮狩营”（完达山主峰一代森林的统称）采伐木材，支援首都十大建筑，为建国十周年献礼。在120多天的时间里，采伐官兵发挥艰苦奋斗、不畏艰难、勇往直前的精神，圆满完成了任务。

自1956年，王震将军报请中央军委批准，决定在黑龙江东部地区开创农垦事业，先后有老红军黄振荣、李桂莲、匡汉球、苟载堃、刘清海、何广文、付斌、李山福等八名老红军和一万余转业官兵来到农场，他们继续发扬在南泥湾的光荣传统，自力更生、艰苦创业，在亘古荒原上站住了脚跟，征服了荒原，建立了家园。也正是在南泥湾精神的影响下，八千余名支边青年、移民，一万余名知识青年全身心地投入到八五二农场的开发建设中，并为了农垦事业献了青春献终身，献了终身献子孙。

一代又一代的八五二人始终把使命扛在肩上，勇挑重担、勇担重任，不畏艰险、砥砺前行，在建设农场的伟大征程中形成了特有的“无畏坚守、无私奉献”精神，并向着更高的目标迈进。

坚守初心，冲锋在前显担当

半个多世纪以来，八五二农场历经风霜，发生了翻天覆地的变化，茫茫荒原、低矮的茅草房、泥泞的道路已不见踪影，如今呈现在我们眼前的是万亩大地号、崭新的农机装备区、高耸的楼房、宽阔的街道……但在这发展的背后，离不开每一位八五二人的辛勤与付出，更离不开像“北大荒的好儿女”杭州知青孙文珍、全国妇女建设社会主义积极分子“铁腰姑娘”孟庆芬、全国“三八”红旗集体八一女工班、全国新长征突击手“跑在时间前面的人”刘效政等一位位优秀典型人物的执着与坚守。正因为始终坚守初心使命，敢于担当作为，不断继承和发扬南泥湾的光荣传统，八五二农场才会在现代农业建设的道路上取得了一个又一个骄人的成绩，成为垦区农业现代化建设的排头兵。

1969年，年仅17岁的杭州知青孙文珍，响应毛主席“知识青年到农村去、到边疆去、到祖国最需要的地方去”的伟大号召，从美丽的西子湖畔来到了北大荒，来到了王震将军踏勘选址的八五二农场索伦河畔的五分场。那时，北大荒正处在开发建设初期，生活、工作条件十分艰苦，不少居民住的还是泥草房，集体宿舍也很简陋，衣、食、住、行条件与杭州有天地之差，但孙文珍说："艰苦环境能考验人、锻炼人、培养人的坚强意志，我要扎根在这里，工作在这里，无怨无悔！"

刚来时，五分场领导根据孙文珍的学识和特长，分配她去十二连当卫生员。十二连位于深山沟，北高南低，四面环山，几十户人家分散错落，只有她一个卫生员的卫生所既是工作场所，又是宿舍。面对这种情况，孙文珍格外坚强，她利用做卫生员工作与职工群众常接触的特点，很快和这里的父老乡亲攀上了"亲戚"、交上了朋友。虽然只有初中学历，但是她干一行、爱一行、专一行。1971年1月，来北大荒工作刚两年的孙文珍光荣地加入了中国共产党。1978年，分场领导派孙文珍去杭州红十字医院学习助产技术。一年后她以优异成绩完成学业，回到工作岗位。在她从事助产护士工作的10多年间，共做手术700多例、接生婴儿410多个，从未发生过一次医疗事故，连年被评为八五二农场、红兴隆管理局优秀共产党员、"三八"红旗手等。

老百姓的期待和信赖，更坚定了孙文珍在北大荒干一辈子的信心和决心。1980年，她和当地男青年陈立华恋爱结婚，一年后有了个男孩儿，取名陈杭。1984年前后，知青们有的上学、有的返城，当大家和她谈论起是去还是留的话题时，她总是毫不犹豫地说："这里的工作需要我，我是铁了心要扎根边疆！"孙文珍先后在五分场十二队、一队任卫生员，1979年调到分场卫生院工作，任妇产科助产护士。工作中，孙文珍把孕产妇当成自己的亲姐妹，全身心地做好助产、接产等工作。1982年冬天，五分场九队的一位产妇难产，因路上雪大车出不来，孙文珍一路步行走到孕妇家，成功地为她接产后，胎盘却迟迟下不来。时间就是生命，为避免孕妇流血过多出危险，孙文珍果断地用手剥离胎盘，成功保住了孕妇。在20世纪70—80年代，不但工作条件艰苦，交通条件也很差，下连队开展妇科病普查等工作时，孙文珍经常带着王庆芬身背10多斤重的仪器、药箱走着去、走着回……

多年的加班工作，让孙文珍积劳成疾，她一米六八的个头儿，体重只剩下34公斤。工作时，大家常看到孙文珍用手按左腹部，开始，大家还以为她犯胃病了，后来才知道她得了胰腺癌。1987年的除夕夜，她一晚上接生了两个婴儿，这已是她当助产士后在产房度过的第五个除夕夜了。为了坚持工作，她有时头上扎着银针还在接生现场。到了1988年，无情的病痛折磨使她几次昏倒在工作台前，卫生院领导决定送她去杭州市医院接受治疗。治疗期间，她人在杭州可心却在北大荒，多次写信、打长途电话了解询问她所熟悉的产妇、育龄妇女姐妹的情况。

在北大荒工作的20多年，孙文珍积累了丰富的助产临床经验，住院的病床头堆满了她多年的工作日记和助产临床医疗书籍，她在与病魔抗争，与死神争分夺秒。1989年3月，北大荒冰凌花盛开的时候，北大荒的好女儿、年仅39岁的助产师孙文珍那颗火热的心脏停止了跳动。

按照孙文珍“我爱北大荒，我爱黑土地，我活着要献身北大荒的开发建设事业，我死后要埋在北大荒，魂归北大荒”的遗愿，她的骨灰从杭州市运回北大荒，安葬在她最初的工作地点——八五二农场五分场十二连，大家俗称“南山”。安葬的当天，农场、分场千百名干部群众不约而同地前来为这位情系北大荒、一心为百姓的杭州知青送行，分场领导的悼词没念上几句，便声泪俱下。老人们哭了，学生们哭了，抱着孩子的妇女们哭了，她们怀里的孩子也跟着“哇哇”地哭了起来。

为了追忆孙文珍，时任五分场党委书记的吴振光安排有关人员，把孙文珍的事迹写成剧本，编成文艺节目演出。各大媒体新闻记者也慕名前来采访，孙文珍的事迹在黑龙江人民广播电台、中央人民广播电台先后播出，感动了千千万万的人。

没有比人更高的山，没有比脚更长的路。新一代的八五二人正乘着农垦改革的东风，沿着老一辈的足迹，不忘初心、牢记使命，永不停歇、阔步前行！

前赴后继，薪火相传铸辉煌

时光荏苒，王震将军点燃北大荒第一把荒火的八五二农场，如今已获得了9次全国粮食生产先进场、30次垦区高产创建第一名的辉煌成就。这是一代又一代八五二人继承和弘扬南泥湾精神，以当好维护国家粮食安全压舱石为己任，不断前赴后继，如燃烧的火炬薪火相传而取得的成绩。

如今，中国特色社会主义进入了新时代。站在新的起点上，我们要用新思想引领新时代，担起新使命开启新征程，但我们不能忘记来时的路，更不能忘记那些为八五二农场开发建设和经济社会发展辛勤付出和甘于奉献的人们。“全国自强模范”北大荒的“张海迪”马才锐、“全国五一劳动奖章”获得者何强、全省优秀志愿者李士震、省级“优秀共产党员”裴林枝等一批优秀代表人物，正在用实际行动接过第一代北大荒人手中的接力棒，不断引领着第二代和第三代北大荒人永不止步地向前奔跑，奋力开创美好的明天。

1963年出生的裴林枝，是土生土长的北大荒的第二代。在参加工作的35年里，他都兢兢业业地做好每件具体小事。2010年10月，他被任命为场直管理区主任后，依然朴实无华，勤勉不改初衷。由于工作中裴林枝一贯严谨细致、求真务实，赢得了领导和群众的认可，他先后被农场党委授予“优秀共产党员”，被管理局授予“劳动模范”荣誉称号。他所带领的团队——场直管理区，多次被评为农场级“先进基层党组织”等荣誉，被管理局授予“劳动模范集体”和“社会治安综合治理工作先进单位”荣誉称号，2012年被黑龙江省社区建设领导小组授予“全省企业社区建设工作示范社区”荣誉称号。

2013年4月18日，为了要给新买的6台环卫车落户、上保险，他为农场节省点开支，早上五点半他就带着管理区保安罗安辉和南林小区主任郭家军驱车前往双鸭山。在出发的路上，看见物资小区街路不干净，他又连打了3次电话，督促相关人员加强管理。两个多小时的车程，8点钟到达双鸭山国税局时，刚好上班。办完了手续后，来到了宝清县已经是中午12点了。他们在一家小餐馆简单吃了点饭，水还没喝完，裴林枝就急三火四地催促：“赶紧吧，单位还有不少事呢！”离下午上班时间还差20多分钟，裴林枝一身疲乏地返回了办公室。本该歇歇的他有两件事放不下：一是一个老上访户总是不稳定，几次做工作都收效甚微；二是一个灵活就业人员，不知何因，错过了补办养老保险的机会。于是，他把相关的负责同志找来，商量这两件事。正谈的过程中，裴林枝感觉头痛，送到农场医院一检查，是小脑脑干大量出血，需紧急转院。转院的路上，裴林枝血压急速下降，下午3点20分，50岁的裴林枝永远闭上了眼睛。

在追悼会上，农场领导、机关和社区干部及裴林枝的生前好友都来了，其中还有一些老上访户。环卫工人们则自发组成送行的队伍，默默伫立在9里路旁。路两旁纯洁素雅的白桦林，像一列列肃穆的追悼者摇着低垂的树冠随风低泣。随着一声声“裴主任，一路走好！”的哭喊，人们目送灵车里安详的好人渐渐地离去，像是在送行一位远足的至亲……

作为一名共产党员，裴林枝是普通的，他既没有气壮山河的豪言壮语，也没有惊天动地的英雄事迹，只是用实际行动履行着一名普通共产党员的职责，用意志和信念走完了他平凡的一生。裴林枝用无声的誓言践行了自己心中朴素无华的信念：只要勤政为民、爱岗敬业、凡事务实、廉洁奉公，忠实践行党的群众路线，就能够得到人民的拥戴，就能成就一名普通共产党员可歌可泣的一生！

在八五二农场开发建设和经济社会发展的进程中，还有“白桦林中的四小英雄”等许多许多感人至深的故事和值得传颂的业绩。一代又一代的八五二儿女前赴后继、薪火相传，继承和弘扬长征精神、南泥湾精神和白求恩精神，守初心、担使命，用实际行动诠释了“艰苦奋斗、勇于开拓、顾全大局、无私奉献”的北大荒精神，同心聚力、共筑了八五二农场今日的辉煌。

雄关漫道真如铁，而今迈步从头越。在农场企业化改革的关键时期，勤劳质朴的八五二人也必将踏着老一辈的足迹，同心同德，只争朝夕，奋勇拼搏，传承南泥湾薪火、演绎白桦林神奇，奋力续写新时代发展新篇章。

沿着农建四师的脚步砥砺前行

江苏省淮海农场有限公司　陆军

来过江苏农垦淮海农场淮海公园的朋友，一定会对公园内以军垦传统文化为主题的“奋”“奉”“创”三个金色大字印象深刻。这三个字其实就是江苏农垦“艰苦奋斗、勇于奉献、开拓创新”精神的精髓。而江苏农垦精神最初则是从农建四师“艰苦奋斗、不怕困难、团结奋进、无私奉献”的精神中提炼并发展起来的，淮海公园的设计者把江苏农垦精神每句话的第三个字加以凸显，从中可以看出设计者的独具匠心，也在无形中宣传了江苏农垦精神和农垦文化。

2019年7月4日，江苏农垦集团公司党委中心组成员、机关副处级以上干部和驻宁企业领导班子成员共计80多人齐聚淮海农场，在开展“不忘初心、牢记使命”主题教育活动中，特地来到淮海公园实境体验红色军垦文化。淮海农场有限公司有关领导在“奋”“奉”“创”景点前，向大家阐述了苏垦精神博大精深的内涵。

“奋”字的基本释义是“鼓起劲来”，是“振翅高飞、不贪恋田间终日饱食”的意思。从字形上看，“奋”字又是由“大”和“田”组成，隐喻着江苏农垦的田多，面积大，垦区有18个农场公司183万亩土地，在广袤的大地上凭着艰苦奋斗精神，为江苏农垦振翅高飞奠定了基础。“大”字由一个“人”字和一个“一”字组成，“一”就是代表着军垦人在淮海垦荒初期担在肩头的扁担，人担上担子，用力去挑，心中才有责任和担当，才能立足大田干事创业。

“奉”的基本释义是“献给”。上半部分由“人”加三横组成，“三”字在古汉语中有“多”的意思，“多”也有“无穷无尽”之意，我们仅从字面上理解是人多的意思；“奉”字的下半部分是由出了头的“土”字组成，隐喻当年农建四师万名官兵响应军委主席毛泽东“农业建设、生产待命”的号召，来到黄海之滨这块盐碱遍布、杂草丛生的滩涂，通过勇于奉献，已经在这块土地上扎下了根，立下了足。同时“奉”字的下半部分又是出了头的“干”字，隐喻着只有我们脚踏实地，齐心协力，才能“干”出头，回应垦区人民对美好生活的新期待。

“创”字的基本含义是“开始，开始做”，同时也有“伤”的意思。“创”字由“仓”和“刂”组成，“仓”字说明江苏农垦是一个在关键时期保得住、供得上的国家“大粮仓”；“刂”字像一把刀刃向内的刀，象征刀刃向内、刮骨疗毒的勇气，这样的江苏农垦才能轻装上阵，才能在发展路上行稳致远。

一尊雕塑，垒起红色传统的记忆

在淮海农场中心的创业路上，耸立着一座江苏省政府设立的“农建四师纪念碑”。这座纪念碑对已经94岁的胡铁成来说，就是永远伫立在心头的一座丰碑，他经常佩戴好建场纪念章，开着电动轮椅车来到这座碑下，凝视许久，然后依依不舍地离去。

“我最喜欢仰望这尊雕像，他就是我们农四师全体指战员屯垦戍边的化身。背靠芦苇，说明我们是来到这片荒草滩上开垦的；肩上，背着枪，代表我们是解放军战士，要听从召唤、保卫国防；一手举着锹就是说我们来这里的任务是开垦办农场；一手指着地，就是说我们要在这里扎根不走了、下定决心来改变这片土地。”刚刚故去的96岁抗站老兵董太成，生前经常会在儿女的陪同下，拄着拐杖来到这里瞻仰雕像。董太成是淮海农场学校传统教育课堂的常客，老人讲述着军垦精神和农场发展变化，回忆着曾经抗击日寇和建场时的战斗岁月，新旧社会的对比中，让孩子们感悟当今生活的美好和来之不易。

1991年，为纪念淮海农场建场40周年，纪念农建四师的历史功勋，并以此教育后代，发扬光大军垦精神，当时的江苏省农垦农工商联合总公司特邀原农建四师徐方恒、蔡秋明、左如桂等11位老同志座谈讨论纪念活动事宜，大家一致建议省农垦农工商联合总公司呈请江苏省人民政府、江苏省军区批准筹建“农建四师纪念碑”。

1991年5月8日，省农垦农工商联合总公司给江苏省人民政府关于筹建农建四师纪念碑的请示中说：“一〇二师前身部队为解放苏北，坚持战斗是有历史功绩的。1946年7月，国民党军队进犯苏北解放区，我第五军分区八十二团团长温逢山率部阻击，打响了著名的邵泊保卫战，重创敌军。此后，该部又为发展地方武装、掩护主力转移、补给主力部队，配合益林战役、淮海战役和解放上海作出了贡献。一〇二师改编为农业建设第四师，是毛主席发布的命令。当时正值抗美援朝取得了决定性胜利，我国大规模经济建设高潮即将到来之际，计划奔赴朝鲜战场的一〇二师奉命转业，这对部队参加地方建设，加强农业建设，具有历史的和现实的意义。陈毅、王震等老一辈革命家对农建四师在江苏办农场的事都给予了亲切的关心和支持。农建四师开创了江苏农垦事业和农垦精神。近万名指战员‘一人一把大锹一杆枪，一张半芦席一双手’，开发国土资源，先后创建了淮海、临海、宝应湖、三河、弶港等五个农场，并使之成为江苏农垦的重要粮食、副食品基地和盈利大户。更重要的是农建四师为全省及至全国农垦和农业战线培养、输送了大批骨干人才。”

1991年10月31日江苏省人民政府批复同意本着“庄重、节俭”的原则，在淮海农场筹建中国人民解放军农业建设第四师纪念碑，方案设计由省建设委员会组织审定。建碑占用土地要尽可能节省，并依法报批后使用。同年11月、12月又先后两次组织有关专家，对呈报的7个“农建四师纪念碑”的方案进行论证，并提出了修改意见，最后选择了南京长江大桥桥头堡设计者张祥水的方案。江苏省建设委员会最终在1992年2月15日给省农垦农工商联合总公司筹建农建四师纪念碑进行了批复。

后经省建设委员会组织审定，纪念碑的项目由大理石拼接而成，并请中共江苏省委原第一书记、江苏省军区原第一政委江渭清同志题词。纪念碑建于原农建四师师部门前的创业路上，成为展示淮海军垦形象的地标性景点。

一张命令，吹响屯垦戍边的号角

每当读到毛主席那句“‘将光荣的祖国经济建设任务赋予你们……当祖国需要召唤你们的时候，我将命令你们重新拿起战斗武器，捍卫祖国’的命令时，我们就感到肩负着国家使命，浑身有使不完的劲。”已经98岁高龄的老军垦叶崇山虽然眼中噙满泪水，但他依旧腰板挺直，激情澎湃。

“这个命令是我们陈列馆的镇馆之宝。当时军委主席毛泽东向全国31个师发布了‘农业建设，生产待命’的命令，如今留存在世的有这一份了，可以说十分珍贵。”每当有客人来到陈列馆参观时，解说员总是要把大家带到这份密封在玻璃柜内的命令前。2007年，中央电视台第七军事频道还特地到淮海农场拍摄了当年毛泽东主席签发的这份命令。

那时，抗美援朝已经取得决定性胜利，在我国的国民经济恢复已基本结束、大规模经济建设即将开始之际，为了裁减军备，减轻人民负担，毛泽东主席于1952年2月2日命令中国人民解放军31个师参加经济建设，其中，农业有15个师。此时，驻守在启东、海门等地江海防前线的中国人民解放军步兵第一〇二师，即奉毛主席命令改编为中国人民解放军农业建设第四师。

1952年4月20日，上午8点，一〇二师近万官兵正点到达海门县三厂镇广场结集，举行誓师大会。苏北军区副司令员常玉清，在师首长陪同下检阅部队后，代表人民革命军事委员会向全师指战员宣布毛泽东主席命令：“中国人民解放军步兵第一〇二师改编为农业建设第四师”。

副师长李桂莲从常玉清将军手中接过命令，并代表全体官兵表示“坚决服从、坚决执行、作好生产准备，向生产战线进军”的决心。

根据华东军区命令，师和各团番号均作改变。一〇二师所辖第三〇四、第三〇五、第三〇六团，依次命名为中国人民解放军农业建设第十、第十一、第十二团。

全师宣誓表示参加农业建设、生产待命的决心。并保证：一是不畏艰苦，不怕困难，学习工农红军与人民志愿军艰苦卓绝的克服困难的精神，学习王震将军部队边疆生产的勇敢勤劳精神，排除一切困难，开展生产建设；二是从头学起，迅速学会操作机械农具，很快锻炼成一支有熟练技术的生产突击队；三是通过辛勤劳动，创造人类美好的幸福，以战斗精神刻苦、勤劳地投入生产战线；四是切实遵守政府法令，服从政府机关领导，团结各种工作人员和技术人员，密切联系群众，顺利地开展生产建设工作；五是永远保持战斗队的荣誉，决不因转业而削弱战斗意志和武装观念。

大会开到11点，在《解放军进行曲》声中结束。师值训指挥员宣布“各团、师直各部带回驻地待命”。这时全师各部队纷纷高唱《三大纪律 八项注意》等革命歌曲，情绪高涨，斗志昂扬。

1952年4月22日凌晨，全体将士全副武装，沐浴着晨曦，挥戈北上。每一个战士身上携带一支步枪、50发子弹、4枚手榴弹、一只背包、一个水壶、一个挎包、一袋干粮，负重在20公斤左右，向苏北黄海之滨出发。海门县县长茅锡堂率党政机关、学校、团体和从四面八方赶来的数万群众，敲锣打鼓在路边欢送。

这次移师北上，行军近一个月，行程近千里，披星戴月、栉风沐雨，是给全体指战员一次很好的意志和体力的磨炼。南自盐城、北至八滩，在100余公里的战线上，在黄海之滨，苏北灌溉总渠两岸，在“一望无人家，咸水难靠牙”的茫茫草滩上，风餐露宿、屯垦戍边。

人解征衣马解鞍，一把大锹一杆枪。“没有房子自己盖，没有道路自己开，没有淡水开渠引，没有菜吃自己栽”，部队将士战胜了难以想象的困难，先后发起“突击开挖排水渠、抢盖笆墙草顶营房、统一规划开垦荒地”的建场“三大战役”。在第一战役胜利结束后，华东军区司令员陈毅元帅接到农建四师战役胜利的喜报后，高兴地称赞他们为“皇帝的气派（当家做主）、叫花子的干法（艰苦奋斗）”。之后他们兴修水利，开荒生产，建工厂、办学校、开商店、搞运输，揭开了江苏大规模开发国土资源的序幕。

由于这支英雄部队的前身在抗日战争、解放战争中屡建战功，其一部曾参加过震惊中外的淮海战役，所开辟的农场又处于淮河下游的黄海之滨，1953年4月20日，经华东军政委员会报请中央军委批准，农场被命名为“国营淮海农场”。

在农建四师陈列馆中，一幅李桂莲副师长接受毛泽东主席命令的照片十分显眼，这一历史镜头不但永远珍藏在农建四师陈列馆中，更永远定格在江苏农垦的发展史上。

一座场馆，蕴藏激情燃烧的岁月

农建四师陈列馆外观整体设计为多边形，酷似苏北地区常见的粮囤，寓意为经过几代人的艰苦努力，已把过去的盐碱滩和荒草地改造成今天的米粮仓；俯视陈列馆，好像一只摇篮，寓意淮海农场为“江苏农垦摇篮”。陈列馆主馆浓缩了三年农建四师时期“历经沧桑、屯垦戍边”的历史，主厅前方三位屯垦戍边军垦战士为主体的雕塑和嵌刻在墙上的毛泽东主席命令相映生辉，令参观者肃然起敬。序厅部分采用红五星穹顶、圆形围合，气势雄浑而壮观。展示出农建四师历史渊源和奉命改编后挥师北上、入驻荒滩，开始波澜壮阔开荒建场的伟大壮举，以及历经艰难险阻，终于在茫茫荒滩碱地上立住足、扎下根，建成了初具雏形的大型国营机械化农场的艰苦历程。

“这是一张农建四师建场初期司令部领导的合影，岳父生前特地把我喊到身边，说一定要把这张照片交到农场。今天我特地前来把这张珍贵的照片交给你们，了却老人临终前的一个心愿。”2016年8月31日下午，一名叫袁淮的客人，将他岳父徐智良托交的照片转送到农建四师陈列馆。他说：“岳父是农建四师司令部的一名办公室主任，离休前原是江苏省一位副厅级干部。去世前2个月，我去医院探望时，岳父特地从枕头下摸出一只没有封口的塑料袋，颤颤巍巍地掏出由发黄报纸包裹着的照片，要我‘一定要将这张照片送到淮海农场，因为这是一份珍贵的历史照片。’”

农建四师陈列馆2010年7月开馆，馆中珍藏着许多健在或故去的农建四师老军垦捐献的像章、用具、照片、账册等物品，其中仅列展出来的照片、实物、像章、账册等就接近千件……而每一件展品的背后，往往就有一个生动的故事。

功臣模范“江大锹”一锹能挖100斤，“仇大筐”一担能挑400斤的对决场景，以雕塑和视频的形式展现在陈列馆内，让榜样的力量更好地传承。数千名老兵一辈子献身农垦，他们的二代、三代选择扎根农垦，义无反顾地接过先辈们为之奋斗的事业，使农垦事业薪火相继、军垦精神代代相传。正是一代一代苏垦人近70年的前赴后继，才使农垦走出荒滩，走向繁荣。

2018年9月20日，淮海在江苏农垦第二届文艺汇演大赛上推出展现建四师的军垦文化和江苏农垦发展历程的情景剧《奋斗的音符》，获得了原创类作品一等奖、语文类表演二等奖。2021年6月28日，情景剧《奋斗的音符》作为第二篇章“国企奋斗”开篇节目，第10次走上舞台，在江苏省国资委庆祝中国共产党成立100周年“江苏国企 永远跟党走”文艺汇演中，展示了江苏农垦人一如既往初心不改，敬业、奉献的精神，为观众献上了一场精彩纷呈的视觉盛宴，淮海获得了本次文艺汇演的优秀组织奖和优秀作品奖。

2019年12月10日，淮海农场“军垦文化”获评江苏农垦特色子文化品牌。为再现农建四师在黄海滩涂上那激情澎湃的岁月，农场围绕主题，以历史画面回顾和健在老军垦回访录的形式，拍摄的专题片《一支英雄的部队》，当年获江苏农垦优秀专题片类一等奖。

2019年12月，农建四师暨淮海农场历史陈列馆二期工程开馆，“上下求索、曲折前行”和“开拓奋进、走向繁荣”等展区中，我们看到一批又一批农场继任者，在新的历史时期正按照先辈的足迹，传承好军垦精神，砥砺前行。

农建四师暨淮海农场历史陈列馆，虽然地处偏僻的黄海之滨，苏北灌溉渠尾闸两岸，但已经被评为国家AAA级红色旅游景区，成为江苏省党员干部“实境课堂”、盐城市爱国主义教育基地、射阳县纪检监察干部教育基地，盐城市确立的射阳县党员干部廉政教育专线的节点之一。自开馆以来已经吸引了8万多人次的省内外游客参观。

农建四师是一支英雄的部队。军垦先辈们由内而外焕发出来的精神，就是军垦文化中最重要、最有力的故事。要让农建四师的那些光荣历史从陈列馆中走出来，成为可听、可看、可讲、可学、可传承，生动活泼具有激发人心力量的教育故事。

从农建四师演变而来的江苏农垦文化，已成为江苏农垦人的生命基因，在骨髓中植根，在脑海中烙印，在血脉中流淌，在心田中开花。薪火相传，历久弥新，过去、现在、将来都是推动江苏农垦事业不断前进、不断发展的不竭精神动力和力量源泉。

传承农垦精神
做新时代的"垦荒人"

甘肃省农垦集团有限公司　路新华

"花篮的花儿香，听我来唱一唱……"

每当《南泥湾》的旋律响起，我的思绪就会飘回到那个挥舞镢头、喊着号子、垦荒种地的火红岁月，回到那场轰轰烈烈的大生产运动……

抗日战争时期，为了战胜日本帝国主义和国民党反动派对陕甘宁革命根据地的军事包围和经济封锁，党中央提出了"发展经济、保障供给"的方针，毛泽东同志号召根据地军民自己动手，丰衣足食，开展大生产运动。1941年春，王震率领八路军三五九旅开赴南泥湾。短短三年时间，三五九旅就把荆棘遍野、荒无人烟的荒芜之地变成了"到处是庄稼，遍地是牛羊"的"陕北好江南"。大生产运动的开展，大大减轻了人民群众的负担，军民生活明显改善，党和人民群众的血肉联系得到进一步加强，并铸就了以"自力更生、艰苦奋斗"为核心的南泥湾精神。

南泥湾是新中国农垦事业的发祥地，也是农垦精神的摇篮。作为新中国农垦事业的重要组成部分，甘肃农垦应运而生。1953年，第一代甘肃农垦人在黄羊出没的腾格里沙漠边缘安营扎寨，手拉肩扛开垦出黄羊河农场。随后，在党中央和毛主席"开发大西北，向荒滩要粮"的号召下，一批批英雄的人民解放军复转官兵铸剑为犁，与来自全国各地的支边青年、知识分子和当地农民，汇聚成10万垦荒大军，挺进河西走廊、鏖战祁连山下、驻扎陇东山区。

革命理想高于天。甘肃农垦先辈们胸怀祖国，听党的话、跟党走，在亘古荒原、风沙线上，战严寒、斗酷暑，顶风沙、住地窝，喝碱水、啃窝头，战天斗地，开荒造田，兴修水利，开矿办厂，艰苦创业，建起了一个个国营农场和工矿企业。他们以“金戈铁马去、马革裹尸还”的决心，用一腔热血和汗水开启了甘肃农垦艰辛而伟大的创建历程。

曾记否，在兰新线玉门段建设的全国唯一的军垦车站至今还在发挥作用！

曾记否，800名兰州军区现役官兵在戈壁滩上挥汗如雨创建八一农场的故事！

曾记否，军垦战士在荒原开挖排灌渠的大会战画卷！

曾记否，万余军垦战士挑灯夜战援助国防工程建设的感人场面！

……

这些记忆虽是农垦历史长河中的点点滴滴，却是农垦精神最好的诠释。

为有牺牲多壮志，敢教日月换新天。60多年来，在党的领导下，一代又一代甘肃农垦人薪火相传，以舍我其谁的勇气和担当，完成了党和国家不同时期赋予的光荣使命，造就了一大批英雄模范人物。

一颗红心跟党走。老红军臧光辉出身贫困，幼年丧父，14岁参加工农红军后，经历了两万五千里长征，干过通讯员、军需员、班长、警卫副排长，多次受到嘉奖。光荣转业后积极投身农垦建设，大兴调查研究之风，两个月时间跑遍了农场角角落落，为农垦发展作出了贡献。他一生求真务实、克勤克俭，为人忠厚，一身正气，英名被刻入“川陕苏区将帅碑林”。

革命烈士席宗信，忠于党的教育事业，白天教孩子们读书识字，晚上掌灯批改作业，课余和休息时间带领学生参加开荒大会战。在劳动工具极度匮乏的条件下，他和师生们用手搬砖瓦、打土坯、抬石基，一天下来教书匠变成了“泥塑人”，累到腿疾发作血水染红了裤腿都不知痛。1969年7月30日，他的学生不慎滑入泥坝，不习水性的他将个人安危抛在脑后，毅然跳入坝坑将学生救起，最后因体力消耗过大，永远长眠于此，时年30岁。

天津知青田毅怀，揣着“志在边疆”的梦想，在14岁那年阔别热爱的校园，从渤海之滨来到河西走廊，扎根祁连山下、腾格里沙漠边缘，把青春和梦想都奉献给了农垦这片热土，成为千千万万知青的杰出代表。她的事迹曾入选小学语文课本，被誉为“戈壁红柳”。

全国劳模傅江海，中专毕业后投身农垦事业，1983年任饮马农场场长。他深化改革，积极发展加工业，带领全场干部职工在短短5年时间内就将农场扭亏盈利超百万元，迈入全国农垦先进行列。

像这样的英雄模范在甘肃农垦还有很多，他们在不同时期、不同岗位、不同领域发扬“艰苦奋斗、勇于开拓”的农垦精神，践行初心使命。农垦人像一株株红柳，在风沙前沿筑起了一道道生态屏障。

江山代有人才出，一代新人换旧人。一个时代有一个时代的事，一个时代有一个时代的人。60多年来，甘肃农垦人不忘初心、牢记使命，以永不言弃、勇往直前的干劲，接续奋斗。

“全国五一巾帼标兵”赵艳，学校毕业后加入农垦，从最底层干起。20年来，靠着爱钻研的韧劲和永不服输的敬业精神，深入项目施工现场，攻坚克难，完成了一项又一项艰巨任务，她和团队研发出一系列滴灌产品，获得多项自主知识产权，让亚盛亚美特公司成为国内生产中高端滴灌设备能力最强的企业之一。有一次，为了公司一个科研项目立项，怀有身孕的她愣是挺着大肚子在主管部门门口等了一上午，直到工作人员有了空闲，她才进去汇报。她的执着和敬业精神打动了工作人员，最终项目获得了省科技厅和国家科技部立项。天道酬勤。赵艳先后荣获中国水利学会大禹水利科学技术一等奖、甘肃省优秀青年人才、陇原青年创新人才、甘肃省五一巾帼标兵、全国五一巾帼标兵、甘肃省第二届工业设计大赛优秀奖、甘肃省工业优秀新产品二等奖等荣誉，连续5年被公司评为先进工作者、优秀共产党员。赵艳用辛勤的汗水绽放出绚丽的“巾帼之花”，留下新时代农垦女性的奋斗足迹。

甘肃省优秀专家牛育林，怀揣着“酿造中国特色葡萄酒”的信念，大学毕业后加入莫高葡萄酒厂。20多年来，扎根莫高酿芬芳，把时间、精力和智慧都凝聚到所钟爱的葡萄酒事业上，执着追求，默默奉献。在妻子和儿子的眼里，他脑子里只有葡萄树与葡萄酒。牛育林从奋斗中一路走来，从莫高葡萄酒厂化验员到厂长、总工程师，从甘肃省省级品酒员到中国酒业协会国家级葡萄酒评酒委员，从甘肃省葡萄酒产业协会葡萄种植与酿酒技术委员会秘书长到中国食品工业协会理事及专家委员会委员、国家葡萄酒产品质量监督检验中心专家委员会委员，从国家高级酿酒师到全国七个优秀酿酒师之一。在他的带领下，莫高技术中心先后被认定为市级企业技术中心、省级企业技术中心，成为甘肃省葡萄酒研发的重要基地，为产区葡萄酒技术研发发挥了技术支撑作用。牛育林入职莫高22年来，先后研发了黑比诺干红、冰酒、X.O、V.S.O.P、起泡酒等产品，丰富了莫高公司乃至产区、国内葡萄酒的产品类型，为公司开拓市场、树立品牌奠定了基础。其中莫高黑比诺干红、冰酒两类产品2005年被中国食品工业协会评为优秀新产品，同时被甘肃省经贸委、财政厅、食品工业协会三部门（协会）评为甘肃省第二届食品工业优秀新产品；他主持研发的莫高金爵士黑比诺获得2010年国际葡萄酒大赛金橡木桶奖，莫高X.O、莫高V.S.O.P填补省内无高档地产白兰地的空白，莫高XO荣获“2011年中国轻工精品展金奖”。在历年国内国际葡萄酒质量大赛中，莫高产品共获得金奖、银奖、优胜奖等30余项。头顶光环、面对诱惑，牛育林始终心怀感恩，他常说，没有莫高这个大平台就没有今天的他。如今，他仍然坚持在葡萄园、工厂车间、酒窖橡木桶旁。2020年，牛育林被评为甘肃省优秀专家。

甘肃省劳动模范黄旺洲，2016年大学毕业后入职甘肃农垦天牧乳业公司，发挥所学，承担了公司多项重大科技攻关项目。他在自己擅长的专业领域如鱼得水，不断成长为一名现代化牧场的“养牛人”。几年来，他始终以共产党员的标准要求自己，舍小家为大家，一直坚守在远离城市的戈壁滩上，潜心钻研奶牛养殖，脚踏实地推进牧场数字化管理体系建设，从一名初出茅庐的青年学子，逐步成长为天牧乳业高层次人才。2017年11月12日，黄旺洲放弃蜜月休假，告别新婚妻子投入生产一线。2019年，黄旺洲凭借过硬的专业技术和流利的英语水平争取到了赴美国参加俄亥俄州立大学国际农业交流项目的培训机会。在他出国的前1个月，正是妻子分娩的时刻，孩子出生后他来不及多看几眼，就毅然踏上了求学之路。那一年的春节，远在大洋彼岸的他和独自带孩子的妻子通过微信视频共度跨年夜。2019年底，由黄旺洲主持攻关的DHI实验室（奶牛生产性能测定实验室）正式通过全国畜牧总站专家组验收，成为甘肃省第一家同步开展检测和数据分析的DHI实验室，在服务于天牧乳业生产经营的同时，还可对省内其他牧场开展检测服务工作。截至目前，经黄旺洲研究使用的一些主要技术指标已达到行业较高水平，为公司建成西北地区最具影响力的现代化、规模化、标准化牧场奠定了坚实基础。2020年，黄旺洲被评为甘肃省劳动模范。

作为农垦青年一代的代表，他们已成长为农垦事业的中流砥柱，正在不同领域为建设幸福美好新农垦贡献着智慧和力量。他们用个人成长再次印证了“农垦天地，大有作为”。

奋进新时代，筑梦新征程。波澜壮阔的时代画卷已经绘就。甘肃农垦以习近平新时代中国特色社会主义思想为指导，深入学习贯彻党的十九大和十九届二中、三中、四中、五中全会精神，认真贯彻落实习近平总书记关于甘肃的系列重要讲话和指示精神，坚持党的领导，加强党的建设，准确把握新发展阶段，深入贯彻新发展理念，积极主动融入新发展格局，扛起农业高质量发展的大旗，牢记做强做优做大国有企业的使命担当，大力弘扬“三牛”精神，锚定打造一流现代农业集团的奋斗目标，深化改革，优化产业结构，全面提升企业治理体系和治理能力现代化水平，打造了全国唯一的特种药材基地，酿造出了久负盛名的莫高葡萄酒，啤酒花和商品苜蓿草规模全国最大，马铃薯、现代制种、果品蔬菜、乳品、牛羊肉等特色名牌产品在省内外备受青睐，不断丰富着人民群众的“菜篮子”和“米袋子”。甘肃农垦已发展成为总资产200亿元，控股亚盛、莫高、庄园3个上市企业，40多户农牧场和企业分布在全省10个市州、30个县市区，从业人员2.6万人的全省最大的现代农业企业集团。

如今的甘肃农垦，昔日的不毛之地变成了万顷良田，一座座现代化厂房拔地而起，屋前是花园、房后是田园，职工的生产生活发生了翻天覆地的变化，成为全省经济建设的一支不可或缺的重要力量！

质胜于华，行胜于言。在加快自身发展的同时，甘肃农垦不忘国企的政治责任和社会责任。积极参与抗震救灾、疫情防控、对接产业扶贫、助力“宕昌模式”、承担“甘味”品牌推广运营体系建设等工作。对口帮扶的6个贫困村实现整体脱贫摘帽，甘肃农垦集团被省委省政府评为脱贫攻坚先进集体，帮扶队员白科宗荣获脱贫攻坚先进个人称号。近年来，甘肃农垦每年为社会提供优质安全食品近150万吨，带动周边20多万农户和100余万亩基地发展，促进农民增收10亿元以上，有效发挥了全省农村经济发展和脱贫攻坚“助推器”、维护国家粮食安全“压舱石”的作用。

胸怀千秋伟业，恰是百年风华。甘肃农垦人始终牢记习近平总书记关于农垦改革“要以垦区集团化、农场企业化为主线，推动资产资源整合、产业优化升级，建设现代农业大基地、大企业、大产业，努力形成农业领域航母”的重要指示精神，胸怀“两个大局”，对“国之大者”做到心中有数，传承红色基因，做新时代的“垦荒人”，承担起新时代赋予的使命和责任，努力在产业链延伸和农业“芯片”科研攻关上下工夫，在高标准农业建设和主导产业种植基地上加大投入，藏粮于地、藏粮于技，早日把甘肃农垦打造成现代农业领域的航母。

“到处是庄稼，遍地是牛羊。”历史是最好的教科书，党史是最好的营养剂。新时代的农垦人将永远铭记初心和使命：让中国人的饭碗装满中国粮食！让中国人的饭碗牢牢地端在自己手中！

我和我的农垦

江西省农垦事业管理办公室　姚光胜　刘彦洋
江西省九江市庐山综合垦殖场　刘璐

一朝农垦人，一生农垦情。

我迎着和煦的东风走来，满面丰收的喜悦；我披着节日的盛装走来，满腔感恩的情怀。我们从赣垦大地上走来，带着大自然的馈赠，带着天地的初心，带着人与自然和谐的音符，迎丰收、晒小康、展风采，为党的百岁华诞献礼，为祖国新时代喝彩，为农垦全面小康点赞。

迎丰收，一枚绿叶映初心

我鼓鼓的行囊里珍藏着农垦各类佳茗，每一份佳茗都是一份农垦的乡愁；我满满的记忆中存储着农垦各色的馨香，每一抹馨香都是一抹自然的馈赠。

一杯农垦茶，意境优雅，意中有溪流，一滴水能感知农垦江河；境中有天地，一枚叶能彻悟农垦山川。当代农垦事业诞生于井冈山革命斗争时期，新中国农垦事业是伴随中国革命诞生的。王震将军有诗写道：“生在井冈山，长在南泥湾，转战数万里，屯垦在天山。”它勾画了我们党领导的农垦事业的历史脉络。农垦精神、南泥湾精神，与井冈山精神一脉相承，其实质是井冈山精神的农垦化。60多年的艰苦奋斗，江西农垦人从开发山区、建设山区到发展山区的历史进程，就是农垦践行生产、生活、生态“三生融合”发展的进程。农垦系统把“美丽农垦”作为可持续发展的最大本钱，护美绿水青山、做大金山银山，不断丰富发展经济和保护生态之间的辩证关系，做好显山露水的文章，在实践中将“绿水青山就是金山银山”化为生动的现实。人护绿水青山，茶行返璞归真，天人合一，共同谱写农垦绿色发展的文明史诗。

一口农垦茶，可以撩起一段记忆，味染一份心情，提升人生境界，颇具禅茶一味，如同五蕴齐来，看见的是农垦历史，听到的是农垦故事，感受的是农垦文化，展现的是农垦品牌，映托的是农垦初心，彰显的是“艰苦奋斗、勇于开拓”的农垦精神。弘扬农垦精神是对农垦历史的有力宣传。伟大精神铸就历史丰碑，纵观农垦历史，这是一部艰苦奋斗的革命史、勇于开拓的创业史、与时俱进的改革史、不断进取的创新史、走出去发展的开放史、绿色发展的文明史、先进文化的传播史，以及农垦人“献了青春献终生，献了终生献子孙”的奉献史。在这一历史进程中，每一个农场都有感人的故事，每一个时期都有精彩的篇章。弘扬农垦精神是对培育农垦文化的有力促进。加强文化引领，赋予垦区山水、产品文脉，向社会、向市场、向子孙讲好农垦故事、展示农垦风采、传递农垦正能量，得以体现“农垦气质”“农垦品质”“农垦味道”。弘扬农垦精神是对创建农垦品牌的有力推动。江西农垦的品牌建设，已有序融入并有效服务中国农垦品牌建设，展现出中国现代农业国家队、排头兵风范，彰显国有名牌、诚信王牌、质量品牌、绿色标牌、安全底牌、可追溯盾牌、文化招牌于一体的金字招牌特质。铸就这一品牌，令个体成为了农垦整体的缩影，侧面成为了农垦正面的延伸，角落成为了农垦中心的背景，独具平中见奇意悠远，淡里显味韵精深的不二特色。

晒小康，一腔赤诚担使命

1957年，江西五万多名党政机关干部、转业军人、知识青年，积极响应党的伟大号召，奔赴全省各地，开创了波澜壮阔、宏伟壮丽的农垦事业。如今，江西省农垦国民生产总值、工农业总产值、固定资产投资总额、出口商品总额等主要经济指标位居全国农垦第一方阵，改革综合考评、生态文明建设、社会保障统筹、垦区民生改善等多项综合指标排名全国农垦前列，成为全国农垦改革发展的一面旗帜和展示富裕美丽幸福现代化江西新画卷的重要窗口。

艰苦奋斗是最硬的作风。创建初期，农垦人在一穷二白的山区、丘陵、湖滨滩涂上，建立起了一个个对集体农业具有重要指导示范作用的国营综合垦殖场。1958年，江西农垦修建的简易公路达1500公里，相当于“一五”计划期间全省新修公路的总长度；1963年，江西农垦粮食总产量达到20700万斤，由1962年缺粮4149万斤转为上交国家商品粮1500万斤。“文化大革命”时期，面对经济遭受严重破坏的艰难局面，江西农垦干部职工顶住压力、顽强拼搏，实现了场办工业的快速发展。1978年，江西农垦场办工业企业由1965年的288个增加到581个，工业产值达到2.18亿元，占全省工业总产值的9.4%，成为全省工业经济的中流砥柱。如今，江西农垦已经扎根于全省77个县市区，成为区域经济发展的重要引擎与支撑。

1957年12月15日，江西省暨南昌市各界十万群众工作欢送
干部上山下乡参加生产劳动大会的一景

勇于开拓是最亮的底色。1957年，江西农垦在人烟稀少的荒山湖滨点燃“星星之火”，创造了“燎原全省”的辉煌。1978年，江西农垦敢为人先，大力兴办场办工业企业，创造了“工业经济”的辉煌。1984年，江西农垦率先发展开放型经济，出口创汇排名为全国农垦第三，创造了“对外贸易”的辉煌。1990年，江西农垦多业并举、全面发展，实现了十几个县的产值和利税增加，创造了“综合实力”的辉煌。2008年，江西农垦取得绿色食品总数进入全国前八、有机食品总数连续五年全国第一的佳绩，创造了“绿色有

机”的辉煌。2013年，江西农垦以危房改造引领新型城镇化建设，打造中国棚改·江西农垦样板，创造了“新型城镇化”的辉煌。2015年，江西农垦农产品质量追溯体系建设项目总数位居全国农垦第二，创造了“质量追溯”的辉煌等。

绿色发展是最强的声音。江西农垦坚持以“六大绿色生态”为引领，通过培植绿色主导产业、开发绿色主导产品、创建绿色主导品牌，“十二五”期末，在全国农垦系统的地位进一步巩固，工农业总产值、固定资产投资总额、油料总产量在全国农垦位居第六位，国民生产总值、棉花总产量排名第七位，猪肉产量排名第八位，粮食总产量排名第九位，展现了“小垦区大作为”的风采。随着人口向总部集中、产业向园区聚集、农业向现代化转变发展格局的优化，通过调结构、转方式、促升级，农垦主要经济指标实现了翻番式增长，产业结构更具竞争活力、发展方式更具质量效率。党的十八大以来，江西农垦迈出了改革发展新步伐，五年内，累计实现国民生产总值967亿元，实现工农业总产值3162亿元，完成固定资产投资1133亿元，上缴税金103亿元，提供商品粮262万吨、生猪419万头、水产品16万吨，成为江西农垦史上发展速度最为迅猛、发展质量最为高效、发展成果最为丰硕的五年。

改革创新是最美的旋律。20世纪60年代，江西农垦探索推行“样板+基地+科研+技术”的改革模式，取得了良好成效，被称为“高产的样板、良种的基地、科研的场所、技术的学校”，为推动全省农业科技进步、支持城市建设和工业发展作出了突出贡献，彰显出不可替代的“农垦地位”。20世纪80—90年代，江西农垦大力推进以市场为导向的体制改革，走出了一条农工商综合经营和贸工农一体化发展的路子，有效解决了传统计划经济体制下形成的运行体制与市场经济脱轨的问题，成为当时推进全省农业商品化、产业化进程的中坚力量，开创了万众瞩目的“农垦时代”。2010年，江西农垦全力实施以落实“一补两险”、剥离社会职能、化解企业债务为核心内容的综合改革，走出了一条以改革保增长、惠民生、促和谐的成功之路，形成了可借鉴、可复制、可推广的国企改革“农垦经验”。2015年以来，江西农垦积极组建区域性农垦集团公司，全面促进农场企业化进程，致力为全省农业供给侧结构性改革提供多样性、多元化的“农垦样本”。

兴垦富民是最大的情怀。农垦发展的过程便是民生改善的过程，农垦振兴的过程便是社会主义制度优越性展现的过程。迎小康，农垦“老有所养、病有所医、学有所教、住有所居、业有所从、困有所济、劳有所得”的阶段目标基本实现。通过实施危房改造、扶贫开发、公路建设等民生工程，江西农垦完成危房改造40余万户，100万民众搬入新居，13万职工群众实现脱贫，2235.1公里垦区公路全面建成。通过落实“一补两险”，全系统包括31万职工在内的参加各类社会养老保险的总人数达65万人，参加各类医疗保险的总人数达95万人。通过剥离企业办社会职能，全系统职工及其子女实现了平等接受教育、参加培训等权利。随着垦区园区景区城区建设一体化推进，通过不断延伸农业产业链、不断改善工作生活条件、不断强化绿色生态理念，绘就出“快乐农业”“幸福农工”“美丽农场”的江西农垦新画卷。“看得见青山，望得见绿水，记得住党的恩情”，成为江西农垦新型城镇化建设工作的最美注脚。

展风采，一生逐梦再启程

江西农垦的实践证明，农垦人“兴垦富民，再创辉煌”的雄心壮志是具体的，其本质是党的初心使命的农垦化，唯有真抓实干的拼搏才能实现。奋进新时代，农垦人必须加深对农垦改革发展战略意义的理解，深化对农垦特色优势的认识，聚焦谋求从更高层次贯彻落实习近平总书记对江西工作的重要要求，坚持不断地探索，不断地奋斗，不断地攻坚克难，有力有序推进中共中央、国务院《关于进一步推进农垦改革发展的意见》的有效落地，确保在共同富裕路上一个不掉队，在社会主义道路上一个也不能少。

提高政治站位，切实贯彻落实中央战略决策。党中央高度重视农垦事业发展，把深化农垦改革放在了巩固党的执政基础和社会主义基本经济制度的政治层面和战略高度，突出强调改革的主导方向是垦区集团化、农场企业化，其目的就是要形成有掌控力和影响力的国有农业企业“航母”。2015年11月，党中央、国务院印发《关于进一步推进农垦改革发展的意见》，明确指出：农垦是国有农业经济的骨干和代表，要坚持社会主义市场经济改革方向，以保障国家粮食安全和重要农产品有效供给为核心，以推进垦区集团化、农场企业化为主线，建设现代农业的大基地、大企业、大产业。为贯彻落实中央要求，2016年12月，江西省委、省政府出台《关于进一步推进农垦改革发展的实施意见》，明确提出积极探索资源变资产、资产变资本、资本变股本的有效路径，推动资源资产整合、产业优化升级，培育壮大一批在省内、国内具有竞争力的现代农垦企业集团。这两个文件既是新形势下全面深化江西省农垦改革的总纲领、总指南，又是新形势下加快推进农垦发展的总部署、总抓手。江西省农垦必须乘着中央、省委全面深化改革发展的春风，勇立改革潮头，甘当发展先锋，在垦区所盼、民心所向的共同期许中以“二次创业”的归零心态，以农垦为依托，着力打造全省乡村振兴平台和农业领域航母。

强化责任担当，切实引领乡村振兴战略实施。江西是农业大省，农业资源丰富，虽然部分省属企业投资农业板块形成了一定规模，但叫得响的农业品牌不多，且省级层面缺少一家农业国家队。自创建以来，农垦就是农业国家队的代名词，是现代农业建设的排头兵，是中国特色社会主义国有农业经济的骨干代表。谋求垦区集团化，不仅能够充分发挥农垦龙头引领带动作用，打破条块分割、各自为政的分散经营格局，而且能够从更高层面、更广领域、更大范围整合农业优质资源，实现优势互补、资源互通、产业互联，建成一批稳定可靠的主要农产品生产加工基地，形成较为完备的现代农业产业体系、生产体系和经营体系，成为江西实施乡村振兴战略和农业强省战略的坚实平台。

发挥农垦优势，切实服务改革发展稳定大局。江西农垦现有156家国营垦殖场（企业集团）、土地总面积1045万亩、综合经济实力在全国农垦排名第七。在市场已经成为资源配置决定性因素的今天，江西农垦具备的独特优势依然是应对百年未有之大变局、接受前所未有之挑战、经受史无前例之考验的坚不可摧的力量，依然是服务国家大局、承载国家使命、实施国家战略、夯实物资储备、保障粮食安全的牢不可破的基石。充分发挥农垦独特优势，对于江西全面履行国家使命，加快融入国家战略、积极夯实物资储备、切实保障粮食安全，具有不可替代的突出作用。

一是农垦国有属性优势。这是江西坚持和完善中国特色社会主义制度、推进国家治理体系和治理能力现代化的中坚力量和核心平台。

二是农垦国有土地优势。国有土地资源因为其完整性、集中性、纯洁性已经成为一种极为宝贵的“稀缺资源”，已然成为各类投资主体竞相追逐的

“香饽饽”，也自然成为江西省委省政府以农垦为主体致力打造省级乡村振兴平台和农业领域航母的重要王牌。

三是农垦精神文化优势。几代农垦人在长期开发建设农垦事业的过程中所表现出来的高度的政治觉悟、崇高的思想境界、奋发向上的精神风貌和无私奉献的核心价值观，凝结成为“艰苦奋斗、勇于开拓”的伟大农垦精神文化。这一精神文化是井冈山精神、长征精神、南泥湾精神的传承，是革命精神的结晶与时代精神的体现，是践行农业国家队责任担当、推动农垦事业发展壮大最基本、最深沉、最持久的力量，是可以在任何条件、任何环境下不为任何风险所惧、不为任何干扰所惑，坚定不移贯彻执行中共中央决策和省委、省政府部署的精神力量。

奋进新时代，争做追梦人。一枚绿叶映初心，映托出农垦人“兴垦富民、再创辉煌”共同的初心与使命。愿你我得此一片初心，在人世间宁静行走，用纯真和善良去聆听、去谱写、去改变，修身，且修心。以路为纸张，行作笔，情为浓墨，共同续写新时代“美丽江西 出彩农垦”新答卷。不忘初心，艰苦奋斗创造辉煌历史；牢记使命，勇于开拓绘就锦绣前程。

世界屋脊上的骆驼队

青海柴达木农垦莫河骆驼场有限公司　张存虎

1949年9月2日，距离新中国成立不到一个月时间，全国上下张灯结彩，一片喜庆节日气氛，就在这一天，全国各大报纸刊登了新华社社论《决不允许外国侵略者吞并中国的领土——西藏》。当时西藏尚未解放，西藏上层反动势力企图趁着国民党政权摇摇欲坠，解放军尚未进藏之时，寻找“外援”将西藏分裂出去。自1949年6月以来，为阻止解放军进藏，在英美等国的策划下，大量武器弹药被运进西藏，他们欲将西藏分裂出中国的图谋昭然若揭。毛泽东主席基于国内外形势的变化，提出了“进军西藏宜早不宜迟”的战略决策。

1950年1月，中共中央、中央军委指示西南局实施进军西藏任务。10月通过昌都战役，彻底击垮了西藏反动武装，和平解放西藏提上了日程。1951年4月29日，代表西藏地方政府的阿沛·阿旺晋美谈判代表团和代表中央人民政府的李维汉谈判代表团，通过20多轮、近一个月的协商，于5月23日在北京签署了《中央人民政府和西藏地方政府关于和平解放西藏办法的协议》。1951年5月25日毛泽东主席发布了进军西藏的训令，解放军由四川、青海、新疆、云南分四路向拉萨及西藏全域进驻。

首度进藏

青海进藏部队是西北解放军独立支队，由范明任司令员，慕生忠任政委，这是慕生忠同志第一次进藏，他同时担负着为十世班禅返藏探路的重任。独立支队当时组织了强大的后勤保障队伍，两万多牲畜、三四千名战士和驼工组成的队伍浩浩荡荡，于1951年8月上旬进藏。路上，历经千辛万苦，于12

月中旬到达拉萨，这也是莫河骆驼场老驼工们拉着骆驼第一次进藏。

独立支队经历重重艰难险阻终于胜利完成了探路和运输任务。据统计，这次进藏行程近2000公里，用了近四个月时间，总共运粮400万斤，数百名队员牺牲在进藏途中，队员每前行500米就有一头牲畜倒下。慕生忠得到一个结论：十世班禅决然不能沿此路进藏。

随军进藏的西北西藏工委一千多名干部和范明司令员、慕生忠政委一道，迅速完善了西藏的党组织，巩固了我们党对西藏的领导地位。

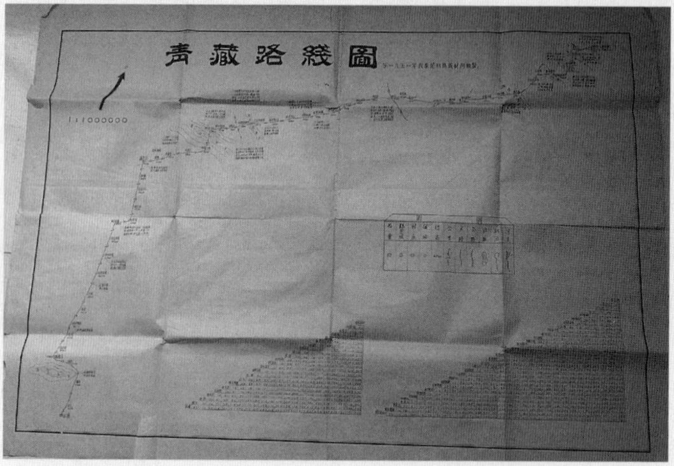

1951年独立支队进藏路线图

（国家一级文物，现陈列于莫河驼场革命历史陈列馆）

二度进藏

随着西藏和平解放，作为西藏灵魂人物的十世班禅要返回西藏。1951年年底，西北军政委员会副主席习仲勋同志专程从西安赶到西宁，他是代表毛主席和党中央给十世班禅送行。护送十世班禅进藏，也是莫河骆驼场的老驼工们二次进藏。

莫河老驼工们拉着骆驼于1952年1月中旬开拔，跋涉1502公里，于1952年4月28日抵达拉萨。护送驼队总计3万峰骆驼，90%以上的骆驼都倒在了进藏途中。

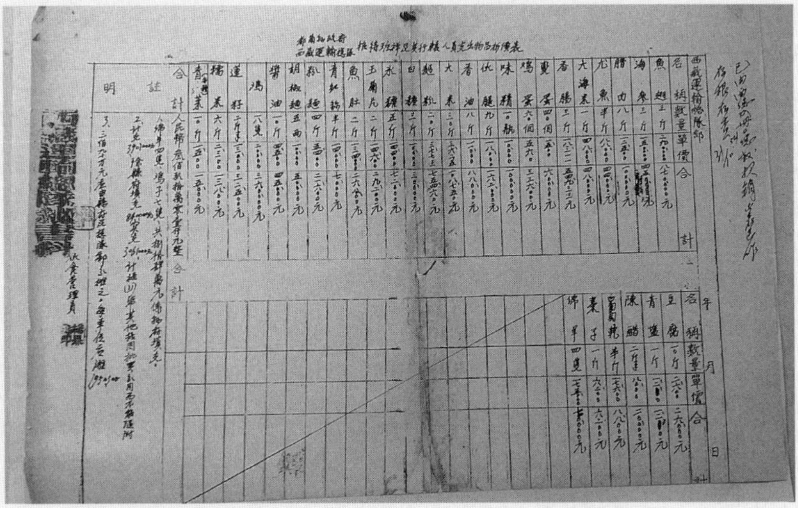

莫河骆驼场前身“西藏运输总队”接待十世班禅原始伙食清单

（国家二级文物，现陈列于莫河驼场革命历史陈列馆）

十世班禅返藏后，其固有地位和职权得以恢复，使中央政府的西藏和平解放政策落到了实处，西藏终于回到了祖国的怀抱。

三度进藏

截至1953年初，进驻拉萨的解放军战士和政府工作人员已达3万人，每天需要粮食4万5千斤。到1953年春天，粮食供应严重短缺，每人每天只有4两伙食，而且存粮不足1个月，解放军战士靠挖野菜充饥。同时西藏的反动势力还恶意地哄抬物价，想把解放军困死在拉萨。8斤牛粪1块银元，1斤食盐需要8块银元，1斤面粉需要1斤银子！形势危急，西藏向北京告急。中央命令西北军政委员会紧急成立了“西藏运输总队”，其实是2万8千峰骆驼组成的一个骆驼运输队。

“西藏运输总队”总队长为王宝珊、政委为慕生忠，副总队长为张子林（1955年初转制为国营青海省柴达木骆驼后担任首任场长）、副政委为任启明。

西藏运输总队副总队长张子林是陕西富平县人，解放前一直从事周恩来领导的地下革命工作，明面上担任国民政府老庙乡乡长，革命工作的单线联系人是习仲勋同志。1958年习仲勋同志在慕生忠的陪同下视察青藏线时专程到莫河驼场机关，慰问张子林老部下和驼工们。

“西藏运输总队”是一个正规编制单位，以当时的陆军标准配给，每一位驼工、每一峰骆驼都登记造册。运粮驼队自1953年11月13日陆续向西藏进发，徒步1438公里，仅仅用了54天时间，第一批近100万斤粮食突击运抵西藏那曲，然后由黑河分工委转运至拉萨。2万8千峰骆驼，回来不足2000余峰，其余全倒在了进藏途中。1954年初，侥幸活下来的驼工陆续返回到香日德，一个个瘦得没了人形，即便是这样，稍事休整后，西藏运输总队又组织了7000余峰骆驼二度进藏。

换算下来，相当于每运进西藏5袋面粉就要牺牲1峰骆驼；莫河的老驼工们每向前走500米，身后就要躺七八峰骆驼的尸体。

“西藏运输总队”运粮援藏，大大缓解了西藏的粮食供应紧张局面，稳定了西藏局势。

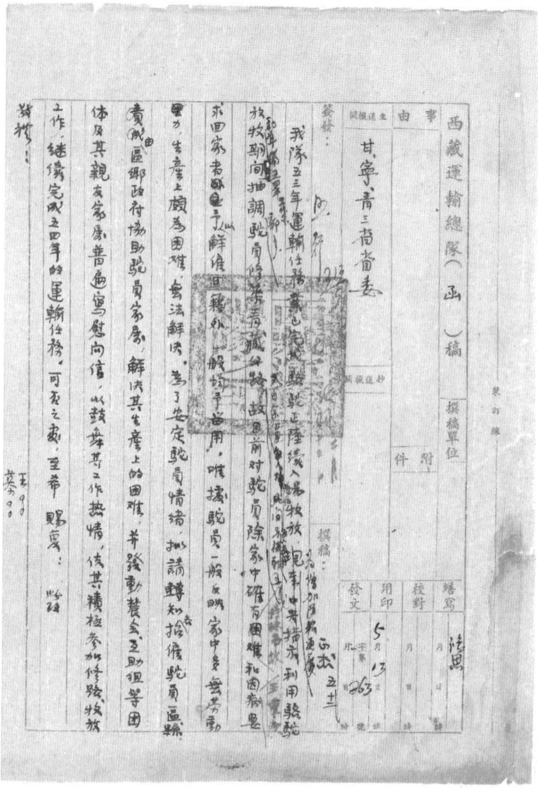
西藏運輸總隊（函）稿

甘、寧、青三省省委

西藏运输总队给甘宁青三省委函

（国家二级文物，现陈列于莫河驼场革命历史陈列馆）

修筑青藏公路

据当时官方统计，全中国总共也就20万峰骆驼，除了老弱病残孕以及幼驼，能够担当驮运的壮驼也就8万峰左右，三次进藏就倒下去了7万峰骆驼。“西藏运输总队”政委慕生忠给老首长彭德怀打报告：即便是全中国的骆驼死光，也无法保障西藏的后续粮食供给，但是经过实地探路，组织一千人用一年时间修筑一条青藏公路是可行的。报告递到中南海，通过周恩来总理、邓小平副总理的批复，修建青藏公路提上了日程。

1954年5月9日，慕生忠和任启明在格尔木将西藏运输总队调整下来的驼工和干部组编成一个精干的修路队伍，共24名干部、1200名驼工，编为6个工程队。1954年5月10日，筑路大军由格尔木出发，拉开了施工修筑青藏公路的大幕。11日，在距格尔木30公里处的昆仑山下的艾芨里沟，宣布青藏公路破土开工。

1954年12月15日下午2时，青藏公路抢通了全长1200公里的路段，总共用了7个月零4天的时间，创造了高原上快速筑路的奇迹。

青藏公路骨筑血染，她所呈现的是中华民族团结实干精神，她是一条彰显民族凝聚力、向心力和亲和力的进步之路。她打破了西藏不通公路的历史，促进了西藏人民和全国各族人民的大融合，促使西藏从奴隶制社会跨越到了社会主义社会。

1955年5月，西藏运输总队转制为国营青海省柴达木骆驼场，首任场长为张子林。

运输物资

1955年6月起，国营青海省柴达木骆驼场接收了西藏运输总队移交的7444峰骆驼，在号称“南昆仑、北祁连，山下瀚海八百里，八百里瀚海无人烟”的柴达木盆地，建立了共和国第一个国营驼场——柴达木骆驼总场。当时下设3个分场、3个骆驼中队，3个骆驼中队又分27个骆驼小队，分布在从东茶卡到西部阿拉尔、从北部大柴旦到南部香日德，方圆2000多平方公里的荒原戈壁滩上。

参考1964年当年数据：共1400余峰骆驼运输海南、香日德等地的粮、柴、盐等物资总量1470余万斤，约为37万余吨公里；300余驼、9000驼工日支援海西部分地区抗雪救灾工作；200峰驼、30000驼工日支援青海草原勘测工作；100余峰驼支援乌兰县各建设单位运输木料400立方米和800吨公里。

勘探开发

1955年初，国家大规模经济建设全面拉开帷幕，上千名地质队员被派进柴达木盆地，骆驼又成为中国西部远征探宝的唯一交通工具。大约4000峰骆驼又走向世代蛮荒的无人区，开始填写柴达木开拓史中的第一时代——骆驼时代！

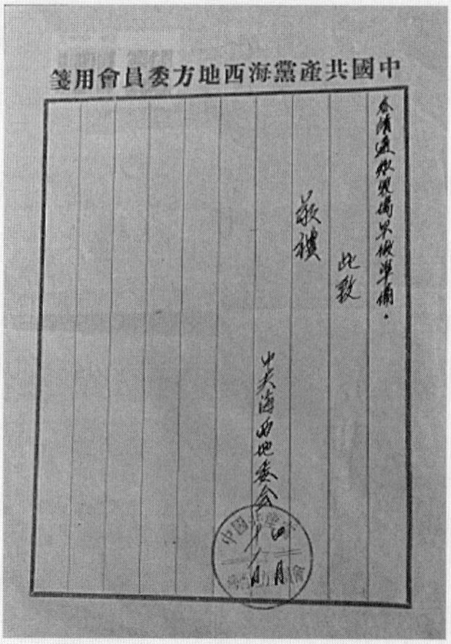
中國共産黨海西地方委員會用箋

各項盡快作好準備。

此致

敬禮

中共海西地委会

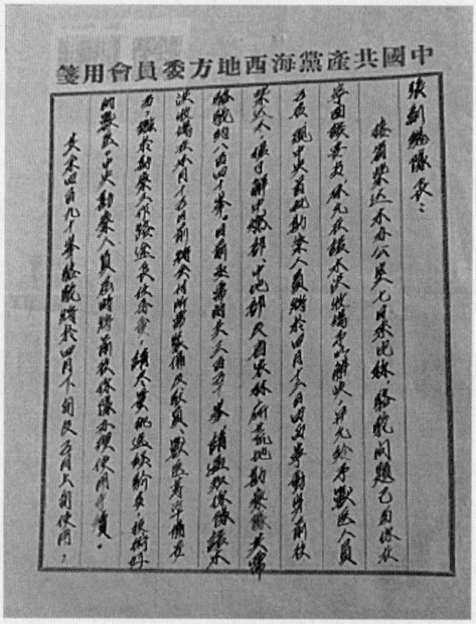
中國共産黨海西地方委員會用箋

中央首批勘察队

（中燃部、中地部及青海省农林所申请840峰骆驼信函）

开荒种地

1956年3月份，国营青海省柴达木骆驼场在莫河建立开发农业基地，到1957年，总场下设：哈拉尔羊场、大柴旦羊场、莫河农场、香日德驼一队、共和驼二队、茶卡驼三队。当时开荒种地单位有：哈拉尔羊场、总场蔬菜队、莫河农场。

在繁重运输的同时，全场职工干部全部投入莫河的开垦荒地开发当中。

1962年，每个莫河人平均为国家创利润18.8元。

1963年，增产红线急剧上升，平均每人创利润417.4元。

1964年，在驮运骤减的情况下，莫河人为国家创造利润的平均数仍然达到每人56元，当年数据如下：牲畜存栏为骆驼4163峰、牛494头、马229匹、绵山羊11814只、猪565头；毛肉产量为驼毛31265斤、羊毛32055斤、牛肉3900斤、羊肉47000斤、猪肉14490斤、驼肉18750斤、驼奶8250斤、酥油359斤、曲拉286斤、牛绒168斤、山羊绒107斤；各类作物为籽粒饲料110万斤以上、油料4.5万斤以上、洋芋46.2万斤。

精神永存

青海柴达木农垦莫河骆驼场走过了近70载的艰苦辉煌征程，三代驼工用他们的坚毅顽强和奉献精神践行使命，艰苦创业、爬冰卧雪、风餐露宿，为援藏固藏、修筑青藏公路、资源勘探开发、发展农垦经济作出了巨大贡献。在中国共产党的领导下，成就了一段世界屋脊的传奇与辉煌，孕育了永载史册的莫河驼工精神——一心向党，坚韧执着，团结奉献，与时俱进。

莫河驼工精神的核心就是对共产主义崇高信念的信仰和对中国革命和建设伟业必然成功的执着。这种内心的坚守，源于对未来美好前景的憧憬和笃定，是坚定理想信念、坚韧执着的最好注解，更是伟大奋斗精神的最佳诠释。

农垦精神及其实践特征

中国农垦经济发展中心　胡从九

所谓精神，是指一个群体共有的世界观和价值观。什么是农垦人的精神呢？农垦事业奠基人王震将军1986年在《当代中国的农垦事业》出版序言中概括的是“艰苦奋斗，勇于开拓”。农垦精神1991年正式被写入《国务院批转农业部关于进一步办好国营农场报告的通知》（国发〔1991〕42号）中。2015年再次被写入中共中央、国务院印发的《关于进一步推进农垦改革发展的意见》（中发〔2015〕33号），明确提出要“大力弘扬农垦精神，推进农垦文化建设，汇聚起推动农垦改革发展的强大精神力量”。

农垦精神是从若干垦区精神中高度浓缩、深度提炼而成的。垦区精神典型代表有“自力更生、艰苦创业、同心同德、团结奋斗”的南泥湾精神；“热爱祖国、无私奉献、艰苦创业、开拓进取”的兵团精神；“艰苦奋斗、勇于开拓、顾全大局、无私奉献”的北大荒精神；“艰苦奋斗、无私奉献、开拓进取、求实创新”的华南（海南）垦殖精神；“坚韧不拔、艰苦创业、崇尚科学、开拓奋进”的共青垦荒精神和“艰苦创业、奋发图强、无私奉献、开拓创新”的大陈岛垦荒精神等。南泥湾精神、北大荒精神已被纳入第一批中国共产党人精神谱系。

垦区精神产生于不同的背景，呈现不同的特点，但是有高度的共同性，“艰苦”“开拓”“奋斗”都成为垦区精神的基本内涵和底色，因为每一个农场都是从无到有，每一个农垦人都来自五湖四海，每一个农垦家庭都是白手起家，“天下农垦是一家”。

解析农垦精神及其实践特征有利于深刻了解农垦精神产生的历史背景和精神实质，全面认识农垦精神推动形成的历史贡献和成就，准确把握农垦精神跨越时空的价值，从而增强农垦凝聚力，助力农垦改革发展。

一、主动请缨是农垦精神的鲜明特征

发展农垦事业是党中央做出的重大决策和部署，农垦人主动请缨，坚决执行中央决定，想国家之所想，急国家之所急。农垦创业初期，有三件决定农垦事业发展、奠定农垦事业基础的有重大影响的大事。一是南泥湾大生产运动；二是开发西大荒（新疆、甘肃、青海、陕西、宁夏）；三是开发北大荒（黑龙江、内蒙古）。三件大事都和王震将军密切相关，都是老一辈农垦人主动请命、主动担当作为的结果。

（一）一马当先参加南泥湾大生产运动

1941年，王震领导的三五九旅奉命从晋绥撤回延安，率先开赴南泥湾，参加南泥湾大生产运动。毛泽东为其题词“发展经济的先锋”，为王震题词“有创造精神”。1942年，毛主席接见三五九旅指战员并给予高度赞扬：你们到东边，东边安全。你们到西边，西边安全。你们是一支能打仗会生产的部队，敌人不来就生产，敌人来了就拿起枪战斗。南泥湾大生产运动被公认为是农垦事业的起点，开创了“边战斗、边生产”的屯垦新模式——军垦。

（二）主动请命开发西大荒

解放战争即将胜利时，王震主动放弃了中央曾有意安排建国后他们部队到北平当卫戍部队的优越机会，在中共七届二中全会上向中央和毛泽东主席请缨，要求到祖国最需要地方去，要在解放西北后及时解放新疆，把新疆建设成为第二个更大的南泥湾。进疆后，王震将军主动要求到条件艰苦的南疆，带头将跟随自己多年的三五九旅改编为农业建设第一师，放弃成为国防师的唯一机会，随后将其他九个师转为农业建设师。沧海桑田换新天，2019年兵团发展到拥有面积7.06万平方公里，其中耕地面积2000万亩，下辖14个师（市），人口324万人，地区生产总值2747亿元，成为发展边疆保卫边疆的排头兵、稳定器。20世纪60年代，兵团抽调大批干部和技术人员，在河西走廊组建农业建设第十一师、在青海组建农业建设第十二师、在宁夏组建农业建设第十三师、在陕西组建农业建设第十四师、在西藏组建农业建设团，极大地发展和壮大了农垦事业规模。

（三）主动建议开发北大荒

1954年，抗美援朝战争刚刚结束，部队大批官兵复员转业需要安置，社会主义工业化对加快农业发展提出了迫切要求。“1954年6月和9月铁道兵司令员王震两次到密山、虎林地区视察。他看到这片沉睡千年的亘古荒原未能开发利用，而广大的铁道兵复员转业官兵又需要安置就业，便提出在这里开荒建设国营农场，‘寓兵于农，屯垦戍边’的设想”(《当代中国的农垦事业》)。1955年，王震向中央军委、毛主席请示，提出了关于铁道兵预备官兵在北大荒举办国营农牧企业的建议：“以八五〇农场为基础，加以扩大和发展，用五、六年的时间，开垦一、二千万亩荒地，可以年产粮食二十亿斤，既能储备后备兵员，又符合国家发展经济的需要。”王震的建议得到中央军委的采纳和批准。由此拉开了开发北大荒的序幕，集聚百万大军“向地球开战”。曾经的北大荒如今已变成了北大仓，有耕地4500万亩，年产粮食450亿斤，成为国家重要的商品粮生产基地。

二、国家至上是农垦精神的核心要义

有国才有家，国兴家才兴，刚刚从战场硝烟中下来的农垦人理解得更深、更透。为了国家的利益，农垦人义无反顾，牺牲个人利益被视为崇高，无私奉献被视为理所当然。农垦事业是白手起家的，注定需要艰苦奋斗，注定需要牺牲奉献。

（一）转变身份，百万雄师解甲归田

创业初期近50万，后来累计150万现役军人，他们“保存战斗的武器，拿起生产武器”，实现从军人到农民、从装甲兵到“庄稼兵”、从师长团长到场长队长、从战斗英雄到劳动模范的转变，这种转变对个人是决定性的，需要牺牲个人利益、家庭利益乃至子孙利益，农垦人毅然决然地选择了服从国家的需要。因为顾了大家舍了小家，农垦事业才逐步壮大，2019年全国农垦有35个垦区5491家农垦企业（其中农场1843、工业1199、建筑223、运输640、商业1586）。从业人员579万，其中职工214万。年末资产1.18万亿。

（二）背井离乡，“人往低处走”

20世纪60年代，百万支边青年、知识青年响应国家号召，从沿海到沿边，从内地到边疆，从绿洲到沙漠，从城市到农村，逆向而行，从祖国的四

面八方汇集到一片片荒地、荒水、荒山、荒滩开垦建设，向贫穷开战，向荒原要粮，成为农垦事业的后来者和中坚力量。农垦现有土地面积37万平方公里，占国土面积的3.9%，其中耕地9725万亩（占5.5%，全国排名第七），草地2.2亿亩，林地6000万亩，成为保障国家粮食安全和重要农产品供给的压舱石。

（三）默默坚守，奉献一代又一代

因为艰苦而奋斗，因为热爱而坚守。历经艰苦创业的农垦开拓者们大多数把一生献给了农垦事业，从青春到白头，他们的儿孙也无悔无怨继承前人的事业，继续奋斗在农垦战线。农垦人“献了青春献终身，献了终身献儿孙”。农垦现有常住人口1400万，相当于一个大型省会城市的人口，农垦的存在改变和丰富了我国的人口布局、产业布局和城镇化布局。

（四）初心不改，保粮稳供

为保障国家粮食安全和重要农产品供给、示范带动农村农业现代化是农垦人的初心使命，几十年来农垦人牢记在心，没有改变，粮食生产、天然橡胶生产、菜篮子供给什么时候都不放松，无论计划经济体制时期还是市场经济体制时期，甚至在“谷贱”“胶贱”的时候，都是如此，确保数量安全、质量安全。农垦粮食产量从20世纪50年代的10亿斤上升到60年代的30亿斤再到80年代的100亿斤，现在接近700亿斤。由于专注于粮食和重要农产品生产，农垦产业结构调整受到了限制，从而也影响了农垦整体盈利能力的提高。

（五）缴税办社会，肩扛社会责任

新一轮改革前的2015年，农垦系统有各类办社会机构9744个（包括教育、医疗、市政、社区管理、三供一业、社会治理等），职工29万人，年支出330亿，除去财政补助160亿，农垦企业实际承担170亿元，换一个角度看，因为农垦人自办社会2015年为国家节省了170亿元应该由政府承担的开支，2020年农垦承担办社会职能支出仍有44亿元。农垦自己筹资建设场部小城镇，改善职工生活，现已形成1547个小城镇，场部集中居住人口732.8万人，城镇化率51.9%，农垦就地就近解决农垦人城市化问题，分解了我国城市化进程的压力，也为我国城市化提供了一种路径选择。

（六）“种地如站岗，放牧同巡逻”

不穿军装守边防，全国农垦现有243个边境农场，其中有74个边境线农场和169个边境县农场，分布在内蒙古、辽宁、吉林、黑龙江、广西、云南、新疆兵团、新疆农业、新疆畜牧、西藏10个垦区。据2018年边境农场调度情况，边境农场拥有边境线长度3388.98千米（其中兵团2019千米），约占我国2.2万公里陆地边境线的六分之一。

（七）“壮士断腕”，支持城市建设

根据《中国农垦统计年鉴》（2000—2021）统计，20年间，国家基建占用或政府收回农垦系统土地年均在6万亩以上，合计150多万亩。由于农垦是国有土地，政府或无偿占用或补偿水平较农村低得多，可以算得出，农垦仅此为国家做出了重大的贡献。

三、召之即来是农垦精神的英雄本色

农垦精神最突出的特征就是军人精神，1984年统计农垦系统复员转业和荣誉军人累计有近150万人，农垦人虽不穿军装但军人特有的本性还在，并深深融于到工作和生活的方方面面，影响一代又一代，他们组织性、纪律性、动员能力、应急能力强。在新中国历史中，经历过一些重大时刻、危难关头，每每都能看到农垦人的身影和力量。

（一）打破战略物资封锁

新中国成立初期，帝国主义对我国实行经济封锁，禁止向我国出口重要战略物资橡胶。政务院于1951年作出《关于扩大培植橡胶树的决定》，组建华南垦殖局（广东农垦的前身），抽调部队组建林业工程第一师、第二师和一个独立团2万多人开赴华南地区，开荒建设橡胶农场。1954年我国开荒定植橡胶60万亩，成功突破橡胶规模化种植禁区。农垦始终是天然橡胶建设的主力军，并带动地方民营胶的发展，2019年国内天然橡胶种植面积1718万亩，干胶总产量81万吨，其中农垦天然橡胶产量33.7万吨，占全国总产量40.8%。

（二）支持对越自卫反击战

位于祖国绵延万里的国境线上有一大批国营农场，广大农场职工劳武结合，担负了屯垦戍边、保卫祖国边疆的光荣任务。1979年对越自卫反击战中，云南、广西的国营农场成为重要的后方补给和支持基地，农场职工和家属踊跃参战，积极支援前线，两省国营农场中有106个集体、2740人立功受奖。其中有中央军委授予的“支前民兵英雄”“民兵战斗英雄”“支前模范连”等。荣获云南省革命委员会、省军区“支前模范场”光荣称号的云南河口农场，有3个单位荣立一等功，6个单位荣立二等功，56个单位荣立三等功。3人立一等功，50人立二等功，2244人立三等功。云南河口农场和众多英雄的光辉业绩，是广大农垦职工保卫祖国的生动写照（《当代中国的农垦事业》，1986年）。广西农垦有9个地处边疆的国有农场，有上万名职工支前参战，有21个单位立功获奖，有181人立功。荣光农场与越南北部广宁省接壤，先后组织了一个炮兵连、一个武装连、一个高机排、一个通信班及配属的战地救护队、观察哨等。该场女炮兵班被广州军区授予“巾帼英雄女炮兵班”的光荣称号，荣立集体二等功；女炮班长张凤娇荣获“全国三八红旗手”称号。

（三）驰援珍宝岛自卫反击战

1969年3月2日，苏联边防军出动70余人侵入珍宝岛，袭击中国边防部队巡逻人员，打死打伤6人。中国边防部队被迫自卫反击，将入侵的苏军逐出珍宝岛，保卫了国家的领土，维护了中华民族的尊严。这就是珍宝岛自卫反击作战，在这次作战中，农垦再次起到了重要的支前保障作用。黑龙江八五三农场（二十一团）地处珍宝岛附近，迅速组成一个担架连火速赶赴前线，“往上送炮弹，往下抬伤员”。担架连同志回忆说：“最艰苦的是转移高炮阵地，扛着炮弹在草甸子里走了一天；还有装卸炮弹，三天两夜没合眼”。（《往事·1967—1969写真》蒋元明主编）

（四）支援对印自卫反击战

1962年6月，中印边境战争爆发，十八军司令员张国华将军亲自指挥对印自卫反击战，林芝地区的察隅农场、易贡农场“绝大部分”职工被抽调上前线，农场“几乎调空”。10月20日，对印自卫反击战取得胜利。随后，易贡农场一边加紧生产，保证边疆战士的粮食供给，一边进行军事训练，参与了对达赖集团组建的印藏特种边境部队的围剿。

（五）解抗疫抗震之急

2003年，农垦支援抗击“非典”，北大荒集团仅用七天时间，向北京急运大米2万吨，解北京燃眉之急。2008年汶川大地震，北大荒集团向灾区运送价值1000万元的赈灾大米3000吨。2020年面对突如其来的新冠疫情，北京农垦、上海农垦、天津农垦全力保城市食品供应，为“六保六稳”做出新贡献。

四、为国分忧是农垦精神的精髓所在

创建农垦事业是党中央的战略决策，集现实性、长远性、战略性于一体，实践证明，党中央决策是正确的、英明的，农垦已经成为国家“能应急、调的动、靠得住、可掌控”的力量，稳定器、缓冲器作用凸显。

（一）安置复转军人

新中国成立后，大批军人需要转业安置，安置到农村，无疑加重农村“人多地少”的矛盾，安置到城市，城市规模小容纳能力有限，农垦成为安置复转军人首选之地，随后历年都是如此。据统计，全国农垦系统累计安置复员转业和荣誉军人在150万人以上。

（二）安置城市待业青年

20世纪60年代，我国大城市出现了两大难题，一是人口多，二是就业难，影响城市的发展和社会的稳定，农垦再次成为维护社会稳定的“缓冲器”。王震将军主动与上海市委联系并达成协议，安排上海青年到新疆参加兵团建设。1963年7月到1966年7月，三年内共动员十万余名上海知青到新疆，其中兵团安置9.7万人，有效缓解了上海的压力。黑龙江垦区接纳城市知识青年20万人。据1984年的统计，在大批知青返城后，农垦系统仍有城市知识青年40万人。

（三）安置归侨难侨

我国有两次大规模华侨难侨归国潮，一是20世纪50—60年代马来西亚、印度尼西亚、缅甸、印度等国8万多名难侨回国，二是20世纪70年代末约26.3万名越南难侨回国。妥善安置归难侨是一项重要的政治任务，农垦系统包括部分林场安置越南难侨7万人。广西国营良圻农场1978年6月安置越南难侨184户1039人，拨出搬迁费57万元，配备住房1530平方米，组织难侨开发种植甘蔗，兴建华侨贸易公司商场等，成为较好执行此项工作的典型。

（四）安置灾民

20世纪50—60年代“三年困难时期”，各省都有大批农民外出逃荒，称之为“盲流”，实则是灾民，其中涌入新疆的数量巨大。兵团政委张仲瀚说：国家有困难，我们不分担谁分担。老百姓生活没有着落，我们不能眼看着不管，要求师团安置灾民。“保守估计，全兵团几年内吸纳盲流总数有三四十万人”，加上他们的家属子女，数量更为庞大。兵团此举，为当时全国社会的稳定，无疑起到了非常重要的作用。

（五）安置水库移民

20世纪50—60年代，宁夏相继兴建了一批大中型水库(青铜峡水库、长山头水库等)，农垦系统安置了大量水库移民，2007年7月经自治区水库移民领导小组审核，宁夏农垦大中型水库移民人数为19180人。陕西农垦在三门峡库区原拥有78万亩土地，几十年来，为支援地方经济发展、国防建设，尤其是安置返库移民，先后无偿划出土地近60万亩，大批农垦“失地”职工不得不自谋出路、“转岗就业”。青海贵南牧场1960年两次安置丹江口水库移民（河南淅川县）6395人。

（六）保一方平安

1991年夏季，强降雨持续袭击龙江大地，造成特大洪涝灾害，为保住穆棱河下游的虎林地区安全，八五七农场被选为炸坝泄洪区，主动将洪水引到建设了40年的家园，导致庄稼绝收，数千人无家可归，直接经济损失数千万元，但保住了下游17万人民的生命财产安全和300万亩农田。1998年，200年不遇的特大洪水袭击我国北方最大的查哈阳自流灌区，长江、松花江流域发生百年一遇的大洪水，为保卫国家的重要建筑工程和人民生命财产的安全，查哈阳农场及时采取分洪导流措施，大水淹没农场农田48.3万亩，冲毁构造物245座，冲毁房屋2056间，冲毁道路95公里、桥涵20座（处），死亡畜禽14121头（只）。全场直接经济损失2.7亿多元。38个生产队的1.7万名群众被迫撤离。(徐国春等，《中国农垦》1998年第10期)

（七）承担援外任务

援外是我国外交工作的重要举措，改革开放前主要以无偿援助为主，农垦成为农业援外任务的排头兵。到1984年，农垦共向亚洲和非洲的23个国家援建了国营农场和其他项目54个。其中，粮食22项、甘蔗9项、蔬菜3项、热带经济作物6项、棉花1项、茶叶3项、天然橡胶制胶厂4项、养鸡2项、奶牛2项、绵羊1项、房建1项。提供主要农业生产和施工动力机械2090台，合

170419马力，并配备了相应的配套农机具，共派遣专家5100人次。(《当代中国的农垦事业》，1986年)

五、包容兼收是农垦精神的宽广胸怀

文化是精神的摇篮和沃土，什么样的文化就会产生什么样的精神。农垦文化是由多元文化融合而成，这种文化培养出开放、包容、与时俱进、积极向上的精神境界。

(一) 农垦人员来自四面八方

各地农垦几乎都是在人迹罕至的荒地上开垦建成的，没有原居民或原居民很少，农垦人几乎都是“新人”。1984年统计，全国农垦系统有近500万职工，主要由以下几部分组成。复员转业和荣誉军人有145.4万人，占职工总数的30%；由农民转为农场职工的有145万人，占职工总数的30%；青年职工有172.5万人，占职工总数的34%。其中农场职工子女一百多万人；大中专毕业的知识分子、科技人员有11.3万人，占职工总数的2.5%。此外，还有相当数量的归国华侨、难侨。除职工子女外，400万职工都来自全国各地。

(二) 农垦居民来自五湖四海

由于人员来源广泛，农场人员民族成分呈多样性。据《黑龙江八五〇农场志》记载，2020年农场人口1.42万人，有14个少数民族286人，占总人口的2.02%。其中：满族157人，朝鲜族43人，蒙古族33人，回族14人，壮族11人，侗族9人，苗族6人，土家族5人，鄂伦春族2人，布依族2人，瑶族1人，鄂温克族1人，傈僳族1人，藏族1人。据《江苏东辛农场志》记载，2018年底，农场人口35397人，有9个少数民族，有297个姓氏。据《广西金光农场志》记载，2020年全场总人口7647人，有11个少数民族，壮族5076人，瑶族80人，苗族8人，蒙古族2人，布依族9人，仫佬族2人，彝族2人，水族1人，土家族1人，毛南族2人，侗族4人。有173种姓氏。

(三) 农垦文化来自多元多样

农垦文化是由军旅文化、革命文化、屯垦文化、知青文化、移民文化、黑土文化、红色文化、边疆文化、国有文化等多种文化融合兼收而成的。农垦地处乡村，但与乡村文化有明显的区别，有城市文化特征却又与乡村文化深度融合，农垦文化已成为一种鲜明且个性突出的文化形态，是我国农耕文明中一枝靓丽的奇葩。

六、创新引领是农垦精神的动力源泉

示范引领农业农村现代化是农垦的重要使命之一，要示范就必须率先垂范，要引领就必须创新、突破成规，敢为人先始终是农垦人的突出特点。

（一）引领现代农业发展

农垦始终注重农业技术的研发与应用、农机和设备改造更新、生产方式模式探索，在各个时期都有领先农村的技术、装备、模式，近年来，在农业绿色化、信息化、设施化等方面更是走在前面。农垦农业科技贡献率、农业基本设施水平明显高于农村，耕种收综合机械化率高出全国20个百分点，粮食亩产高出30个百分点，成为农业领域的领头羊。

（二）创新融合发展模式

改革开放后，农垦率先以市场为导向，优化资源配置，提高资源利用效率，优化产品结构，增加适销对路产品，提高经济效益。实行农工商综合经营，多业并举，在增加收入的同时，有效规避市场风险。探索三次产业融合发展新路径，延长产业链，培育价值链，完善利益链。拓展利用农业多功能，以小城镇建设为中心，推动城乡融合一体化发展，变农业为职业，变农工为市民，变田园为乐园。

（三）探索乡村振兴路经

改革开放以来，农垦人不懈探索，率先探索“大农场套小农场”农业双层经营体制，正确处理统分关系，为农业规模化发展奠定了良好的基础；率先在农业领域实行农工商综合经营，提高农业资源利用效率和农业产业效益，促进了产品结构和产业结构的调整；率先开展绿色农产品生产，开展农产品质量追溯，为农业高质量发展探索了方向；率先实施农业“走出去”战略，大力引进国外资金和先进技术设备兴办中外合资农业企业，大规模利用国际金融机构贷款建设重要农产品生产基地；率先用工业化理念经营农业，建设大型农业集团和企业。率先统筹经济社会发展，产城结合，推进农场小城镇建设。这些“率先”中蕴含着现代、绿色、开放、融合、一体的农业发展新理念，带动、引领我国农业现代化发展，敢闯敢试已成为推动农垦发展的重要动力和农垦的一大优势。

农垦精神及其实践特征与中华民族精神、新时代精神、共产党人精神深度同源、高度契合。农垦精神是农垦人创造的宝贵精神财富，继承发扬农垦精神必将为再创农垦事业辉煌提供不竭的动力。

中国共产党
屯垦戍边理论的形成与发展

新疆生产建设兵团党委党校　王小平

自秦汉统一王朝建立以来，屯垦戍边就是中央政府治理边疆的重要国策，大量的屯垦戍边实践留下了丰富的经验和教训，并由此形成了中国古代屯垦戍边思想。中国共产党从武装夺取政权开始，面对农村根据地经济极为落后的实际状况，就提出了屯垦的设想。新中国成立后，为开发边疆、建设边疆、巩固边疆，中国共产党把马克思主义关于发展大农业的思想和中国实际相结合，借鉴中国古代屯垦戍边思想，在边疆地区开展了大规模的屯垦戍边实践，特别是组建和发展新疆生产建设兵团，形成了一系列关于屯垦戍边的新理论并用以指导实践，有效促进了边疆地区尤其是新疆的经济社会发展、民族团结、社会稳定和边疆巩固。

一、新民主主义革命时期中国共产党屯垦思想的初步探索

中国革命走的是农村包围城市、武装夺取政权的道路。在落后的农村地区，面对敌人的封锁，中国共产党为尽量减轻民众的负担和保证根据地党政军生存的需要，借鉴古代军队在闲时从事生产屯田的经验逐渐形成了毛泽东关于人民军队既是战斗队又是工作队和生产队的“三个队”思想，也初步形成了中国共产党在革命战争年代的屯垦理论，为新中国成立后中国共产党屯垦戍边理论的形成奠定了基础。

一是提出屯垦的主力是军队。军队是最有组织性的集团，也是精壮劳动力的集合体，因此军屯一直都是中国古代屯田中最主要的方式，特别是在战

争间隙期，历代政治家都把军队屯田放在重要的位置。在革命战争年代，中国共产党同样要求军队在可能的条件下开展屯田，并把军队作为屯田的主力。1943年，为克服陕甘宁边区的经济困难，毛泽东明确要求：“除三五九旅已经全部从事屯田及骑兵部队因特殊条件难以立即实行屯田外，其余各部，除负担守备任务外，均应以一个至几个相当数目的部队实行屯田政策，以期增加农业生产。”[1]同年11月，毛泽东在中共中央招待陕甘宁边区劳动英雄大会上指出：“只要我们全体英勇善战的八路军新四军，人人个个不但会打仗，会做群众工作，又会生产，我们就不怕任何困难，就会是孟夫子说过的：‘无敌于天下’。”[2]

二是指出屯垦是为了减轻民众的负担。中国共产党的宗旨是为人民服务，其领导的军队和建立的政权要尽可能地减轻人民的负担。因此，对于军队为什么要进行屯垦，毛泽东解释说：“如果取之于民太多，则人民负担不起，人民也势将饿饭”。[2]针对一些人认为军队从事生产是不务正业的议论，毛泽东指出：“在形式上，我们违背了分工的原则。但是，在我们的条件下……因为我们采用了这种表面上‘落后的’‘倒退的’办法，而使我们的军队克服了生活资料的困难，改善了生活，个个身强力壮，足以减轻同在困难中的人民的赋税负担，因而取得人民的拥护，足以支持长期战争，并足以扩大军队，因而也就能够扩大解放区，缩小沦陷区，达到最后地消灭侵略者、解放全中国的目的。这种历史意义，难道还不伟大吗？”[2]1942年毛泽东在陕甘宁边区高级干部会议上，对军队开展屯垦生产进行总结时说：“如果我们在陕甘宁边区的军队在这两年内获得全部或大部屯田的机会，那末，在两年以后，人民负担又可减轻了，民力又可得到休养了。”[2]

三是指出屯垦主要是从事农业生产，但也要兼营其他行业。在革命战争年代，中国共产党建立的根据地都是在落后的农村地区，生产力水平低，经济承载力严重不足，正常情况下是无法养活大批的军政人员，因此必须要设法发展经济，而且主要是农业经济，以解决吃饭穿衣的生存问题。早在土地革命时期，毛泽东就提出：“边界党如果不能对经济问题有一个适当的办法，在敌人势力的稳定还有一个比较长的时间的条件下，割据将要遇到很大的困难，这个经济问题的相当的解决，实在值得每个党员注意。”[3]同时他要求军队在农忙时帮助农民进行生产。王震曾回顾说：“毛主席、朱总司令早在创立人民军队初期就要求我军完成‘打仗、做群众工作、农忙时帮助群众生产’三项任务。”[4]抗日战争时期，随着抗日根据地的发展和突破封锁的需要，大力发展经济、解决吃穿问题是生存的需要，也是最终取得抗日战争胜利的需要。毛泽东明确指出：“一切可能地方，一切可能时机，一切可能种类，必须发展人民的与机关部队学校的农业、工业、合作社运动，用自己动手的方法解决吃饭、穿衣、住房、用品问题之全部或一部，克服困难，以利抗战。”[5]“边区留守兵团各部队中，以三五九旅的生产自给工作做得比较更好些。首先，三五九旅的领导同志掌握了以农业为第一位、工业与运输业为第二位、商业为第三位的方针……特别是他们掌握了农业为主这一点，使得他们的经济基础建设在稳固的地盘之上。”[1]接着毛泽东要求“党委、政府和军队，必须于今年秋冬准备好明年在全根据地内实行自己动手、克服困难的大规模生产运动，包括公私农业、工业、手工业、运输业、畜牧业和商业，而以农业为主体。”[2]

四是指出屯垦时间是战斗和训练的间隙。军队的主要任务是战斗，特别是在战争年代。因此，在革命战争年代，以毛泽东为首的中国共产党人虽然强调军队要参加生产，进行屯垦，但屯垦时间是有明确要求的，即军队屯垦不能影响战斗。毛泽东明确指出，军队要“利用战斗和训练的间隙，从事粮食和日用必需品的生产，达到军队自给、半自给或部分自给之目的，借以克服经济困难，改善军队生活和减轻人民负担”[2]。毛泽东还明确阐述要求军队参加屯垦的原因：“因为军队是比较具有组织性与比较具有更多劳动力的集团，他们只要没有直接的作战任务，就可以将他们除教育时间以外的一切时间从事劳动。”[1]

当然，革命战争年代根据地开展的屯垦，与国家的边疆屯垦是存在区别的。这种区别的关键点既体现在地域上，即战争年代屯垦是在根据地中进行，而取得政权后是在辽阔的边疆地区进行，又体现在承担主体上，即战争年代是军队利用战争空隙开展屯垦活动，而取得政权后是垦区职工长年进行屯垦戍边活动。而中国共产党革命战争年代的屯垦不仅在实践上进行了有益探索，为中国共产党执政后的实践提供了经验，也准备了一批干部，为取得全国政权后在边疆地区开展大规模的屯垦戍边活动做了必要的前期准备。1949年12月毛泽东签发的《中央人民政府人民革命军事委员会关于1950年军队参加生产建设工作的指示》就提道："这一生产任务之所以可能实现，是因为人民解放军……曾在抗日战争最艰苦的年月，担负过生产任务，具有生产的经验与劳动的传统。"[1]

二、社会主义革命和建设时期中国共产党屯垦戍边理论的形成

马克思、恩格斯认为在无产阶级及其政党掌握政权后，就需要"把大地产转交给（先是租给）在国家领导下独立经营的合作社，这样，国家仍然是土地的所有者。"[6]他们在1848年的《共产党宣言》中明确提出：无产阶级取得政权后，要"增加国营工厂和生产工具，按照总的计划开垦荒地和改良土壤"，要"把工业和农业结合起来，促使城乡之间的对立逐步消灭。"[7]马克思在《资本论》中指出："现存的大土地所有制将给我们提供一个良好的基础来由组合工作者经营大规模农业，只有在这种情况下，才能应用一切现代辅助工具、机械等，从而使小农业明显地看到基于组合原则的大规模经济的优势。"[8]中国共产党在全国执政后，面对的是一个非常落后的国家经济形态，如何把中国由一个落后的农业国变为先进的工业国，是以毛泽东为首的中国共产党人取得政权后极力追求的目标。要建设一个先进的工业国，必须尽快提高农业生产率，为国家的工业化提供大批农副产品。与此同时，新中国成立面对的周边局势复杂多变，边疆安全面临诸多挑战，如何开发辽阔的边疆并巩固边疆，也是中国共产党必须解决的问题。于是，中国共产党把马克思主义关于发展社会主义大农业的思想与边疆实际结合起来，在边疆地区大力发展社会主义大农业，利用现代化手段开发边疆、建设边疆、巩固边疆，实行屯垦戍边，并形成了中国共产党屯垦戍边理论。

一是明确了屯垦戍边的主体人员主要由复转军人、支边青年等构成。在边疆屯垦戍边，需要组织大批青壮年参加。新中国成立后，一方面大批军人需要转业，另一方面相对恶劣的自然条件使得边疆开发需要有组织的集团来承担，于是转业军人自然而然就成为屯垦戍边的主力，同时大量的青壮年也被组织起来加入屯垦戍边的行列中，成为屯垦戍边的有生力量。毛泽东在1949年12月25日发出了要求军队参加生产建设工作的指示，并要求部队做好长期参加生产建设的思想准备，"人民解放军参加生产，不是临时的，应从长

期建设的观点出发。”[9]1952年1月军委总政治部《关于调拨建制部队转业建设的政治工作指示》指出：“为适应国家经济建设的需要和有组织地补充工人阶级的队伍，并便利于军队的整编和转业建设，中央和军委决定调拨某些师或团，投到铁道修建、水利和建筑工程及屯垦边疆、开垦农林业等国家经济建设事业中去；并经过一定的过渡阶段，使其脱离军队系统，变为工程队和生产队。”[10]同年2月，毛泽东以人民革命军事委员会主席的名义签署了关于部队改编的命令，在命令中明确指出：“我批准中国人民解放军□□军□□师转为中国人民解放军□□师的改编计划，将光荣的祖国经济建设任务赋予你们。你们过去曾是久经锻炼的有高度组织性纪律性的战斗队，我相信你们将在生产建设的战线上，成为有熟练技术的建设突击队。”[11]按照中央的命令和国家经济建设的需要，包括新疆在内先后有26个师的人民解放军官兵集体转业进入农业、林业、工程等战线。随着边疆开发进程的加快，为满足边疆屯垦发展对劳动力的需求，1958年中央又颁布《关于动员十万干部转业复员参加生产建设的指示》，动员大批解放军官兵到边疆参加屯垦建设。在此基础上，中共中央还提出《关于动员青年前往边疆和少数民族地区参加社会主义建设的决定》。根据决定，1958—1961年的四年间共有93多万内地青壮年到边疆及边疆国营农场工作，另有随迁家属43.8万人。[1]1963年，农垦部在总结这四年组织动员支边青壮年到边疆的经验时指出：“军垦是开发边疆艰苦地区的最好形式。”“我国许多农场是用军队屯垦的方式建立和发展起来的。十多年的经验，特别是新疆军区生产建设兵团的经验说明，军垦容易取得成效，并容易巩固起来，因为军队有较高的政治觉悟，有坚强的组织纪律性。所以今后开发边疆，最好利用集体转业军队，先建立据点，然后再逐渐充实扩大。”[1]

二是明确了屯垦戍边的组织形式是建立现代化的国营农场。建立国营农场来落实新中国的屯垦戍边政策，是中国共产党与时俱进的体现，也是更好把古代屯田思想与当代社会发展相结合的体现。新中国成立初，为发展社会主义大农业，中国共产党就决定在全国各地特别是在边疆地区建立大批国营农场，来为国家工业化提供大宗农副产品。1951年12月王震在给毛泽东的报告中提出：新疆“军队除担负警备任务外，集中屯垦，经营大农场。”[12]随后，毛泽东在给王震的批复中充分肯定了新疆军区的做法。1955年7月，毛泽东指出国营农场“将有大规模的发展”。为统一领导全国社会主义大农业发展，促进国营农场更好发展，1956年中共中央决定成立农垦部。随着全国农业社会主义改造的完成，国有农业成为当时重要的发展方向，在边疆地区，国营农场如雨后春笋般建立起来，到1966年，黑龙江、新疆、广东和海南、内蒙古、云南、广西等边疆地区的农牧场发展到700余个。国营农场在边疆地区大量的出现，使得中国共产党的屯垦戍边政策在边疆的万古荒原上和崇山丘陵中有了有效的载体。

三是明确了屯垦戍边的经济目标是为国家工业化提供大批农产品。新中国成立后，解决全国人民的“吃饭”问题，为实现国家的工业化提供大批农副产品始终是党中央关注的重点，为此党中央采取了一系列的措施，其中在边疆地区大规模发展社会主义大农业就是一个重要的政策。边疆垦区自创建开始，除了被要求解决自身吃穿等基本生存问题外，更重要的是被赋予了为国家尽可能多地生产农副产品，为国家经济建设服务的使命。1956年王震在中国共产党第八次全国代表大会上说：“由于中国人口众多，每人平均只有三亩多耕地，又由于中国幅员广大，气候温和，全国各地特别是在边疆有着大量的土地可以开垦，所以我们有必要也有可能逐步地发展大量的国营农场，开垦更多的荒地，生产更多的农牧产品，以供应人民生活和对外出口的需要。”[1]1962年制定的《国营农场工作条例（草案）》明确要求农场要承担“向国家提供商品粮食、工业原料、畜禽产品、土特产品和其他出口物质”[1]的任务。为发展社会主义大农业，中国共产党一方面要求边疆垦区大规模开垦荒地，另一方面把大批农业机械调配到边疆垦区建立机械化生产队，并要求各垦区大搞农田基本建设，干部和职工要努力学习农业生产技术，为农民提供示范，不断提高农产品的商品率，推进中国农业现代化的发展。社会主义大农业的建立，大量荒地变为良田，使边疆地区迅速得到开发，边疆也由此逐步繁荣和充实起来，为屯垦戍边提供了扎实的经济基础。

四是明确了屯垦戍边的任务是在发展经济的同时要兼顾其他。从革命战争年代开始，以毛泽东为首的中国共产党人就赋予了人民军队“战斗队、工作队、生产队”的职能。随着边疆地区大批国营农场的建立，源于人民军队的“三个队”同样被赋予了屯垦戍边的载体——农场，只是顺序变为了“生产队、工作队、战斗队”，即屯垦戍边要承担三大任务。第一是要大力发展生产，推动当地经济社会发展。1961年邓子恢指出：“农场地处偏远，要自己独立形成一个社会，供销社、医院（或门诊所）都要有，一个场连个医生都没有那不行，农垦部要协助解决。”[1]第二是要根据边疆地区多民族集聚的实际做好民族团结工作，示范带动周边群众发展生产。20世纪50年代毛泽东就指出：“我们要诚心诚意地积极帮助少数民族发展经济建设和文化建设。”[13]周恩来也明确提出要帮助少数民族“大力发展农业、牧业生产。”[14]1962年的《国营农场工作条件（草案)》就明确规定：“在兄弟民族地区，农场党委要进行民族政策的教育，教育职工尊重兄弟民族的风俗习惯和利益，增进各民族的团结。”[1]第三是要充实边疆地区，保卫边疆地区的安全。1962年中央在批转农垦部党组《关于动员青年参加边疆建设工作情况和今后意见的报告》时曾明确指出：大批青年到边疆工作“不仅对开发建设边疆有极大的经济意义，而且对促进少数民族地区社会主义建设事业的发展与巩固边防，也具有很大的政治意义。”[1]1979年农垦部颁发的《国营农场工作条例（试行草案)》仍明确提出：“边疆、沿海地区的农场，实行屯垦戍边，常备不懈”。[1]

五是肯定了屯垦戍边的方式是自力更生、艰苦奋斗的“五边”模式。在边疆进行大规模的荒地开发、建设社会主义大农业，需要大量的投资。但新中国成立后，国家一穷二白的现状造成国家对边疆屯垦的投入是有限的，更多的是要发挥屯垦职工艰苦奋斗的精神，自力更生地发展屯垦戍边事业。边疆地区的屯垦戍边者面对严酷的自然环境和国家有限的投入，在边疆辽阔的荒原上创业，不等不靠，依靠全体干部职工的努力，以“滚雪球”的方式不断扩大生产规模，在发展中逐步形成“边开荒、边生产、边建设、边积累、边扩大”的创业模式，并得到了党中央的高度肯定。1964年谭震林在谈到农场内部的基本建设问题时，明确指出农场内部的农田水利、营造护田林、水土保持、平整土地、土壤改良以及修建道路、仓库、晒场和职工宿舍等，“要依靠群众，自力更生地先干起来，不要单纯等待国家的安排。”[1]1965年中共中央西北局在关于甘肃、青海、宁夏、陕西建立农业生产建设师的决定中也明确要求：“所有新建的农建师，都要按照边开荒、边建设、边生产、边积累、边扩大的方针，由小到大，逐步发展。”[9]

三、社会主义现代化建设新时期中国共产党屯垦戍边理论的丰富和发展

1978年党的十一届三中全会后，中国共产党对国际形势的判断是“和平与发展”时代主题，并果断决定党的工作重点是以经济建设为中心，大力推行改革开放政策。在相对和平稳定的国内外环境下，中国共产党决定在强调确保国家重要农产品安全的基础上，逐步淡化东北、西南、华南等地区的垦区原来承担的戍边使命，同时根据西北特殊的区情，采取不同的边疆治理方式，重点在新疆发展屯垦戍边事业，不仅恢复了在“文化大革命”中撤销的新疆生产建设兵团，而且采取一系列措施加大了对兵团的支持力度，让其承担屯垦戍边的任务。此外，中国共产党根据国家和新疆的需要，以进一步促进新疆发展、维护新疆稳定、巩固西北边防为目标，不断丰富和发展屯垦戍边理论，既使中国共产党屯垦戍边理论更为完善，也使屯垦戍边理论顺应了时代发展的需要，促进了屯垦戍边事业的快速发展，为加快新疆经济社会发展、维护社会稳定和边防巩固做出了重要贡献。

一是肯定了屯垦戍边是国家治理边疆的重要手段。党的十一届三中全会以后，针对新疆复杂区情和敏感的周边形势，面对新疆民族分裂活动带来的社会稳定问题，以邓小平同志为主要代表的中国共产党人因地制宜，把屯垦戍边作为治理新疆的重要政策。1981年10月邓小平指出：“新疆生产建设兵团，就是现在的农垦部队，是稳定新疆的核心。新疆生产建设兵团要恢复。”[9]20世纪90年代后，随着苏联解体、中亚五国的独立，新疆的分裂活动在内外因素的作用下更为频繁，加快新疆发展、增进民族团结、维护社会稳定的任务更加繁重，中国共产党需要从政治、经济、文化、军事等多方面加强对新疆的治理，集政治、经济、文化、军事、社会等诸多功能为一体的屯垦戍边成为中国共产党治理新疆的选择。1997年江泽民在谈到新疆问题时指出：“历朝历代对新疆地区的统治和管理，都把屯垦戍边作为开发新疆、巩固边防的一项重要国策。中央政府大规模屯垦戍边始于西汉，以后历代相袭。这对统一国家、巩固边防、促进新疆地区的发展发挥了重要作用。”[15]1998江泽民在视察新疆时又指出，“把兵团屯垦戍边工作放到边疆历史长河中、放到当前国际国内形势发展变化中、放到新疆稳定和发展

工作大局中加以观察，其深远意义可以看得更加清楚”，[9]并明确指出：“进一步加强和搞好兵团工作，对于保持新疆社会稳定、加强民族团结、促进经济发展、巩固西北边防具有十分重要的意义。这既是搞好新疆工作的一个重要方面，也是关系全国经济社会稳定发展的一着十分重要的棋。”[9]进入21世纪后，随着“9·11”事件的发生和阿富汗战争爆发，以美国为首的西方国家军事力量进入中亚，新疆在面临“三股势力”渗透、颠覆、分裂活动的同时，也面临西方敌对势力利用“三股势力”插手新疆事务的挑战，新疆的治理面临更为严峻的挑战。为从实现中华民族伟大复兴的角度来治理新疆，党中央明确指出：“新疆战略地位重要，对我国稳定和安全具有十分重大的意义”，[9]“新疆在我国发展和稳定大局中具有特殊重要的战略地位。”[9]在这样一个背景下，对于维护新疆社会稳定和实现长治久安，兵团屯垦戍边具有更为特殊且重要的作用。2006年胡锦涛在视察新疆时指出：“在新疆组建生产建设兵团，是中央治国安邦的一项战略性决策和一个重大举措。”[9]

二是明确了对屯垦戍边要给以政策上的支持。随着改革开放的推进，兵团屯垦戍边承担着政治、经济、军事、社会、文化等多项任务日益繁重，但政府功能却不全，屯垦戍边事业的发展面临诸多困难和问题。这些困难和问题制约了兵团的发展，党中央需要从宏观层面予以解决。1990年国务院颁发《关于调整新疆生产建设兵团计划管理体制和有关问题的通知》，批准兵团实行计划单列。1997年中共中央、国务院又颁发《关于进一步加强新疆生产建设兵团工作的通知》，明确要求进一步加强兵团工作，并从十个方面明确了支持兵团发展的政策。1998年江泽民指出：“在改革开放和发展社会效益市场经济的条件下，兵团发展遇到了新情况新问题，也面临着一些困难。对此，中央是高度重视的，已经并正在采取措施帮助兵团理顺关系、壮大实力。”[9]2007年9月《国务院关于进一步促进新疆经济社会发展的若干意见》中明确指出：“国家对西部地区、民族地区、边疆地区，以及对新疆的支持政策，同样适用于新疆生产建设兵团。”[9]

三是拓展了屯垦戍边的载体。城镇化是时代发展进步的重要表现形态，也是有效促进地区社会经济更好发展的重要平台。随着改革开放的推进，城镇化既是不断提高职工群众生活水平和改善生存环境、稳定职工队伍的需要，也是更好促进兵团社会经济发展的需要，更是凝聚人心吸引更多有志者到边疆参加屯垦戍边事业的需要。因而从20世纪80年代开始，党中央就支持兵团城镇化的发展。1984年农牧渔业部在《关于加快农垦企业改革的意见》中明确提出："国营农场场部要成为现代化的政治、经济、文化、教育和科学技术中心，成为欣欣向荣的社会主义新城镇。"[16]1997年中共中央、国务院《关于进一步加强新疆生产建设兵团工作的通知》中明确提出兵团要仿照石河子模式新建立阿拉尔、图木舒克、五家渠、北屯四个自治区直辖市。进入21世纪，中央明确要求兵团要把推进城镇化与更好履行使命结合起来，2001年胡锦涛指出："要加快垦区的城镇化建设步伐，营造屯垦戍边的坚强堡垒。"[9]2007年9月国务院《关于进一步促进新疆经济社会发展的若干意见》指出：兵团要"按照石河子模式，在战略地位重要、团场集中连片的垦区新建几个自治区直辖县级市。"[9]2010年第一次中央新疆工作座谈会更是指出："从安营扎寨到设市建镇，表明了兵团发展壮大的辉煌业绩，也是时代进步的需要。一座城镇，就是一个现代文明的聚集地，一个维稳戍边的堡垒。要研究制定加快兵团垦区城镇发展与合理布局的相关措施，选择战略地位重要、经济基础较好、发展潜力大的中心垦区城镇，按照石河子模式增设新疆维吾尔自治区直辖的县级市，并纳入国家城市规划建设体系。"[9]

四是强调了发展屯垦戍边事业必须改革。兵团成立时，正值我国国民经济第一个五年计划实施期，正是我国全面向苏联学习其高度管理的计划经济时期，兵团的准军事化管理模式因此也极为适应国家计划经济的管理模式，同时新疆恶劣的自然环境和辽阔疆域形成的漫长交通距离也要求发挥集团的力量，集中人力、物力、财力推进开发建设，这使得兵团在20世纪50至60年代的快速发展，并创造了兵团历史上的第一次辉煌。随着改革开放的推进和社会主义市场经济的发展，兵团原有的管理模式和发展模式也必然要适应时代发展的需要而进行改革，以确保兵团在新的历史条件不断壮大实力。1981年中共中央、国务院、中央军委在《关于恢复新疆生产建设兵团的决议》中就指出："兵团要实行企业管理，积极推行经济责任制，整顿和发展各项生产事业，办好社会主义大农业，实行农林牧副渔综合经营，发展农工商联合企业……提高经济效果。"[9]中央的明确要求拉开兵团改革的序幕。1986年中央明确要求兵团进行经济体制改革，"当前的改革，要围绕增强企业活力这一中心环节，着重解决好国家和企业、企业和职工的经济关系问题。”[9]随着兵团改革的推进，中央发现仅有经济体制的改革还不足以真正焕发兵团的活力，1990年中央印发了《国务院关于调整新疆生产建设兵团计划管理体制和有关问题的通知》，决定兵团实行计划单列，对兵团的整体管理体制进行改革。随后，在国家有关部委和自治区党委政府的支持下，兵团成为国家计划单列单位，这为兵团的发展创造了良好的外部环境。在此基础上，中央也要求兵团推进内部改革，进一步释放兵团的内在活力。1997年江泽民就指出：“兵团内部要进一步加强领导，深化改革，搞好规划，严格管理。”[9]进入新世纪后，随着中国加入WTO和社会主义市场经济的发展，兵团承担特殊使命的需要和插花式布局是影响其发展的重要因素。对此，党中央强调兵团不仅在社会主义市场经济的环境下要继续发挥好自身组织化程度高、集团化特点突出、能够集中力量办大事的优势，还要继续加快改革的步伐，解放生产力，用强大的综合实力为中央治疆战略服务。2006年胡锦涛指出：兵团要“主动适应发展社会主义市场经济的新形势，加快兵团改革开放步伐，不断创新体制机制，为兵团事业发展注入新的活力。”[9]2010年第一次中央新疆工作座谈会再次指出：“加快兵团发展，根本出路在于推进自身改革、注入发展活力。”[9]

五是明确要求屯垦戍边事业发展要进一步加强党的领导。兵团是党政军企合一的特殊社会组织，“党”是核心，加强党的领导是确保屯垦戍边事业健康发展的关键。进入改革开放后，党中央一再强调要加强党对兵团屯垦戍边事业的领导。首先，党中央从兵团屯垦戍边工作的特殊性和重要性出发，要求中央各部门“一定要从国家大局来理解和认识加强兵团工作的重要性”，[9]“要按照中央的要求，落实好对兵团的各项政策，积极支持兵团事业的发展。”[17]党中央、国务院及中央有关部门先后制定了一系列支持兵团屯垦戍边事业发展壮大的政策，包括对兵团实行计划单列，将兵团由农业部直属单位提升为中央直属单位，直接接受中央领导，支持兵团设市建镇等。中共中央、国务院、中央军委在兵团成立50周年的贺信中说：“党中央、国务院、中央军委历来高度重视兵团的发展，将一如既往地给予关心、支持和帮助。”[9]其次，兵团是新疆的重要组成部分，自治区党委与兵团是领导与被领导的关系，党中央明确要求自治区党委要进一步加强对兵团的领导，为兵团发展创造良好的环境和条件。1997年江泽民指出："自治区党委和政府要加强对兵团的领导，把兵团作为促进新疆发展和稳定的一支重要力量，支持兵团建设和发展。"[9]此外，对兵团内部的管理，党中央反复强调兵团要强化党的核心领导地位，并明确指出："兵团实行党政军企合一的特殊体制，党组织是领导核心。"[9]

四、党的十八大以来中国共产党屯垦戍边理论的充实和完善

进入新时代，随着中国国家实力的快速增长，西方敌对势力也加紧了对中国实施围堵和遏制政策，"新疆问题"成为其制衡中国的一张重要的牌。与此同时，新疆"三股势力"实施的暴力恐怖活动一度十分突出，严重危害到新疆各民族群众的生命财产安全，维护稳定、实现长治久安成为新疆工作的总目标，特别是南疆经济发展的落后和复杂的区情，要求国家进一步采取系列措施来实现社会稳定。在这一背景下，中国共产党适应新疆治理的独特需要，不仅明确提出了"做好新疆工作，必须把兵团工作摆在重要位置，在事关根本、基础、长远的问题上发力"[18]，而且为适应维护新疆稳定的需要，提出了"维稳戍边是兵团的看家本领"，兵团要不断"提高维稳戍边能力"。[19]屯垦戍边理论的进一步充实和完善，使其能更好地为国家治理新疆服务。

一是充分肯定了屯垦戍边对新时代国家治理新疆的重要性。进入新时代，实现中国梦是全体中华儿女的共同追求。但为防范与遏制中国的发展，西方敌对势力进一步加大了打"新疆牌"的力度，甚至公然支持新疆的"三股势力"在新疆从事暴力恐怖活动，导致新疆的稳定和发展问题更为复杂，以至于党中央对新疆稳定形势的判断是当前新疆正处于暴力恐怖活动活跃期、反分裂斗争激烈期、干预治疗阵痛期的"三期叠加"时期。维护新疆社会稳定、实现长治久安成为新疆各民族的共同愿望，也是中华民族实现伟大民族梦的前提条件。2013年习近平总书记指出："新疆的发展和稳定，关系祖国统一、民族团结、国家安全、社会稳定，务必高度重视，常抓不懈。"[9]为此，党中央在高度肯定兵团屯垦戍边在国家治理新疆中的作用，同时要求兵团在新疆更好发挥特殊作用。2014年习近平总书记在视察新疆时就指出："在新疆组建、

恢复生产建设兵团，不断加强兵团工作，支持兵团发展壮大，是中央治国安邦的一项战略性决策，是维护国家统一、开发建设边疆的重大举措。”[15]“在新疆组建担负屯垦戍边使命的兵团，是党中央治国安邦的战略布局，是强化边疆治理的重要方略。”[18]第二次中央新疆工作座谈会明确指出：“新疆的发展稳定要高度重视兵团这支特殊力量。”[9]2014年中共中央、国务院、中央军委在给兵团成立60周年的贺信中则指出：“在推进新疆社会稳定和长治久安的进程中，兵团地位更加重要、责任更加重大、使命更加光荣。”[9]

二是强调履行好屯垦戍边使命必须全面深化改革。进入新时代，推进国家治理体系和治理能力现代化是以习近平为核心的党中央治国理政的重要内容。兵团作为国家治理新疆的重要方略之一，要更好地融入国家治理体系和治理能力现代化的战略框架中发挥特殊作用，就必须全面深化兵团改革。2014年习近平总书记在兵团视察时提出要“全面深化兵团改革”。[18]第二次中央新疆工作座谈会更明确提出：“在新的历史时期，必须深入研究兵团发展面临的体制机制制约和突出困难，加强顶层设计和法制建设，全面深化改革，支持兵团发展壮大”。[9]“要适应发展社会主义市场经济的要求，深化兵团内部改革，完善治理结构，提高治理水平。”[9]为落实习近平总书记和第二次中央新疆工作座谈会的要求，2017年中共中央、国务院颁发了《关于新疆生产建设兵团深化改革的若干意见》。该《意见》对兵团改革做出顶层设计，指导兵团进行全面深化改革，以从根本上增强兵团的活力，促进兵团快速发展，积蓄强大的综合实力为党中央的治疆需要服务。

三是与时俱进地丰富了新时代屯垦戍边的内涵。2009年乌鲁木齐“7·5”事件的爆发以及随后发生的一系列暴恐事件表明，对新疆的治理仅仅大力发展新疆经济是远远不够的，还需要从政治、文化、社会、军事等多方面来统筹考虑。这就要求中国共产党在国家综合实力不断增强和互联网等现代传媒快速发展的情况下，结合世界百年未有之大变局对新疆产生的影响，从顶层考虑设计治疆问题。面对治疆的严峻考验，以习近平同志为主要代表的中国共产党人跳出传统的思维模式，把屯垦戍边放在更高的战略空间和时间纬度来统筹考虑，对兵团屯垦戍边在新疆的独特作用有了更为全面的要求：不仅明确要求“兵团的同志要牢记自己的历史使命，增强完成中央赋予的屯垦戍边重要任务的责任感、使命感”，[15]而且要求“要发挥好兵团调节社会结构、推动文化交流、促进区域协调、优化人口资源等特殊作用，使兵团真正成为安边固疆的稳定器、凝聚各族群众的大熔炉、先进生产力和先进文化的示范区。”[18]

四是持续推进垦区城镇化。十八大以来，以习近平同志为主要代表的中国共产党人提出了“以人民为中心”的发展理念，把人民对美好生活的向往作为党的奋斗目标。为尽快改善兵团干部和职工群众的工作生活环境，留住和吸引更多的人参与到新疆的建设上来，为新疆的社会稳定和长治久安做贡献，党中央明确要求要加快兵团的城镇化建设步伐，并从战略上做出部署。第二次中央新疆工作座谈会就指出：要“支持兵团加强特色城镇建设，积极稳妥推进师市合一、团镇合一，使城镇成为集聚人口产业、加强民族团结、示范现代生活的重要载体和平台。”[9]2017年为更好推进兵团南疆师团的发展，中央明确提出要在南疆师团建设以一师阿拉尔市为中心，以二师铁门关市、三师图木舒克市、十四师昆玉市为依托，以一团、五团、三十六团、三十八团、四十一团、四十五团、五十四团、二二五团为支点的城镇，大力推进兵团的城镇化建设。

五是强调了新时代维稳戍边要推进兵地融合发展。兵团呈插花状态分布在全疆各地，是新疆的重要组成部分。处理好兵地关系，实现融合发展，是兵团屯垦戍边事业健康发展的需要，也是更好发挥兵团特殊作用的需要。习近平总书记强调：“兵地融合是兵团作为新疆组成部分的重要体现，也是发挥兵团特殊作用的重要途径。”[20]第二次中央新疆工作座谈会指出：“要牢固树立兵地‘一盘棋’思想，从国家战略和新疆大局出发，处理好兵地关系，实现与地方利益同体、感情相连，推动兵地融合发展。经济是催化剂。要探索兵地产城融合、园区共建、相互参股、以团带乡等新模式，尤其在重大基础设施、公共服务体系建设方面，要同步规划、同步建设、同步受益。”[9]

六是充分肯定新疆生产建设兵团屯垦戍边的特殊组织形式。兵团党政军企合一的屯垦戍边组织形式，是立足于我国国情和新疆区情而产生的特殊组织形式，是中国共产党因地制宜治理中国不同边疆地区的独特产物，体现了中国共产党实事求是的精神和创新边疆治理方式的成果。对兵团在新疆履行屯垦戍边使命，2014年习近平总书记在视察新疆时指出：“历史上，从秦始皇时代后的各个朝代都把屯垦戍边当做开发边疆、巩固边防的重要举措。新疆地区的屯垦活动，从汉武帝开始，已经有2000多年的历史。”“兵团的存在和发展绝非权宜之举，而是长远大计。”[18]第二次中央新疆工作座谈会指出：“在新疆组建生产建设兵团是党中央治国安邦的一大创举，这种制度安排在全国是独有的。”[9]2014年国务院在《新疆生产建设兵团的历史与发展》白皮书中指出：“一九五四年中央政府决定在新疆成立生产建设兵团。这是符合中国国情和新疆实际的战略举措，也是历史经验在新的历史条件下的继承和发展。”[9]

七是明确了要弘扬屯垦戍边精神。习近平总书记指出：“人无精神则不立，国无精神则不强。”[21]在新疆屯垦戍边，既远离内地，又面临着自然条件、文化社会环境等都与内地存在较大差距，特别是进入新时代，随着国家发展重心向民生倾斜，内地的软硬生活环境都处于快速改善中，新疆相对落后，生产生活条件远不如内地优越。在这样的环境下，除正常的物质生活外，兵团还要有一种精神来支撑，这样才能真正聚集更多的人建设边疆、守卫边疆。兵团人在几十年的屯垦戍边中形成的兵团精神、胡杨精神、老兵精神，具有强烈的感召力和凝聚力，是激励更多人参与到屯垦戍边事业中来的精神动力。2013年习近平总书记在给四十七团老兵的回信中指出：“要以老兵精神激励更多年轻人为祖国边疆的长治久安和繁荣发展作出贡献。”[9]在第三次中央新疆工作座谈会上更明确要求：“要弘扬民族精神和时代精神，践行胡杨精神和兵团精神，激励各级干部在新时代扎根边疆、奉献边疆。”[22]

与时俱进地推进理论创新，是中国共产党成功的关键。中国共产党屯垦戍边理论是在大量实践的基础上，把马克思主义的基本原理与中国边疆的实际相结合，逐步发展和完善起来的，体现了理论和实践的相辅相成。其发端于革命战争年代，形成于社会主义革命和建设年代，在改革开放的背景下得到丰富和发展，进入新时代后又得到进一步的充实和完善。中国共产党屯垦戍边理论的形成和发展是中国共产党把马克思主义普遍原理与中国具体国情相结合的重要体现，也展现了中国共产党与时俱进的本质特征和强大的生命力。

参考文献

[1] 农垦部政策研究室.农垦工作文件资料选编（1949—1982）[M].北京：农业出版社，1983.

[2] 毛泽东.毛泽东选集·第3卷[M].北京：人民出版社，1991.

[3] 毛泽东.毛泽东选集·第1卷[M].北京：人民出版社，1991.

[4] 新疆生产建设兵团史志编纂委员会.新疆生产建设兵团史料选辑·第13辑[M].乌鲁木齐：新疆人民出版社，2004.

[5] 中共中央文件选集·第11册[M].北京：中共中央党校出版社，1986.

[6] 马克思，恩格斯.马克思恩格斯选集·第36卷[M].北京：人民出版社，1972.

[7] 马克思，恩格斯.共产党宣言[M].北京：人民出版社，1964.

[8] 马克思.资本论·第1卷[M].北京：人民出版社，1975.

[9] 中共中央文献研究室.新疆生产建设兵团工作文献选编（1949—2014）[M].北京：中央文献出版社，2014.

[10] 中共中央文献研究室.建国以来重要文献选编·第3册[M].北京：中央文献出版社，1992.

[11] 毛泽东.毛泽东文集·第6卷[M].北京：人民出版社，1999.

[12] 佚名.关于组建和发展新疆生产建设兵团的文献选载[J].党的文献，1996（2）：26.

[13] 毛泽东.毛泽东著作选读·下册[M].北京：人民出版社，1986.

[14] 刘先照.中国共产党主要领导人论民族问题[M].北京：民族出版社，1994.

[15] 中共中央文献研究室.新疆工作文献选编（1949—2010）[M].北京：中央文献出版社，2010.

[16] 农业部农垦司.农垦工作文件资料选编（1983—1990）[M].北京：农业出版社，1992.

[17] 新疆生产建设兵团史志编纂委员会.新疆生产建设兵团史料选辑·第14辑[M].乌鲁木齐：新疆人民出版社，2004.

[18] 马林，马峻.习近平总书记考察兵团纪实[N].兵团日报，2014-05-08.

[19] 车俊.履行屯垦戍边使命 维护社会长治久安[N].人民日报，2014-05-27.

[20] 习近平总书记考察调研兵团重要论述[N].兵团日报，2016-04-29.

[21] 中共中央文献研究室.十八大以来重要文献选编（下）[M].北京：中央文献出版社，2018.

[22] 习近平在第三次中央新疆工作座谈会上强调：坚持依法治疆团结稳疆文化润疆富民兴疆长期建疆　努力建设新时代中国特色社会主义新疆[N].人民日报，2020-09-26.

中国共产党领导屯垦戍边的光辉历程及宝贵经验

新疆生产建设兵团党委党校　罗利华　王玉柳

一、抗日战争时期的大生产运动

抗日战争进入相持阶段后，在国民党反动派和日本帝国主义的双重压力下，陕甘宁边区遭遇严重困难，党中央和毛主席作出了军队参加生产的决策。1939年初，毛泽东指出："在比较巩固的根据地上，战斗部队担任作战任务，后方机关人员担任生产。"[1]1942年，毛泽东要求延安的驻军："除三五九旅已经全部从事屯田及骑兵部队因特殊条件难于立即实行屯田外，其余各部，除负担守备任务外，均应以一个至几个相当数目的部队实行屯田政策，以增加农业生产。"[2]

在党中央和毛主席的号召和命令下，陕甘宁边区的军队开展了轰轰烈烈的大生产运动，其中表现最突出的是王震领导的三五九旅。1939年10月，王震要求部队立即准备来年的春耕，并决定停发全旅官兵9至12月的津贴，用以开办旅、团的合作社（商店），开办手工工厂。12月，王震又规定，所有勤务员去工厂工作，集中各级干部的马车发展运输业，旅直属队的炊事员要熬盐、挖炭，并到工厂做炊事员，全体指战员都要参加背炭背粮，并主动帮炊事员挑水。

1940年底，王震率领三五九旅进驻南泥湾，并成立了以王震为首的生产委员会，负责领导全旅的生产工作，同时各团也成立了生产领导机构。部队初入南泥湾时，方圆几十里没有人烟，荒坡荆棘丛生，深林遮天蔽日，生产生活条件极为恶劣。战士们用树枝杂草搭建帐篷聊以为宿，徒步前往百余里外背粮运盐，就地挖野菜、打野兽以果腹，夏天缺少衣物则光膀开荒种地。在全体官兵不畏艰难地努力下，三五九旅第一年的生产就取得较大成就。"全旅开荒种地1.12万亩，收细粮1200余石（每石270市斤）、蔬菜164.8万斤，每百人约养猪20头，经费自给（包括衣服、油盐、津贴、杂支等）78.5%。各部大都超额完成了计划。”[3]在此基础上，王震制定了科学发展方针：农业为第一位，工业和运输业为第二位，商业为第三位，确保三五九旅的生产取得了骄人成就。

在党中央的号召和三五九旅的示范下，1942年后，陕甘宁边区的其他部队开辟了槐树庄、金盆岭、大凤川、小凤川、二家川、豹子川、清泉镇、郭家渡、关门子、田家湾、柳林、葫芦河等垦区。同时，部队的生产运动也促进了地方党政机关的生产运动。“1944年，单是陕甘宁边区军队和机关人员，靠自己的劳动所生产的粮食，约占边区粮食总产量的8%，这个百分比超过他们的人数同边区总人口的比例。”[3]

二、各军区生产建设兵团的屯垦戍边

1954年，党中央根据新疆的实际，组建新疆军区生产建设兵团（后统一称为新疆兵团）。1968年至1971年，党中央借鉴新疆兵团经验，新建了12个军区生产建设兵团。虽然所有兵团在1972年至1975年被撤销，但在党中央的领导下，各军区兵团的屯垦戍边工作取得了较大成效。

（一）新疆兵团的屯垦戍边工作

新疆兵团组建后，各级干部职工发扬以“热爱祖国、无私奉献、艰苦创业、开拓进取”为主要内涵的兵团精神，在新疆广袤的戈壁沙漠战天斗地，兴建起了一座座国营农场，创建了一批批工、交、建、商企业，兴办起了一项项科、教、文、卫事业，为建设新疆、巩固国防做出了不可磨灭的贡献。

1.新疆兵团的农业。新疆兵团成立后，按照“不与民争利”的原则，开赴“路到头、水到头、电到头”的戈壁沙漠，通过大力推广农业机械化，大量兴修水利工程，在南疆的塔克拉玛沙漠、北疆的古尔班通古特沙漠边缘及其他自然环境恶劣的地区，建设了大量正规化国营农场。

1954年至1975年，新疆兵团农业总产值从3153万元增加到37313万元。主要农产品产量得到大幅度提高，其中粮食产量从7.18万吨增加到65.39万吨，棉花从0.19万吨增加到1.03万吨，油料从0.21万吨增加到1.51万吨。新疆兵团的农业大发展，不仅解决了驻疆军民的粮食问题，还为国家提供了大量商品粮和工业原料。三年自然灾害期间，新疆兵团不仅没有发生严重缺粮问题，而且还为内地受灾省份支援了大量粮食。

2.新疆兵团的工、交、建、商企业。1954年至1966年，兵团借鉴历代屯垦戍边经验和三五九旅南泥湾大生产的经验，大力发展工、交、建、商业企业，并取得巨大成效。"文革"时期，这些行业遭受严重破坏。

1966年，有独立核算工业企业297个，工业总产值高达6.12亿元。文革时期，新疆兵团工业遭到严重破坏，至1975年兵团撤销时，工业总产值减少到1.65亿元。1966年，新疆兵团的客运量达46.27万人，货运量达653.94万吨。修筑了乌艾公路、伊昭公路，参与修建了伊库公路。"文革"时期，新疆兵团交通运输业受到严重破坏，损失惨重。1954年至1966年，新疆兵团建筑队伍不仅承建了铁门关水电站、跃进钢铁厂、石河子八一毛纺织厂等内部工程。还承建了独山子炼油厂、自治区党校、库若公路等新疆维吾尔自治区的工程。"文革"时期，新疆兵团建筑业遭到毁灭性打击，1975年，建筑业总产值从1966年的2.62亿元下降到0.39亿元。新疆兵团商业起源于军人合作社，1966年纯国内批发零售商品总额达1.98亿元。"文革"时期，商业机构被大量撤销，1974年，商业利润仅1000万元，是1965年20.7%。

新疆兵团还因地制宜、因陋就简地发展起了科教文卫事业，并且形成了一定规模，具备了相当于甚至高于新疆地方的较高水平。

3.新疆兵团的戍边工作。1962年"伊塔事件"发生后，新疆兵团积极执行党中央的命令，组建了6个独立营21个武装值班连，沿边境线建立了82个边防哨卡、检查哨和巡逻点，积极配合人民解放军边防部队，昼夜巡逻在边境线上。同时，新疆兵团还抽调近两万优秀职工前往伊犁、塔城、阿勒泰地区执行代耕、代牧、代管工作，并组建了边境农场带。

1962年，针对印度不断入侵和蚕食我国领土，中印边境局势战事一触即发的状况，新疆军区要求新疆兵团提供支援。1962年7月21日，新疆兵团抽调401辆汽车、1125名民兵和驾驶员参与支前运输任务。同时，还抽调20辆战备车，配合解放军执行战勤任务。其中独立汽车第三营四连的9辆车，15名正、副驾驶员和保修工，荣立了集体三等功。

（二）新建军区生产建设兵团的屯垦戍边工作

12个新组建的军区生产建设兵团（以下简称新建兵团）成立后，各级干部职工发扬一不怕苦、二不怕死的精神，积极恢复各垦区的农业，发展工、交、建、商企业，一些兵团还为巩固国防做出了贡献，较好地履行了屯垦戍边的职责。

1.新建兵团的农业。新建兵团大都是在改造原有农垦系统的基础上组建起来的，非常重视恢复和促进农业生产。

1968年至1973年，黑龙江兵团先后新建了9个农场。1974年，黑龙江兵团的粮食产量从上一年的9.3亿公斤，增加到15.75亿公斤；上交给国家的商品粮从上一年的2.35亿公斤增加到7.35亿公斤。1975年上交国家粮豆增加到10.65亿公斤。1970年至1971年，广州兵团开荒种植橡胶树180万亩，相当于广东垦区过去18年橡胶保有面积的83%。安徽兵团时期，平均每年投资农业基本建设达700万元左右。安徽兵团存在的7年时间，生产的粮豆累计达5.5亿公斤。

其他兵团组建后，也都十分重视农业生产，通过加大基础建设投资力度，提升农业机械化水平和大力开荒建场，使各垦区的农业生产在一定程度上得到恢复和发展。

2.新建兵团的工、交、建、商企业。新建兵团组建后，千方百计恢复和发展工、交、建、商企业，利用军队渠道，争取了很多优惠条件，促进了企业发展。

1968年至1975年，黑龙江兵团工业产值增加12多亿元，利润接近2亿元。安徽兵团组建后，工业在安徽省占据了主导地位，尤其是汽车工业被兵团全部囊括，工业企业平均每年盈利1500万元左右，工业产值占工农业总产值的70%左右。新建兵团都很重视交通、建筑、商业的发展。广州兵团不断完善和修建师部至各团场、团部至各连队的公路，垦区内的公路从1969年的1.08万公里增加到1974年的1.31万公里。1968年底，广东垦区的汽车总数为1011辆，至1974年底，汽车总数达到了2383辆，增加了1.4倍。为改善各垦区的生产生活条件，发展壮大垦区的经济，新建兵团还特别注重建筑业的发展。1969年至1973年，广州兵团共修建了274万平方米的职工生活用房，第二师设计并建成了会山双曲拱大桥。为方便职工生产生活物资的购买和农产品的销售，新建兵团都建立了比较完善的商业网络。“1969年，农垦改为安徽生产建设兵团……这时期的商业网点和流动资金都有增加，商品的品种和数量有所增多。兵团时期农垦商业得到一定的发展。”[4]

新建兵团组建后，积极借助其隶属关系方面的便利条件和自身组织化程度高的体制优势，加大资金投入，使科、教、文、卫事业在短短几年时间内得到全面恢复和较快发展。

3.新建兵团的戍边工作。新建兵团组建后，便迅速组建了数量可观的武装队伍，进行了艰苦紧张的军事训练，部分兵团还参加了不畏牺牲的边境军事战斗行动，发挥戍边功能。1969年3月2日，震惊世界的珍宝岛战斗打响后，黑龙江兵团立即命令通往珍宝岛战场公路各要点的第三师的团、营、连，成立支前领导小组，建立兵站和物资供应站，把拖拉机修配厂、工程队、医院改为战勤分队。在支援珍宝岛战斗中，3月2日至3月20日，黑龙江兵团第三师有12529人次参加了公路抢修，抢修了公路380公里，修建桥涵55座，出动支前车辆39台次，为过往车辆加油112502斤，抢修车辆187台，消耗零部件182套（件），接待就餐人员13280人，运送主食21018斤，蔬菜29864斤。[5]

三、恢复以来新疆兵团的屯垦戍边

“文化大革命”使新疆兵团（以下简称兵团）的各项事业遭到严重破坏，加之内地各兵团相继撤销，1975年，党中央决定撤销新疆兵团。兵团撤销后，国内外和疆内外的敌对势力大肆在新疆制造暴乱事端，各族人民生命财产安全受到严重威胁，1981年，党中央决定恢复兵团。兵团恢复后不断推进改革，较好地履行着党中央赋予的职责使命。

兵团恢复后走上改革开放道路，各项事业逐渐发展。1989年与1981年相比，兵团粮食产量从92.3万吨增加到了137.25万吨，农业总产值从8.78亿元增加到27.07亿元，工业总产值从9.62亿元增加到35.65亿元，国有企业财务盈利额从0.21亿元增加到1.23亿元。这一时期，兵团在全国率先引进并大面积推广地膜覆盖技术，推动了新疆现代农业的发展。投入9000余万元，支持喀什、塔城等地的农田水利建设。积极参与平暴制乱，参与了平息乌鲁木齐

"5·19"等暴乱事件，不畏牺牲抵制苏联军人入侵，奋不顾身抗击洪水守卫国土，成为稳定新疆、巩固边防的重要力量。

20世纪80年代末、90年代初，为应对内外局势，党中央决定加强兵团工作。1990年，国务院印发《关于调整新疆生产建设兵团计划管理体制和有关问题的通知》，批准兵团的国民经济和社会发展计划按行业纳入国务院有关部门计划，实行单列。1997年，中共中央、国务院印发《关于进一步加强新疆生产建设兵团工作的通知》，规定兵团自行管理内部的行政、司法事务；明确兵团计划单列的内容和办法参照计划单列市的方式进行；在阿拉尔、图木舒克、五家渠和北屯，设立自治区直辖的县级市；进一步加强武装力量建设等。1998年江泽民总书记强调"兵团是中央直属单位"。2010年胡锦涛总书记强调，支持兵团发展壮大是中央的一贯方针，对新疆维吾尔自治区的支持政策兵团同样适用，对困难地区和对口支援受援地区的政策所在地兵团师、团场同样适用。这一时期，党中央还高度重视兵团维稳戍边力量建设，如1990年，将兵团人武部改为军事部，强化了人武系统力量建设。1998年，中央军委决定，兵团对民兵行使省一级指挥权，并提高其军事机构编制等级。1999年，兵团军事部由正师级升格为副军级，所属师、局人武部由正团级升格为副师级等。

在党中央的大力支持下，兵团各项事业得到快速发展。在农业现代化方面，兵团大力推进全国节水灌溉示范基地、农业机械化推广基地、现代农业示范基地等"三大基地"建设，在节水灌溉、农业机械和植物育种与栽培、牲畜育种与饲养等先进技术的引进和研发上取得突破，并在全疆大规模推广应用。在新型工业化方面，形成了食品医药、纺织服装、氯碱化工和煤化工、特色矿产资源加工、石油天然气化工、新型建材和装备制造等支柱产业，一批工业企业成功上市。在城镇化建设方面，兵团以人口分布、土地利用空间为重点，统筹产业布局和城镇布局，初步形成以城市、垦区中心城镇、一般团场城镇、中心连队居住区为发展架构，与新疆城镇职能互补、具有兵团特色的城镇体系。在社会事业发展方面，建立了从幼儿教育到大学教育的完整教育体系，拥有农垦科学院等10余个科学研究与技术开发机构，建立了影剧院、文化馆、博物（纪念）馆、图书馆（室）、文化广场等一批文化活动场所，建立了较为完善的公共卫生服务体系。在对外开放方面，兵团发挥农业生产及农副产品加工领域的产业特长，大力发展口岸经济和物流产业，积极开拓中亚及欧洲等国际市场，进出口商品的品种和总量逐渐扩大。

与1990年相比,2020年兵团国民生产总值从45.69亿元增加到2905.14亿元，其中第一产业增加值从20.91亿元增加到673.77亿元，第二产业增加值从14.69亿元增加到1026.60亿元，第三产业增加值从10.09亿元增加到1204.77亿元。

在经济社会快速发展的同时，兵团始终牢记党中央赋予的维稳戍边特殊使命，勇当维稳处突的先锋和巩固国防的卫士。长期以来，兵团58个边境团场坚守在2019公里的边境线旁，过着“我家住在路尽头，界碑就在房后头；界河边上种庄稼，国境线上牧羊牛”的生活，坚持将“团部”设在边防驻军的前面，“连队”设在边防哨所的前面，“条田路”设在边防军巡逻线的前面，始终挺立在边防第一线，成为永不换防的边防哨兵，永不移动的生命界碑，确保着祖国西北边防的安全巩固。

四、中国共产党领导屯垦戍边事业的基本经验

中国共产党领导屯垦戍边的伟大实践，为当前新疆兵团的发展壮大和有效履行职责使命，提供了以下两个方面的基本经验。

（一）兵团的组建需要合适的条件

兵团是一种组织化程度较高的屯垦戍边组织，这种组织能够在边疆地区和内地特殊情况下，通过履行屯垦戍边的历史使命，发挥巩固国家边防、维护社会稳定和促进经济发展的重要作用。党领导的屯垦戍边实践表明，兵团只有在适当的条件下，才能发展壮大、发挥作用。

1.在国内有大量人员需要安置、边疆地区有充足的荒地或其他资源需要开发，社会局势复杂的情况下，可以考虑通过移民组建兵团，开发、建设、保卫边疆。

当社会进入深度转型时期，会导致大量人员失业，在这种情况下，如果边疆地区有充足的荒地等其他资源亟待开发，而个人及小集团又没有能力进行开发，中央政府则可以考虑通过国家行政手段，迁移待业人口前往边疆，组建兵团发展屯垦事业。如组建新疆兵团。

2.在社会秩序陷入极度混乱，外敌入侵威胁严重的情况下，可以考虑组建兵团，恢复社会秩序、抵御外敌侵略。

在社会秩序被打乱，社会稳定遭受严重破坏，而国外敌对势力又趁机威胁领土安全的情况下，可以考虑通过组建兵团来稳定社会局势和应对外敌侵略。如新建的12个军区兵团。

（二）兵团的发展需要合适的环境

党领导屯垦戍边的实践，尤其是军区兵团的发展历史表明，兵团要取得较快的发展，就必须要处理好以下几个方面的问题。

1.明确兵团性质和任务。关于兵团的性质和任务，不同时期不尽相同。如新疆兵团成立时，性质是军垦组织，执行“三个队”（生产队、工作队和战斗队）的任务。1970年，召开全国兵团会议时，指出“生产建设兵团是中国人民解放军领导的一支武装的生产部队。”[2]按照这个规定，军区兵团首先是由中国人民解放军领导的武装部队，同时又要参加生产建设工作。基于该规定，大批不熟悉经济管理的现役军人担任了各级主要领导，导致了经济严重亏损。1973年，总参谋部和农林部调查后指出：“兵团的基本性质是社会主义农业企业，主要任务是开发与建设边疆，同时加强民兵建设，‘屯垦戍边’，寓兵于农。”[2]随后兵团按企业模式经营管理，戍边使命和功能被忽视。为扭转这种错误认识，1981年新疆兵团恢复时，邓小平明确提出，新疆兵团实行党政军结合的体制，组织形式和军垦农场有所不同，要发挥“稳定新疆的核心”的作用。此后，新疆兵团按照这一定位，在改革开放中不断探索前行。

2.理顺兵团的领导关系。隶属关系复杂，领导多头是各军区兵团经济亏损的重要原因。1970年的全国兵团工作会议规定：“兵团党的建设、思想政治工作、干部工作、行政管理、军事训练、指挥调动和战备、装备等，由军区管；生产、基建、财务和物资等，由省区革委会管；年度计划和长远规划，由兵团统一编制，纳入所在省区的计划和规划。”[2]领导多头造成的权责分离，产生了相互推诿，给军区兵团的经济发展带来极大的阻碍。

1990年国务院指出：“新疆生产建设兵团的国民经济和社会发展计划按行业纳入国务院有关部门计划，实行单列。”[6]新疆兵团实行计划单列后，成为中央的直属单位，在一定程度上避免领导多头、政出多门的混乱状态。

3.正确处理屯垦和戍边的关系。戍边，就是维护边疆地区社会稳定和保卫国家边防安全的行为；屯垦，就是为戍边提供物质保障而进行的生产建设活动。由此可知，屯垦和戍边是辩证统一的关系。首先，戍边是目的。兵团只有承担维护边疆地区社会稳定，保卫国家边防安全的任务时，其屯垦活动才有存在的合理性；反之，其屯垦活动则没有存在的必要。如新建的12个军区兵团，随着社会局势的恢复和国防任务的消减，最后都被撤销。

其次，屯垦是手段。只有屯垦活动取得明显成效，戍边行为才能有较好的物资保障；反之，其戍边任务难以顺利执行。如军区兵团被撤销的一个重要原因就是经济巨额亏损，造成戍边任务难以为继，最终丧失了屯垦戍边的能力。

4.处理好兵团和地方的关系。军区兵团农垦经济发展和地方农业经济存在同地域同质性的问题，经常发生利益冲突。尤其是随着军区兵团团场数量和土地面积的不断增多，兵团与地方的冲突越来越激烈。这些矛盾严重影响兵团发展。为处理好兵地矛盾，各级党委和干部必须始终树牢兵地一盘棋思想。兵团要主动推进兵地在经济、文化、社会、干部人才、维稳等方面的合作。

参考文献

[1] 毛泽东. 毛泽东文集·第二卷[M].北京：人民出版社，1993.

[2] 农垦部政策研究室. 农垦工作文件资料选编[M].北京：农业出版社，1983.

[3] 王震传编写组. 王震传[M].北京：人民出版社，2008.

[4] 安徽省地方志编纂委员会. 安徽省志·农垦志[M].北京：方志出版社，1997.

[5] 吕书奎.亲历兵团[M].北京：中国青年出版社，2008.

[6] 新疆生产建设兵团史志编纂委员会，兵团党委党史研究室. 新疆生产建设兵团史料选辑：14[M].乌鲁木齐：新疆人民出版社，2004.

大历史观下
农垦精神的传承与弘扬

北大荒农垦集团有限公司　郭思宝

习近平总书记重视历史、学习历史、研究历史，他多次强调要引导人们树立正确的历史观。在中华民族伟大复兴征程上，端正历史观，才能更好开创未来。“历史、现实、未来是相通的”。把现在的事情同历史的逻辑发展联系起来，对未来的发展作出合理性的预测，把历史看做是一个整体和过程的研究与观点，称为大历史观，这是一种科学的历史观、整体化的历史意识，是一种从宏观到微观，把过去、现实和未来联系起来研究问题、作出决策的历史观。回顾往昔，从农垦精神形成、发展的历史中汲取智慧和力量；立足现在，审视农垦精神的地位，肯定农垦地位优势，助推农垦改革，促进经济高质量发展；开创未来，在建设大基地、大企业、大产业，打造中国现代农业航母的伟大实践中弘扬农垦精神，是传承与弘扬农垦精神的一种历史研究方法和一条科学有效的途径。

一、回顾往昔，从农垦精神形成与发展的历史中汲取智慧与力量

习近平总书记指出，“我们从哪里来？我们走向何方？中国到了今天，我无时无刻不提醒自己，要有这样一种历史感。”“历史是最好的老师”。我们时常回顾历史，就是为了看清历史，找出规律性认识，总结实践经验与方法，并用以指导实践，正所谓“学史明理、学史增信、学史崇德、学史力行”。

（一）农垦创业开发历史与农垦精神形成发展历史不可忘记

从中国农垦创业开发历史上看，农垦精神形成与发展的历史包括南泥湾精神、军垦（兵团）精神、北大荒精神等形成与发展的历史。

“南泥湾”“大生产”“三五九旅”这些概念鼓舞了几代中国人。毛泽东主席为南泥湾的题词“自己动手，丰衣足食”，成为“南泥湾精神”的象征。1941—1943年，中国共产党领导八路军在南泥湾将战斗、生产和学习三者结合，掀起了南泥湾“大生产运动”的热潮，使陕甘宁边区的经济困难问题得到解决，荒无人烟的南泥湾变成了陕北的好江南。在“大生产运动”中锤炼的“艰苦创业、自力更生、团结奋斗、同心同德”的南泥湾精神，后被提炼为“自力更生、艰苦奋斗”，并成为农垦精神的主要来源。

1947年以后，北大荒人响应毛泽东主席《关于建立巩固的东北根据地》的号召并落实中共中央“为迎接全国解放，组织亿万农民走集体化、机械化生产道路……在北满创办一个粮食工厂”“培养干部、积累经验、创造典型、示范农民”的指示，先后有14万复转官兵、上万名地方干部、10万大中专院校毕业生、20万内地支边青年、54万城市知识青年，组成百万垦荒大军开发建设北大荒，点燃了北大荒农垦事业的“星星之火”，其中1958年王震率十万复转官兵挺进北大荒，掀起了大规模开发建设的热潮。北大荒的开发建设创造了中国乃至世界垦殖史上的奇迹，百万垦荒者传承延安精神、南泥湾精神，培育了“顾全大局、艰苦奋斗、锐意开拓、勇于献身”的北大荒精神，后提炼为“艰苦奋斗、勇于开拓、顾全大局、无私奉献”，成为农垦精神的核心构件。

1949年，中国人民解放军掀开新疆屯垦史崭新一页。王震率领中国人民解放军进军新疆，开垦戈壁荒滩，就地屯垦，创建军垦农场。1954年，建立生产建设兵团。驻疆官兵用青春与热血，完成屯垦戍边的战略任务，形成“艰苦奋斗、屯垦戍边、拼搏进取、无私奉献”的军垦精神，后提炼为“热爱祖国、无私奉献、艰苦创业、开拓进取”的兵团精神，为农垦精神镌刻了红色基因的烙印。

新中国诞生不久，生产建设和国防急需的天然橡胶基本不能自产，帝国主义对我国又实行封锁、禁运。按照中央“一定要建立我国自己的橡胶基地”的决策部署，1951年政务院作出《关于扩大培植橡胶树的决定》，在广州成立华南垦殖局，抽调部队，组建林业工程师（团），开荒植胶，建立国营农（林）场，创造世界橡胶人工种植的奇迹，使帝国主义对中国的经济封锁和战略物资禁运的难题迎刃而解。海南农垦的发展，实现了我国橡胶产业从无到有、从有到优的发展局面，铸就了“艰苦奋斗、团结奋进、求实开拓、积极奉献”的农垦精神，后提炼为“艰苦创业、团结拼搏、求实开拓、改革奋进”的海南农垦企业精神。

王震是农垦精神的缔造者，率先对农垦精神进行提炼和概括。1986年2月，王震为《当代中国的农垦事业》作序所用的标题就是“艰苦奋斗、勇于开拓”。王震说：“什么是中国农垦创业者的精神呢？我认为，最主要的一是艰苦奋斗，一是勇于开拓。”王震将军缔造了农垦精神，自觉践行农垦精神，并不遗余力地宣传和弘扬农垦精神，他不仅是农垦精神的缔造者，还是农垦精神的传承者、弘扬者。

回顾农垦精神形成与发展的历史，也是回顾农垦创业与开发的历史。一部农垦创业开发史，亦是一部农垦精神的创造史、发展史和弘扬史。农垦精神的形成、发展与农垦创业开发历史相伴相生、相互作用。农垦事业的开发，为农垦精神的孕育和培养提供了营养丰富的土壤，使农垦精神在开发建设的历史实践中生根、发芽，在艰苦卓绝的开发建设历程中茁壮成长；农垦精神的成长与传承，又推进了农垦创业开发的进程，在精神传承与发扬过程中激励农垦人创造不朽业绩与光荣历史。

（二）分析农垦精神特点，感知其强大生命力

“历史是最好的营养剂”。从农垦精神形成与发展的历史中分析总结其特点，感知其强大生命力，具有现实与历史意义。

农垦精神，是中国农垦人这个特殊的群体，在特殊的历史时期，为肩负起国家特殊使命，而形成的一种特殊精神，是几代农垦人为了共同的理想、目标，在奋斗中孕育形成的伟大精神，其核心是“艰苦奋斗、勇于开拓”。具有鲜明的历史继承性、广泛的群体性、鲜明的时代性和伟大的实践性。

创业初期，拓荒者凭借自力更生的创业精神、以苦为荣的乐观精神和勇往直前的革命英雄主义精神，把茫茫荒原、戈壁滩变成万顷良田。创业开发实践中，拓荒者们的优秀思想、品质、作风，相互结合、渗透、作用。鲜明的历史继承性是农垦精神发展壮大的强大生命力。

特定的自然条件和社会环境，决定了南泥湾、北大荒、新疆兵团的开发，不可能是个体的行为，也不可能是松散的群体行为。共同的理想、奋斗目标，把农垦人联结成团结一致的英雄群体。群体性，是农垦精神最鲜明的特征。在农垦事业的艰苦开拓时期，大批转业官兵、内地支边青年和城市知

识青年奔赴边疆、荒原和戈壁滩建设农场。其中到北大荒开发的复转官兵就有14万人，其中包括荣誉军人3100人，解放团复转官兵4400人，农建二师3个团8300多人，铁道兵7个师的复转官兵1.74万人，1958年复转官兵8.15万人，1966年来自沈阳军区的复转官兵10769人和1968年兵团复转军人4831人。动员复转官兵人数之多，拓荒面积之大，持续时间之长，影响之深远，在拓荒开发史上罕见。1985年资料表明，其中有老红军60余人，老八路2000余人，参加过解放战争的1.6万余人，参加过抗美援朝战争的5.3万余人。有3000余名复转官兵为北大荒农垦事业献身。初步统计，截至2018年7月，北大荒尚有复转官兵3681人，大多复转官兵已长眠于黑土地。

农垦精神是特定时代所产生的特殊精神，同农垦事业同生、同育、同步发展，是历史性和时代性的有机统一。“艰苦奋斗、勇于开拓”是农垦人的传家之宝和创业基石，表明了特殊时期的特殊性和时代性。在改革开放实践中，“勇于开拓”“开拓进取”“求实开拓、改革奋进”不断被赋予新的时代内涵。

无论在创业开发建设时期、艰苦探索时期还是改革开放新时期，农垦精神一直是农垦人直面困难、顽强拼搏、开拓创新、深化改革的精神支柱，将农垦事业不断推向前进，农垦精神具有伟大的实践性。

精神既是历史的，也是现实的；农垦精神既是精神的一座丰碑，也是奋进的一盏明灯。回顾中国农垦创业开发史、农垦精神形成与发展史，有利于强化理论、历史思维，深刻认识中国共产党领导下的中国农垦发展、农垦精神形成发展的历史规律，增强历史自觉、筑牢信仰之基，增强农垦发展信心、传承红色基因、践履知行合一，为发展中国农垦事业、共筑中国梦贡献力量。

二、立足现在，审视农垦精神的地位，肯定农垦的独特优势，坚定信心，助推农垦改革

农垦改革兼有国有企业改革和农业农村改革的双重特性，农垦处在城乡、工农、国内国际的大格局中，事关发展全局。2021年是“十四五”开局之年，也是建党100周年，继续做好农垦改革深化工作具有重要意义。

一个前进的时代，总有一种奋发向上的精神；一个发展的民族，总有一种积极进取的意志。农垦精神是中华民族精神的传承，是中国革命精神的重

要组成部分，重新审视农垦精神的地位，充分肯定农垦的地位、战略定位和独特优势，主动融入和服务国家战略，深入推进垦区集团化、农场企业化改革，促进农垦经济高质量发展，全力保障国家粮食安全和重要农产品有效供给，对“十四五”开好局、起好步具有重要意义。

（一）农垦精神是中华民族精神的传承

中国是文明古国之一，中华民族自古以自强不息、勤劳勇敢著称于世。“天行健，君子以自强不息;地势坤,君子以厚德载物”，激励着中华儿女奋发图强。“艰难困苦，玉汝于成”“忧劳可以兴国，逸豫可以亡身”成为众多仁人志士的座右铭。中华民族在漫长的发展历史中，形成了以爱国主义为核心的团结统一、爱好和平、勤劳勇敢、自强不息的伟大民族精神，这种精神是鼓舞中华民族除旧创新、开拓进取的源泉,也是民族优秀文化得以绵延不断的巨大内驱力。

农垦精神根植于中华文明，继承了中华民族自强不息、吃苦耐劳、百折不挠、艰苦奋斗的优良传统。中华民族的传统美德构成了农垦精神的基本内核，爱国主义是农垦精神的主旋律。在农垦人眼中，党和国家利益高于一切。农垦事业诞生之初，就肩负国家的特殊使命，在以爱国主义为核心的民族精神激励下发展壮大。茫茫荒原、大漠戈壁，面对极端恶劣的自然环境和艰苦的生产、生活条件，农垦人怀着对党的无限忠诚、对祖国的无限热爱，为了保障国家粮食安全、解决战略物资供给、维护边疆稳定和促进民族团结，献了青春献终身、献了终身献子孙，千斤重担挑肩头，无怨亦无悔。

农垦精神是中华民族传统美德和以爱国主义为核心的民族精神在农垦人创业开发伟大实践的集中反映，爱国主义、集体主义构成了农垦精神的思想基础。农垦精神是中华民族精神的传承与延伸，成为鼓舞全国人民干事创业的精神力量，成为中华民族历久弥新的精神财富。

（二）农垦精神是中国革命精神的重要组成部分，烙印着红色基因

中国共产党在艰苦卓绝的革命斗争中，在艰辛探索的社会主义建设和改革开放新时期，创造的非凡的中国革命精神是中国人民不甘沉沦、积极进取、奋发图强的精神境界、精神风貌、精神力量和精神人格的总写照。农垦精神与红船精神、延安精神一脉相承，是中国革命精神的重要组成部分。

中国共产党领导的农垦事业起源于抗日战争时期。1939年冬，陕甘宁边

区开展军民大生产运动，延安创办了抗日民主根据地第一个农场光华农场。1941年，王震率领一二〇师三五九旅，开发建设南泥湾。1947年，东北行政委员会和黑龙江地区五省创建一批公营农场，其中6月创建松江省营第一农场、12月创建东北行政委员会通北机械农场。1948年，华北人民政府农业部在河北省建立冀衡农场。1949年，东北荣军工作委员会创建一批荣军农场和解放团农场。新中国成立后，以成建制的人民解放军转业官兵为骨干、吸收大批知识分子、支边青年组成的农垦大军，奔赴边疆和内地荒原，开始大规模垦荒造田、兴办国有农场的创业历程。

中国农垦事业发展历史与中国共产党史、国史紧密相连，所创造的农垦精神是中国共产党革命精神谱系的延伸。农垦事业创业之初，第一代农垦人的主体是几十万复转官兵，他们经历过中国革命血与火的洗礼。王震将军率中国人民解放军开发南泥湾，率铁道兵在北大荒创建一批“八”字头的农垦农场，1958年率十万复转官兵开发北大荒。开发建设八五二农场的铁道兵三师代师长黄振荣便是同王震开发南泥湾的战友。解放战争时期第一批北大荒机械农场的创建者李在人、周光亚是党中央从延安派出的干部。可以说，农垦精神与生俱来就带有中国革命的红色基因。

立足现在，重新审视农垦精神的地位，充分肯定农垦的独特优势，用大历史观的视角，从历史和现实、纵向和横向角度，坚定农垦人改革发展的信心。深刻认识到农垦贡献不可磨灭、作用不可替代、角色不可或缺、前途不可限量；深刻认识到农垦是中国特色农业经济体系不可或缺的重要组成部分，是保障国家粮食安全和重要农产品有效供给的国家队、中国特色新型农业现代化的示范区、农业对外合作的排头兵、安边固疆的稳定器；深刻认识到农垦形成了组织化程度高、规模化特征突出、产业体系健全的独特优势。免受“农垦历史使命已经完成”“农垦事业可有可无”等杂音的干扰，咬定改革发展不放松，激发农垦人干事创业的热情、凝聚农垦人的智慧与力量，投身农垦改革发展实践。

三、开创未来，在建设大基地、大企业、大产业，打造中国农业领域航母的伟大实践中弘扬农垦精神

伟大的创业实践，需要有伟大的创业精神支持和鼓舞；伟大的创业实

践，必然呼唤产生伟大的创业精神。农垦开发建设的伟大实践孕育形成了农垦精神，改革开放和率先实现农业现代化的伟大实践，为农垦精神赋予了新的时代内涵。具有丰富实践性特征的农垦精神，必将激励无私无畏的农垦人砥砺前行。农垦精神，承载着中国共产党人的初心和使命，它跨越时空、历久弥新，是农垦人践行使命的力量源泉。开创未来，进一步传承好、弘扬好农垦精神，对于农垦人勇担使命，建设大基地、大企业、大产业，打造中国农业领域航母，全面推进乡村振兴，促进中华民族伟大复兴具有现实意义。

（一）坚持“人民是历史的创造者”的观点，发挥农垦精神激励引导作用

马克思和恩格斯说过：“历史不过是追求着自己目的的人的活动而已。”人是万物的主宰，是历史的创造者，是历史进程中的主体。精神的力量在于它能鼓舞和激发出人的潜能和创造力，在于把精神动力最大限度地转化为物质力量。以爱国主义为核心的“艰苦奋斗、勇于开拓”的农垦精神，流淌着中华民族薪火相传、生生不息的精神血脉。农垦精神作为一种先进的群体意识，具有强大的内在号召力，对培养造就一支有理想、有道德，有文化、有纪律的农垦大军具有更大意义，是实现农垦事业不断发展壮大的决定性因素之一。

开创未来，更要充分发挥农垦精神激励作用，引导这支农垦大军勇担“中国粮食、中国饭碗”的重担，提高政治站位，全力投入到建设大基地、大企业、大产业，打造中国农业领域航母的伟大实践中。充分发挥中国农垦的主力军作用，在中华民族伟大复兴战略全局和世界百年未有之大变局中，履行国家使命、承担战略任务、体现责任担当，在新冠肺炎疫情加剧世界动荡变革的特殊时刻，夯实稳住农业基本盘，守好“三农”基础，发挥农垦农业现代化优势，示范带动周边农村，全面推进乡村振兴，促进中华民族伟大复兴。

（二）艰苦奋斗的精神不能丢

艰苦奋斗是农垦事业不断发展和壮大的立足之本，是农垦人的政治本色，是农垦人自力更生的创业精神、以苦为荣的乐观精神、敢打必胜的拼搏精神的集中体现。艰苦奋斗是农垦精神的精髓，是农垦人的传家之宝，任何时候都不能丢。“新时代是奋斗者的时代”“奋斗是长期的，前人栽树、后人乘凉，

伟大事业需要几代人、十几代人、几十代人持续奋斗"，这既是习近平总书记的殷切希望，更是谆谆教诲和明确要求，唯有艰苦奋斗、持续奋斗，才能不负初心、践行使命。

（三）勇于开拓的精神不能丢

1986年2月，王震在《当代中国的农垦事业》中写道："我国的农垦事业一开始就是开拓创新的事业，创业者披荆斩棘，按照国家需要，在白纸上画出最新、最美的图画。现在，新疆可以生产长绒棉，海南岛可以种植橡胶，黑龙江的沼泽地里可以生长小麦、大豆，但在20世纪50年代，这却是前无古人的，是一种新的开拓，需要勇气，需要毅力。农垦的开拓精神，不仅表现在生产力的发展上，而且还表现在经营管理方式的创新。"

勇于开拓是农垦事业不断发展和壮大的动力源泉，彰显了农垦人的精神风貌，是农垦人勇往直前的进取精神、勇于探索的创新精神和尊重科学的求实精神的集中体现，任何时候都不能丢。新一代农垦人更要传承、弘扬老一辈的勇于开拓精神，在新的历史征程中，绘制最新、最美画卷。

（四）不断赋予农垦精神时代新内涵

虽然农垦精神是在特定的地域、特定的事业、特定的群体、特定的时代形成的，但它既有民族精神的深远基础，又凝结着新时代的活力源泉。要结合实践与时代特点，不断赋予农垦精神时代新内涵。如北大荒农垦集团有限公司在推进改革和高质量发展进程中，赋予北大荒精神新的时代内涵，注入了踏遍坎坷志不变的敢于斗争、敢啃硬骨头的改革精神，爱国、创新、诚信、社会责任和国际视野的企业家精神，以四位一体带动农业农村现代化和乡村振兴的勇闯新路精神，精细化维护稳定大局的钉钉子精神等意志品质，以精神力量为北大荒航母塑形铸魂。

无论回顾往昔，还是立足现在、开创未来，中国农垦事业的发展，都需要大力传承与弘扬"艰苦奋斗、勇于开拓"的农垦精神。树立大历史观，引导、激励农垦人，发扬红色传统、传承红色基因，赓续共产党人精神血脉，书写全面建成大基地、大企业、大产业，打造中国现代农业航母的新篇章。

浅析当代农垦事业创建时期的红色基因

江西省农业农村产业发展服务中心　明经结

屯垦，这在中国各个历史时期乃至世界各地的各个年代早已有之。我们党领导的当代农垦事业表象上看，与这些屯垦有某些相似之处。但本质上却是天壤之别，它是伴随着我党我军的建立发展壮大而茁壮成长起来的，血脉里一直传承着红色基因。李自宏编撰的《不忘初心回望井冈山》中记述，毛泽东同志当年刚从师范毕业在设计改造国家的蓝图时，就提出过一个理想社会，在这个社会里面就包含了建设当代农垦事业的某些思想。

一、增强社会主义经济领导力及稳定性是当代农垦事业区别于古代屯垦的内在特征

公元前169年晁错给汉文帝写的《守边劝农疏》中写道：选常居者，家室田作，且以备之……予冬夏衣，廪食，能自给而止。晋书《殷浩传》记载：浩开畯田千余顷，以为军储。由此可见，古代的屯垦，就只有解决军粮这一核心任务，以使士卒能够长期驻守边关。

1933年6月，当时的中国共产党驻共产国际代表团的报告中简明扼要地总结道：就是改良和增加生产，振兴和改良商品流通，以便保证红军的给养和改良劳动群众的物质生活。

毛泽东同志在1949年12月5日签发的《中央人民政府人民革命军事委员会关于1950年军队参加生产建设工作的指示》提道：人民革命军事委员会号召全军，除继续作战和服勤务者而外，应当担负一部分生产任务，使我人民

解放军不仅是一支国防军，而且是一支生产军，借以协同全国人民克服长期战争所遗留下来的困难，加速新民主主义的建设。政务院发布的《关于1952年农业生产的决定》提道：各县在可能范围内尽量地办起和办好一两个国营农场……保证超过当地农民的生产量，以国营农场的优越性，对农民进行集体化的示范教育。

王守聪主编的《打造中国农业领域的航母——新时期农垦改革发展理念与实践》第1页写道：中国共产党领导的现代农垦事业进一步将提供公共产品的范围从保障军粮供应扩展到对农村农业的示范带动。为了适应新形势和新要求，新时期农垦进一步在提供公共产品、弥补市场失灵以及增强经济稳定性方面，做出了更具创新意义的示范。同书第7页写道：光华农场的创新之处在于，对周边农村群众的示范带动作用，这一思想使之迥异于古代屯田，并被后来的农垦建设所吸纳与延续。这就更清晰明白地指出当代农垦事业不但要提供公共产品，更核心的作用是做“示范”、保障经济稳定性。

朱玲主编的《中国农业现代化中的制度实验：国有农场变迁之透视》53页写道：创办国有农场是新中国追求社会主义大农业的战略举措之一，国家领导层希望由国有农场作样板，引领和推动全国农业的集体化和现代化，国有农场自创建以来开垦了大片荒原，生产了大量农副产品，发展起了非农产业，实现了高速成长。同书57页写道：当时的领导人对国营农场的历史角色有两个预期，一是先进农业生产方式的示范者，二是先进农业技术和经验的推广者。

从这些资料可以清晰地看出，我党领导的当代农垦事业与古代的屯垦有着本质的区别：不仅仅只是保障粮食、棉花、橡胶等公共产品的供给，要农林牧副渔、工商运建服多业并举，要积极参与社会主义现代化建设和公共产品的流通，还要有科研、示范、引领、带动、推广等作用，以增强社会主义经济领导力及稳定性等，真正做到充分发挥当代农垦事业的优越性。

二、当代农垦事业始创于我党领导人民顽强斗争和艰苦创业的时期

井冈山革命斗争时期的基本状况是山多田少、生产力不高，有学者更是称当时还是“杵臼时代”。周金堂在《井冈山斗争与中央苏区时期党的经济工

作研究》中就说道：国民党当局严厉的经济封锁，造成吃饭、穿衣困难，食盐、医药等严重短缺。当时在湘赣边界特委工作的杨克敏同志曾经说道，“红军中的生活与经济是非常之艰难的”。毛泽东同志在1928年5月2日给中共中央的报告中非常清楚地说到“吃饭太难”。光靠打土豪来解决红军的给养和根据地群众的生活需求已经是不可能了，面对这重重困难就必须要有开创性的举措，不能再走盘剥人民群众之路了，农垦实体的雏形“红军公田”——模范农场由此而生。这个时期，不仅仅是井冈山革命根据地有了红色农垦的雏形，其他根据地在受到启发后，也办起了红色农垦。余伯流、何友良主编的《中国苏区史》379页写道：1929年3月……琼崖苏维埃政府和红军抓紧有利时机，进行休整，开荒生产，办起了垦殖场。这是根据地内当代红色农垦第一次使用了全新的名称——垦殖场。

《毛泽东选集》第一卷53页写道：在白色势力的四面包围中，军民日用必需品和现金的缺乏，成了极大的问题……每天除粮食外的五分钱伙食费都感到缺乏。中央苏区时期的粮、棉等供给同样非常紧张、困难，唯一的出路就是增加生产、自食其力，更具有示范带动作用的农垦实体——农事试验场在中央苏区遍地开花。

延安时期，国民党反动派对延安实施了极为严格的经济和军事封锁。加之陕甘宁边区在那段时间又遇上了旱、病、水、雹、风五大自然灾害，使我党我军境遇雪上加霜，这使得延安大生产运动受到了前所未有的关注。从中国共产党诞生的那一天起，我党我军就一直经受着各种磨难，各种艰难困苦也接踵而至，尤其是军队给养和根据地内群众的生活问题，但这始终没有难倒、吓倒坚忍不拔的中国共产党人。因此，自食其力、自力更生便成为了革命根据地生存发展的必然选择，这就需要花大力气创办好我党领导的当代农垦事业。

三、农垦相关的政策法令及农垦管理系统一直保持一定的稳定性

民以食为天，军以粮为先。中国共产党人面对重重困难，走上了一条艰苦奋斗、自力更生的保障给养的道路，始终秉承着“不与民争利”的经济思想，这就需要在制度层面对当代农垦事业的发展有着完备的设计，并且在行政管理系统设立稳定、高效的农垦主管机关。

1928年12月颁布的《井冈山土地法》规定：由苏维埃政府组织模范农场耕种。在我党的第一部《土地法》里面，明确规定了要建立能够提供公共产品且具示范带动效应的模范农场，这就把当代农垦事业和历朝历代的屯垦作了本质的区别，开启了新的历程。此后的一系列重要土地政策法规都或多或少地从制度层面制定了农事试验（示范、模范）农场的相关规定。中国共产党人不仅仅只是解决部队的给养问题，更是把带动群众一起解放、发展生产力的重任赋予中国的当代农垦事业。井冈山时期也设立了专门管理农垦实体雏形“红军公田”的专责机构——红军公谷管理委员会。

《中华苏维埃共和国地方苏维埃暂行组织法（草案)》第109条规定：土地委员会由部长……农事试验场主任组织之。第110条规定：省县区市各级土地部之下，均设……农事试验场。这在当时的中央政府组织机构之中就设立了农垦事业的专门行政主管机关。

1939年1月17日—2月4日，在陕甘宁边区第一届参议会上，边区政府主席林伯渠在《政府工作报告》中讲道：为要支持长期抗战，应付与日俱增的经济困难，同时建立国防战斗经济基础，改善人民生活，以加强抗战力量，扩大生产运动，成为目前重要战斗任务之一。同年1月26日，成立了以林伯渠为主任的总生产运动委员会。在此后一系列的重要文件指导下，在延安创办了光华农场等各类生产、技术推广、示范引领基地。

在我党的各个历史时期，我党在每一次的“顶层设计”中都充分考虑到了要建立完备的当代农垦事业政策法规体系和农垦事业集中、统一的领导、指挥、行政管理系统。

四、农垦实体在创新实践中取得了令人瞩目的成绩

有了制度、管理体系的保证，我党领导的当代农垦事业从井冈山革命根据地时期开始就探索并创办农垦实体，并且取得了不可磨灭的好成绩，强而有力地支撑着革命战争、保障着革命根据地内人民群众的生活需求。

（一）井冈山革命时期——红军公田

据张泰城《井冈山革命根据地经济建设史》一书中第141页记载：1928年7月……红军设立了农业处，分了公田，生产粮食自用。大井留守处粮

仓：……红军家属及少量湘南农军被安排在后方留守处。他们在大井耕种红军公田及种菜养猪，所收的粮食归该仓……主要供应大小五井红军、红军医院、留守处机关及红军家属用粮。也有老人回忆，茨坪北山脚下的那一大片农田、现井冈山垦殖场所在地罗浮的农田当年也是红军公田。从这些史料来分析，此时的大井、茨坪北山、罗浮等地“红军公田”已经具有了当代农垦实体的雏形、萌芽。具有这一特点的“红军公田”也延续到了中央苏区时期的早期。

（二）中央苏区时期——农事试验场

随着对农垦事业如何创办好实体的不断探索，中央苏区中后期借用了“农事试验场”这一现成的名称继续创办好当代农垦实体。

1933年10月10日，中央政府人民委员会命令第49号公布《关于土地斗争中一些问题的决定》：县苏、区苏、乡苏还须在政府机关附近适当地方，留出一部分土地以为开办农事试验场之用。毛泽东同志在1934年1月的“全苏二大”报告中指出：为着促进农业的发展，在各地组织小范围的农事试验场，都是迫切地需要的。曾任苏维埃中央政府土地部代部长的王观澜同志后来回忆道：当时在苏区，为了发展农业生产，在各县都有国家办的农业试验场，如何丰收，如何培育良种，搞科学试验便有了萌芽，还与当时不定时的短期训练班相结合。

1934年3月15日第162期《红色中华》文章《农事试验场的初步工作》，非常详细且全面地介绍了直属于苏维埃中央政府土地部的农事试验场的创办、经营等情况。围绕中央苏区当时的农业中心工作——种植棉花，农事试验场也承担了示范、试验、生产任务。1934年3月29日《红色中华》第168期，廖醒中专门撰写了《农事试验场植棉选种试验成功》一文。

琼崖苏区先后在乐六区、母瑞山、万二区等地办起了五个农场。1931年8月14日，时任闽浙赣省中央代表的曾洪易给中央的报告中说：在苏区内设立几个苏维埃农场。这个有五六千人的苏维埃农场就是西源山农场（现名磨盘山垦殖场）。从这些资料可以知道，当时的农垦实体已经发挥了极为重要的作用。

（三）山林竹木公有制度

一直身处山林地区的各个革命根据地，对于能够提供大量给养的竹木资源也寄予了厚望。《井冈山土地法》规定：竹木山，归苏维埃政府所有……竹木概由县苏维埃政府出卖，所得之钱，由高一级苏维埃政府支配之。

《井冈山革命根据地经济建设史》163页写道：王佐与王良生在井冈山的南城陂建立了交通站，而南城陂又是井冈山通往吉安的唯一一条水路，从这儿放竹排经泰和早禾市直接进入赣江，一路水运直达南昌。周金堂在《井冈山斗争与中央苏区时期党的经济工作研究》一书中记载，1928年底，井冈山革命根据地成立了竹木委员会，通过有组织地、有渠道地向国统区输送各种根据地产的竹、木、油、茶等土特产。而后的中央苏区时期也使源源不断的竹木、山货资源变成了红军给养和根据地内群众的经济收入。

尽管是满山遍野的竹木资源，但中国共产党人还是不断加强垦殖、抚育，这也成为了当代农垦实体的重要组成部分。

（四）延安大生产运动及光华农场

延安时期，我党领导的当代农垦事业进一步发展壮大，创办了著名的光华农场。在延安的大生产运动中，八路军一二〇师三五九旅按照“农业为第一位”的方针，在南泥湾开荒种田，把昔日没有人烟、到处是荒山的南泥湾变成了陕北的“江南”。毛泽东同志于1943年为延安电影团拍摄的《南泥湾》题词“自己动手、丰衣足食”。

（五）解放战争时期建立大批国营农场

农业农村部农垦局主编的《中国农垦五十年》第3页《历程篇》里写道：1947年，建立了宁安、通北、赵光、花园、永安、查哈阳等一批国营农场。到1949年，东北总计有省直属管理的机械化农场18个，各县也兴办了40多个农场，有力地支持了全国的解放战争。

新中国成立后，有着革命光荣传统、流淌着红色血液的我党领导的当代农垦事业有了更加进一步的飞越发展。

中国当代农垦事业就是“红色农垦”，红色基因一脉相承。从井冈山革命根据地创办之时起，中国共产党人就把解放、发展生产力的责任扛在了肩上，始终坚持着“不与民争利”的经济思想，一手拿枪保卫政权、一手拿镐发展生产。2015年11月27日，中共中央、国务院印发的《关于进一步推进农垦改革发展的意见》强调了农垦的地位和作用：努力把农垦建设成为保障国家粮食安全和重要农产品有效供给的国家队、中国特色新型农业现代化的示范区、农业对外合作的排头兵、安边固疆的稳定器。

从革命圣地井冈山、中央苏区一路走来的我党领导的当代农垦事业，正如王震同志诗中所写的那样：生在井冈山，长在南泥湾，转战数万里，屯垦在天山。红色基因，一直流淌在我党领导、创办的当代农垦事业的血脉里，从来就没有断流过，当代农垦就是“红色农垦”，红色农垦史深度嵌合于党史军史中。红色农垦精神就是毛泽东经济思想在农垦事业中的具体体现，更是井冈山精神、苏区精神、延安精神无法分割的重要组成部分，是我党精神谱系中的重要组成部分。

农垦人："三牛精神"的忠实践行者

广东农工商职业技术学院　高耀志

农垦人是一个特殊的社会群体。新中国成立初期，为保障粮食安全、支援国家建设、维护边疆稳定和安置复转军人等，党中央、毛主席发出号令，以五十多万复转官兵为主体，还包括大量技术人员、知识青年、爱国华侨和驻地农民等，组成了农垦创业大军。他们白手起家，开荒种地，劈山植胶，屯垦戍边，经过七十多年的艰苦奋斗，建设了一大批现代化的国有农场和重要农产品生产基地。几代农垦人在创垦兴垦的艰辛历程中，充分发扬了"为民服务孺子牛、创新发展拓荒牛、艰苦奋斗老黄牛"精神，将农垦建设成为国家在关键时刻抓得住、用得上的重要力量。

一、"大忠于祖国，大孝于人民"的孺子牛

"孺子牛"的典故出自《左传·哀公·哀公六年》，讲的是齐景公对儿子晏孺子十分疼爱的故事。后来，鲁迅先生在《集外集·自嘲》中写下"横眉冷对千夫指，俯首甘为孺子牛"的名句，"孺子牛"随之成为心甘情愿为人民服务者的代名词。在2021年全国政协新年茶话会和春节团拜会上，习近平总书记强调了要发扬"三牛精神"，其中，"为民服务孺子牛"精神排在第一位。农垦人是王震将军所说的"大忠于祖国，大孝于人民"的人，是"为民服务孺子牛"的典范。

（一）对人民，农垦人始终"心中有责"

新中国成立之初，百废待举。王震在动员相关部队转战农垦时说："民以食为天，种地生产粮食是第一位的。我们国家搞社会主义建设，就需要粮食。

所以，我主张把大批复员军人留下来，在这里办农场。”在这些军人当中，有经历过土地革命的老红军，有经历过抗日战争的老八路，也有刚刚经历过解放战争或抗美援朝战争的年轻指战员等。他们在冲过枪林弹雨直面九死一生后，多么想回去同家人在一起过过太平安稳的日子。然而，当知道祖国与人民需要后，他们又毫不犹豫地用习惯拿枪的手去握紧锄把、犁把、刀把，去开荒种粮、种棉、种胶。

农垦发展的过程，就是一个主动为民担责的过程。“一五”计划开启了新中国工业化进程，然而，正如陈云所言，“中国是个农业国，工业化的投资不能不从农业上打主意。”在接下来的半个多世纪里，农业系统为国家城镇化建设和工业积累做出了巨大的牺牲和贡献，而这当中尤以农垦为甚。以1957年为例，当年农垦职工人均交售公粮是农民人均交售数量的5.4倍。改革开放以后，我国粮食市场逐步放开。国际粮食市场对中国的冲击，粮食贩子的投机活动等，都有可能造成粮食丰产时“谷贱伤农”，粮食减产时面临危机。农垦发挥了关键的调节与平衡作用。因为农垦已建立起了一大批粮、棉、油、胶、糖、果、蔬、禽、畜、乳等大型农产品生产基地和加工、销售企业，在保障大宗农产品供给和平衡市场波动时，农垦举足轻重。

进入新时代，服务于人民日益增长的美好生活需要，农垦自觉向群众新的需求聚焦。通过推进农业供给侧结构性改革，调整产业结构，优化产品结构，农垦人一直在想方设法地把群众最关心、最直接、最现实的利益问题落实好。

（二）对群众，农垦人始终“心中有爱”

大多数垦区的农场都位于偏远落后地区，周边老百姓的生活一般也都比较困难。农垦作为“社会主义大农业”，综合实力远胜于单干的农户。农垦人一直在以自己相对先进的生产力和农业科学技术支援、帮扶和带动周边群众。数十年来，各个垦区都不同程度地吸纳了周边农村剩余劳动力到农场就业，这不仅增加了他们的收入，也让他们学会了一些先进的种植、养殖等专业技术，增强了他们自我发展的能力。

孟子说：“恻隐之心，仁之端也。”农垦人对人民群众心存仁爱。在他们遇到困难时，总是能够力所能及给予帮助。如：在20世纪中叶，东南亚部分国家出现反华、排华浪潮后，一些归国难侨安置困难，是农垦以自己博大的胸怀热情地接纳了他们。在频繁的自然灾害面前，农垦也总是及时地向周边农村施以援手。寒灾期间，广西垦区就先后出资1亿多元无偿救助受害的乡村甘蔗农户；云南垦区的勐捧农场慷慨解囊，拿出100多万元为傣家村民架桥修路……在国家提出乡村振兴战略以来，农垦很好地发挥了“国家队”“示范区”作用。广东湛江农垦通过实施产业帮扶、智力帮扶，带领雷州市雷高镇卜枞村、白沙镇水美村等脱贫；安徽农垦创新推出农服“331”模式，以项目区为示范，辐射带动小岗村等周边农村，帮助村民实现增产增收；海南农垦注重引领胶农创新，不仅带动周边种胶农民在种植技术层面不断改进，并且积极引导农民调整种养结构，种植优良品种和适销产品……农垦人坚守创垦初心，始终心系群众、造福群众，以“孺子牛”的俯首之态、爱民之心，主动担当、默默奉献。

二、勇于开拓，变“大荒”为“大仓”的拓荒牛

牛年新春，习近平总书记号召大家争做“创新发展拓荒牛”，农垦人深受鼓舞，也倍感亲切，因为他们就是一群实实在在的“拓荒牛”。1986年2月，王震在为《当代中国的农垦事业》一书所作的序言中指出：“我国的农垦事业一开始就是开拓创新的事业，创业者披荆斩棘，按照国家需要，在白纸上画最新、最美的图画。”拓荒英雄们为了“不与民争利”，毅然向亘古荒原和偏远边疆挺进。他们用自己勤劳的双手，将“生地”变成“熟地”，在荒原建起家园。

（一）化剑为犁，进军荒原

王震说：“我这个人的革命生涯，就是从南泥湾开荒，到全国农垦，还是开荒。”这位曾经叱咤风云的将军，在全国解放后又马不停蹄地指挥千军万马向祖国沉睡的荒原挺进。王震在新疆动员了11万人的队伍，他们在有“西大荒”之称的戈壁高原兴建了一批军垦农场。为了打破以美国为首的西方国家对新中国的战略物资封锁，1951年8月，政务院通过了《关于扩大种植橡胶的决定》，成立华南垦殖局，着手在“南大荒”建立我们自己的橡胶生产基地。1954年6月，时任铁道兵司令员王震向广大指战员做了开发“北大荒”的动员报告，两年后国务院批准成立了铁道兵农垦局。就这样，创业者们经

过三大“会战”，扛起了向边疆戈壁荒滩要粮要棉、突破北纬十七度生长禁区向热带雨林要橡胶和征服黑胶泥塘向“北大荒”要粮的艰巨任务。

1958年3月23日，应王震之约，郭沫若写下了名为《向地球开战》的长诗，诗中有些句子很鼓舞人心，如：“现在你们有不少同志解甲归田，不，你们是转换阵地，向地球开战。”“赶快向地球开战吧，同志们，无论在天涯海角，让我们陷阵冲锋！”于是，又有一大批复转官兵走进了全国各地的军垦农场。

（二）科技兴业，突破“禁区”

1.突破“植棉禁区”。长期以来，北纬42°以北地区被农业专家视为“植棉禁区”。新疆生产建设兵团14个师下辖的178个团场，基本都位处高纬度、高盐碱、高干旱的“植棉禁区”。1950年春，部队进入玛纳斯垦区，在小拐荒原种出了第一块棉花地，但是亩产很低。自1983年起，新疆农业科学院经济作物研究所在棉花新品种选育上下工夫，先后培育出长绒棉新海系列和新陆早、新陆中系列新品种。成功推广了膜上点播、膜下滴灌、精量播种、超宽膜植棉等一系列先进实用技术和“矮、密、早”栽培模式，膜上精量播种机、采棉机、节水设备等先进农业装备也得到大面积推广应用，为高纬度植棉提供了技术支撑。

2. 依靠科技，突破“水稻禁区”。北大荒位于北纬40° 10′～50° 20′的高寒地带，历史上这里一直以麦豆种植为主，被视为“水稻禁区”。然而，当时的北大荒多是低洼易涝田，种麦子、大豆时常被水淹，改种水稻是北大荒人的心愿！北大荒充分发挥了农垦人的体制优势，集中力量，攻坚克难。黑龙江农垦科学院、八一农垦大学、90多个试验基地携起手来，将科学试验、典型示范、逐步推广、规模生产变成一条龙。“水稻之父”徐一戎等科研人员常年奋战在试验点上，反反复复地进行着不同品种、不同样式、不同种类栽培方式的科学试验。在经过无数次对比之后，这位与袁隆平并称“南袁北徐”的老专家借鉴日本北海道的种植经验，创造了寒地旱育稀植“三化”栽培技术，撑起了寒地水稻高产稳产的风帆。

3. 依靠科技，突破“植胶禁区”。天然橡胶是重要的战略资源。西方植胶专家认定，巴西橡胶树仅仅适合生长在南纬10°和北纬17°之间的热带地区，北纬17°以北被视为“植胶禁区”。从20世纪50年代初起，不屈不挠地华南垦殖人就开始在橡胶种植“禁区”试种。他们硬是从一次次的寒害、风灾和不适宜橡胶树生长的恶劣自然条件中吸取教训，总结经验，依靠科研人员的合力攻关，研究出耐寒、抗风、高产的橡胶品种。经过几十年的多次改良，终于将天然橡胶种植基地大面积成功北移。

（三）开拓进取，引领示范

2006年，农垦系统率先启动“全国农垦现代农业示范区”建设，展示了各垦区先进的农业技术、标准化生产流程、产业化运作方式和生态农业建设经验。此后，农垦坚持每一年都在系统内组织开展粮、棉、油、胶、糖高产模式示范提升、畜牧养殖业高产攻关、农机标准化示范农场创建、热作标准化生产示范等系列活动。2009年农业部出台《关于创建国家现代农业示范区的意见》和《国家现代农业示范区认定管理办法》。此时，农垦已经先行先试了3年。农垦总结前期的经验，对照农业部文件要求，各垦区抓紧争创现代农业示范区，在有条件的农场率先实现农业现代化，为梯度推进我国现代农业发展起到了好的带头作用。

农垦人的“拓荒牛”精神在推动农垦走出去、拓展海外业务方面也具有重要的作用。跨出国门，就意味着农垦要遵守国际规则、参与国际竞争、加强国际合作、开拓国际市场。只有打造一批具有国际竞争力的现代农业企业集团，才能向世界展示自己的竞争优势。这是一个艰苦奋斗的过程，更是一个开拓进取的过程。“拓荒牛”精神激发农垦人走出去的决心和勇气，鼓舞大家去熟悉和适应外面的自然环境、市场环境和生活环境，引领大家去学习和运用国际上通行的法律法规、会计准则和质量标准等，激励企业不断探索并形成先进的经营理念、管理模式和治理结构等。

三、艰苦奋斗，默默耕耘的老黄牛

王震指出：“艰苦奋斗是农垦系统的光荣传统和全民族的宝贵精神财富，今天我们面临建设社会主义现代化强国的历史使命。过去靠艰苦奋斗，今后还要靠艰苦奋斗。”农垦人继承和弘扬了中华民族勤俭节约的传统美德，保持着革命前辈艰苦奋斗的优良作风和朴实简约的生活态度。艰苦奋斗的“老黄牛”已成为许多农垦人的代名词。

（一）保持艰苦奋斗的传统美德

毛泽东指出："我们民族历来有一种艰苦奋斗的作风，我们要把它发扬起来。"中华民族通过一代接一代地辛勤劳作，以集体的智慧和群体的合力，在神州大地繁衍生息，创造了绵延五千多年的伟大文明。农垦人踏着先辈们的足迹，白手起家为国创业，他们吃了很多苦受了很多罪，但是他们无怨无悔。

1.保持着勤劳节俭的传统。晚唐著名诗人李商隐有诗云："历览前贤国与家，成由勤俭破由奢。"这14个字系统总结了勤俭在个人修养、家庭稳定、国家发展和社会存续中的重要作用。农垦人是一个非常勤劳节俭的群体，他们"经历了开垦这块神奇的土地的无比艰辛和喜悦"，获得了最为真切的劳动体验，也因此发自内心地珍惜这些劳动成果。农垦创业者们当初的物质条件极其匮乏，但他们深信"富贵本无根，尽从勤里得"。在勤劳的同时，农垦人还注重节俭。毛泽东就曾盛赞王震将军，"首先用全力注意精打细算，自力更生，生产自给。"通过勤劳节俭，农垦人养活了自己，造福了周边，服务了国家，成就了事业。

2.养成了律己节用的美德。节俭作为一种传统美德，不仅在于它一直与勤劳结为一体，还在于节俭的人将节省下来的财物用得有意义、有价值。农垦带头律己节用，不仅可以增加自身积累，让这一维护国家粮食安全的"压舱石"更加有分量，还可为农村集体经济、农户家庭经济和农民合作经济做好示范，进而影响社会风气，助推节俭风尚的形成。长期以来，农垦人坚持工作高标准，生活低要求，谨身节用，"孝养人民"。

（二）保持克勤克俭的工作作风

新中国成立后，毛泽东指示一定要"勤俭办工厂，勤俭办商店，勤俭办一切国营事业和合作事业，勤俭办一切其他事业，什么事情都应当执行勤俭的原则。"农垦人是靠勤俭起家，更是靠勤俭发家。

1.精打细算，增加积累。农垦系统走的是"农工商"一体化建设之路，为了避免跑冒滴漏式浪费或低效、无效投入，农垦创业者精打细算，想方设法地让每一分钱的投入都有价值。在全国各个垦区，老一辈农垦人都有一句口头禅："少花钱，多办事；不花钱，也办事。"农垦人已经习惯了过紧日子，把钱花在刀刃上。如今，农垦已拥有上万亿的国有资产。这些财富不是天上掉下来的，是几代农垦人辛勤劳动与节俭积累的结果。

2.埋头苦干，负重前行。邓小平曾告诫人们：“一定要老老实实，勤勤恳恳，戒骄戒躁，克勤克俭，把一切可以团结的力量团结起来，用艰苦的劳动来创造我们的幸福生活。”农垦人就像老黄牛一样踏实肯干，吃苦耐劳。他们自觉将重任扛在肩上，不声不响，负重前行。社会上也有人对他们的行为不太理解，认为这些人有福不会享，有利不会图，有便宜不会占，有点儿像“傻子”。农垦人从不辩解，因为他们深知“太‘聪明’了不行，太‘聪明’了就没有社会主义”。人有时要“傻一点”，“忍耐一点，看远一点，要看到我们的将来。”

（三）保持朴实简约的生活态度

1957年2月，毛主席在《关于正确处理人民内部的矛盾》一文中指出：“要提倡勤俭持家，勤俭办社，勤俭建国”。农垦坚定地执行“勤俭建国”方针，始终秉持朴实简约的生活态度，坚持勤俭持家，勤俭建垦。

1.不贪图享乐。自古以来，“俭，德之共也；侈，恶之大也。”农垦人有尚俭戒奢的优良传统。1956年春，王震到八五二农场视察，当晚他就睡在战士宿营的马架子里，而不是住在农场为他准备好的招待所。大家知道王震的胃已经切除了三分之二，炊事员专门给他做了三个菜和馒头，但他坚持和职工们吃窝窝头，吃萝卜叶拌小豆腐。1990年，已是国家副主席的王震在全国农垦农工商座谈会上仍强调，一定要“勤俭节约过日子，不能去追求和提倡什么高消费，脱离我国的国情。”王震的率先垂范，对垦区干部、职工、群众的影响十分深远。

2.坚持量入而出。随着农垦经济的发展和职工群众收入的增加，适当提高垦区居民消费水准是合理的，也是必要的。正如毛主席所言，“不提倡发展生产并在发展生产的条件下为改善物质生活而斗争，只是片面地提倡艰苦奋斗的观点，是错误的。”然而，增加消费一定要量入而出，不能盲目攀比和过度消费。只有秉持“家有万贯，也要纳补一半”的节俭习俗，人们才可能通过自己的诚实劳动与合法经营，过上日益增长的美好生活。

在红色文化中汲取力量
在时代浪潮中树立榜样

广东农工商职业技术学院　何书杰

1939年2月，为克服经济上的严重困难，中共中央在延安召开生产动员大会，毛泽东同志发出“自己动手”的号召，抗日根据地军民相继掀起大生产运动。1941年春，八路军第三五九旅开进延安东南的南泥湾实行军垦屯田，成为大生产运动的一面旗帜。原来到处是荒山的南泥湾变成了能“自给自足”的陕北好江南。时光荏苒，在80年后的今天，其所表现的精神内涵并未随着时间的流逝而褪色，反而在不同的时代背景下闪耀着新的光辉。

一、回首过去，深刻认识南泥湾精神的重大意义

南泥湾精神的核心和本质是自力更生、艰苦奋斗。这种精神虽然是在延安时期培育起来的，可它的影响和作用却远不止于此。从影响广度上来看，其涉及范围早已不仅仅局限于南泥湾和三五九旅，一度影响到全军、全党和全国；从时间维度上来看，跨越了抗日战争时期、解放战争时期、建国初期、改革开放时期以及现在，并将继续影响到将来。因此，继承和发扬南泥湾精神，对实现党的“两个一百年”奋斗目标、加强社会主义精神文明建设和推进党的自我革命，都具有重要的现实意义。

（一）弘扬南泥湾精神是从现实国情出发，实现党的“两个一百年”奋斗目标的战略需要

新中国成立后特别是改革开放以来，我国发展取得了举世瞩目的巨大成就，综合国力显著提升。我们完全有理由为已经取得的辉煌成就而自豪，但应该看到，我们国家还有很多问题亟待解决。所以，在这样的现实条件下，

我们要实现“两个一百年”奋斗目标，艰苦奋斗的工作作风仍然是我们要保持和发扬的。毛泽东同志早在新中国成立初期就强调，“要使全体干部和全体人民经常想到我国是一个社会主义的大国，但又是一个经济落后的穷国，这是一个很大的矛盾。要使我国富强起来，需要几十年艰苦奋斗的时间，其中包括执行厉行节约、反对浪费这样一个勤俭的方针。”进入新时代，习近平总书记在视察北京香山革命纪念地时的讲话中也指出，“不论我们国家发展到什么水平，不论人民生活改善到什么地步，艰苦奋斗、勤俭节约的思想不能丢。”

可见，自力更生、艰苦奋斗的南泥湾精神，既符合我国社会主义初级阶段的国情，也符合党一贯的社会主义建设基本路线和方针原则。大力提倡和弘扬南泥湾精神，就是从现实国情出发，实现党的“两个一百年”奋斗目标的战略需要。

（二）弘扬南泥湾精神是加强社会主义精神文明建设，增强中华民族文化软实力的客观需要

要实现中华民族伟大复兴，必须做到物质文明和精神文明两手抓。习近平总书记指出：“历史是最好的老师。”我们要以史为鉴，艰苦奋斗的南泥湾精神，就是我们要学习的重要内容之一。

随着经济的发展，人们的物质生活越来越富足，但精神文明建设未能同步发展。倘若这种现象持续蔓延，将会阻碍民族文化发展进步。新的历史条件下，我们要继承和发扬南泥湾精神。只有这样才能把群众中蕴藏的积极性、创造力和劳动热情充分调动起来，克服前进道路上的种种艰难险阻，实现中华民族伟大复兴的中国梦，最终把我国建设成更加繁荣昌盛、人民生活更加幸福美好、中国特色社会主义优越性更加显现的社会。

（三）弘扬南泥湾精神是在新的历史方位下，推进党的自我革命、永葆党员先进性的现实需要

党的工人阶级先锋队性质，决定了我们党和党的各级干部必须自觉弘扬艰苦奋斗精神，忠诚实践全心全意为人民服务的根本宗旨。延安大生产时期，我们党依靠艰苦奋斗这一法宝培养了良好的党风，形成和巩固了与人民群众的血肉关系，从而增强和保持了党的先进性。党领导革命和建设的实践证明，什么时候坚持和发扬了艰苦奋斗精神，什么时候党就充满了生机和活力，不断发展壮大；反之，党的事业就会受损，甚至遭受严重挫折。

二、继往开来，体悟精神实质，不断夯实信仰之基

人无精神不立，国无精神不强。南泥湾精神是民族精神与时代精神的融合，这种精神在不断的发展和完善中已经成为中华民族强大的精神支柱之一。这种精神是求生存、谋发展、干事业的一种忠诚，是一种不屈和一种自信，更是我们民族精神的一种传承。进入新时代，我们要体悟这种精神实质，不断夯实信仰之基。

（一）自力更生、艰苦奋斗的创业精神

抗日战争进入相持阶段后，陕甘宁边区形势危急，一面是日本侵略者的“三光”政策，一面是国民党顽固派的军事挑衅和经济封锁。毛泽东同志认为我们共产党人是打不垮、锁不住的，同时我们也不能等、不能靠，要化被动为主动，做到“自己动手、丰衣足食”。初到南泥湾的战士们拿起了地上的镐，“向荒山野岭要粮”。面对南泥湾恶劣的自然环境和艰苦的生产生活条件，战士们以强大的革命乐观主义精神，唱着“窑洞草房好军营，茅草床铺软腾腾；三尺厚雪绫罗被，茂密梢林好屯军”的歌，抱着必胜的信念，勇敢战胜困难。

据统计，从1941年初到1944年10月，三五九旅用了近4年的时间，挖了1000多孔窑洞，盖起600多间土房，一共开发荒地26万余亩，生产粮食3.5万余石，远远超出了预想，不仅实现了自给自足，“不要政府一粒米，一寸布，一文钱”，还向中央交纳公粮1万石。正是凭着这股精神，战士们用自己勤劳的双手和对党的赤诚，战胜重重困难，把荆棘遍野、荒无人烟的南泥湾变成了陕北的“好江南”。

（二）永不服输、敢为人先的奋斗精神

1940年9月初，朱德前往延安西川、南泥湾、临镇等地考察，发现南泥湾这块地方可以实行军垦，便提议王震率领的八路军第三五九旅屯垦南泥湾。三五九旅及时响应党中央号召，不畏艰险、勇挑重担，把垦荒当成斗争的前线，把产粮当成首要的任务，逐渐树立了“战时保卫中央，闲时开荒种地”的新思想、新路线。虽然当时的大部分同志都有过种地的经历，但在南泥湾开荒种地并非易事，由于特殊的地理环境，种种难题需要攻克，而要破解这

些难题就需要创新、需要改变。战士们在冬末春初之时，赤脚踏进积水一尺多深的烂泥里，严寒刺骨，脚冻得麻木，依旧挥舞斧头和镰刀，砍树、打梢和割草。经过官兵上下一致努力，南泥湾20亩水稻田试种成功，亩产量为一石稻谷，创造了南泥湾农业种植史上的奇迹。

在解决粮食和蔬菜供给的同时，战士们还搞畜牧饲养业，解决了吃肉的需要。王震率领的三五九旅一边战斗、一边生产，既保卫了延安的南大门、保证了党中央的安全，又通过大生产运动保证了党中央后勤生活给养。毛泽东同志亲笔为王震题词“有创造精神”，为三五九旅题词“发展经济的先锋”的光辉旗帜。三五九旅战士们正是靠着这股敢于吃苦、敢于拼搏的奋斗精神，克服一个个困难，创造出一个个的奇迹。

（三）上下一心、共克时艰的团结精神

毛泽东同志曾说过：“只要共产党人团结一致，同心同德，任何强大的敌人，任何困难的环境，都会向我们投降的。”三五九旅在大生产运动中，上至旅长，下到勤务员和炊事员，一律编入生产小组，战斗在开荒第一线。由于生产成绩优异，王震还被评为边区大生产运动的劳动英雄，连到边区采访的外国记者都由衷地赞叹道，王旅长的双手像他的部下一样，由于劳动而长满了老茧。真正做到了领导生产，不是指手画脚，而是动手动脚。

领导干部以身作则、率先垂范，极大地调动了人们的积极性，鼓舞了士气、振奋了人心，转化成了强大的凝聚力和战斗力。正是靠着这种上下一心、共克时艰的团结精神，使得南泥湾焕发了生机。

（四）服从命令、听党指挥的忠诚精神

三五九旅能坚决执行党中央的指示决定，靠的就是骨子里的忠诚和无条件的服从。当王震收到指令后，没有丝毫的犹豫，毅然率部开赴南泥湾。而当时不少战士还存在“当兵就应该抗日，不是来当农民”的错误认识。经过反复耐心的思想工作，战士们也由原来的想不通逐渐转化成了“在这里生产和在前线作战一样光荣”“只有他们多生产一斤粮食，才能让前线的弟兄多坚持一天，才有可能坚持到最终的胜利”的正确理念。于是，每个连队不仅都加大了自己的生产计划，还和兄弟部队进行开垦比赛，每支部队都出现了劳动英雄，开垦面积、种植成果不断攀升。事实证明，我们的战士是最可爱的，是最有大局意识的。

三、把握现在，始终保持艰苦奋斗的昂扬斗志

南泥湾精神是中国共产党人精神谱系的重要内容和中华民族的宝贵财富，在中国革命的发展进程中发挥了不可替代的重要作用。奋进新时代，启航新征程，南泥湾精神仍然具有重要的时代价值，我们要传承发扬南泥湾精神，为实现中华民族伟大复兴的中国梦不懈奋斗。

（一）在南泥湾精神中汲取力量

要全面了解老一辈无产者在革命艰难时期追求共产主义理想的火热实践，深入体会我们党在伟大斗争中形成的光荣传统、优良作风和革命精神，更加坚定自觉地追求思想上的先进、灵魂上的纯洁、精神上的强健。一方面既知其然，对南泥湾精神的发展脉络了然于胸；还要知其所以然，由点及面、由远及近、由表及里地把握蕴藏其中的思想伟力与精神张力，不断增强对共产主义的信仰、对中国特色社会主义的信念和对中华民族伟大复兴的信心。

（二）在南泥湾精神中领悟先进思想

南泥湾精神是民族精神在特定历史条件下的具体体现，是激励无数仁人志士前赴后继、救民于水火的精神源泉，是中国共产党和中华民族的宝贵财富和社会主义精神文明建设的重要支柱，在中国革命、建设和改革的过程中发挥了不可替代的重要作用，南泥湾精神具有重要的时代价值。我们要深刻认识到这种精神的可贵，要不断在理论上、实践上、情感上增进这种认同，做习近平新时代中国特色社会主义思想的坚定信仰者和忠实实践者。

（三）在南泥湾精神中增强政治自觉

把握我国当前改革进入“深水区”的大背景，认清当前发展正处于中流击水、不进则退的新态势，在南泥湾精神学习中坚持不懈用党的创新理论最新战果武装头脑、指导实践、推动工作。

四、赓续血脉，彰显新时代农垦人的时代风采

在艰苦卓绝的环境中，面对敌人的围堵封锁，老一辈革命前辈能战胜一个个困难、解决一个个问题，打下一个能完全自给自足的经济基础，靠的就

是以“自力更生、艰苦奋斗”为核心的南泥湾精神，可以预见的是这种精神在任何时候都不会过时。

进入新时代，作为农垦人的传承者，虽然我们远离了战火纷飞的年代，没有了缺衣少食的环境，但我们垦荒人的性质没有改变，用实际行动诠释对党的忠诚、对人民的赤诚和对事业的热爱没有改变。站在新起点，我们要从南泥湾精神中汲取奋进力量，在不断改革创新中勇担党和国家赋予我们的新使命，用实际行动向党和人民交出满意的答卷！

试论南泥湾精神在新时代推动广东农垦高质量发展实践中的传承与发展

广东省农垦集团公司　谭枫凡

习近平总书记在党的十九大报告中指出，中国特色社会主义进入了新时代，我国社会的主要矛盾已经转化为人民日益增长的美好生活需要和不平衡不充分的发展之间的矛盾。当前面临世界百年未有之大变局，国家积极谋划双循环新发展格局，提出全面实施乡村振兴战略，奋力推进中华民族伟大复兴。在我国已进入新时代的大背景下，本文以毛泽东关于军垦有关论述为视角，审视南泥湾军垦屯田伟大实践及其派生的以“自力更生、艰苦奋斗”为核心的南泥湾精神，对华南军垦植胶事业及其70年发展历程所产生的重要影响，着重分析当前广东农垦在推进企业高质量发展实践中对南泥湾精神的传承和发展，以及由此而产生的需前置研究的南泥湾精神产生影响的发生机制，这或可对广东农垦建构新时代企业精神有一定的启示作用。

一、毛泽东关于军垦有关论述概要

毛泽东关于军垦有关论述，是毛泽东同志在中国革命和建设的不同时期指导人民军队承担并完成党和国家赋予的生产建设任务的历史过程中逐步形成的，是被实践证明符合中国革命和建设实际的一种理论形态，是毛泽东思想的有机组成部分。其理论要点有三。其一，人民军队除了军事斗争之外，还应担负发展生产和组织群众的工作。正如毛泽东1942年12月在陕甘宁边区高干会议上指出，“军队是比较更有组织性与比较具有更多劳动力的集团，他们只要没有直接的作战任务，就可以将他们除教育以外的一切时间从事劳动”。其二，人民军队的性质，除了“永远是一个战斗队”之外，还是一个工作队和生产队。1943年9月毛泽东视察南泥湾时说：“我们的军队，既要能打仗，又要会生产。既是战斗队，又是生产队、工作队……胡宗南还在我们门口，随时准备进犯边区，同志们要一面备战，一面生产。”1949年12月毛泽东还作出“人民解放军不仅是一支国防军，而且是一支生产军”的指示。其三，中国共产党领导的军垦屯田融入人民军队是战斗队和工作队的思想，是其生产建设任务取得成功的重要保证。毛泽东在关于部队集体转业的命令中写道：“你们过去曾是久经锻炼的有高度组织性纪律性的战斗队，我相信你们将在生产建设的战线上，成为有熟练技术的建设突击队”。根据《人民革命军事委员会命令》的要求，中国人民解放军共有15个师参加农业生产建设，先后创建了一批军垦农场，并在军垦农场的基础上发展成为国营农场。“人民军队是中国农垦事业的主要开拓者，军垦农场是大规模发展国营农场的骨干力量。”

二、南泥湾精神影响广东农垦的发生机制

八路军第一二〇师第三五九旅南泥湾屯垦是毛泽东关于军垦有关论述在抗战时期最为成功的实践，“边区留守兵团各部队中，以三五九旅的生产自给工作做得更好些。”“生在井冈山，长在南泥湾，转战数万里，屯垦在天山”，这是王震将军对自己戎马一生的写照，也是对三五九旅光辉历程的形象概括。几经改编的三五九旅参加和平解放新疆之后，于1953年6月整编为中国人民解放军新疆军区农业建设第一师，在西域边疆开启新一轮垦荒屯田生产建设运动，南泥湾精神完整地被其创建者“移植”到戈壁荒滩。相较而言，南泥湾精神对华南军垦植胶事业并未如此直接地产生影响，而是通过其他途径和方式来实现的。

（一）延安边区大生产运动的多位亲历者成为华南军垦植胶事业的创建者

华南军垦植胶事业的多位创建者都曾是陕甘宁边区大生产运动的亲历者，他们对三五九旅南泥湾军垦屯田取得的重大成果及其影响必定是有所耳闻的。比如，华南垦殖局第一任局长叶剑英同志，在陕甘宁边区大生产运动中曾亲

手纺线。1944年2月调任中共中央西北局政策研究室研究员兼毛泽东秘书的惠中权，曾在陕甘宁边区政府民政厅副厅长任上领导群众开展大生产运动并取得突出成绩，1951年11月他被任命为华南垦殖局副局长。1951年11月，在第一五六师师长兼南昌军分区司令员任上的邓克明被调任华南垦殖局副局长，他在1943年间进入中共中央党校学习，其间也曾参与了边区机关和学校的生产运动。

（二）南泥湾精神成为融入华南军垦植胶军人血脉的红色基因

南泥湾精神是延安精神的重要组成部分。它是人民军队革命精神谱系中的基因密码之一，是人民军队在困境中奋起、在艰苦中发展的强大精神力量。最初成建制参加华南军垦植胶事业的有两个师一个独立团，分别是1952年7至8月，由广西宾阳军分区一五二师直属队与海南军区独立第二十六团、二十七团、二十八团合并成立的林业工程第一师，由广西军区、东江纵队、湖南军区各一个团和江西省南昌军分区本部部分人员（师部）组成的林业工程第二师，以及由广西军区税警团组建成的林业工程独立团。他们分别在海南、雷州半岛和广西投入橡胶垦殖工作。

（三）党中央发出橡胶垦殖政治动员，激活林业工程军人的红色基因密码

新中国刚刚成立，美英帝国主义就开始对中国实行全面经济封锁，而且在朝鲜半岛发动侵略战争，企图将新中国扼杀在摇篮之中。毛主席和党中央作出一定要建立我国自己的橡胶生产基地的战略决策，因为“有没有橡胶决定着飞机能否起飞，卡车能否行走，是有关全国、全世界革命斗争的重大问题。”“对垦殖部门转业部队……贯彻中央关于部队转入生产作为国家经济建设骨干的方针。”在党中央的号召下，相似的历史情境激活了林业工程部队的红色基因密码，他们在华南广袤的七八百万亩土地上再次演绎三五九旅“所执行的自力更生、自给自足的经济政策”这一“建军上的新创造”，一场争取战略资源自给的橡胶垦殖运动轰轰烈烈地展开了。

（四）国家领导人视察广东农垦时不断强调要发扬南泥湾精神

在华南开展军垦橡胶生产建设，是毛主席和党中央作出的重要战略决策，国家领导人十分关心。周恩来、刘少奇、朱德、叶剑英、董必武、刘伯承、邓小平、胡耀邦、陈云、王震等都曾亲自视察广东农垦。比如1957年1月27日，朱德总司令视察湛江国营湖光垦殖场（现湖光农场）时说：“你们过去带

头打仗，现在要带头开荒搞生产。”他要求广大转业官兵大种橡胶，打破帝国主义的封锁，建设国防，同时要发扬南泥湾自力更生的精神，大搞多种经营，养猪、种粮、种菜以保自给。作为南泥湾军垦屯田的指挥者，王震担任国家农垦部部长之后，视察广东农垦20多次。他在视察、指导广东农垦工作中，对南泥湾军垦屯田的做法及其南泥湾精神的倡导自是不言而喻的。据内部资料《湖光农场大事记》记载，1961年王震部长视察湖光农场，结合农场实际提出“湖光农场要办成中国式的现代化的国营农场，要贯彻以一业为主、多种经营、综合发展方针”，要通过多种经营求得农场生存的前提下发展国家需要的天然橡胶产业。

三、新时代推动广东农垦高质量发展实践对南泥湾精神的传承与发展

广东农垦的前身就是1951年11月成立的华南垦殖局，1974年改为广东省农垦总局，1995年1月成立广东省农垦集团公司，实行企业化运作至今。最初以军垦形式展开的华南橡胶垦殖任务在70年的时间里成长为以国家战略资源、现代农业及食品供给、城乡融合发展为三大主业的国际化的大型现代农业企业集团。作为广东省国有农业经济的骨干和代表，作为推进中国特色新型农业现代化的重要力量，广东农垦被赋予“全力保障国家和我省战略资源和重要农产品有效供给”的重大历史使命。

军垦屯田的南泥湾精神早已融入广东农垦人的血液，同时又吸纳70年的实践经验，汇聚成一条支撑广东农垦人不断奋勇向前的精神河流。新使命、新担当，广东农垦立足保障国家战略资源、引领现代农业、践行乡村振兴战略，在推动企业高质量发展实践中对南泥湾精神既有传承更有发展，推动着新时代广东农垦企业精神的建构。

（一）传承和发展南泥湾精神的创业之志，不忘为国植胶初心，坚定不移地推动天然橡胶产业高质量发展

1951年8月，面对美英帝国主义的全面封锁，中共中央发出号召，橡胶为重要战略物资，“为保证国防及工业建设的需要，必须争取橡胶自给”。与三五九旅“战胜天大的困难”，在南泥湾创办“新中国”（陕甘宁边区）的大农场一样，以林业工程部队为骨干的几十万垦殖大军，在祖国最南部原始杂

木大林莽里辟地种胶，开启艰难的创业历程。1952年完成橡胶宜林地勘测设计852万亩，折合净面积约680万亩，开荒153.78万亩，采运橡胶种子达42.5万斤，定植橡胶树83.32万亩，共2143.86万株。1982年，中国向全世界宣告在北纬18～24度成功实现大面积种植天然橡胶，橡胶产量达到15.26万吨，占世界第五位。21世纪以来，广东农垦整合国内橡胶资源，成立专业集团进行产业化经营，同步实施“走出去”发展战略，在东南亚橡胶核心区产区布局加工企业和种植基地。目前国内划定60万亩天然橡胶重要农产品生产保护区，成功申报国家天然橡胶优势特色产业集群；境外拥有40万亩天然橡胶种植基地，26家橡胶加工厂、产能达到130万吨；年产干胶从2017年开始超过60万吨，2020年达到近80万吨。

如果说在最初的30年里，广东农垦自觉传承南泥湾艰苦奋斗的创业精神，在努力争取我国橡胶自给的过程中不仅突破了西方帝国主义的经济封锁，更是打破了西方生物界关于在北纬17度以北不能种植巴西三叶橡胶的权威论断；那么21世纪以来的20年，广东农垦则是继续发扬艰苦创业精神，不仅突破国内天然橡胶资源瓶颈开始在境外“第二次创业”，毅然决然地挺进原始森林再次垦荒种胶、割胶建厂；而且突破国际国内两个市场壁垒，将境外加工的橡胶产品运回投放国内市场，满足国家需要。下一步，广东农垦则要勇担“国家队”的职责和使命，以更加积极进取的创业精神，进一步优化境内外橡胶加工与生产基地布局，提高产能，增强国家对天然橡胶战略资源的掌控力；着眼国内高端用胶空白，推动高端用胶技术创新，突破国际对中国核心技术的封锁和限制，争取实现高端胶产业化运用；突破农垦企业经营的惯性思维，着力产品营销网络全球化布局，着力打造橡胶产品国际化品牌，着力提升国家对天然橡胶战略资源的掌控力和影响力，确保国家战略安全。

（二）传承和发展南泥湾精神的为民情怀，坚持以人民为中心，坚定不移地推进农业供给侧结构性改革

三五九旅在南泥湾屯田，不仅实现了“各连队均因有农产品而享受了自给自足的富裕的农家生活”，而且还可以向边区政府缴纳公粮，实实在在地减轻了边区人民的负担，“密切了军民关系”。“以前是当为一个紧急任务来完成，今后则当为一个长期的事业”。1955年8月20日，华南垦殖局在广州召开第一次垦殖工作会议，决定在管理上由供给制的经营方式转为企业化的经营方式。这样，华南军垦植胶由“一个紧急任务”变成“一个长期的事业”，再加上橡胶树从种下到投产需要7～8年，华南垦殖大军种胶之余不得不发展农业生产以自给，学习南泥湾军垦屯田就成为他们自力更生渡难关的“武功秘籍”。1957年朱德视察湖光农场时就指示部队转业官兵要开垦荒芜肥沃的土地，他说：“搞单打不行，要搞多种经营，要一业为主，多种经营，以短养长。”

经过70年艰苦创业，广东农垦建成一批稳定可靠的大型天然橡胶、甘蔗、粮油、牛奶、生猪、剑麻和果蔬等重要农产品生产加工基地，广东农垦实现了从满足垦殖大军生产自给需要向老百姓大规模提供优质农产品的华丽转身。当前，广东农垦依托产业龙头积极推进农业供给侧结构性改革，成功创建了总面积为17.66万亩的（蔗糖）国家现代农业产业园，积极推进国家级生猪优势特色产业集群和剑麻现代农业产业园建设，示范引领农业高质量发展；培育国家级和省级重点农业龙头企业17家，建成粤港澳大湾区“菜篮子”生产基地5个；组建专业化产业公司，积极打通南方特色农产品营销渠道，打通农产品销售“最后一公里”，广东农垦保障广东和粤港澳大湾区城市安全食品有效供给能力不断提升。

如果说广东农垦在“大转弯”之后实行“多种经营”，亦如南泥湾生产运动一样是为了橡胶垦殖大军生产自给，解决自己的“吃饭”和“生存”问题，那么进入新时代广东农垦推进农业供给侧结构性改革，构建和完善现代农业产业体系，推动优质农产品高质量发展，则是广东农垦贯彻和落实我们党坚持以人民为中心的发展理念，主动适应老百姓对优质农产品需求的快速增加，满足人民对美好生活的更高追求的积极行动；是广东农垦贯彻和落实习近平总书记关于“中国人的饭碗任何时候都要牢牢端在自己手中”和“我们的饭碗应该主要装中国粮”的重要论断精神，从而致力于中国人的饭碗不仅要端在自己手里，而且还要装中国粮，更重要的是得装“中国好粮”的伟大的民生事业，推动国家实现从“有没有的吃”到“吃得好不好”的巨大飞跃。

（三）传承和发展南泥湾精神的革命意志，自觉践行使命担当，坚定不移地服从和服务国家发展战略

面对南泥湾军垦屯田这一“关系到陕甘宁边区生死存亡的重任”，王震将军及其三五九旅全体官兵以高度自觉的革命精神，“自觉地为解决革命过程中遇到的困难而积极地参加劳动”，实现了“生产自给保卫党中央”的革命目标。同样，以林业工程部队为骨干的几十万垦殖大军，积极响应党中央“一定要建立我国自己的橡胶生产基地”的战略决策，传承南泥湾精神自觉的革命意志，为解决有关全国、全世界革命斗争的重大问题而投入到艰苦卓绝的橡胶生产运动之中。之所以说是有关全国、全世界革命斗争的重大问题，是因为华南军垦橡胶事业事关东西方两大阵营封锁与反封锁的斗争，事关中苏两国之间的战略合作。可以说华南军垦橡胶，争取实现橡胶自给，从一开始就富有服从国家发展大局和服务国家外交战略的浓厚色彩，体现了广东农垦自觉践行使命担当的革命意志。

当前，广东农垦传承南泥湾精神的革命自觉意识，响应党和国家号召，践行使命担当，主要体现在两个方面。一是全面贯彻落实党的十九大报告和习近平总书记关于乡村振兴工作的重要指示精神，充分发挥组织化程度高、规模化特征突出、产业体系健全等独特优势，不断深化垦地合作，在发展现代农业、建设产业园区、推进城乡一体化、生态环境保护、发展公共事业等方面开展深度合作，示范带动周边农村现代农业发展，加快垦地经济社会融合发展，推动全面实施乡村振兴战略。二是认真领会中国共产党的初心使命是“为中国人民谋幸福、为中华民族谋复兴”的深刻内涵，争当农业对外合作的排头兵，切实践行“一带一路”倡议的命运共同体理念，在继续深化与东盟国家橡胶产业合作基础上，积极实施非洲发展战略，努力成为中非农业合作的国家队，为“一带一路”建设作出更大贡献。

新时代背景下传承南泥湾精神 续写北大荒国企改革发展新篇章

黑龙江省农垦经济研究所　熊然　代琳
黑龙江农垦管理干部学院　吕维明

在抗日战争反侵略武装斗争期间，中国共产党带领广大军民一体所锻造出的“南泥湾精神”是我党的宝贵精神财富[1]，其作为延安精神和中国共产党精神的重要组成部分，在助推反日本帝国主义侵略革命进程和社会主义现代化建设过程中发挥了重要的“软实力”支撑作用[2]。当下，国际形势日趋复杂且国内外环境深刻变化，在新时代背景下，传承和弘扬“南泥湾精神”仍具有重要的理论价值和现实意义。“北大荒精神”作为“南泥湾精神”在国家发展建设新时期的继承和发展，可以说是“同宗同源、血脉相连”。新时代背景下与时俱进，以习近平新时代中国特色社会主义思想为指导，赋予“艰苦奋斗、勇于开拓”为核心理念的垦荒精神新内涵，将“艰苦奋斗、勇于开拓、顾全大局、无私奉献”北大荒精神与实现“两个一百年”奋斗目标和中华民族伟大复兴的“中国梦”紧密结合，为北大荒国企改革和企业化发展提供源源不断的精神动力，对北大荒集团做好“中国粮食 中国饭碗”，打造“中国农业领域航母”和筑牢国家粮食安全的“压舱石”，具有重要精神启迪作用和指导意义。

一、南泥湾精神的主要内涵和实质

1941年3月，为积极响应党中央号召，在八路军一二〇师三五九旅王震旅长的带领下，大部队迅速整装集结挺进南泥湾地区[3]。在尊重自然、改造自然过程中，中国共产党带领广大军民克服重重磨难形成的“艰苦奋斗、自力更生”的南泥湾精神，为当时的陕甘宁地区和其他抗日革命根据地提供了强大的精神动力，同时也为后来的垦荒精神奠定了基础。

（一）自力更生、艰苦奋斗的革命精神

“南泥湾精神”的核心和本质就是“自力更生、艰苦奋斗”[4]，是中国共产党人革命精神和共产主义信仰在中华大地上的深刻践行。在日本帝国主义入侵和国民党反动派经济大封锁的革命战争年代，中国共产党带领陕甘宁边区群众，在物质极度匮乏、工具极其短缺、自然条件极其恶劣的环境下，依靠艰苦奋斗、自力更生的拼搏精神，克服难以想象的重重困难和险阻，把荆棘横生、荒草遍野的南泥湾变成抗日战争革命根据地后勤物资供应和保障的“供给库”以及保卫延安的“南铁门”。“自力更生、艰苦奋斗”不仅是特殊历史时期和背景下实现物质自给的生存手段和途径，更是通过大生产运动实现反帝国主义侵略和斗争中凝结出的一面强大精神“旗帜”。

（二）开拓进取、勇于创造的创新精神

开拓进取、勇于创造作为南泥湾精神凝结的动力和源泉，是中国共产党人带领广大边区人民不惧苦难，发挥主观能动性敢为人先的强大创造力。南泥湾系丘陵沟壑区，为汾川河起源地[5]，开垦南泥湾是中国共产党历史上军垦屯田的首次创举。正式进驻南泥湾前，朱德总司令多次到南泥湾地区进行勘察，详细了解周边地形地貌、土壤水文等情况，在实地调查研究的基础上，为党中央决策开垦南泥湾提供了科学的基础。先期进驻南泥湾的三五九旅部队官兵将士们，生活条件异常艰苦，可以说是“以天为被，以地为席，以草为食”。缺少粮食，将士们挖野菜、打猎充饥。没有住房，将士们利用枯草和树枝搭窝棚、挖窑洞。缺少生产工具，将士们利用菜刀、废铁制作简易工具……正是在这种不屈不挠，勇于开拓的奋进创新精神中，在屯垦南泥湾的3年多时间里，共开垦荒地近30万亩，产粮近4万石，同时还饲养了大量的畜禽，创办纺织等轻工业，在解决边区经济困难和后勤保障方面作出了突出贡献。

（三）精诚团结、协作奋进的团队精神

精诚团结、协作奋进作为南泥湾精神的优良作风和精神风貌，是中国共产党人集中力量办大事，团结一心、共克时艰的集体力量的强大体现。全军从旅长到炊事员每个人都投入到拓荒建设中。军事战斗上，统一听党指挥；

拓荒开垦上，大家群策群力，发挥各自所长；生活学习上，大家抱团取暖，团结协作。越是困难和危险的工作，军官干部们越是率先冲锋在前。正是在这种上下一心、同舟共济的集体团队氛围中，将士们把拓荒开垦的艰苦条件和阻力转变为强大的凝聚力和战斗力，在战天斗地和反帝国主义侵略背景下，依靠精诚团结、协作奋进的团队精神，书写了军垦史上浓墨重彩的壮丽诗篇。

二、北大荒精神的主要内涵和实质

北大荒的开发建设是党和国家作出的重大战略决策。1947年，按照党中央和毛主席“关于建立巩固的东北根据地”“培养干部，积累经验，创造典型，示范农民”的重要指示[6]，王震将军率领一批铁道兵来到北大荒。在不断攻坚克难的奋斗过程中，几代垦荒人用青春、汗水、泪水、血水甚至生命凝结而成的“艰苦奋斗、勇于开拓、顾全大局、无私奉献”的北大荒精神，为北大荒由“大粮仓”到“大粮商”再到“大厨房”提供强大的精神指引和动力。

（一）不畏艰险、顽强拼搏的艰苦奋斗精神

“大荒”一词最早出现于《山海经》之中，自古以来即是蛮荒凶险和人迹罕至之地[7]。与垦荒南泥湾时期相比，这里自然条件和环境更为恶劣，冬季漫长且极其寒冷，夏季蚊虫野兽常常出没。开垦荒地初期，荆棘沼泽遍地，夏季车马设备和人员时常陷入沼泽地之中，蚊虫蛇鼠不时钻进被窝。早期勘察踏勘的地貌和每一寸土地，都是通过双脚一步步丈量出来，很多人为此付出了生命。冬季顶着凛冽寒风，渴了便抓一把冰雪，饿了便从怀中拿出的干粮咬上一口。由于天气寒冷，干粮刚咬过便结了冰霜。雁窝岛作为北大荒开发建设的一个缩影，党员任增学在拓荒雁窝岛时，冒着生命危险3次扎进冰冷刺骨的泥浆中，将绞盘机挂钩挂在深陷湿地中的6台拖拉机上，受失温冻害影响最后晕倒在沼泽地里，差点再也起不来……越是艰苦的环境越能激发广大拓荒者的干事创业的决心，“战天斗地要粮食，披荆斩棘为国家”的信念激励着垦荒人不畏艰险和拼搏奋斗。

（二）解放思想、敢闯新路的勇于开拓精神

1979年，为响应党中央要求，先后有九三、牡丹江、嫩江等一批农场管理局创办了农工商联合企业。1984年，垦区家庭农场的试点和全面推广，实

现了农业改革的第一次历史性飞跃。从1986年至今，垦区经济涌现出了“完达山”“九三”“北大荒”等一系列知名产品和品牌，推进了经济“对外开放”“对内搞活”，为垦区农业产业化经营打下了基础、积累了经验。2018年12月16日，黑龙江北大荒农垦集团总公司挂牌成立。2020年7月6日，北大荒农垦集团有限公司挂牌运行，标志着现代公司制管理体制基本建成。在韧性中不断解放思想创新发展的进取精神和骨子里敢闯敢拼，勇于探索的开拓精神，激励着一代又一代的北大荒人锐意创新、砥砺前行。

（三）胸怀全局、富国强民的顾全大局精神

71年来，黑龙江垦区累计生产粮食3914.9亿公斤，向国家交售商品粮3227.8亿公斤。作为现代化农业排头兵，北大荒人在自身努力拼搏发展的过程中，通过场县共建，在人员、技术、设备等方面积极带动地方农业和社会事业协同发展。作为国家重要商品粮基地，每到国家粮食出现短缺，如在20世纪60年代大饥荒、80年代物价飞涨、2003年“非典”、2008年汶川大地震、2020年新冠肺炎疫情等特殊时期，黑龙江垦区迅速响应，确保市场粮油供应和价格稳定，保障受灾地区农产品市场有效供给，黑龙江垦区都发挥了突出作用，被誉为靠得住、调得动、能应对突发事件的“中华大粮仓”和粮食安全“压舱石”。作为保障粮食安全的“国家队”，北大荒人始终以顾全大局的胸怀履行自己的职责和义务。

（四）不计得失、勇于牺牲的无私奉献精神

北大荒70余年的开发建设，三代北大荒人将青春和生命奉献给了这片广袤的黑土地，为农垦事业的开发建设“献了青春献终身，献了终身献子孙”。据有关数据统计，在早期开垦北大荒的建设中，因环境恶劣等因素有近1.2万多名的拓荒先辈们长眠于北大荒这片黑土，有近5万多名的转业官兵、知识分子、支边青年在70余年的艰苦创业中，将生命奉献给了北大荒。在党的统一号召下，平均年龄25岁左右的14万复转官兵再次投入到与冰天雪地和茫茫荒原黑土地的“战斗”中。50多万的知识青年中，许多人年龄还不到18岁，很多学生刚走出校园即投入到开发建设北大荒的运动浪潮中，不计得失和个人利益的无私奉献精神在北大荒的黑土地上生根发芽。

三、新时代背景下传承和发扬南泥湾精神和北大荒精神的实践路径和思路

(一)围绕艰苦奋斗、自力更生的踏实朴素发展理念,强化干事创业责任心和历史担当

北大荒经过70余年的开发建设,在屯垦造田、粮食和农副产品生产、城镇化建设和社会事业建设方面取得了举世瞩目的成绩。在取得傲人成绩并为之骄傲的同时,不能自喜和自满,北大荒创业的根本就是艰苦奋斗,几代垦荒人就是保持艰苦奋斗、踏实朴素的优良作风战胜了拓荒路上的重重困难和险阻。党的十九大报告指出,要继续保持艰苦奋斗、戒骄戒躁的作风,这既是对艰苦奋斗精神的充分肯定,同时也为北大荒在新时代背景下企业化全面发展提供了精神引领。

为积极响应和服务国家战略,北大荒深化国企改革进行“二次创业”,以打造具有成本控制权、价格话语权、利益分配权的国际化大粮商和现代农业领域航母,积极参与全球农业竞争,主动应对以ABCD四大粮商(艾地盟、邦吉、嘉吉、路易达孚)为代表的跨国粮食企业集团的“粮食战争”。站在新的历史起点,这就需要北大荒人在时间维度上不屈服艰难困苦,常怀忆苦思甜的干事创业之心;在空间维度上保持生活、工作的严格自律和勤俭节约,以踏实朴素的态度和方式做好“中国粮食 中国饭碗”守护人。

(二)围绕勇于开拓、不断进取的全面创新发展战略,深化国企改革积极服务国家战略

从北大荒开垦初期的粮食产量0.048亿斤到2020年426.8亿斤,从人拉马驮耕种收模式到农作物耕种收综合机械化水平达99.9%,从人力为主的传统农场迈向智能化的现代农业企业,以无人机和农用飞机为代表的空地航化作业面积达2328万亩,占总播种面积的53.8%,农业科技贡献率达76.28%,科技成果转化率达82%,居世界领先水平,“北大荒”品牌价值达1028.36亿元,稳居中国农业第一品牌[8]。北大荒人不断解放思想、开拓进取的创新精神为北大荒高速发展赋能。

站在“十四五”新的历史起点上,北大荒集团深入贯彻落实习近平总书记对垦区两次“特指性”重要讲话和重要指示精神,以体制机制改革为突破口,加快实施创新驱动发展战略。以“三大一航母”(大基地、大企业、

大产业，努力形成农业领域航母）为建设目标，围绕“1213”工程体系和“32366”任务体系，以“绿色智慧厨房”为牵引，用“双控一服务”（一方面控制生产前端，通过采取农业投入品的统供统购，提供优质价廉投入品。一方面控制后端，通过农产品的统一营销，推进保底加分红的产品销售。同时，全力打造“数字农服”，为农业生产提供全程专业化的服务，确保标准化生产和绿色化生产全覆盖，定制式生产，数字化经营）建设大基地，用“一体两翼”（以食品和农副产品加工业为主体，以科技创新和资本运营为纽带，通过扩大经营规模、资本规模和品牌规模，降低和消除了市场风险，带动小企业和小农户发展）建设大企业，用“三库一中心”（在产地建设仓储供应库、在城市建设消费分销库、在大型物流节点建设中心物流库，建设以现货为主的仓单式交易中心）建设大产业，全力提升北大荒集团粮食综合生产能力和农业规模化、机械化、信息化、产业化、智能化优势，以“雄关漫道真如铁，而今迈步从头越”的开拓进取和创新发展精神，为打造中国农业领域航母赋能添力，更好地服务国家战略需要和当好国家粮食安全的“压舱石”。

（三）围绕顾全大局、民族复兴的粮食安全责任使命，优化区域布局提升资源要素整合

粮食安全一直都是国泰民安的基石，以习近平同志为核心的党中央始终把解决粮食安全问题作为治国理政的头等大事，高屋建瓴地提出了“以我为主、立足国内、确保产能、适度进口、科技支撑”的国家粮食安全战略。围绕“两个一百年”和全面建成小康社会的奋斗目标，北大荒集团始终把“初心”和“使命”融入到企业发展的全过程和各个环节，牢牢把握保障粮食安全的新时代要求——“中国人的饭碗要牢牢端在自己手中，我们的饭碗应该主要装中国粮。”

“量”上，北大荒集团坚持内部挖潜和外部合作相结合的原则，大力实施500亿斤粮食“丰产增储”产能提升工程。充分挖掘垦区现有耕地潜力，深入实施“藏粮于地、藏粮于技”战略，优化区域布局和资源要素组合以及农业基础设施建设；大力实施“走出去”战略，紧抓国家“一带一路”和黑龙江省“东部陆海丝绸之路经济带”建设历史战略机遇，积极拓展域外垦区开发建设，稳步扩大俄远东等境外农业种植规模。

“质”上，以保障食品安全和营养健康为重点，按照“产业融合+抱团营销”的理念，围绕“寒地黑土、绿色有机、非转基因”三张名片，做好粮食和农副产品标准化和质量追溯体系建设。以“北大荒绿色智慧厨房”为集团营销总抓手和总平台，以“181”战略作为行动指南，着力构建绿色智慧厨房榜单平台和标准化建设，切实承担起维护国家粮食安全和食品安全的“责任使命”。

“种”上，依托北大荒直属科研机构和垦丰种业公司，以选育玉米、水稻、大豆等主要农作物新品种为核心，通过“以商业化育种为核心的研发创新体系”“以全程质量控制为核心的生产加工体系”“以多方位终端服务为核心的市场营销体系”和“支持与服务型总部”的“3+1”种业体系建设，加快构建育、繁、推一体化的拥有自主知识产权的种子产业新格局，打破国际种源“卡脖子”技术封锁，努力为“中国粮”装上更多“北大荒芯”，让“北大荒种”助力“中国梦”早日实现。

（四）围绕无私奉献、全员参与的干事创业持久激情，细化素质技能激励约束机制建设

鉴古观今，伟大事业的创造是集体的智慧和力量的结晶，将个人和集体融为一体时力量才最为强大。干事创业不仅需要积极性，更需要“众人划桨拉大船”的团结奉献精神。农业领域航母的建设需要北大荒全体人员既有“愚公移山”的持久恒心，又有“策马扬鞭自奋蹄”的持久动力，以“不破楼兰终不还”的坚定性建设现代农业大基地、大企业、大产业，在努力形成农业领域航母的建设中履行职责使命。

北大荒人要继续发扬无私奉献的精神，将个人的“小我”融入北大荒事业的“大我”中，个人在加强业务素质和工作能力提升的同时，进一步强化和提升政治修养，不断增强适应新时代北大荒事业发展要求的能力；北大荒集团要坚持人才兴企、强企战略，不断完善激励约束机制，拓展专业技术人才和管理型人才的成长空间和职业晋升通道。全力做好优秀年轻人才梯队的引进、培养和使用，为北大荒事业发展提供持续人才输出。

当前和今后一个时期，北大荒将牢记习近平总书记嘱托，贯彻新发展理念，紧跟时代潮流和要求，以成为保障国家粮食安全和重要农产品有效供给国家队、中国特色新型农业现代化示范区、农业对外合作排头兵、安边固疆稳定器为使命，以垦区集团化、农场企业化为主线，谋发展之策，尽国企之责，推动资源资产整合、产业优化升级，建设现代农业大基地、大企业、大产业，实现高质量发展，构建起中国特色新型粮商发展模式，努力形成农业领域航母。

参考文献

[1] 刘红曼. 南泥湾大生产研究[D]. 延安：延安大学，2015.

[2] 周斌，张荞文. 延安精神对统一战线工作的历史意义及其现实启示[J]. 延安大学学报（社会科学版），2020，42（2）：66-71.

[3] 张慨，闪易. 地理空间的艺术史书写——以南泥湾为例[J]. 延安大学学报（社会科学版），2020，42（2）：53-60.

[4] 安宗让. 用艰苦奋斗的南泥湾精神汇聚实现“中国梦”的正能量[J]. 中国梦：道路·精神·力量——陕西省社科界第七届（2013）学术年会论文集，2013.

[5] 罗梦娇，李松松，强大宏，等. 南泥湾湿地土壤动物群落组成与土壤理化性质的关系[J]. 生态环境学报，2018，27（8）：1432-1439.

[6] 李涛. 弘扬北大荒精神 提升文化软实力[J]. 农场经济管理，2013，7.

[7] 刘宗迪. 四海之内：《大荒经》地域考[J]. 文史哲，2019（6）：40-58.

[8] 北大荒农垦集团有限公司. 以品牌建设引领北大荒高质量发展[J]. 奋斗，2021（4）：37-39.

传承南泥湾精神　书写新时代辉煌
打造具有国际竞争力的现代食品集团

北京首农食品集团有限公司　王红霞　喻东　郝丽

1939年冬，在毛泽东同志“自己动手”的号召下，陕甘宁边区开展军民大生产运动。1941年春，八路军三五九旅在王震同志的率领下，进驻一片荒芜之地，开展了轰轰烈烈的南泥湾大生产运动，铸就了传承至今的南泥湾精神。新中国成立后，人民解放军几十万官兵，先后几批成建制地转入生产建设，一手拿枪、一手拿镐，屯垦戍边、兴办国有农场，将南泥湾精神带到新中国农垦事业建设者的队伍里来。作为农垦精神的缔造者，王震将军曾在《当代中国的农垦事业》一书的序中写道：“什么是中国农垦创业者的精神呢？我认为，最主要的就是艰苦奋斗、勇于开拓。”这是对农垦精神最明确、最权威的概括。

拥有深厚农垦基因的首农食品集团，自2017年12月由原首农集团、京粮集团、二商集团三家北京市属国企实施联合重组以来，传承着孕育80年的南泥湾精神，以“食安天下、惠泽万家”的使命担当，在全面建设社会主义国家新征程上续写着北京农垦新的时代篇章。

一、艰苦创业、几经变迁，谱写北京农垦从荒田滩涂到集团化发展的沧桑巨变史

北京农垦始建于1949年，从最初的国营农场到农工商综合经营，从计划经济到市场经济，一代代农垦人从历史的坎坷中一步步走来，矢志不渝地传承着农垦精神的红色基因，自力更生、艰苦奋斗、无私奉献、开拓进取，在探索中不断赋予农垦精神新的时代内涵。

（一）经历战天斗地、垦荒造田，实现首都副食品生产基地从弱到强的重大转变

1949年1月，北京和平解放，开始创建国营农场。从几个规模很小、土地贫瘠、设备简陋、生产水平极低的农场艰难起步，北京农垦系统广大职工艰苦创业、英勇奋斗，在低洼盐碱、春旱秋涝的土地上战天斗地，开启建设首都农副食品生产基地的奋斗征程。

20世纪50年代末期到60年代，北京农垦大规模开发垦荒，创建新场。广大下放干部、城市知识青年进入永定河、温榆河两岸、老爷山、军都山、南口镇等地，在杂草丛生、乱石滚滚、荒山荒滩、洪涝灾害多发的地区建设新场。他们以坚韧不拔的毅力，豪迈的战斗激情，改土治水，改造自然，使荒山荒滩变成了绿洲，沙荒不毛之地变成稳产高产的良田，为改变首都郊区面貌、保证市场农副产品供应做出了贡献。

20世纪70年代末到90年代末，北京国营农场踏上农工商综合经营的新征程，实行农工商并举、产供销一体化管理，加快向商品化、市场化、集约化进军的步伐，建成了稳定的、规模化的商品奶、蛋、肉、菜、果、禽、渔和商品粮生产、加工基地，北京农垦进一步发展壮大。

（二）经历场乡合一、政企分开，实现从政企合一向市场主体的重大转折

北京国营农场系统横跨城区和郊区八个区县，遍布于远郊、近郊山水之间。1958年到1998年的40年间，北京国营农场一直实行以场带乡、政企合一的管理体制。在计划经济体制下，它把农场的资金、设备、技术优势和农村的土地、劳力、资源优势融为一体，优势互补，取长补短，实现了生产要素的合理组合，在发展区域经济、优化资源配置、走农业产业化道路等方面显示了生命力，推动了场乡经济发展。随着市场经济的建立，场乡体制下国有农场政企不分、双重领导、职能交叉等矛盾越来越突出，影响到农场地区的社会发展。

随着改革的呼声越来越强烈，1998年8月至1999年1月，在北京市委市政府的领导下，国营农场进行了场乡体制改革，将农村集体经济、户营经济从国营农场分离出去，实现了政企分开，基本解决了北京农垦长期存在的企业办社会、企业养社会的问题，成为北京农垦发展史上的一次重大转折。

1999年7月1日，北京市委市政府批准北京市农工商联合总公司更名为

北京三元集团有限责任公司。至此，符合现代企业制度要求，以国有经济为基干、独立运作于市场、纯粹意义上的企业基本建成，为后来参与市场竞争奠定了坚实的基础。

（三）经历结构调整、重组转制，实现从分散经营向集团化专业化经营的重大跨越

根据场乡体制改革后面临的新形势、新任务，三元集团以结构调整和重组改制双轮驱动，着力培养主导产业，发展优势主业，加快建设符合首都经济内涵要求、具有较强资产控制力、科技创新力、市场竞争力的大型农业企业集团。

集团从总体功能定位出发，明确把农业从基础产业升格为主导产业，把以三元、八喜、丘比、荷美尔、百麦等知名品牌产品为支撑的食品工业确立为第二产业的主导产业，把自有土地和社会土地开发经营相结合的房地产开发作为第三产业的主导产业，把全系统原有的几十个产业、行业，有计划、分步骤地进行精简、调整、优化，经济结构实现从“小、散、杂、劣”向专业化、集团化方向转变，管理体制由行政管理体制向母子公司体制转变，经济增长方向由重外延的粗放式向重内涵的集约式转变，组织形式由松散联合向以资产为纽带的紧密联合方向转变。

按照专业化、规模化的要求，三元集团通过市场化措施先后组建了三元食品、金星鸭业、三元种业、三元建设、三元能源五大集团，并对出租车、旅游餐饮、仓储等行业进行重组，着力培养主导产业、发展优势行业。

2003年10月，北京市国有资产监督管理委员会正式挂牌成立，三元集团划归市国资委管理，进入了深化国资国企改革的新时期。

2009年，三元集团与华都集团、大发畜产公司实施战略重组，组建北京首都农业集团有限公司，为企业发展增添了新的力量。至此，北京农垦集团化、专业化的发展格局翻开了新的篇章。

二、传承创新、再次创业，走出一条双千亿食品航母高质量跨越式发展之路

2017年12月15日，北京市委市政府立足强化“四个中心”功能、提升

“四个服务”水平，对首农、京粮、二商三家市属国企实施联合重组，组建北京首农食品集团有限公司。重组后的首农食品集团，资产、营收均超千亿，员工近6万人，拥有三元食品、京粮控股2家上市公司，三元、古船、六必居、王致和、月盛斋等一批中华老字号和知名品牌，成为首都市民名副其实的“菜篮子”“米袋子”“奶瓶子”“肉案子”。集团担子更重了，责任更大了。如何在北京大都市发展中找准定位、传承创新、转型发展，成为摆在首农食品集团面前的一项重要课题。

先有顶层设计方能谋得未来根基。重组之初，首农食品集团即聘请麦肯锡公司研究制定《集团2019—2025年发展战略》（简称“2+5”战略）。在发展战略中，明确市场化、专业化、资本化、数字化、国际化的“五化”发展方向；明确构建以食品产业为“一体”，以现代服务业和物产经营业为“两翼”，以科技、金融、数据为“三平台”的“一体两翼三平台”开放型产业生态体系；确立“具有国际竞争力、引领健康美好生活的现代食品集团”的企业愿景和到“十四五”末较2018年收入利润翻一番、跻身世界500强的战略目标。

在发展战略的引领下，集团以再次创业的信心和决心，加快迈向高质量新阶段。截至2020年底，集团资产总额1524亿元，全年实现营业收入1562亿元，分别比2017年底联合重组时增长46%、33%，实现“三年三连增”。集团位列中国企业500强第143位、中国农业产业化龙头企业100强第3名、品牌影响力第1名，走出一条保持“农”的底色、突出“食”的本色、创新“服务”特色的一二三产融合发展之路。

一是厘清核心主业，深化“农食服”三产融合。面对重组初期企业繁多、产业庞杂的状况，集团从深化子集团（事业部）改革入手，加快同一产业链条上下游企业之间的整合重构，明确种业、现代农业、粮食、油脂、乳业、肉类及水产品、糖酒及副食调味品、物流产业等8大产业板块和文创、生物科技2个新兴产业板块，形成“8+2”的核心产业布局，加快“农业+食品+服务”的整合与融合。比如，将5家分布在玉米深加工、药用辅料等生物产业链上下游的企业进行集并，组建生物科技子集团；将大红门、月盛斋、荷美尔等肉类生产企业进行集并，组建肉食子集团，形成覆盖猪、牛、羊，从养殖、屠宰、深加工到零售的肉类全产业链条。截至目前，首农集团已经设立5个事业部、16个专业子集团，压减退出劣势企业305户。通过数量上做减法、质量上做加法，把原有多样态、分散化的产业形态聚合起来，把一二三产融合发展的产业特征显现出来，集团的核心主业更加突出、业务线条更加清晰、产业资源更加集中，逐步形成一批围绕主业布局、发展前景良好、核心竞争力较强的优势产业集群。

二是聚焦首都功能，培育“都市型”产业形态。在疏解非首都功能、京津冀协同发展的大背景下，集团坚持一手抓疏解，一手抓转型。截至2020年底累计拆除腾退老旧厂房、违章建筑332万平方米，综合整治136万平方米，在北京市疏解整治促提升工作中树立了“首农标杆”“首农样本”。在疏解整治的同时，聚焦“四个中心”建设，在转型升级、腾笼换鸟上做文章，打造都市型农业、都市型工业、都市型服务业。抓住北京城乡结合部建设三年行动计划、加快实施大尺度城市森林建设的机遇，培育了首农庄园、紫谷伊甸园、南农百果园、百年栗园等一批休闲观光农业项目，实现生态治理与产业升级的双赢。利用工业遗存，激活老旧厂房经济，发展新兴服务产业。比如，双桥农场对始建于1984年的原胜利建材水泥库46座筒仓进行专业设计改造，打造出集影视传媒、广告创意、艺术展览等于一体的塞隆国际文创园，利用灯光带打造北京城市副中心的新夜景，让工业遗存真正“活”起来。比如，西郊农场在位于海淀上地区域的华冠乳品厂原址上，开发建设中关村移动智能服务创新园，引入快手、小米等高科技领军型企业，助力打造首都创新发展生态圈。还有双桥E9区创新工厂、东枫德必产业园、大磨坊产业园、百旺弘祥产业园等，都是利用老旧厂房升级改造文化创意、智能智造产业的典型代表。同时，主动融入京津冀协同发展战略，在津冀地区投资超110亿元，开发定州现代农业示范园、天津油脂产业园、滦平华都养殖基地等一批现代农业、畜禽养殖、储备物流、食品加工新项目。在疏解转移非首都功能的同时，实现一二三产业的发展壮大、转型升级。

三是坚持创新驱动，打造“高精尖”现代农业。集团发挥在畜禽种业上的优势，将科技创新作为产业发展的重要引擎，充分发挥16个国家级、省部级重点实验室、博士后工作站等科技创新平台作用，加大自主研发力度，取得专利超过650件，荣获国家级、北京市科技成果奖21项，畜禽种业居于国内乃至国际领先水平。在奶牛育种上，建成我国最大、与国际先进水平比肩的优秀种公牛自主培育体系和奶牛繁育供种基地，冻精产品国内市场占有率

30%左右，成为国内冻精第一品牌，为加速我国牛群遗传改良做出突出贡献；在猪业育种上，培育出具有自主知识产权的“中育”配套系种猪，唯一拥有北京黑猪种质资源，是国内唯一掌握SPF（无特定病）种猪安全生产体系的育种公司；在家禽育种上，建成1个国家蛋鸡核心育种场、4个国家蛋鸡良种扩繁推广基地，在全国建有90个生产基地，年制种2.5亿只，成为全球最大的蛋鸡制种公司。集团所属的峪口禽业，经过艰难攻关，成功培育出“红粉系列”蛋鸡品种，成为我国唯一一个不受国外控制的畜禽品种。目前，集团种鸭、蛋种鸡规模居世界第一，种牛市场占有率居全国第一。集团联合中信农业、隆平高科申报“国家生物种业技术创新中心”，该项目被列入北京种业三年行动计划重点项目。集团与平谷区政府、瓦赫宁根大学、中国农大合作建设的平谷农业科技示范区项目，构建“政府+企业+科研机构”的“金三角”模式，集聚奶牛、蛋鸡、种猪、种鸭等优质畜禽种质资源，获批创建“国家现代农业产业园”，助力平谷打造中国“农业硅谷”。

四是深化开放合作，加快“产业链”纵深布局。集团发挥国有资本投资公司功能，与地方政府、金融机构以及丘比（日本）、安德鲁（法国）、麦当劳（美国）、正大（泰国）、中储粮（中国）、复星（中国）等跨国公司，深入开展多方面、广领域的对接交流，加快对全国乃至全球产业链资源的整合，抓紧布局食品产业链上的关键环节。在种业环节上，与英国吉纳斯所属全球最大种猪育种公司PIC开展战略合作，未来将成为PIC在华唯一原种供应商。联手中信农业全资收购英国樱桃谷农场公司100%股权，实现了这一流失海外一个多世纪的北京鸭品种“百年回归”。在种养环节上，与河北、内蒙古、黑龙江、新疆等地政府合作，建设运营粮食、水果、蔬菜基地110余个，肉牛、奶牛、生猪、肉鸡、蛋鸡、樱桃谷鸭等养殖基地120余个。在加工环节上，除在国内布局稻谷、油脂、肉类、乳业、玉米深加工等一批产业园区外，还成功收购加拿大百年高端有机奶生产企业克劳利公司、法国健康食品品牌圣休伯特，在新西兰建设艾莱发喜公司第一家海外工厂。在流通服务上，与日本大型连锁企业罗森集团强强联手，进军社区生鲜便利零售领域，打通服务百姓生活的最后一公里；与普洛斯共同投资组建首普投资公司，打造“端到端”的生鲜食品供应体系；与京东集团合作，共建“品质生活全产业链”。在产融结合上，对北京农商行增资成为第三大股东，成功入股中粮资本、中化资本、北京银行，中信农业入资首农股份参与混改，借助金融资本助力产业发展。通过多元合作、强强联合，形成从田间到餐桌的全产业链优势和“立足北京、依托京津冀、布局全国、走向国际”的产业布局。

五是立足城市服务，打造“高效率”流通体系。加快搭建信息“天网”和物流“地网”，掌控采买端、消费端信息，共享客户、渠道、物流资源，加快构建“控两端、带一链、三共享”新型供应链体系。充分利用自有用地，加快构建“1+3+N”物流体系。其中，“1”即北京鲜活农产品流通中心，“3”即位于北京东南、西北、西南方向的3个综合性物流中心；“N”即广泛分布在北京各个区域的配送中心和分拨中心，形成北京环五环鲜活农产品物流服务体系。建设运营“首农大厨房”，吸引集聚集团内外、京内京外、国内国外的优质产品，为B端客户提供一揽子食材供应解决方案，打造一站式的全品类食品供应平台。同时，以北京农产品流通中心和东方供应链为主要平台，链接上下游，打造“产地端——销地端”的生鲜食品供应链闭环，为首都市民提供更丰富、更新鲜、更健康的食品。

六是坚持党的领导，彰显“主力军”政治本色。首农食品集团始终牢记“国企姓党”，始终把坚持党的领导、加强党的建设作为国有企业的“根”和“魂”，坚决把党中央、北京市决策部署落实到位，切实担负起国有企业的政治责任和社会责任。集团恪守食品安全的红线，构建起食品安全组织体系、标准体系、制度体系、检测体系、追溯体系和责任追究体系“六大体系”，确保人民群众“舌尖上的安全”。2020年，在突如其来的新冠肺炎疫情中，大年初二起即全面复工复产，在河北高碑店等三地成立“首农应急蔬菜进京协调办公室”，探索蔬菜应急保供新模式。坚决贯彻中央精准脱贫的战略部署，创新“产业推动、科技驱动、渠道联动、品牌互动、就业带动”有机融合的精准帮扶模式，建设运营北京消费扶贫双创中心，在北京市对口帮扶协作的7省区累计投资260余亿元，直接或间接带动建档立卡贫困人口近29万人。集团所属的首农供应链公司荣获“全国脱贫攻坚先进集体”这一宝贵荣誉。

三、瞄准一流、激流勇进，加快打造具有国际竞争力的现代食品集团

“十四五”期间，我国已进入全面建设社会主义现代化国家的新征程，农

业农村也进入了全新的发展阶段。习近平总书记在2020年中央农村工作会议上，向全党全社会发出“三农”工作极端重要、须臾不可放松、务必抓紧抓实的明确信号，强调脱贫攻坚取得胜利后，要全面推进乡村振兴，这是“三农”工作重心的历史性转移。

面对新形势、新任务、新要求，我们要弘扬新时代垦荒精神，争做新时代垦荒人，在关键核心技术攻关中大显身手，在产业优势领域精耕细作，在未知领域中探索创新，为实现“十四五”规划和二〇三五年远景目标“挥镢垦荒”。

一是与国企改革部署相衔接，打造世界一流的食品集团。2015年11月，中共中央、国务院印发《关于进一步推进农垦改革发展的意见》，标志着农垦改革发展上升为国家重大战略和全面深化改革的重大举措。2016年5月、2018年9月，习近平总书记两次考察黑龙江，强调要深化农垦体制改革，建设现代农业大基地、大企业、大产业，全面增强农垦内生动力、发展活力、整体实力，更好发挥农垦在现代农业建设中的骨干作用。2020年6月，中央审议通过《国有企业改革三年行动方案》，明确了落实国有企业改革“1+N”政策体系和顶层设计的具体施工图。作为具有农垦基因的国有企业，首农食品集团要把国家农垦改革部署与国企改革部署紧密衔接，弘扬“勇于创造、敢为人先”的新时代南泥湾精神，充分发挥国有资本投资公司产业调整、产业整合、产业培育、以融促产的作用，加快健全现代企业制度，深化市场化改革，推动集团核心主业的规模化发展、产业化运营，逐步形成一批发展前景良好、核心竞争力较强的优势产业集群，努力实现到“十四五”末跻身世界500强的目标，在“建设具有国际竞争力的世界一流企业”上迈出新的步伐。

二是与创新驱动战略相衔接，打造全球领先的畜禽种业。国家“十四五”规划中，把“坚持创新驱动发展”摆在规划的首位，突出科技强国。北京市“十四五”规划中，把“建设国际科技创心中心”作为一个重要目标，提出打造“种业之都”。作为北京农业食品领域的国有企业，首农食品集团要坚决贯彻创新驱动的国家战略，巩固种鸭和蛋种鸡规模世界第一、种牛规模全国第一地位，加快北京生物育种技术创新中心建设，建立种质资源库，扩大自身在畜禽种业的既有优势，补足植物育种短板。采取“揭榜挂帅”等方式，牵头组建以首农集团为主体、以任务为导向、优势院所协同攻关的企业创新联合体，集中力量解决种业领域关键核心技术“卡脖子”问题，努力取得引领性原创成果，使首农集团成为承载北京种业发展的重要平台，在国家种业自主可控、加快北京国际创新中心建设上贡献首都国企力量。

三是与乡村振兴战略相衔接，打造农业产业的示范工程。“十四五”期间，我们要深入贯彻乡村振兴的国家战略，推动农业科技进步贡献率进一步提高、农业现代化建设取得阶段性成果、从田间到餐桌的食品全产业链和一二三产融合发展的全产业格局更加优化，做到“六个领先”，打造“六个工程”。“六个领先”，即发挥我们在畜禽种业上的优势，建成覆盖种类最全、产业规模最大、综合实力最强的、全球领先的世界级种业产业；引进消化、集成转化世界一流技术，设施农业建成具有国际领先水平的样板工程；优化畜类养殖、生猪屠宰、肉制品加工全国布局，肉类产业成为国内行业领先的千亿级产业；玉米深加工规模跻身全国前三，生物科技产业成为国内行业领先的头部企业；重要农产品供给量达到全市30%以上，米袋子、菜篮子、奶瓶子、肉案子城市综合保障能力居于全国领先水平；健康绿色发展的农业生产体系持续优化，低碳循环模式的引领带动作用更加突出，成为全国领先的农业绿色发展示范企业。“六个工程”，即稳产保供工程、种业攻关工程、科技支撑工程、供应体系再造工程、产业融合工程、脱贫成果巩固工程，把首农食品集团建设成为全面推进乡村振兴、加快农业产业现代化的国企典范。

四是与建党百年历史相衔接，凝聚奋斗新征程的精神动力。国有企业是党执政兴国的重要支柱。坚持党的领导、加强党的建设，是国有企业的“根”和“魂”，是国有企业的最大优势，是推动各项事业发展的根本保障。作为首都国企，我们要自觉主动深入开展党史教育，从百年党史中汲取智慧力量，在不懈奋斗中传承红色基因，始终保持革命者的奋斗精神，鼓起迈进新征程的精气神，胸怀“国之大者”，坚守初心使命，把坚持党的领导、加强党的建设落实到企业发展各领域、各环节，以高质量党建引领和激发奋斗“十四五”、奋进新征程的磅礴力量。

南泥湾精神是民族精神与时代精神的融合，南泥湾精神中自力更生、艰苦奋斗的革命精神已经成为民族精神的一部分。站在建党百年的历史新起点上，我们要坚持弘扬南泥湾精神，战胜前进道路上的各种艰难险阻，为建成具有国际竞争力、引领健康美好生活的现代食品集团而不懈奋斗！

传承南泥湾精神 加快推进广西农垦高质量发展

广西农垦集团有限责任公司　李贵银

80年前，三五九旅奉命挺进南泥湾地区，一手拿枪，一手拿镐，掀起了南泥湾大生产的热潮，通过生产劳动逐步实现了丰衣足食，不仅减轻了人民负担，还形成了自力更生、艰苦奋斗的作风，形成了伟大的南泥湾精神。南泥湾作为军垦队伍的摇篮，成为新中国农垦事业的发祥地，南泥湾精神也成为“艰苦奋斗、勇于开拓”的农垦精神渊源之一。

80年来，党中央对农垦发展高度重视，在新时代作出了进一步推进农垦改革发展的决策，提出要将农垦建设成为“国家队、示范区、排头兵、稳定器”。时值南泥湾大生产运动80周年之际，回顾广西农垦走过的历程，总结分析广西农垦改革发展的经验成效，探讨其未来发展趋势，提出具有现实意义的建议，助推农垦文化和产业发展有机融合，很有必要。

一、继承南泥湾精神，改革见成效，源于艰苦奋斗

（一）艰苦奋斗离不开党建，守住国企的“根”和“魂”

聚焦主题，增强“凝聚力”。结合主题教育，广西农垦两次开展“解放思想大讨论”。以读书班“原原本本学”等方式强化学习提素质，以参观红色基地“悟学”等方式不忘初心担使命。号召垦区全体党员干部向坚持义务巡山护林36年的老党员庞祖玉学习，选树典型聚能量。

聚焦主责，增强“向心力”。广西农垦集团党委与垦区27个党组织签订《全面从严治党责任书》，党建与发展攻坚同谋划、同部署、同推进、同考核，二级公司党委均设置党务部门，配备专兼职党务人员，落实党建经费，建立党员活动室。

聚焦行动，提升“战斗力”。开展党建融合、组织生活、服务发展、活动场所、队伍素质提质“五大行动”。打造的农垦驻印度尼西亚第一个国家级境外合作区支部，被外交部确定为“首批海外党建试点单位”。广西职业技术学院党委组织部被教育部确定为“全国党建工作样板支部”。“万古茶园党旗红”，新兴农场“红色微党课”等党建品牌都在区内产生较大影响。

聚焦脱贫，提升“引领力”。形成“党委－总支－支部”三级书记一线抓脱贫攻坚良好格局，派出科技特派员、科技服务团深入扶贫点，争取中央扶贫资金及整合税收分享资金共1707万元投入贫困农场，推行联营模式合力脱贫。经过努力，党的领导在国企得到加强。

（二）艰苦奋斗催生改革，塑强国企“筋”和“骨”

三年来，广西农垦深入贯彻落实党中央和自治区关于农垦改革发展的决策部署，以垦区集团化、农场企业化改革为主线，找准问题、找准靶心、找准路径，对农垦管理体制机制实行全新性重塑，实现了观念大转变、体制大转型、资源大整合、发展大提速，产业转型升级迈开新步伐。

如期完成国有农场办社会职能移交和农垦国有土地使用权确权登记发证两项工作，完成党中央、国务院关于农垦改革发展文件的要求。自治区党委书记、自治区主席分别对农垦改革作重要批示，自治区党委、政府两次召开全区“两个三年”电视电话会议，向市县下发《责任书》和《任务分解表》，将该工作纳入市县绩效考评，树立先进典型，对市县进行督查、排名、约谈追责并评分验收等，以高位推动保政治站位、认识到位、责任落地，取得了社会职能移交任务完成100%、土地发证任务完成98.2%的好成绩。

“两个三年”任务完成后，广西农垦瞄准“三转”推进改革。一是转观念，凝聚农垦改革发展正能量，开展了“学文件精神、促改革发展”“转观念、增活力、促发展”两次解放思想活动，凝聚起强大正能量。二是转体制，坚持以上率下，完成总部机构改革，将农垦局17个处室行政机制全部停摆，改制为农垦集团11个部室按企业机制运营。借助专家力量，将97家直属企业（含48个农场）优化重组为28家二级公司，加强清理整合，形成三级管控体系。三是转市场，将集团质量效益、社会责任都放首位，聚焦建设“三大龙头”的新使命，聚焦主业，培育市场意识，成立农垦电商运营中心、优质产品展示展销中心，以市场为导向，以提高核心竞争力为价值追求，电商思维和营销模式基本形成。

（三）艰苦奋斗须做大基地，壮实国企“血”和“肉”

在党建“红色引擎”作用下，各项工作紧紧围绕广西农垦“一核三新”主导产业和“四大攻坚战”推进。有序壮“一核”（做大做强现代农业核心产业），牵头组建了广西糖业集团，关停并转4家糖厂，处置注销13家三级以下公司，重组变更9家非制糖类全资、控股子公司。抓畜牧扩张“三年行动计划”，力争养殖规模达到300万头，首推金光、那梭等25个生猪养殖项目建设，实现利润大幅增长。精准强“三新”（培育壮大综合地产、商贸流通、金融服务3个新产业新业态），全力推进健康文旅产业发展，按“环邕一小时旅游圈、桂柳发展轴、新家园生活网”布局，建设36个田园综合体，打造中国三产融合发展的典范。目前已与绿地、融创集团合作开发项目2万亩，总投资1200亿元，九曲湾、明阳等10个康旅项目初见成效。同时，积极推进商贸流通、金融服务两个新业态发展，彰显“良品生活、源自农垦”品牌价值。对二级公司使出经营业绩“红黑榜”排名“杀手锏”，摘掉了严重亏损的帽子。选准突破口，重新审视“走出去”的海外项目。争取到做好土地资源资产化和资本化大文章的“新政策”。出台了67项管总管用的规章制度，优化薪酬绩效管理办法。妥善处理遗留问题，化解债务风险，负债率由70%降至49.7%。2020年进一步实现逆势增长，集团营业收入突破150亿元，比2017年的86.08亿元增长74%，利润创历史新高，在岗职工人均纯收入连年增长，10家贫困农场全部脱贫出列。

二、弘扬南泥湾精神，需正视困难、勇于开拓

在肯定成绩的同时，广西农垦由行政转型到企业后，多年积压的问题困难逐渐显现出来。

一是企业化运营伊始，治理能力待加强，团队精神待形成，企业文化待建立，存在“转型升级”大山。二是建垦历史长、底子薄，且承担着安置归侨和库区移民、大石山区移民、知青等政治任务，职工复杂、遗留“负债”和信访问题多，造成“历史债务”大山。三是专业集团公司的主业不强、收入单一、

盈利水平待提高，农场公司强优主导产业难培育，有“蛋糕偏小”大山。这些问题，是落实习近平总书记关于“走中国特色现代化农业道路”，打造“农业领域航母”重要指示道路上的阻力，须高度重视，增强危机意识，发扬南泥湾精神，化危为机，在危机中育新机，在变局中开新局，采取有力措施加以解决。

当年的南泥湾条件艰苦，生产工具不够，三五九旅战士在没有专业技术人员的情况下，就用废铜烂铁打造工具。这些工具，今天看起来很简单、很简陋，但在当时是从无到有、由旧到新，白手起家，很不容易。在开荒生产中，战士们还根据山地和平地的不同情况，创造发明了不同的开荒方式，如在山地上开荒时，从最上面和最下面同时开垦；在平地上开荒时，选择中心地带突破的方式，极大地提高了开荒效率。在开荒种地解决粮食和蔬菜供给的同时，战士们又搞畜牧饲养业，养了牛、羊、猪、鸡、鸭等家畜家禽，满足了大家吃肉的需要。后来他们还开商店，办合作社，搞多种经营，坚持农工商并举，解决了部队其他生活用品的供给问题。所以，当年毛泽东主席题词“有创造精神”。我们学习南泥湾精神，就是需要继承和发扬勇于开拓的创造精神、敢为人先的进取精神。面对农垦发展存在的问题和困难，不停地探索，在开拓中前进，早日将这些难题予以破解。

三、弘扬南泥湾精神，打造农业领域航母，修炼国企精气神

广西农垦“十四五”任务就是紧扣全面建成小康社会部署，建成“三大龙头企业”。近期主目标是搬掉“三座大山”，“培育一批营收企业、一批盈利贡献企业，出列一批亏损企业”。2021年起将彻底去行政化，正式进入区直国企序列，光大南泥湾精神、落实习近平总书记关于“努力形成农业领域的航母”的指示，是广西农垦的唯一选择。

当前我国人口老龄化，供给侧结构性改革深化，中央进一步加大对中西部和边境民族地区补短板强弱项、实施乡村振兴战略的扶持力度，倾斜支持更加突出。自治区实施“强首府”战略，大力推进对接粤港澳大湾区和大健康产业发展。农垦承上启下，用好2020年底前补充行使的规划审批权、立项备案职能权限，用好农垦局出资人权限完成不良资产剥离成果，按项目需要

将农场国有土地纳入新一轮国土空间规划，牢固树立自治区党委政府要求的“开局就要争先、起步就要加速”的奋进意识。“十四五”开局，就是要紧盯增长点、潜力点，堵住亏损点、出血点，壮大主导产业，全力打造广西“三大龙头企业”。

（一）以党建为统领，以抓管理为突破口，保障集团行稳致远之“精”

广西农垦各级党组织要扛起管党治党政治责任，全面贯彻新时代党的建设总要求，紧紧围绕农垦中心工作开展管党治党工作。要突出抓好企业党的政治建设，全面提升治理能力，建设高素质干部队伍。深入开展党建“三个提升年”，按“一年对标强基础、两年深化促规范、三年全面上台阶”要求提质聚力，对标对表加快党支部规范化建设，大力实施“一企业一品牌”“一支部一特色”党建品牌行动，推动垦区基层党建由要素建设向功能建设提升、由单兵推进向系统推进提升、由补齐短板向全面过硬提升，不断推进基层党组织全面进步，真正实现党建工作与生产经营深度融合，党建引领企业发展。要突出抓好企业领导班子和人才队伍建设和党风廉政建设，压实全面从严治党“两个责任”。要实施“解放思想抓管理、敢做善成当龙头”三年行动计划、国企改革三年行动，树立敢为人先、敢做龙头老大的企业发展经营理念。要加强以南泥湾精神为内核的企业文化建设，增强干部职工的认同感和归属感，凝聚农垦团队精神，鼓舞员工斗志，激励企业领导担当作为，进一步提高执行力。以抓管理为突破口，以全面治理农垦资源资产管理乱象为抓手，迅速行动起来，摸家底、查问题、想对策、定措施，进一步优化农垦资源资产经营管理体制机制，出台资源资产规范化管理办法，确保资源资产经营有章可循，确保“转型升级”搬山出成效。

（二）做好疫情防控，全力补齐经营短板，确保全面建成小康社会之“气”

第一，一手抓防疫、一手抓生产经营，确保贫困农场脱贫不返贫。持续推进垦区人居环境整治，完善公共服务设施，解决“两险”“三供一业”等遗留问题。跳出农垦谋农垦、对标先进谋农垦、结合实际谋农垦。借助自治区好政策缓解土地收益消减偿债压力，总结失败教训，保留明阳、山圩园区外，将其余12个园区有偿移交地方，合力搬掉“历史债务”大山。第二，改革完善引领农垦集团发展的经营体制机制。完善现代企业制度，将南泥湾精神融入公司治理各环节，按现代企业要求，提高董事会和经理层工作规范化水平，实现治理体系和治理能力现代化。推进集团经济布局优化和结构调整，国有资本向主导产业和产业链供应链关键环节集中，围绕食品农业和城乡服务深化资源重组配置。切实提升投资质效，盘活存量土地和资源资产，加快退出非主营业务和处置不良资产以及低效无效资产。深化混合所有制改革，培育外拓经营强大引擎。理顺历史遗留不规范股权关系，培育上市公司，分类分层推进"混改"及其企业骨干岗位持股，加强其过程指导和监督，完善其治理模式。健全市场化经营机制，强化各级企业市场主体地位，推进经理层任期制和契约化管理，推进用工市场化和薪酬分配市场化，开展多种方式的中长期激励。厘清农场公司与职工、非职工的承包租赁关系，加大收回国有土地归农场经营的力度，壮大农场国有经济，形成以管资本为主的国有资产监管体制，大力推进农垦土地资产化资本化证券化进程。

（三）聚焦产业体系，加快转型升级，提振集团高质量发展之"神"

广西农垦最新的主导产业战略已定位"一体"（食品农业）和"两翼"（城乡服务、农融服务），已确定了2025年的奋斗目标：营收600亿元、利润25亿元，建成全广西大型食品集团、"三大龙头企业"。集团奋斗模式改变要体现在以下方面：一是管理模式由传统模式向现代企业制度转型；二是产业体系由传统产业布局向现代产业链运营转型；三是发展模式由传统内生培育式向开放合作式转型；四是资源利用由土地资源简单开发向土地资产化资本化转型；五是发展动能由传统资源驱动向品牌科技创新驱动转型。农垦集团坚持市场导向、战略协同、有序扩张，分类指导各企业精准施策，宜将10家专业公司归为领军带动型、外向发展型、金融服务型，将18家农场公司归为区域带动型、战略协同型等5型龙头企业，分别推进其规模经营。

聚焦"一体"主业。一是全力推进食品农业特别是畜牧扩张增加利润。按其扩张三年计划，快推南宁市金光、防城港市那梭等17个项目，合理布局生猪屠宰加工项目，确保2025年出栏500万头，提升城市"肉案子"。二是全力推动糖业、淀粉扭亏增盈。相关企业要持续强化内部改革、降本增效，力争扭亏增盈。三是全面提升农场公司经营质量。促进其专注经营管理，围绕主业开拓市场，积极打造城市"菜篮子""果园子"基地，提升盈利水平。四是全力打造"桂垦"品牌，及早形成品牌规划、定位和价值体系。

聚焦"两翼"主业。一是迅速做大健康文旅产业。建成明阳国际健康城、有序推进农垦健康文旅项目。相关二级公司要发挥土地资源优势，积极参与健康文旅和“短平快”项目建设。二是扎实推进商贸流通、金融服务产业发展。相关公司整合农垦资源，拓宽流通渠道。资产管理公司要运营好乡村振兴基金和现代农业产业基金，积极筹建海外融资平台，为“一体两翼”有效融资。三是推动中国、印度尼西亚经贸合作区等海外项目转型升级。四是土地资产化、资本化尽快进入实质性操作。对接相关部门，推动“两化”涉及的土地、财政、金融、评估作价等配套政策落地生根，将各农场土地转移登记到农垦集团名下，分批做好农垦国有土地评估入账，依法依规做大农垦资产总量，助推保值增值。

提升发展手段。一是完善管控体系。由管企业为主转变为管资本为主。集团总部完成视频会议系统、新OA系统等信息化项目建设，完善有关规章制度，各二级公司要完善本级规章制度，形成上下一致的农垦管控体系。二是深化“劳动用工、人事和分配”三项制度改革。完善薪酬办法、土地收储奖励、重大项目建设奖励等激励机制，调动各方积极性。把干部考核与工作督查结合起来，坚持正向激励，通过能上能下、能进能出的选人用人机制激励广大干部职工干事创业。以贡献率为导向出台差异化薪酬办法，吸引优秀人才加盟农垦，激发企业和干部职工进一步转观念、转机制、转市场。三是以资金管控为核心全面提升财务管理效能。加快推进财务共享服务中心建设，加大资金归集力度，集中力量办大事。多措并举当能实现搬掉“蛋糕偏小”大山的目标。

总之，广西农垦现已搭建“农垦集团+二级公司+三级公司（大基地）”的大企业运行组织架构，已形成“一体两翼”的大产业体系，已营造出市场经济的发展经营理念，已逐步全面开启现代化的发展手段。进一步保障大基地链接大企业，以大企业做大做优大产业，弘扬南泥湾精神，落实习总书记指示，“现代农业领域航母”必将横空出世、扬帆远航。

牢牢把握新发展理念
高质量推进“十四五”规划实施

光明食品（集团）有限公司　邵黎明

我国进入新发展阶段，无论是对构建新发展格局、推动经济高质量发展，还是对化解外部风险挑战、打造产业新优势，都提出了全新要求。光明食品集团要适应新要求，勇担新使命，坚持稳中求进、创新驱动，突出高质量发展、提升产业竞争力，深化内部改革，积极应对变局、开拓新局。

一、新阶段新起点，“十三五”发展奠定了良好基础

2016年，光明食品集团开始实施“十三五”战略规划，提出“再造光明”和“打造实力光明、做强殷实农场”的发展理念，制定了“一体两翼”产业架构和四大战略发展思路，“再造光明”这一条主线贯穿了集团“十三五”改革发展的全过程。到规划期末，集团业务结构、资产结构、财务结构、盈利质量结构、企业组织架构等都发生了根本性变化。

（一）“十三五”经营目标基本实现，经济运行质量趋好，抗风险能力进一步增强

一是利润增速快于营收增速，营业收入从2015年的1475亿发展到2020年的1500亿，虽略有增长，但利润总额从30亿增长到50亿。5年期间，集团累计压缩高风险、低效贸易业务200亿元以上，集团还主动收缩房地产业务，为防海外债务风险，战略性退出了英国维多麦业务。二是食品主业贡献度上升，营收占集团90%、利润贡献占80%。三是经营活动现金净流量明显改善。四是集团整体资产负债率下降5%以上。这些目标的实现来之不易，是集团保持定力、不图虚名，咬牙坚持质量优先、坚定不移夯实发展基础的结果。

（二）产业组合得到优化和调整

集团从“十二五”的“9+2”战略业务单元，调整为“十三五”的“一体两翼”。从结构上看，食品产业链大消费支撑着集团的经营规模和行业地位（高蛋白食品的比重与贡献突出），城市保障服务及资产经营管理板块较多贡献了集团的现金流和资产总额，多元化集团应对行业周期和新冠肺炎疫情等突发事件的优势和韧性进一步显现。此外，集团持续推进“瘦身健体”，多措并举压缩亏损企业和亏损面，推动无效、低效资产处置，资产结构得到优化。

（三）城市主副食品保障供应底板作用不断增强，食品产业更加丰富、产业链更加齐全

“十三五”期间，集团完成与上海良友集团、水产集团的联合重组，新成立光明农牧科技公司，集团食品产业门类进一步丰富，产业形态更宽，实现了粮棉油、肉蛋奶鱼、酒菜糖调味品等食材全品类一揽子供应能力；针对子公司业务综合交叉、品牌业务同业竞争的问题，坚持走专业化、产业一体化整合道路，推动乳业、肉业等上下游产业链的整合，集团食品产业链专业化经营格局进一步理顺；并购新西兰银蕨农场、以色列特鲁瓦、西班牙ALBO水产品公司，拥有了稳定的海外优质高蛋白基地，集团食品产业链质量和能级进一步提升；顺应市民高品质生活需求，结合城市厨房战略，与中央厨房龙头企业博海食品集团紧密型战略合作，集团食品产业链短板进一步补齐，实现从提供食品基础原材料、半成品到餐饮服务的综合解决方案的能力，服务城市生活消费的手段和场景更多元、渗透力更强。

（四）国际化、信息化等重点专项工作取得不同进展

前些年国际化拓展的海外企业总体经营稳健，经营业绩创历史新高，对集团的营收、利润贡献度进一步上升到30%以上。在“+互联网”方面，集团业务板块信息化应用水平不同程度有所上升，如光明随心订稳步推动转型，抓住上海“5·5购物节”机遇，与集团企业线上线下联动，探索打造生鲜宅配线上消费平台与场景。但相对行业领先者，集团“+互联网”步伐仍较慢，对业务的增值不够明显，在这次疫情中也显示出还有很多要补的课。殷实农场建设作了多种模式的探索，但推进不平衡，部分重大项目尚处于建设培育期。

（五）“转型创新”和“协同”方面持续推进，但还有很大潜力

5年来，“一方牵头、多方参与，你中有我、我中有你”的“协同”已成为光明的一种文化，集团内部协同意识和机制显著增强。集团还在花博园、光明田原等重大区域性复杂项目集群建设中探索了集团统一指挥、各方协同、高效推进的投融资、建设运营机制，为重点区域的大规模集聚开发积累了经验。从创新来看，各业务板块在技术创新、业务创新、模式创新、管理创新包括终端搞活机制创新等方面进行了大量探索。但整体来看，目前支撑各业务发展较重的还是传统业务、业态和产品，新业务、新模式的贡献须加快提高。

（六）组织建设得到强化，文化重塑成效明显

全面加强光明组织体系建设和流程再造，构建总部强、平台优、专业好、农场实、终端活的组织架构。完成集团总部机构改革，总部部室由原来的22个减少到9个，形成“3+6”总部部门管理体制。探索了海外企业所有权和经营权的分离，积极防范化解海外经营风险。完成资管、财务等平台中心的构建，实现集团总部对重大资金、重大土地使用、重要资产、重大投资的一体化管理。全面推进盘土地、盘资源、盘资金、盘人才、盘规则的“五盘”工作，为“一体两翼”产业协同发展和商业模式转型创新提供物质保障、人才支持和治理体系支撑。盘土地，调规转性新增100万平方米建筑面积，盘出现金100多亿元；盘资金，财务公司内部银行作用充分显现，可归集资金归集率由2015年的54%提升到85%；盘人才，持续校招，并在加大干部轮岗、年轻干部培养使用方面取得显著成效；通过盘规则，构建光明治理体系的四梁八柱，保证了总部指令畅通，审计、纪检监察、法律等合规体系进一步完善，风险防范意识和手段有了很大进步；坚持数字就是能力、业绩就是尊严、发展就是担当，建立和价值观一致的激励约束机制。“因为光明，所以温暖！”标语全新亮相。“员工第一、爱与尊重、崇尚奋斗”的文化理念进一步深化，光明的社会形象得到了公众的进一步认可。

二、以新发展理念为指引，开启迈向实力光明的新征程

中国的食品产业已经到了一个需要高质量、高水平、高标准发展的阶段，

食品企业也进入了一个比创新、比发展健康的阶段。我们的一切工作都必须站在进入新发展阶段来考虑，必须以新发展理念作为发展规划、行动的指导，必须要结合中国农业食品业发展阶段、规律及集团发展基础、优势加快构建新发展格局。

（一）在危中寻机、在变局中开新局，把握好高质量发展目标导向

新冠肺炎疫情是对全球资源的调整和再分配，也加速了中国产业、企业近年来的分化发展态势。疫情让经济被动地加速转型换挡，这为集团“十四五”期间调整战略布局、强化基础能力、服务城市战略提供了新压力和动力。四大市场群落、奶牛养殖、生鲜食品团购、鲜奶业务、蛋禽业等产业都因为疫情带来了新的发展机遇。集团及各业务板块在“十四五”规划目标体系设计上要把握以下几点：一是规划目标的安排不仅有一定的增长速度，更重要的是牢牢把握稳中求进、高质量发展的导向，坚持效益优先、增长质量为先，实现更高质量的业务结构与资产配置；二是积极推进供给侧结构性改革，加大技术创新、高蛋白食品供给和服务能力建设及投入，让光明食品成为高品质产品和服务的代名词；三是在指标体系中要包含劳动生产率、生产运营效率、管理效率、创新投入等衡量发展质量的指标，并都要明确“十四五”期间提升目标；四是要注重聚焦资源、产业、区域和品牌，防止资源分散、小而不精不强。

（二）做强核心食品产业链，培育光明业务发展的新优势

1.在（细分）行业、业态等选择上一定要选好主赛道和主航道。回首上海农垦创业史，一是大白兔奶糖、光明冷饮等在创立之初，无论产品质量、包装还是销售方式都是引领生活潮流的，可以说是那个年代的消费“奢侈品”，赢得消费者的青睐。二是20世纪90年代，老一辈农垦人发扬敢闯敢试的围垦精神，走出农场、走进市场，因应形势、赢得了发展的主动。这种引领行业之先的例子还有很多，汇聚推动了农垦事业的不断前进。迈入新阶段，每一家公司都要根据市场消费趋势，客观分析研判我们所在行业、业态或我们的产品、品牌是不是能引领消费潮流或仍处于消费主流、主增长通道。在新时期大力弘扬农垦创新创业精神，就是要将我们的发展引向主赛道，而不是孤芳自赏、被边缘化。无论进行产品、品牌创新，还是渠道、业态创新，一定要寻找到主航道或者说把资源重点配置到主航道上。当前要特别注重数字化应用、新消费品牌及高品质生活相关业态的培育，科学应变、主动求变，寻得好的发展机遇。

2.强化产业核心功能，培育产业发展新优势。以农业为例，这是光明产业底板中的底板，特别是生鲜产品，每天与百姓打交道，方方面面受到的关注度高，做好了光明的美誉度，与城市的融合度就强了。但当前集团农业产业化水平不高，痛点在资源分散，难点在大品牌缺乏，堵点在产业链缺失。为此要牢固树立抓大产业、大抓产业链的理念，立足资源禀赋锻造长板，瞄准弱项补齐短板，深化拓展创造新板。一是要加快谋划和布局实施一批牵引性强的大项目，推动产业发展实现大提升。统筹花博园、光明田原及东平小镇60平方公里的产业、资源及完备基础设施优势，高起点、开放式打造光明母港现代种业创新区；花卉、五四两个农场要借助临港新片区的区位及政策优势，以上海鲜花港为基础，以花卉种源研发为引领和特色，打造中国最大的规模化、设施化花卉生产、交易、博览集聚区；在江苏大丰“飞地”农场，以1000万羽优质蛋禽产业化项目为重点，打造“超级农场”。二是要做成产业链、规模化、品牌化的企业。我们要持续提升产业化、产业链经营能力，不断向消费链靠近，不能只简单销售原字号产品，逐步延长产业链才能提高附加值。要注重提升产业链的科技含量（特别是种源、精深加工环节），并且要具备一定规模。三是要以稻麦、花卉、奶牛、生猪种源为重点，持续加强研发投入，加大海外企业、合作伙伴科研资源、科研成果导入及转化，探索产学研深度融合机制，打造农业食品领域的科技创新高地。四是要加强光明食品标准体系建设，打造值得信赖、有消费黏性的优质农业品牌群。光明产品质量标准应成为行业中标杆，是最安全放心的、品质最好的，质量至上、价格中上，物超所值，让光明产品成为消费者毫不犹豫地选择。五是要深入实施“沃土工程”，全面升级绿色农业生产基础设施、智能化装备设施，营造环境优越的生产场景和生态消费环境，为品牌赋能、加分。

集团“2+6+2”其他核心产业都要扭住新发展理念不放松，聚焦主责主业，加大在质量发展、效率变革、科技创新等方面的资源投入，进一步提升产业链、供应链现代化水平，提高供给体系对需求的适配性（包括业态、模式、渠道及产品和服务）；立足国内消费市场，把更多海外优质资源拿回来服务中国消费者，加强海内外企业协同，不断提高把握国际规则、市场动向和需求特点的能力，积极锻造国际竞争合作新优势，推动集团经济实现质量更高、效益更好、结构更优、更可持续、更为安全的发展。

（三）加快打造一批光明“新基建”，全面提升集团市场竞争能力、服务能力与发展能力

1.加快推进以数字化为标志的管理重构。以“五位一体”财务管控为目标，搭建财务管理平台，实现财财融合、业财融合，以财务数字化转型触发集团管控全面数字化转型。要加快数字技术、智能技术在核心业务或骨干企业的推广应用，以数字化应用场景开发为牵引，稳步推进业务流程、组织机构、供应链的全方位再造，提升企业的综合服务能力与发展能级。

2.围绕提升核心产业市场竞争力、内外产业循环重要节点的掌控力，加快优化产业空间布局。一要统筹规划、分步实施，构建一批高品质、高效的生鲜流通枢纽、加工集配中心等资产网络，逐步完善优化集团生鲜食品供应链体系。重点是围绕西郊国际、江杨市场、南郊市场、东郊市场等四大市场群落、三环辐射（良友军工路粮库、外高桥物流园区）、两港基地等的功能优化与能级提升，逐步完善集团整体生鲜供应链的战略布局，打造光明食品大数据、B2B、供应链金融，集仓共运，全球优质食材体验展示平台，包括与高蛋白食品产业链、城市厨房终端的转型和仓配体系有机衔接起来，形成开放的供应链生态圈。二要积极推进“光明随心订”数字化经营、蔬菜集团O2O线上线下一体化平台的搭建，以及品牌产品线上渠道的转型拓展。

3.注重核心产业发展资本平台的打造和作用的有效发挥。每个核心业务链都要有资本平台的支撑或投融资平台的构建，集聚集团优势，缩短重大项目培育期，迅速奠定行业竞争优势。还要善用资本平台，积极探索产融结合发展模式，用市场的逻辑谋事，用资本的力量干事，通过资本活力催生经济活力。

（四）深化国资国企改革，激发创新创业活力

要抓紧抓实《国企改革三年行动方案（2020—2022年）》的实施，坚持以改革激发活力动力，全力破除影响和制约企业高质量发展的顽疾，在重大区域和项目开发、资产盘活、能力建设等方面充分发挥集团整体作战兵团的作用。通过产业基金、股权融资、并购重组等多种方式，进一步发挥资本运营促进实体产业发展的价值。要聚焦主业，深化专业化、市场化

重组，积极推进“四个无限”的更广、更深实践，鼓励终端搞活、进一步扩大覆盖面。围绕“扁平化、（二级公司）实体化、信息化”，稳步推进组织再造，有效缩减管理层级。同时要持续深化文化重塑，加大力度倡导光明干部价值观，营造风清气正的干事创业氛围，不断提升光明品牌的影响力和企业的美誉度。

黄泛区农垦事业的辉煌成就、经验启示及发展方向

河南省黄泛区农场　翟国胜

2021年是中国共产党的百年华诞，是南泥湾大生产运动80周年，也是河南省黄泛区农场创建70周年。在“十四五”大幕初启、“两个一百年”奋斗目标的历史交汇期，按照习近平总书记在党史学习教育动员大会上的讲话要求，认真回顾总结在中国共产党领导下黄泛区农垦事业70年来的辉煌成就、经验启示，进一步明确发展方向，有助于守正创新抓住机遇，锐意进取开辟新局，在全面推进乡村振兴、加快农业农村现代化和农业对外合作中进一步发挥农垦的示范引领作用，在新时代创造新的历史辉煌。

一、黄泛区农垦事业的辉煌成就

“黄泛区”就是黄河水泛滥的地区，它包括河南东部、安徽北部及江苏北部的44个县。1938年6月，国民党政府为阻止日军推进，以水代兵，炸开了郑州花园口黄河大堤，豫、皖、苏三省丧命者多达89.3万人，1200多万人流离失所。之后，洪水泛滥达8年之久，人为地造成了54000多平方公里的黄沙弥漫的“黄泛区”。70多年前，美国人曾预言，共产党治理不好黄泛区，“地球上又多了一块沙漠。”

新中国成立后，中国共产党领导黄泛区人民开展了轰轰烈烈的复兴运动。按照周恩来总理的指示，1951年1月在原河南省黄泛区复兴局的基础上于黄泛区的腹地西华、扶沟两县境内建起了黄泛区农场。

从顶顶帐篷到广厦万间，从萧疏的沼泽荒原到无际的麦海良田，从联合

国救济总署的赈灾地到全国农垦现代农业的示范区，从风沙弥漫的穷乡僻壤到风景优美的AAA级生态旅游区，黄泛区农场栉风沐雨，已走过70年的光辉历程。

目前，黄泛区农场是河南省唯一的农林牧全面发展、农工商综合经营的国有大型农垦企业，是国家级农业产业化重点龙头企业，拥有土地14.7万亩，是河南省重要的农作物良种繁育基地、生猪养殖出口基地、果蔬生产储藏基地。总场下辖16个农业分场，9个场控、参股工商企业，3个境外控股公司。近年来黄泛区农场先后荣获“全国五一劳动奖状”“全国现代农业建设示范农场”“全国粮食生产先进单位”“全国绿色农业示范区建设单位”“全国农垦现代农业示范区”“全国农业生产先进集体”“全国农业标准化示范农场”“国家农业信息化示范单位”等称号，成为新中国“旧貌变新颜”的一个生动缩影，成为党领导人民建设中国特色社会主义的一个典型例证。

(一) 改良土壤，生产大量粮食和经济作物支援国家经济建设

黄泛区农场经过多年的土壤改良，使当初农民不愿意耕作的沙地和低洼易涝地变成了稳产高产田。在社会主义建设时期，农场为国家生产了大量商品粮和棉花、油料等经济作物，除了种子和口粮外全部上缴国家，有力地支援了国家的经济建设。

(二) 为推进科技进步作出重大贡献

黄泛区农场20世纪曾培育出了闻名全国的‘泛农花猪’‘河南轻挽马’，获全国重大科技奖，并写入河南省地方中学教材。近年来又先后培育出了‘泛麦5号’‘泛麦8号’等27个农作物新品种，获得10多项省部级科研成果奖。

(三) 为国家培养了大批技术人才

黄泛区农场是新中国建立最早的机械化农场之一，农场为国家培养出大批技术熟练的机务人才和管理干部。1953年夏季选调50名拖拉机驾驶员和技术员奔赴海南岛，支援华南垦殖局的生产建设。1953年11月，选调200多名技术工人到郑州纺织基建公司工作。1954年选调34名中层领导干部和拖拉机驾驶员到新建的黑龙江省友谊农场工作；同年又抽调40多名机务技术人员到河南省各地县拖拉机站、国营农场和部队农场工作。1955年到1985年期间，农场每年都要抽调收割机手到黑龙江、内蒙古、新疆及省内有关国营农场、

部队农场支援麦收。20世纪70年代，农场机务工人杜自忠、刘保昌，作为农机专家被国家委派到赞比亚、坦桑尼亚进行为期两年的技术指导。

（四）在乡村振兴和农业农村现代化中发挥了显著的示范引领作用

黄泛区农场通过使用先进的耕作技术、选用良种等，粮食产量不断提高，带动周边农民提高种粮积极性。选派农业、棉花、园艺技术员和机务工人到农村进行技术指导，提高了当地农业生产水平。每年向社会提供小麦、玉米、大豆等良种6000万公斤，种猪30万头和大量的优质果树种苗，有力带动了农村经济的发展。复制农场农业管理的“六统一”模式，以各农业分公司为支点，辐射周边区域，通过代耕代种、土地托管、技术服务、种子生产资料供应等方式，带动当地农业和农村经济的发展。环境优美的农场小城镇吸引了周边村民到农场定居经商，各种公共设施方便了周边村民看病就医、子女上学、生活购物、文体娱乐，农场职工科学健康的生活方式对周边村民也起到了积极的示范作用。

（五）在国家农业对外合作中发挥了“排头兵”作用

2013年以来，黄泛区农场积极响应国家“一带一路”倡议，在乌克兰租种土地10.6万亩，开展奶牛养殖、农产品加工、木材加工、农产品贸易等。在塔吉克斯坦经营土地9万亩，开展农作物良种繁育、农产品加工等项目，已在塔吉克斯坦繁育推广20个具有自主知识产权的小麦、棉花、玉米新品种。在塔吉克斯坦种植的小麦、玉米、棉花，平均产量是当地农户产量的2倍以上，创造了塔吉克斯坦农业生产的最高纪录。小麦—玉米一年两熟种植试验获得成功，打破了塔吉克斯坦传统的农业种植模式，促进了当地居民的就业，提高了当地居民的收入。在境外投资建设的两个农业产业科技示范园，是河南省人民政府“一带一路”重点支持园区。2015年6月，时任河南省委书记的郭庚茂到塔吉克斯坦考察并参加塔中农业开发有限公司棉花加工厂揭牌仪式。新华社、《人民日报》《河南日报》等多家主流媒体多次报道黄泛区农场农业“走出去”所取得的成就，进一步彰显了农垦企业“农业对外合作排头兵”的战略地位。

（六）民生事业显著改善

黄泛区农场在经济持续快速发展的同时，民生事业得以显著改善。人均住房面积由过去不足10平方米提高到40平方米。社会保障体系进一步完善，建立健全了基本养老、医疗、工伤、生育和失业保险体制，城乡一体化的低保制度全面建立，实现了动态管理下的应保尽保、按标施保。农场城镇基础设施配套、服务功能齐全，实现了绿化、净化、硬化、美化、亮化，空气清新，生态良好，宜居、宜业、宜游，已成为当地经济、文化的中心，是2005年河南省首批命名的5个“环境优美小城镇”之一，是AAA级生态旅游区。

（七）培育了弥足珍贵的“黄泛区精神”

黄泛区农场在发展中培育了一支“特别能吃苦、特别能奉献”的职工队伍，他们中的许多人在黄泛区是“献了青春献终身，献了终身献子孙”。几代黄泛区人持续奋斗，不仅为国家创造了大量的物质财富，而且培育了弥足珍贵的“黄泛区精神”，即不怕艰苦、迎难而上的奋斗精神，不计得失、埋头苦干的奉献精神，五湖四海、亲如一家的团结精神，海纳百川、不断进取的开放精神，精益求精、争创一流的工匠精神，服从组织、顾全大局的协作精神。这种精神财富既为黄泛区农垦事业的不断发展注入了强大动力，又必定以其深刻内涵而载入黄泛区农垦事业的发展史册。在实现中华民族伟大复兴的新征程上，黄泛区农垦事业培育出的这些宝贵精神已经显现出了极高的理论和实践价值，必将更加有效地凝聚和增强企业发展的精神动力，增强职工群众对企业的认同感、归属感和荣誉感。

二、黄泛区农垦事业的经验启示

黄泛区农垦事业从无到有、从小到大、从弱到强、从黄泛区到走出国门的生动实践，给我们以深刻的启示。

（一）必须切实加强党的建设

新中国成立后，党领导黄泛区人民迅速医治战争创伤，荡涤旧社会留下的污泥浊水，开展了轰轰烈烈的复兴运动。改革开放后，党领导黄泛区人民进一步解放和发展生产力，使黄泛区发生了翻天覆地的变化。黄泛区70年沧桑巨变的发展史，就是党领导人民不断开拓前进、一步步走向辉煌的奋斗史。在新时代，只要切实加强党的建设，坚持“党要管党、从严治党”，不断巩固和扩大以各级党组织为核心、以党员干部为带动的政通人和、心齐劲足、干事创业的良好局面，就一定会不断夺取黄泛区现代化建设的新胜利。

（二）必须树立强烈的事业心

长期以来，由于农垦企业封闭运行，自成体系，农场的干部与外面不交流，也很少有提拔的机会，往往在农场一干就是一辈子。面对地方上许多熟悉的同志“后来居上”的状况，农场的经营管理者要把自己定位到干事创业、扎扎实实地为农场职工谋长远利益上来，要立志创大业，不求当大官。只有热爱农垦事业，才能避免“短期行为”，所做的工作也才能经得起实践、群众及历史的检验。

（三）必须不断深化改革

改革开放永无止境，停顿和倒退没有出路。农垦企业必须充分认识改革面临的矛盾和困难，增强攻坚克难的勇气，敢于啃硬骨头，坚决破除影响农场发展的思想束缚和体制障碍，不断为新时期农垦事业发展注入强大活力。改革是新的利益调整，必然要触及一部分人的利益，也必然会有一些人暂时不理解、不支持，进而产生阻力。面对这种状况，一是要树立超前意识，增强预见性，防患于未然，把问题解决在萌芽状态；二是要正视现实，主动回答热点、难点问题，积极引导职工群众正确对待和处理改革中出现的各种矛盾和问题，从而以实际行动理解改革、支持改革、参与改革。

（四）必须强化企业管理

科学管理是企业兴盛的保证。改革代替不了管理，管理上去了，企业才能充满生机、充满活力、充满希望。农垦企业除具有其他国有企业的一般特点外，还存在着区域性、综合性等特点，管理的难度较大。因此，国有农场的经营管理者就必须加强学习，既要把握企业发展的一般规律，又要把握农垦企业自身的发展规律，要用市场经济理念认识农垦的属性，用市场法规和现代管理手段来解决企业存在的各种矛盾和问题，以知名品牌、良好信誉、创新能力，把企业打造成合格的市场竞争主体。

（五）必须加强企业文化建设

中华民族的伟大复兴，包含着农垦精神和农耕文化在内的中华文明的伟大复兴。农垦独特的精神文化既是农垦事业的组成部分，也是农垦事业发展的不竭动力。农垦企业要在社会主义核心价值体系引领下，大力培育农垦企业核心价值和经营理念。要将农垦企业文化作为农垦的“凝心聚力”工程来抓，用文化包装农垦、宣传农垦，推销农垦，增强广大干部职工对企业的认同感、归属感、责任感和使命感，使文化软实力成为农垦经济发展的支撑。要大力开展丰富多彩的企业文化活动，不断满足职工群众的文化需要，提升干部职工文化素质，更加有效地凝聚和增强企业发展的精神动力。

（六）必须积极争取上级领导及有关部门和地方政府的大力支持

改革是一项复杂的系统工程，它涉及方方面面，有时会牵一发而动全身。因此，农场的改革发展仅靠农场自身的探索与努力是远远不够的。农垦企业必须积极争取有关部门，特别是上级领导的支持。要注意协调好方方面面的关系，切实改善农场的经济和社会环境。要努力搞好与当地政府的关系，使当地政府在实践中认识到农场在支撑地方经济中所起的作用，认识到农场为当地的农业发展所起到的示范引领作用，从而建立起融洽密切的关系，为农场的发展创造良好的外部环境。

（七）必须强化不断创新意识

改革不可能一蹴而就，把所有问题都解决；也不可能一步到位，“毕其功于一役”。往往是旧的矛盾通过改革解决了，还可能出现新的矛盾与问题。即使在取得显著成绩之后，农垦企业还应看到，一是天外有天，山外有山，与先进相比，差距仍然存在；二是形势在发展，职工群众在提高物质、文化生活方面不断会有新的期待。因此改革没有句号，发展没有顶峰，必须以饱满的热情、充沛的干劲，永不懈怠，永不停步。

三、努力答好新时代黄泛区农垦事业的全新考卷

2019年7月，按照《河南省人民政府对〈农业农村厅关于黄泛区农场改革发展的实施方案〉的批复》要求，黄泛区农场将辖区内社会行政性、服务性和事业性职能整体移交给周口市经济开发区管理，要在市场经济的竞争中实现轻装上阵。在新的时代背景下，黄泛区农场要以打造现代农业的大基地、大企业、大产业为目标，聚焦主业，做大产业，突出特色，彰显示范作用，全面增强内生动力、发展活力、整体实力。要秉承“农场企业化、产业多元化、管理现代化、经营国际化”的理念，强力实施“1234”战略，即立足绿色高效种养业这一核心，建设国内绿色有机农产品生产和国外“一带一

路”示范两个基地，做强农产品加工、商贸流通、农业综合服务三大支撑，努力建设高标准“四区”——现代农业示范区、一二三产业融合发展先行区、产旅结合生态旅游区、农业对外合作示范区，形成以现代农业为核心、以绿色发展为亮点、多业协同支撑、国内国际两个市场协同发展的新型产业布局，在全面推进乡村振兴、加快农业农村现代化和农业对外合作中进一步发挥示范引领作用，奋力奏响新时代“黄河大合唱”的黄泛区农垦乐章。

（一）建设现代农业示范区，在河南“建设农业强省”乃至全国的农业现代化建设中起到显著的示范引领作用

坚持绿色发展理念，进一步建设绿色标准化生产示范基地，打造水体洁净、空气清新、土壤安全的绿色环境，推进生产过程标准化。要高标准推进优质小麦、优质果蔬生产基地和畜禽良种繁育基地建设，建成更高水平的全省绿色农产品生产基地和无公害良种、良畜繁育示范基地。进一步加强企业品牌建设，积极参与政府主导的无公害农产品、绿色食品、有机农产品和农产品地理标志认证，打造安全优质农产品公共品牌，提高农场特色农业品牌的知名度和美誉度。加大研发投入力度，增加企业自有知识产权储备，保持农场在种子种畜新产品培育、农技推广等方面的优势，做大做强育繁推一体化种子种畜企业。提升农机装备水平，建设标准化机务区，积极推进“互联网+”现代农业，开展物联网、云计算、大数据、移动互联等现代信息技术在生产、经营、管理、服务各环节的集成应用和试点示范。认真搞好高标准粮田、土地整治、农业标准化示范区、园艺作物标准园、畜禽养殖标准化示范场、出口农产品示范基地等项目建设，强力推进国家级农业示范园区建设。建设在全省有重要影响力的农业综合服务集团，提供农资、农技、农机、金融等农业“一站式”社会化服务，进一步发挥国有农场在现代农业建设中的示范引领作用。

（二）建设一二三产业融合发展先行区，进一步提高经营效益

立足黄泛区农场现有的优势，重点发展以种子产业、畜牧业、果品业为龙头的第一产业，进一步提高农业的产业化、集约化、现代化水平。立足种养主业，强化农产品加工+商贸流通+农业综合服务三大支撑，重点开展粮食加工、烘干、仓储，果蔬精深加工，肉类屠宰加工，建设农产品精深加工基地，延伸产业链，提升价值链。围绕农产品精深加工，发展冷藏物流、线上线下营销，建设以郑州为中心的农产品商超、社区直营店。立足国内国际两个市场，开展大宗农产品和国外优质产品国际贸易。

（三）建设产旅结合生态旅游区，实现产城融合创新

抓住黄河流域生态保护和高质量发展这一机遇，深入梳理和挖掘黄泛区文化发展的历史脉络和当代价值，把现有的黄泛区农场场史馆整合成黄泛区博物馆，丰富展示内容，发掘黄泛区故事，构建以黄泛区农场为中心的黄泛区历史文化主地标，明晰黄泛区农场作为黄河流域核心示范区在历史文化上的定位，为海内外游客提供体验黄泛区文化的高质量场所。加强中央党校“五七干校”旧址、王近山将军故居的保护和利用，发挥教育基地、旅游等方面的作用。建设“黄泛区农业公园”，发展独具特色的旅游产业。把农业生产场所、农产品消费场所和休闲旅游场所融为一体，突出现代农业、生态旅游、红色旅游特色，深度开发农业休闲观光、农事体验、田园休闲度假、红色旅游、农垦文化体验等旅游产品。建设具有强大生产功能、优美旅游观光环境、显著综合发展效益的复合型生态经济系统，将生态环境优势、文化资源优势转化成旅游发展优势，塑造“最美农业公园，最靓农业都市”文化品牌，将“绿水青山”变成“金山银山”。

（四）建设农业对外合作的示范区，努力当好农业“走出去”的排头兵

下大力气抓好黄泛区农场在境外投资建设的塔吉克斯坦中塔（河南）农业产业科技示范园和乌克兰中乌农业示范园，进一步完善园区各项制度，强化园区平台建设，创优园区发展环境，招商引资，吸引国内资本投资园区，形成优势互补，抱团发展。统筹国际国内两个市场、两种资源，积极开展国际贸易。进一步加强企业内部管理，培育企业核心竞争优势，提升农业境外投资的质量效益，最大限度规避对外合作的各类风险，提高农业技术在境外的推广力度和服务水平，发挥好在农业对外合作中的引领作用。

图书在版编目（CIP）数据

农垦印记 / 农业农村部农垦局，中国农垦经济发展中心编. —北京：中国农业出版社，2022.8
ISBN 978-7-109-29746-3

Ⅰ.①农… Ⅱ.①农… ②中… Ⅲ.①农垦—经济发展—中国—文集 Ⅳ.①F324.1-53

中国版本图书馆CIP数据核字（2022）第130265号

农垦印记
NONGKEN YINJI

中国农业出版社出版
地址：北京市朝阳区麦子店街18号楼
邮编：100125
责任编辑：王庆宁　　文字编辑：赵世元
版式设计：杜　然　　责任校对：吴丽婷
印刷：北京通州皇家印刷厂
版次：2022年8月第1版
印次：2022年8月北京第1次印刷
发行：新华书店北京发行所
开本：700mm × 1000mm　1/16
印张：24.75
字数：408千字
定价：88.00元